아동상담의 이해 2판

• 유아기에서 학령기까지 •

정문자 · 제경숙 · 이혜란 · 신숙재 · 박진아 공저

Foundations of Child Counseling (2nd ed.)

학지사

2판 머리말

오늘날 우리의 사회 환경이 아동을 얼마나 존중하고, 최적의 발달을 지지하고 촉진하는지에 대해 긍정적인 답을 하기는 쉽지 않다. 출산율의 저하로 초저출산 사회가 되었고, 부모의 양육 불안은 여전히 높으며, 심지어 다양한 환경에서 아동의 생존이 위협받는 안타까운 상황 역시 발생하고 있다. 아동의 발달과 성장은 진공 속에서 이루어지는 것이 아니다. 부모와 가족 그리고 지역사회의 관심, 존중, 보호, 헌신이 보장되어야 하기 때문에 아동을 보호하고 발달을 지원해야 하는 어른과 사회의 역할은 매우 중요하다. 전 세계가 가입하여 준수하고자 노력하는 UN의 아동권리협약에서는 국가와 사회가 아동에게 최선의 환경을 만들어 주어야 한다고 명시하고 있다.

이러한 노력 중에 심리적으로 어려움을 겪는 아동을 지원하는 아동상담의 역할이 더욱 중요해졌다. 다행히 아동상담에 대한 부모와 사회의 인식이 많이 개선되어 아동의 심리적 어려움과 행동문제가 악화되기 전에 도움을 요청하는 교사와 부모들이 증가하고 있다. 이러한 변화 과정에서 아동상담전문가를 양성하는 대학의 교육과정과 관련 학회와 기관들이 양적 · 질적 성장을 거듭하고 있다. 더불어 아동상담 교재도 다양해지고, 18세 이전의 아동에 대한 상담을 포괄하던 종래의 틀에서 아동과 청소년은 물론, 유아기 아동과 학령기 아동의 상담을 다루는 내용으로 재구성하려는 노력도 증가하고 있다.

이 책은 2016년도에 초판을 발간하면서 아동상담자뿐만 아니라 예비 및 현직 교사와 대학원생에게 아동상담의 기본지식과 정보를 제공하고자 하였다. 유아기와 초등학령기를 집중적으로 다루고 이론과 실제 부분을 나누어 심도 있게 구성하였으며 이해를 높이기 위해 사례와 활동을 넣었다.

이번 개정판에서는 그동안의 사회적 변화, 특히 디지털화와 새로운 이론적 내용과 기법을 추가하고 이런 변화가 반영된 윤리강령을 다루었다. 전체적으로는 독자의 이해를 높이기 위한 노력으로 일부 내용을 수정 · 보완하고 그림과 사진을 보충하였다. 그 과정에서 이 책을 총 3개 부, 13개 장으로 재구성하였다. 1부는 아동상담 기초 및 이론으로, 개념과 필요성을 다루며 이론적 접근으로는 정신분석, 분석심리, 행동주의, 인간중심, 가족상담을 제시하였다. 2부는 아동상담 과정으로, 접수상담과 심리평가, 사례개념화와 상담과정을 다루었다. 3부는 아동상담 모델 및 실제로, 놀이치료, 모래놀이치료, 미술치료, 인지행동치료, 해결중심단기치료를 소개하였다.

1부에서 많은 이론 중에서 몇 개의 모델을 선정하는 것이 이번 개정에서도 여전히 가장 어려운 일 중의 하나였다. 결과적으로 임상현장에 익숙하게 알려져 있으며, 집필진의 학문적 전문성을 고려하여 선정한 5개 모델을 그대로 유지하였다. 가족상담 접근에서 가족상담을 실시할 때 부모상담이 필요한 상황에 대비하여 부모상담의 과정을 추가하였다. 정신분석, 행동주의, 인간중심 접근은 어려운 이론을 깊이 있게 다루면서도 풍부한 예시와 그림이 이해에 도움이 되었다는 평가를 많이 받았는데, 개정판에서는 최신 내용을 추가하여 이해의 폭을 넓혔다. 각 접근은 발달 배경, 인간관, 주요 개념, 상담 목표 및 과정, 상담기법과 아동상담에의 적용을 기술하였다.

2부 아동상담 과정은 아동상담의 실제적인 단계별 진행과정을 이해하고 준비하는 데 도움이 되고자 놀이치료의 경험이 풍부한 집필자가 실제 사례를 재구성하였으며, 이 책을 다른 교재와 차별화하는 대표적인 장이라고 할 수 있다. 상담자가 되기 위한 과정으로 교육분석을 받으면 상담 실제를 경험할 수 있으나, 학교의 강의만으로는 한계가 있기 때문에 제2부의 아동상담 과정을 통해 구체적이고 실질적인 상담과정을 간접 경험해 봄으로써 아동상담의 실제 과정을 그려 볼 수 있는 매우 유익한 경험이 될 것이다. 접수 과정과 아동상담에서 널리 활용되고 있는 심리검사에 대해 안내하였고, 접수상담 후 사례를 개념화하고, 상담의 전 과정과 추후상담을 설명하였다. 여러 심리검사의 최신판을 소개하였으며, 구조화된 검사를 실시하기 어려운 영유아를 대상으로 하는 임상관찰 및 행동평가를 추가하였다.

3부는 아동상담 모델과 실제를 다섯 개의 장으로 구성하였으며, 구체적으로 놀이치료, 모래놀이치료, 미술치료, 인지행동치료, 해결중심단기치료를 제시하였다. 각 장은 선정된 모델의 발달 배경과 개념, 치료적 가치, 치료실과 치료도구, 상담자의 역할, 치료의 실제 및 사례 등을 다루었다. 전체적으로 내용을 보다 쉽게 이해하도록 집필하였으며, 최신 문헌 및 국내 최신 치료 동향과 사진을 실었다. 이번 개정에서는 상담자와 치료자를 구분하지 않았으나 주로 상담자로 표기하였다.

1장은 제경숙 교수가, 2장, 4장, 5장, 12장은 박진아 교수가, 3장, 10장, 11장은 이해란 교수가, 7장, 8장, 9장은 신숙재 교수가, 6장과 13장은 정문자 교수가 집필하였다. 집필진은 초판이 나온 이후 대학과 대학원에서 교재로 활용하면서 개선이 필요하다고 생각한 부분과 이 교재를 사용한 전문가들의 의견과 평가를 개정판에 반영하려고 노력하였다. 그럼에도 부족한 점들과 오류가 있을 수 있으므로 지속적인 관심과 피드백을 부탁드린다.

이 책은 아동상담에 관심이 있는 분들에게 이론적 · 실제적 기초를 제공한다는 점에서 의미가 있다고 생각한다. 유아와 아동의 부모들에게도 자녀에 대한 이해, 양육에 대한 지식과 시각을 넓힐 기회가 되기를 바란다.

끝으로, 이 책의 출간을 지원해 주신 학지사의 김진환 사장님, 한승희 영업부장님 그리고 편집부 이영민 과장님의 노고에 깊이 감사드린다.

2024년 2월

저자 일동

1판 머리말

오늘날 우리의 사회 환경이 아동의 최적 발달을 얼마나 지지하고 촉진하는지에 대해 긍정적인 답을 줄 수 있는지 의문이 생긴다. 때로는 아동의 생존조차 위협받고 있는 상황이 속출하고 있는 작금의 상황에서 아동을 보호하고 발달을 지원해야 하는 어른과 사회의 역할은 매우 중요하다. 아동의 발달과 성장은 진공 속에서 이루어지는 것이 아니라 아동에 대한 부모, 가족, 지역사회의 관심, 존중, 보호, 헌신이 뒷받침되어야 하기 때문이다.

아동에게 문제가 있을 때 과연 그만의 문제일까? 아동은 발달적으로 언어와 사고뿐 아니라 표현에 제한이 있어 언어가 주 매체인 상담에서는 불리할 수밖에 없으며 어린 유아에게는 더욱 그렇다. 뿐만 아니라 유아 교육과 보육 현장에서 유아와 아동 그리고 부모를 위한 상담 요구는 계속 증가 추세에 있다.

이 책은 유아기에서 학령기에 있는 아동을 대상으로 공부하는 사람들에게 아동상담이 무엇이며, 아동상담자가 되기 위해서는 어떤 준비를 해야 하는지에 대해 다루고 있으며, 총 4부 14장으로 구성되어 있다.

제1부 아동상담의 기초는 두 개의 장으로 되어 있다. 1장은 아동발달에 대한 이해로 아동의 발달적 특징 중 상담자가 필수적으로 알아야 하는 내용에 관한 것이다. 현재의 사회 환경이 아동의 심리적·정신적 건강을 증진하는 데 어려움이 있는데 이를 어떻게 지원하고 촉진해야 하는지를 독자와 함께 생각하는 기회가 될 것이다. 2장은 아동상담의 개념과 목표, 아동상담자의 역할과 준비, 상담윤리 등에 기초하여, 아동이 상담 대상일 때 고려되고 강조되어야 하는 부분에 중점을 두고 살펴보았다. 학회의 동의를 얻어 한국상담심리학회의 윤리강령을 부록으로 실었으므로 상담윤리에 대한 이해에 도움이 될 것으로 기대한다.

제2부 아동상담 이론은 다섯 개의 장으로 되어 있다. 중요한 많은 이론들 중에서 다섯 모델을 선정하는 것은 결코 쉬운 일이 아니었으나 임상현장에 익숙하게 알려져 있고 집필진의 학문적 전문성을 고려하여 임의로 선정되었음을 밝힌다. 지면상의 한계로 유아와 아동에게 필요한 다른 영역들, 예컨대 음악치료, 독서치료 등을 포함하지 못한 점이 아쉬움으로 남는다.

3장은 정신분석 접근, 4장은 분석심리 접근, 5장은 인간중심 접근, 7장은 가족상담 접근이다. 각 접근은 발달 배경, 인간관, 주요개념, 상담 목표 및 과정, 치료기법을 다루고 있으며, 각 이론이 아동상담에 접근하였을 때의 시사점을 제시하였다. 분석심리 접근을 포함한 것은 최근 모래놀이치료에 대한 높은 관심을 반영하였다는 점에서 의미 있다고 생각된다. 가족상담 접근에서는 기초개념, 가족관계와 구조, 개입방법에 대한 이해에 중점을 두었으며 부모와 가족의 동반적 · 적극적 참여가 필수인 아동상담에 유용할 것이다.

제3부 아동상담 과정은 아동상담의 실제적이고 단계적인 진행과정을 이해하고 준비하는 데 도움이 되고자 하였다. 상담자가 되기 위한 과정으로 교육상담을 받으면 상담 실제를 경험할 수 있으나 학교 강의를 통해서는 어렵기 때문에 제3부의 아동상담 과정을 통해 구체적이고 실질적인 상담을 연습하는 것은 매우 유익한 경험이 될 것이다. 8장은 접수과정, 아동상담에서 널리 활용되고 있는 심리검사에 대해 안내하였다. 9장은 아동과 가족을 중심으로 접수상담 후 사례를 개념화하고, 초기 상담에서 종결 및 추후 상담의 전체 과정을 제시하였다.

제4부는 아동상담 모델과 실제를 다루며, 다섯 개의 장으로 되어 있다. 각 장은 선정된 모델의 발달 배경과 개념, 치료적 가치, 치료실과 치료도구, 치료자의 역할 등을 다루었다. 10장은 놀이치료, 11장은 모래놀이치료, 12장은 미술치료, 13장은 인지행동치료, 마지막 14장은 해결중심단기치료다.

1장과 2장은 제경숙 교수가 3장, 5장, 6장, 13장은 박진아 교수가, 4장, 11장, 12장은 이혜란 교수가, 8장 9장, 10장은 신숙재 교수가 7장과 14장은 정문자 교수가 집필하였다.

이 책은 아동상담자뿐 아니라 예비 또는 현직 유아교사들에게 유아를 대상으로 상담지원을 할 수 있는 기초를 제공한다는 점에서 의미가 있다고 생각한다. 또한 유아와 아동이 있는 가정의 부모들에게도 자녀에 대한 이해, 양육에 대한 지식과 시각에 긍정적 변화가 있을 것으로 기대를 해 본다.

집필진은 그동안 아동상담을 강의해 오면서 중요하며 필요하다고 느꼈던 점들을 이 책에 반영하려고 노력하였다. 각 장의 내용에 관련된 사례와 그림 등 입체적인 자료를 제시함으로써 독자가 흥미를 가지며, 다양한 활동 연습을 통해 아동상담을 더 잘 이해하는 데 도움이 되도록 하였다. 그럼에도 부족한 점들이 있을 수 있고 오류가 있을 수 있으므로, 이 점을 지적해 주어 더 나은 교재가 될 수 있도록 격려해 주실 것을 부탁드린다. 이 책이 대학뿐 아니라 대학원에서도 유아와 아동의 정신건강과 복지적 관심을 어느 정도 충족시켜 줄 수 있기를 바란다.

이 책의 내용에 대해 여러 아동상담 교수들의 의견이 도움이 되었으며, 특히 구체적인 피드백으로 격려해 준 한양사이버대학교의 김태은 교수, 경남대학교의 고희선 교수에게 감사드린다.

끝으로 이 책의 출간을 지원해 주신 학지사의 김진환 사장님, 한승희 영업부장님 그리고 편집부 이하나 과장님의 노고에 깊이 감사드린다.

2016년 3월

저자 대표 정문자

차례

Part 03 • 아동상담 모델 및 실제 •

Part 01

아동상담 기초 및 이론

Chapter 01

아동상담 개념과 필요성

1. 아동상담 개념

상담은 상담자와 내담자 간의 존중과 소통을 기반으로 하여 내담자의 심리적 성장을 도와주는 과정이라는 점에서 본질적으로 성인상담과 아동상담은 같다. 법적으로 아동은 18세까지이지만 청소년상담은 별도로 다루는 경우가 많아서, 아동상담은 유아기와 학령기를 대상으로 한다. 아동상담자는 전문적 상담훈련에 더하여 아동이라는 내담자의 연령에 따른 발달과업, 인지, 행동 및 정서 발달, 가족과 사회환경이 아동에게 미치는 영향 등을 이해하고 그에 맞는 상담전략을 준비해야 한다. 이 책에서는 유아기와 학령기 아동을 위한 아동상담에 대해 다루기로 한다.

1) 아동상담 정의와 목표

상담은 도움을 필요로 하는 내담자와 전문적 역량을 갖춘 상담자가 협력관계를 토대로 내담자의 행동, 사고, 감정변화를 도와 심리적 문제해소 및 인간적 성장을 촉진하는 학습과정이다(강진령, 2022). 상담의 목표는 내담자의 주호소 문제가 완화되거나 해결되도록 도와 내담자의 긍정적 변화를 이끌어 내는 것이다. 상담의 결과 관점의 변화와 인식 능력, 자아존중감 회복, 정서안정, 자기관리 능력, 적응행동 및 친사회적 행동 증가 등 다양한 향상을 기대할 수 있다.

아동상담은 아동의 발달 수준과 특성에 대한 이해와 지원역량을 갖춘 상담자가 아동이 성장발달 과정에서 겪는 다양한 행동, 사고, 정서적 어려움을 해소하고 아동의 성장을 돕는 과정이라고 정의할 수 있다. 아동상담자는 어려움이 있는 아동과 부모, 보호자를 만나서 상황을 파악하고, 그에 맞는 목표를 설정하고, 목표를 달성할 방법을 구상하고 부모와 협의하여 상담을 진행한다.

상담목표가 달성되면, 아동은 자아존중감을 회복하고 주도적이 되면서 연령에 적절한 발달을 하게 되어 건강하게 생활을 할 수 있는 역량과 적응력이 커진다. 아동상담에서는 아동의 연령적 특성 때문에 부모가 참여하는 경우가 많아 부모의 목표도 참고해야 한다. 겔다드와 겔다드(Geldard & Geldard, 2004)는 아동상담의 목표를 4수준으로 나누어 〈표 1-1〉과 같이 기본적 목표, 부모의 목표, 상담자의 목표, 아동의 목표로 제시하였다.

〈표 1-1〉 아동상담 목표

기본적 목표	모든 아동에게 일반적으로 적용할 수 있는 치료목표다. ① 아동이 고통스러운 정서적 문제를 다룰 수 있게 한다. ② 아동의 사고, 정서 그리고 행동들이 어느 정도 일치할 수 있게 한다. ③ 아동이 자신의 한계와 장점을 받아들이고, 그것들에 대해 긍정적으로 느낄 수 있게 한다. ④ 아동이 부정적인 결과를 가져오는 행동을 변화시킬 수 있게 한다. ⑤ 아동이 상담실 밖 외부환경에서(예: 집과 학교에서) 편안하게 그리고 적응적으로 행동할 수 있게 한다. ⑥ 아동이 발달단계에 맞게 성장하도록 기회를 극대화한다.
부모의 목표	부모들이 치료를 위해 자녀를 상담소에 데려올 때, 부모가 설정한 목표다. 부모 자신의 의사와 관련되어 있고, 대개 아동의 현재 문제행동들에 초점을 둔다.

상담자의 목표	아동이 왜 특정한 행동을 하는지에 대해서, 상담자가 설정할 수 있는 가능한 가설들을 토대로 상담자가 정하는 것이다. 아동이 나타내는 행동의 원인에 대해 상담자가 가설을 설정할 때에는 자신의 사례 경험, 아동심리나 행동에 대한 이론적인 근거, 관련 문헌과 최근의 연구자료들로부터 나온 지식 등을 토대로 한다.
아동의 목표	치료가 진행되는 과정 안에서 나타난다. 대부분의 아동은 이 목표를 언어로 표현하지 못하지만 사실상 아동 자신의 목표다. 아동의 목표는 아동이 치료기간에 나타내는 자료에 근거하게 되는데, 상담자의 목표와 일치하기도 하고 일치하지 않기도 한다. 상담의 특정 목표는 아동의 목표에 우선권을 주되, 동시에 부모 수준의 목표나 상담자 수준의 목표에 주의하면서 결정될 필요가 있다. 이 과정을 충실히 따르면 기본적 목표는 자동적으로 성취된다. 부모의 요구를 우선적으로 고려하지 못할 때, 상담자는 윤리적인 딜레마에 빠질 수 있다. 그러나 이러한 과정을 효과적으로 사용한다면 부모의 목표도 자연스럽게 성취될 가능성이 높다.

2) 아동상담 과정

아동상담은 일반적으로 부모나 보호자가 방문하여 접수상담을 하면서 시작된다. 상담자는 부모와의 면담뿐 아니라 내담아동을 면담하고 관찰하며 필요하다고 판단되는 심리검사 등을 통해 내담아동의 환경과 문제, 문제의 원인과 유지요인을 파악하고 문제해결을 도울 수 있는 방법을 계획하고 진행한다(7장 접수상담과 심리평가, 8장 사례개념화와 상담과정 참고). 이 과정에서 부모의 양육상담이 필요하다고 판단되어 병행하는 경우가 많으며, 교사들과의 협조가 요구되기도 한다. 이러한 아동상담 과정을 간단히 정리해 보면 다음 〈표 1-2〉와 같다.

〈표 1-2〉 아동상담 과정

상담예약	• 교사나 주변인의 권유로 부모나 보호자가 상담의 필요성을 인지한 후, 상담기관을 선택하고 연락하기 • 상담기관에서 접수상담 내용을 간단하게 안내하고 상담 약속하기

접수상담	• 부모와의 면담 그리고/혹은 아동면담이나 관찰을 통해 아동의 어려움을 이해하고 환경의 영향력을 파악하기 – 아동면담 및 관찰: 라포 형성, 아동 주호소와 발달양상 파악 – 보호자면담: 라포 형성, 부모 주호소와 양육환경 파악 – 필요 시 부모 동의하에 검사전문가에게 심리평가 의뢰
심리평가	• 임상심리전문가가 아동의 전반적인 발달 수준과 특성, 대인관계 양상과 정서상태, 신경학적인 어려움, 부모의 양육태도와 성격 파악하기 • 구조화된 검사실시가 어려운 아동은 상담사가 놀이관찰 평가하기
사례개념화 및 상담계약	• 접수상담, 심리검사, 놀이평가, 부모면담을 종합하여 아동문제와 어려움을 파악한다. 이에 영향을 미친 아동 개인요인과 환경적인 원인과 유지요인을 파악한다. 이것을 토대로 상담목표를 설정하고 상담계획을 구체화한다. • 부모에게 상담목표와 계획(유형, 매체, 회기구조화, 예상기간과 주당 횟수, 부모와 교사와의 협력방안 등)을 알려 주고 상담계약을 한다
상담과정	• 상담 초기에는 라포 형성이 중요한 목표다. 라포 형성을 통해서 아동이 심리적인 어려움을 자발적으로 표현하도록 돕기, 상담실과 상담자 소개, 상담목표와 비밀보장 안내하기(유아는 생략) 등이 이루어진다. • 치료적 관계가 형성되면서 중기로 넘어간다. 중기에는 아동의 심리적인 갈등과 어려움이 본격적으로 드러나면서 이를 다루게 된다. • 상담 말기에는 아동의 불안이 완화되고 자존감이 높아지면서 표현 내용도 긍정적이고 건설적으로 된다. 일상에서는 아동의 자기 주도적 변화로 행동이 개선되고 관계 개선이 안정적으로 이루어지게 된다. • 아동과 부모와 합의하에 종료과정을 진행한다. ※ 아동상담에서는 부모 양육상담을 병행하는 것이 일반적이다.

3) 아동상담 유형

상담은 개인상담, 집단상담, 가족상담, 단기 · 장기 상담. 대면 · 비대면 상담(디지털상담) 그리고 부모상담과 교사상담으로 구분해 볼 수 있다

개인상담은 상담자가 문제를 가진 아동 한 명과 일대일로 상담을 하는 방법으로 개별상담 또는 일대일 상담이라고도 부른다. 상담의 기본유형으로 내담자의 독특성에 기초하여 그 개인에게 맞는 방법을 활용한다는 상담의 기본원리에 충실할 수 있다. 대

부분의 상담은 개인상담의 형태로 진행되며, 아동상담에서도 개인상담이 가장 많이 이루어지고 있다.

집단상담은 인간의 성장과 문제를 해결하기 위해 집단이 지닌 치료적 힘을 활용하며 집단구성원 간의 상호작용 과정과 집단역동을 중시한다. 흔히 10명 이내로 구성되며, 나이가 어릴수록 집단 인원수는 적어진다. 깊은 인간관계를 가지면서도 개인의 주도성을 크게 요구하지 않으므로 일상적인 대인관계보다 아동에게 안전감을 주는 측면도 있다. 문제에 따라 개인상담과 집단상담을 병행하기도 한다. 아동상담에서 집단상담이 필요한 경우는 대체로 다른 사람을 이해하고 교류할 수 있는 사회정서적 능력의 개발이 필요한 경우다. 집단은 아동이 부적절한 행동들을 소거하고 또래들과 주고받는 연습 속에서 상호작용과 피드백을 통해 관계를 맺는 새로운 방식을 배울 수 있는 안전한 장소를 제공한다(Thomson & Henderson, 2009).

가족상담은 내담아동과 가족 간의 관계와 상호작용의 변화에 관심을 갖기 때문에 아동의 가족체계가 상담대상이 된다. 그러나 반드시 모든 가족구성원이 상담의 단위로 포함되는 것은 아니다. 가족상담은 문제를 가진 아동 및 문제에 주요한 영향을 미치는 구성원을 상담과정에 포함시킨다. 개인상담으로 시작해서 가족상담으로 이어지기도 한다.

상담의 진행기간이 10~15회기 정도일 때 단기 상담으로 보며, 많은 상담사례가 이 정도의 기간에 상담이 이루어진다. 일반적으로 내담자가 호소하는 문제의 성격에 따라 상담목표도 달라진다. 즉, 시간을 많이 요하는 변화나 겉으로 제시된 문제 이면에 문제가 깊을 때 장기 상담이 이루어질 수 있다. 그러나 현실적으로 시간과 비용의 한계가 있다. 단기 상담은 내담자의 호소들 중 당면한 문제의 핵심요소를 중심으로 우선적인 목표를 설정하고, 내담자의 특성과 자원을 최대한 이끌어 내며 자기수용과 행동의 변화에 도달하는 것이다.

대면 상담은 전통적이고 전형적인 상담의 방식으로 내담자와 상담자가 서로의 얼굴을 대하고 진행하는 상담이고, 다양한 형태의 비대면 상담이 있다. 전화 상담뿐 아니라 모바일 앱 기반 채팅 상담과 화상 상담도 진행되고 있다. 인터넷 매체의 급속한 발달로 최근에 이러한 비대면 상담이 활발해지는 추세다. 사이버 상담에 이어 디지털 상담이라는 용어가 더 많이 쓰이고 있으나 학계나 현장에서 합의가 이루어진 확정적인 용어는 아니다(네이버 지식백과, 2023). 사이버 상담은 상담활동을 현대 정보화사회의 산물인 인터넷 공간에서 행하는 것으로서, 각종 제한에서 자유로운 편의성이 있고 기록보관도 용이하다. 사이버 상담은 인터넷 상담, 사이버 테라피(cybertherapy), e-테라피(e-therapy) 등과도 동의어로 사용된다(김춘경 외, 2016).

김춘경 등(2022)은 아동상담의 유형에서 부모상담, 교사상담도 다루었다. 이는 아동상담의 경우 부모와 교사의 영향이 크다는 특성을 반영한 것으로 보인다. 교육기관에서 교사와 아동 간의 존중, 좋은 관계와 상호작용은 아동의 성장과 발달에 중요하고, 부모와 애착에 어려움이 있는 영유아의 경우 교사와의 애착형성이 매개가 되어 영유아와 부모 간의 안정적인 애착형성에 도움을 주기도 한다. 상담의 관점에서는 이러한 과정을 예방적 단계(강정원 외, 2022)로 볼 수 있다. 미국에서는 1990년도부터 학교와 유치원에 상담을 정착시키려는 노력이 본격화되었고, 2012년 국가 차원에서 발달적 학교상담 프로그램이 제안되었다. 우리나라에서는 2000년대에 들어서면서 학교 및 유아교육기관에서의 상담이 증가하는 추세다(문혁준 외, 2021).

최근에 도움이 필요한 아동이 증가하고 있으며, 담임교사는 이러한 아동을 파악하고 지원하면서 단계적으로 주변의 전문적 지원을 필요로 한다. 우리나라에서도 초등학교에 전문상담교사가 있고, 유아교육기관은 권역별 육아종합지원센터와 유아교육원의 지원을 받으며, 필요시 전문가의 지원을 받거나 상담기관으로 연결한다. 상담프로그램을 고안하여 실행하면서 주의 깊은 관찰과 지도가 필요한 경우에 킨더테라피를 비롯하여 교실에서 특별한 지원방법을 적용하고 그 결과를 보고한 사례(김인숙 외, 2021; 김태은, 전아정, 2019; 박진아, 조성연, 2011; 문경여, 한유진, 2008), 원장들이 부모교육이나 부모면담을 통해 양육을 지원하는 사례(정현주, 2017; 원강희 외, 2020) 그리고 다양한 사례에 맞는 프로그램을 마련하여, 단계적으로 전문가 사례위원회를 구성하여 도움을 받거나(교육부, 2020. 보건복지부, 2020, 신은옥 외, 2018), 전문상담사에게 도움을 받도록 안내하는 경우 등 다양하게 적용되고 있다.

아동기에는 이와 같은 보편적이고 예방적인 과정에서 이후 전문적인 지원과정까지 부모와의 협력이 중요하며 부모상담이 중요한 역할을 한다. 부모상담은 부모의 지지와 협력, 양육상담을 통한 부모 자신의 태도 변화를 목표로 하는데 이러한 작업은 아동 개인의 상담의 효과와 기간에 상당한 영향을 미치며 상담완료 이후에도 그 효과를 유지하는 데 도움이 된다(신숙재 외, 2000).

4) 아동상담에서 고려해야 하는 특수성

아동상담에서는 아동이 갖는 발달적 특성과 그에 수반되는 몇 가지 특수성을 고려해야 한다.

(1) 미숙한 언어표현

유아를 포함한 아동은 언어이해력과 표현 능력이 부족하다. 자신이 어떤 어려움을 겪고 있는지 알기 어렵고 또 자신의 생각이나 느낌을 설명하기에 언어적 제한이 많기 때문에 상담자는 유아와 아동의 발달 수준과 성향에 맞는 매체와 소통방법을 찾을 필요가 있다. 아동상담자는 아동의 표현언어뿐 아니라 자기 나름의 특별한 방법으로 자신을 드러내는 아동의 특성도 함께 고려하여야 한다. 한편 아동기 특유의 생동감과 상상력 등으로 내용의 진실성이 의심될 수도 있다. 이 경우, 상담자는 좀 더 상세하게 이야기해 달라는 등의 방법으로 본의 아니게 거짓을 조장하지 않도록 하는 기술이 필요하다(Thomson & Henderson, 2009).

(2) 놀이와 다양한 매체 활용

아동상담에서는 인형, 모래, 미술, 음악, 이야기, 게임 등 다양한 매체를 활용하여 놀이와 소통이 가능하다. 성인상담이 주로 언어적 소통으로 이루어지는 것에 비해 아동은 언어에 전적으로 의존할 수 없기 때문이다.

놀이는 그 자체로도 치유적이지만, 많은 유형의 아동상담에서 활용된다. 따라서 아동상담자는 놀이의 치유적 힘을 잘 이해하고 있어야 하며 발달 수준과 성향에 맞는 놀이 형태와 매체를 잘 선택해야 한다. 놀이는 즐겁기 때문에 아동이 자발적이고 주도적으로 자신의 감정과 욕구와 경험을 자연스럽고 편안하게 표현하도록 하며 여기서 치유적 힘이 나온다.

(3) 상담동기와 이해 부족

아동은 자신이 어려움에 처해 있다거나 도움이 필요하다는 것을 인식하기 어렵기 때문에 상담에 대한 동기가 부족한 경우가 많다. 특히 유아기에는 친숙하지 않은 환경과 새로운 인물에 대한 부담감으로 초기 적응에 어려움을 보이기도 한다. 그러므로 상담 초기단계에서 상담에 대한 아동의 저항을 극복하고 신뢰할 수 있는 상담관계를 맺어 변화의 필요성을 인식시켜 상담에 대한 긍정적 기대를 갖게 하는 것이 아동상담자의 중요한 역할이자 과제다.

(4) 부모와 교사의 영향

아동상담에서 부모와 학교, 상담자가 긴밀한 협력체제를 구축할 때 최선의 아동지원이 이루어질 수 있다. 이러한 과정은 부모가 주도적으로 문제를 인식하고 협력을 구할 때 가장 수월하지만, 상담자나 교사가 그 역할을 하는 경우도 있다. 최근 들어 상담에 대한 대중의 인식이 달라져 부모들이 상담실을 찾는 것을 이전처럼 부담스러워하지 않는 것은 다행스러운 일이다. 최근 유아교육기관에서 학부모들이 전문상담가 초빙 집단상담을 요청하는 경우도 종종 있다.

자녀에게 상담이 필요하다는 것을 부모가 인식하지 못하거나 인정하지 않는 경우에 아동이 필요한 지원을 제공받기 어렵다. 주변 친지나 교사가 아동의 문제로 상담이나 치료를 권하면, 부모가 이를 받아들이지 못하고 오히려 관계가 상하는 일이 적지 않다. 이처럼 자녀가 심리적인 어려움이나 문제를 가지고 있다는 것을 인정하기가 무척 어려운 일임을 이해하여야 한다. 유아동기의 발달과 행동특성이 활동적이고 유동적이기 때문에 부모들은 시간이 해줄 것이라고 믿는 경우가 많다. 따라서 교사는 아동의 어려움을 객관적으로 파악하고, 아동문제가 심각하여 전문기관을 선정하여 소개할 필요가 있는 단계와 이와 관련된 내용을 미리 알고 있는 것이 좋다.

2. 아동상담의 필요성

아동상담의 필요성을 아동기 발달특성과 발달이상 그리고 권리와 환경의 측면에서 살펴보면 다음과 같다.

1) 아동기 발달특성

아동기는 발달이 빠르게 진행되고, 개입의 효과가 큰 시기여서 예방과 조기개입이 중요하다. 아동의 심리와 특성을 이해하기 위해서 상담자는 아동 발달단계와 사회심리적 과업뿐 아니라 개인차와 환경에 대해서도 고려할 수 있어야 한다.

첫째, 아동기는 발달이 빠른 속도로 진행되기 때문에 한 시기나 단계에서 문제가 생겼을 때 신속하고 적절하게 개입하는 것이 중요하다. 아동의 성장과정에 어떤 결함이 생기고 그 결함이 누적되면 이후에 교정하거나 지원하는 것은 더욱 어렵다.

둘째, 아동기는 신체적 · 정신적 · 사회적으로 미숙하기 때문에 주변 성인의 도움을 필요로 한다. 인간은 생존에 필요한 능력을 갖추기까지 많은 시간을 필요로 하며 이 시기 동안 잠재력을 발휘하도록 도와줄 적절한 양육과 다양한 지원이 필요하다.

셋째, 아동의 지적 · 정서적 · 사회적 · 신체적 영역은 상호보완하면서 전인적으로 발달하기 때문에 한 영역의 발달의 문제가 다른 영역의 발달에 영향을 미친다. 상담자는 이러한 아동기 발달의 통합적 특성에 기초하여 하나의 문제가 다른 문제들과 연관되고 확장되면서 아동에게 큰 영향을 미친다는 것을 이해하고 대처할 필요가 있다.

넷째, 아동기는 어느 시기보다도 교정의 효과가 큰 시기다. 뇌는 감각신경에 의해 전송되는 정보에 따라 스스로 자신의 신경망을 새롭게 구축하면서 그 형태를 바꾸어 나간다. 이를 뇌가소성이라고 부르는데, 외부자극에 능동적으로 반응하면서 살아가는 생명체가 가진 주요 특성이다. 이러한 뇌가소성이 활발한 시기에 상담과 치료와 같은 능동적인 대처를 통해 교정의 효과를 높일 수 있다.

다섯째, 아동을 이해하기 위해서는 또래와 발달 수준을 비교하는 것뿐 아니라 아동 개인의 신체적 · 인지적 · 정서적 · 사회적 발달 영역 간의 불균형과 개인적 특성에 대해서도 주목해야 한다.

여섯째, 발달적 · 환경적으로 취약점을 가진 아동의 회복력은 보호요인들과의 상호작용에 의해 달라지며 아동상담과 상담자는 보호요인 중의 하나다. 아동 · 청소년이 갖는 보호요인의 원천과 특징(Masten & Coastworth, 1998)은 〈표 1-3〉과 같다.

〈표 1-3〉 아동 청소년이 갖는 보호요인

원천	특징
개인	좋은 지적 능력, 사교성, 유순한 성향, 자기효능감, 자기확신, 높은 자존감, 재능, 신념
가족	돌보는 부모와 밀접한 관계, 권위가 있는 양육법, 따뜻함, 구조, 높은 기대, 사회경제적 이점, 지지적인 확대가족망의 연결
환경	아동의 복지를 향상시키는 데 관심을 가진 가족 이외의 성인, 친사회적 조직과의 연결, 효과적인 교육에 참여

2) 아동기 발달이상

부모와 교사는 아동을 지도하면서 상담이나 치료를 받을 필요가 있는지 알고 싶어 한다. 특히 어린 아동은 행동이 불안정하고 주의집중 시간이 짧으며 정서적으로 불안정한 모습을 보일 때가 많은데, 이러한 모습이 일시적인 현상인지 혹은 전문적인 도움을 필요로 하는 상태인지 판단하기 어렵다. 따라서 부모와 교사는 아동의 일상행동을 주의 깊게 관찰하면서 전문가와 긴밀하게 협력하여 아동의 발달이상을 파악할 수 있어야 하고 아동을 위한 지원과 중재를 서두르는 것이 좋다.

아동의 문제행동을 내면화 증후와 외현화 증후로 분류할 수 있다. 내면화 차원은 보통 자신의 내부로 향하는 것으로 간주되는 감정이나 상태를 기술하는 반면, 외현화 차원은 종종 다른 사람으로 향하는 것으로 생각되는 행동들을 포함한다(Mash & Barkley, 2001). 아동행동평가 체크리스트(CBCL)를 통해 나타난 공통적인 증후들은 〈표 1-4〉와 같다.

〈표 1-4〉 아동평가 체크리스트

내면화 증상	위축 신체증상 불안/우울	혼자 있음, 수줍음, 위축 피곤, 몸 아픔/두통, 배앓이 잘 운다, 겁/불안, 슬픔/우울
혼합증상	사회적 미성숙 사고의 문제 주의집중 문제	어린 행동, 놀림받음, 아이들이 싫어함 헛것을 들음, 헛것을 봄, 이상한 생각 주의집중 문제, 안절부절못함, 충동적
외현화 증상	비행 공격성	가책 없음, 나쁜 친구, 집에서 도벽 남을 괴롭힘, 남의 물건 파괴, 싸움

출처: Wicks-Nelson & Israel (2001), p, 109.

널리 쓰이는 미국정신의학회의 정신질환의 진단 및 통계 편람 제5판 수정판 DSM-5-TR(Diagnostic and Statistical Manual of Mental Disorders 5-TR: DSM-5-TR; APA, 2023)와 미국 소아정신건강의학회의 0~5세 영유아기 정신건강 및 발달장애 진단분류 체계인 DC 0-5(Diagnostic classification of mental health and developmental disorders of infancy and early childhood: DC 0-5, 2021)에서 다루는 대표적인 영유아기 및 학령기 아동의 정신장애를 분류하면 〈표 1-5〉와 같다.

〈표 1-5〉 DSM-5 및 DC 0-5에 기초한 영유아기 및 아동기 정신장애 분류

진단분류	분류	진단명
DSM-5-TR	**신경발달장애**	• 지적발달장애 • 의사소통장애 • 자폐스펙트럼장애 • 특정학습장애 • 주의력결핍 과잉행동장애 • 운동장애(틱장애, 투렛장애)
	불안장애	• 분리불안장애 • 선택적 함구증 • 범불안장애 • 사회불안장애 • 특정공포증

DSM-5-TR	**우울장애**	• 주요우울장애 • 파괴적 기분조절부전장애
	강박 및 관련 장애	• 강박장애 • 발모광(털뽑기장애) • 피부뜯기장애
	외상 및 스트레스 관련 장애	• 반응성 애착장애 • 탈억제적 사회적 유대감장애 • 외상후 스트레스장애 • 급성 스트레스장애 • 적응장애 • 지속적 비탄장애
	배설장애	• 유뇨증 • 유분증
	수면-각성장애	• 야경증
DC 0-5	**기분장애**	• 초기 아동기 우울장애 • 초기 아동기 분노 및 공격성 조절곤란장애
	강박 및 관련 장애	• 모발뽑기장애 • 영유아기 피부뜯기장애
	수면, 섭식, 울음장애	• 수면장애 • 영유아기 섭식장애 • 영유아기 울음장애
	외상, 스트레스, 박탈장애	• 영유아기 복합 애도장애 • 탈억제성 사회적 유대감장애
	관계장애	• 영유아기 특정관계장애

출처: American Psychiatric Association. (2023), ZERO TO THREE. (2021).
※ DC 0-5의 진단분류 중 DSM-5-TR의 진단명과 동일한 진단명은 표에서 제외하였음.

3) 아동 권리

현대사회에서 아동기가 길어지고, 아동의 권리에 대한 관심과 민감도가 높아지고 있지만, 아동이 아동답게 지내고 아동기를 즐기기 위한 기본 조건이 충족되지 않는 경우가 많다. 아동은 스스로 자신을 보호할 수 없기 때문에 사회와 국가가 책임을 지고 적극적으로 아동의 권리를 보장해 주어야 한다. 아동에게 적합한 환경은 국제연합(UN)이 제정한 '아동권리협약(Unicef convention on the right of the child)'에 기초한다. 대부분의 국가가 비준하였으며, 우리나라에서도 아동 복지와 교육에 관련된 모든 계획과 법률, 정책이 이 아동권리협약에 기초한다.

이 협약에는 우리 사회가 아동의 삶의 질을 향상시키는 데 최우선의 관심을 두어야 한다는 전제 아래, 아동이 최상의 건강수준을 유지할 권리와 질병치료 및 건강회복을 위한 시설을 이용할 권리를 인정하고 이와 관련해 보건의료서비스 이용에 관한 아동의 권리가 침해되지 않도록 노력해야 한다고 명시되어 있다. 그리고 모든 아동이 신체적, 지적, 정신적, 도덕적, 사회적 발달에 맞는 생활수준을 누릴 권리를 가짐을 인정하였다. 아동권리협약 아동버전 한국어판이 이 책의 〈부록〉에 수록되어 있다.

4) 아동 환경

급변하는 현대사회는 미래를 예측하기 어렵고, 이에 수반되는 많은 적응의 문제는 아동에게도 부담이 된다. 상담자는 아동의 건강한 성장발달에 부정적으로 영향을 미치는 가족과 학교, 사회환경을 이해하는 것이 필요하다.

(1) 부모와 가족

부모와 가족이 아동에게 미치는 영향은 광범위하고 강력하며 평생에 걸쳐 지속될 수도 있다. 현대사회에서는 이혼가족, 재혼가족, 한부모가족, 조손가족, 다문화가족, 입양가족 등 가족 유형이 다양해지고 있으며, 각 가족 유형에 따른 가족의 요구와 어려움은 아동에게 도전과 부담을 줄 수 있다. 상담자는 아동과 가족의 스트레스와 과제, 그리고 관련한 법률사항에 대한 지식을 갖는 것도 필요하다. 한 예로 우리나라의 「한부모가족지원법」에 대한 상담자의 지식은 한부모가족의 복지향상을 위해 실제적인 도움도 줄 수 있기 때문이다. 전세계적으로 한부모가족의 증가에 따른 아동빈곤을 줄이고 복지를 향상시키기 위한 다양한 정책적 접근이 지속적으로 논의되고 있으며, 우리나라에서도 1989년 제정된 「모자복지법」을 2007년 「한부모가족지원법」으로 개정하고 지속적으로 다양한 대안이 제시되고 있다.

우리나라도 다문화가족이 많아지고 있는데, 다문화가족의 아동은 언어, 학업, 또래관계의 어려움, 부모는 언어와 양육의 어려움 그리고 모호한 민족성과 관련된 정체성 문제(Gibbs, 1989)를 갖기 쉽다. 다문화가족의 아동에게 부모 각각의 역사화 문화를 이해하고 적응해야 하는 부담감을 덜어 주고, 건강한 정체감을 확립하도록 돕는 것은 중요하다. 이를 위해서 우리 문화권에 맞는 다문화아동 및 가족상담모델의 개발이 필요하다.

초인구감소 상황에서 한 자녀에 대한 과잉기대를 포함하여 많은 젊은 부모들은 안정된 양육모델을 찾지 못한 채 어려움을 겪고 있다. 부모가 자녀를 양육하는 방식은 부모의 원가족과 가족의 생태학적 특성, 가족이 속한 문화, 자녀와 부모의 기질, 가족의 분위기 등 다양한 요인의 영향을 받는다. 여성의 역할 변화에 따른 맞벌이가정의 양육, 다양한 가족구조의 요구 등을 지원하기에 미흡한 양육지원체계와 부모 역할에 대한 인식의 변화 등은 부모 역할의 수행을 어렵게 한다. 이러한 어려움으로 인하여 아동상담과 더불어 부모를 대상으로 하는 양육상담이 병행되어야 하는 경우가 많다.

(2) 학교와 친구

학교와 친구는 아동에게 큰 영향을 미치는 사회화 집단이다. 학교는 중요한 사회화 기관이며 모델로서 교사가 미치는 영향은 지대하며 아동과 동등한 지위를 갖는 또래집단 역시 학교 안팎에서 아동의 사회화 과정에 영향을 미친다.

현대 민주사회에서는 교사와 아동의 관계도 상호 존중하는 새로운 패러다임을 필요로 하는데 아직은 새로운 패러다임이 정착되지 않은 과도기여서 부모의 영향을 많이 받는 유아기와 학령기에 부모와 교사 및 기관 간의 책임과 요구 사이에서 갈등이 적지 않다. 이들의 파트너십은 어린 자녀에게 중요한 학습환경이기 때문에 지속적인 노력과 지원이 필요하다. 유아교육기관에서의 CCTV 설치나 초등학교에서의 학생인권조례 등은 유아와 아동, 교사 모두를 보호하는 방향으로 운영되어야 한다.

아동은 또래와 수평적인 상호작용을 통하여 가족과는 다른 영역에서 자신을 경험하고 개인적 정체감을 형성한다. 친구와의 상호작용은 아동의 자아존중감, 사회적 행동 그리고 심리적 적응에 영향을 미치며, 또래집단에게 인정받기 위해 아동은 자신이 속해 있는 집단의 기준이나 가치에 동조하려는 경향이 강하다. 또래집단의 행동기준은 아동에게 사회적 압력으로 작용한다. 이러한 동조현상을 통해 그들 나름의 태도와 가치관을 형성하게 되며, 이것이 가족이나 부모가 제시하는 태도나 가치관과 상치하면, 부모의 권위에 도전하거나 심각한 가족 내 갈등을 일으키기도 한다(정옥분, 정순화, 2019).

다양한 또래 괴롭힘 가운데 하나인 왕따는 대다수의 문화에서 나타나는 현상이지만, 오늘날 학교장면에서는 과격하고 모욕적인 양상으로 발생하고 있어 개인적 차원을 넘어 사회적 문제가 되고 있다. 또래 괴롭힘은 또래관계와 관련된 심리사회적인 변인, 부모와 학교 변인 등이 복합적으로 작용한다. 또래 괴롭힘을 당하는 피해아동을 빨리 파악하여 도와주는 것이 매우 중요한데, 또래 괴롭힘이 미묘하게 진행되는 경우가 많고 피해아동이 비밀로 하는 경우에 어른의 개입이 늦어진다. 학교폭력의 심각성과 예방에 대한 사회의 관심이 높아져, 2018년 5월부터 한국청소년정책연구원 부설 학교폭력예방교육지원센터가 설립되어 체계적인 예방교육을 실시하고 있으며, 2022년 초등학교 4학년부터 고등학생까지를 대상으로 1차 학교폭력 실태조사가 실시되었다(교육부, 2022). 학교에는 학교폭력위원회가 운영되며, 학교폭력을 예방하기 위한 다양한 집단상담과 상담 프로그램이 교육청과 지원기관, 상담소 등에서 이루어지고 있다.

(3) 최근 사회문제

우리 사회에 만연한 학업성취 압력과 아동학대의 증가, 미디어 중독, 성문제, 아동빈곤, 새로이 겪게 된 팬데믹(pandemic, 감염병이 대유행하는 상태)과 출산율 저하 등은 아동의 삶에 영향을 미치는 최근의 사회적 문제다.

① 출산율

출산율 저하로 소수자녀에 대한 과잉기대와 과잉보호, 조기교육 열풍 등의 문제가 더욱 심화되고 있다. 아동은 유아교육기관에서부터 초등학교의 성공적인 적응과 학습을 위한 문자 지도와 선행학습을 요구받고 힘겨운 유아기를 보내는 경우가 적지 않고, 초등학교 시기에는 이러한 부담이 가중된다. 이는 우리나라에서만 일어나는 현상이 아니다. 유엔의 「아동권리협약」은 아동에게 최선의 이익을 보장하는 관점에서 아동의 놀 권리를 명시하고 있으며, 이를 준수하기 위해 각국이 노력 중이다.

② 팬데믹

코로나19는 전 세계적으로 많은 변화를 가져왔다. 우리나라는 「아동복지법」 제7조에 따라 2015년에 이어, 2022년 「제2차 아동정책기본계획(2020~2024)」을 수립하였다. 이는 「아동권리협약」에 기초하여 아동을 권리주체로 인식하고, 2019년 포용국가 아동정책수립에 따른 아동권리보장과 보호가 필요한 아동에 대한 국가책임 확대 등 공적 책임 강화에 대한 의지를 명시하였다. 특히 코로나19와 같은 대규모 감염병 재난 발생으로 인한 경제위기 장기화, 비대면의 일상화 등 여러 사회적 변화를 고려하여 건강권, 발달권, 보호권, 참여권 등 아동권리 4대 원칙에 따른 적절한 대응 및 선제적 예방조치가 필요함을 추가하였다. 최은영(2023)은 팬데믹 시기에 영유아가족의 총지출과 자녀양육비가 증가했고, TV/미디어 이용시간과 긴급돌봄 이용이 증가했으며, 만 2세의 또래적응점수와 사회성발달이 낮았다고 보고하였다.

③ 아동빈곤

우리나라의 상대적 아동빈곤율은 OECD 평균보다 높다. 상대적 아동빈곤율이란 만 18세 미만의 전체 아동 중 소득이 정부 최저생계비에 미치지 못하는 가구에 속한 아동의 비율을 의미하는 것이다. 또한 맞벌이 가정이나 일반 가정의 아동과 비교하여 모자가정이나 조손가정 아동의 빈곤율이 상대적으로 높다. 빈곤한 가정의 경우, 부모가 수행하는 자녀양육의 질이 떨어지고 아동의 건강한 발달이 저해되어 자아존중감과 신체적 · 인지적 · 사회정서적 발달에 부정적 영향을 미친다(이완정 외, 2009).

④ 아동학대

아동학대의 발생 건수가 지속적으로 증가하고 있다(보건복지부, 2022). 아동학대를 방지하기 위해서는 예방서비스 차원에서 사회교육을 통해 폭력과 보호에 대한 관심이 필요하다. 2019년 설립된 아동권리보장원은 아동정책기본계획 관련 사업을 위시하여 다양한 아동 관련 활동을 지원하는데, 아동보호서비스에 대한 기술지원과 아동학대예방사업의 활성화도 포함된다. 「아동복지법」에 기반한 각 국가기관의 의무수행과 일선에서 학대피해아동을 직접 상담하는 아동상담자의 전문적 지원이 효율적으로 연계될 때, 학대당한 아동이 수용적이고 정서적인 보살핌을 받게 되고, 학대 경험으로 인해 생긴 성인에 대한 부정적인 태도와 공포를 완화해 주는 도움을 받을 수 있다. 그렇지 않으면 장기적 후유증이 우려된다.

⑤ 미디어

현대는 미디어시대다. 미디어는 들어가기는 쉽고, 빠져나오기는 어려워서 잘못된 몰입을 하기 쉬운(Csikszentmihalyi, 2003) 매체다. 이러한 우려와 실생활에서의 불가피성 등으로 아동의 미디어의 사용과 제한에 대한 많은 오해와 논란이 있으나 오늘날 미디어는 우리 생활에서 필수적인 것이므로, 2세가 지나면, 본인이 목적에 맞게 미디어 사용을 통제할 수 있는 능력을 기르는 데 목표를 둘 필요가 있다. 부모들은 자녀의 미디어 과의존에 따른 어려움을 많이 호소하고 있는데, 한국지능정보사회진흥원에서는 스마트쉼센터(www.ioac.or.kr, 2023)를 운영하고 있으며, 스마트폰 과의존의 진단과 예방, 전문인력 양성 등 다양한 활동이 이루어진다. 교사와 아동상담자는 학부모와 함께 기본개념과 지도방안을 공유할 필요가 있다.

⑥ 온라인 아동보호

온라인상 자녀공개의 예와 같이 부모가 자녀의 프라이버시 보호에 주의를 기울이지 않는 셰어런팅(sharenting)의 문제점 인식과, 선진국에서 법제화 노력을 기울이고 있는 온라인상 아동 프라이버시 보호실태와 과제에 대한 관심도 대두되고 있다(김아름, 2023). 2022년 개인정보보호위원회의 '아동청소년 개인정보 보호 기본계획'과 2023년 시작된 '아동 · 청소년 디지털 잊힐 권리 시범사업' 등 온라인 관련 아동보호에 대한 관심이 활발해지고 있다.

3. 아동상담자의 역할과 자질

1) 아동상담자 역할

유능한 상담자는 많은 임상경험을 토대로 아동을 관찰하여 아동에게 맞는 상담방법과 매체를 선정할 수 있다. 아동의 이야기를 적극적으로 경청하며 아동의 저항과 신념을 다루면서 적극적으로 변화를 촉진하는 역할을 한다.

(1) 사례이해와 상담계획

상담자는 아동의 문제와 원인을 파악하고 대처방법을 찾기 위해서 최선의 노력을 기울여야 한다. 양육자나 부모와의 면담을 통하여 주호소, 발달 수준과 특성, 양육상의 특이사항, 부모와 형제의 태도와 관계 양상, 또래관계와 기관에서의 생활태도에 대한 정보를 모은다. 아동과의 면담 및 관찰을 통하여 아동의 주호소와 특성을 파악한다. 관찰과 면담을 거치면서 필요하다고 판단되는 검사와 평가를 전문가에게 의뢰한다. 아동상담자도 검사에 대한 기본 지식을 갖추고 있어야 적절한 검사를 의뢰할 수 있고 검사 결과 보고서에 대한 이해와 해석이 가능하다. 부모와 아동과의 면담과 관찰 그리고 검사 결과를 종합해서 아동을 이해하고 이를 바탕으로 아동의 문제를 적절하게 도와줄 상담 방식과 매체에 대한 계획을 세운다.

(2) 아동과 라포 형성

상담자는 아동과 신뢰할 수 있는 관계를 맺기 위해 노력해야 한다. 이를 위해 아동을 진정성 있게 대하고, 아동의 발달과 개별적인 특성을 이해하고 수용한다. 상담 초기에 아동이 이해할 수 있는 언어로 상담목적을 알리고, 상담내용을 비밀로 할 것임과 비밀을 지킬 수 없는 특별한 상황에 대해서 미리 알린다. 그리고 아동이 불편하고 힘들면 상담을 그만둘 권리가 있다는 것도 이해시킨다.

(3) 부모와 관계 형성

아동상담은 일단 부모의 결정에 의해 시작되기 때문에 처음 접수상담을 할 때부터 부모의 어려움과 요구를 정확하고 신속하게 알아차리고 부모의 불안감을 덜어 주고 상담자를 신뢰할 수 있도록 한다. 아동상담에서는 상담이 진행되는 동안 부모와 안정적이고 신뢰로운 관계를 유지하는 것이 중요하다. 그리고 부모에게 교육적 · 의료적 · 심리치료적 차원에서의 정보를 성실하게 제공하고, 상담과 관련된 의사결정에 참여하게 한다.

상담자는 아동이 문제를 가지고 있는 가족에서 희생양으로 치부되지 않도록 도와야 하고, 부모와 아동이 다른 목표를 추구한다면 아동을 위한 목표를 우선적으로 선택하도록 돕는다.

2) 아동상담자 자질과 준비

아동과 함께 놀고 상호작용하는 경험을 통해 아동의 세계에 친숙한 상태에서 아동상담을 공부하는 것이 좋다. 이러한 경험을 바탕으로 전문적인 아동상담자가 되기 위하여 전문수련과정 거치기, 인간적 자질 갖추기, 도덕적 · 윤리적 기준을 이해하고 준수하기 등을 지속적으로 노력해야 한다.

(1) 전문수련과정

① 교육과정 이수

아동상담자가 되기 위해서는 일반적으로 정규 대학이나 석사과정에서 심리학, 아동학, 교육학, 사회복지학 등의 전공이수과정을 통해서 폭넓은 발달적 · 심리학적 지식을 습득하여 인간의 본성과 행동 양식에 대한 기초를 다져야 한다. 자격증 취득을 위해서는 국가나 아동상담 관련 자격증을 수여하는 학회에서 요구하는 과목을 이수하여야 하며 학부 및 대학원 과정에서 이 과목을 이수하지 못했을 경우, 학회에서 개설하는 전문 강좌 수강으로 대체할 수 있다. 상담 관련 자격증을 발급하고 관리하는 모든 학회 및 기관은 자격요건과 수련과정을 구체적으로 명시하고 있다. 이수과목이나 자격요건, 수련요구는 학회마다 지속적으로 수정 · 보완되기 때문에 본인이 필요한 시점에서 관련 학회의 최신 요구기준을 확인하여야 한다.

② 전문가 상담훈련 이수

교육과정을 이수하고 혹은 이 과정과 병행하면서 교육분석, 임상경험, 슈퍼비전 등의 전문적 수련과정을 거친다. 이러한 과정은 이론에 머물지 않고 실제 상담현장에서 고려해야 하는 다양한 요소를 직접 체험하고 경험하게 하며, 상담자 자신의 심리 상태를 알아차릴 수 있도록 도와 상담자로서 전문적인 유능성을 계발하고 유지하도록 해준다.

교육분석은 상담자 자신이 내담자의 위치에서 상담자를 경험해 보면서 자기이해와 자기분석을 하는 과정으로, 상담사의 훈련과정에서 필수적인 것이다. 임상경험은 상담실에서 사례를 직접 다루는 것이다. 슈퍼비전은 수련자(상담자)가 직접 진행한 사례와 진행과정에 대하여 슈퍼바이저가 모니터링하면서 분석하고 조언하는 형태로 이루어진다. 상담자 자격을 취득한 후에도 지속적인 슈퍼비전은 필요하다.

③ 전문가 보수교육 이수

상담자는 직업적 유능성을 유지하고 개발하기 위하여 지속적인 교육 참가, 자격증과 면허 갱신, 전문가로서의 정확한 지식 보유 등을 유지하여야 한다. 한국놀이치료학회(2023)는 이와 관련하여 다음과 같이 명시하였다.

- **지속적인 교육과 연수:** 자신의 활동 분야에 있어서 최신의 과학적이고 전문적인 정보와 지식을 유지하기 위해 지속적인 교육과 연수의 필요성을 인식하고 참여해야 한다.
- **자기반성과 평가:** 전문인으로서의 능력에 대한 지속적인 자기반성과 평가를 해야 하며, 자신의 능력을 향상시키기 위해 지도감독을 받을 책임과 의무가 있다.
- **윤리강령의 준수:** 윤리강령과 시행세칙을 준수할 책임이 있다. 윤리적 책임이나 전문적 실무에 관한 의문점들에 대해 지식과 경험이 풍부한 전문가의 의견을 들어

야 한다.

- **지속적인 교육과 연구:** 새로운 연구방법을 개발하고, 그들이 만나는 다양하고 또는 특별한 인구집단에 대한 경향에 주목하면서, 놀이치료에서 최근 조사연구에 대한 지식을 유지하기 위해 지속적인 교육을 받는다. 내담자의 다양성에 대한 새로운 연구방법 및 모형에 대한 지식을 실천하고 능력을 유지시켜야 한다.
- **전문가 활동에 참여:** 놀이치료의 발전과 향상을 촉진하는 지역, 전국, 국제 조직에 적극적으로 참여해야 한다.

(2) 인간적 자질

아동상담자가 되기 위해서는 아동을 좋아하고 아동에게 관심을 가져야 하는 것 외에 상담자로서 전문적인 훈련을 받아야 하고, 인간적인 자질을 갖추기 위한 노력을 꾸준히 해야 한다. 상담자의 개인적 성격특성과 인격은 아동과 상담자 간의 관계에 영향을 미쳐 결국 상담 결과를 좌우하는 요인이 된다. 좋은 아동상담자에게 요구되는 자질은 다음과 같다.

- **인간관계에 대한 민감성:** 아동상담자는 인간관계에 대해서 민감하고 이해심이 깊어야 한다.
- **인격적 통합:** 상담자는 진실한 태도로 자신의 장단점을 있는 그대로 수용하고 이를 숨기거나 억압하지 않고 상담자 자신의 본 모습과 일치되어야 한다. 아동은 진실하지 않은 사람을 잘 알아본다.
- **아동상담자 자신에 대한 이해:** 아동상담자 자신에 대한 이해가 요구된다. 아동상담자는 자신의 정서적 역동, 자기 능력의 한계 또는 단점에 대해서 충분한 이해를 가져야 한다.
- **내담자에 대한 존중감:** 아동상담자는 내담자에 대한 존중감을 가져야 한다.
- **공감 능력:** 공감 능력이란 지금 아동이 느끼고 있는 고통이나 아픔, 기쁨이나 슬픔을 함께 느낄 수 있는 감성적인 능력이다. 아동의 입장이 되어서 그의 내면세계에서 일어나고 있을 움직임을 감정이입하여 이해하는 것이다.

- **정서적 분리:** 상담실을 찾는 아동들은 대개 힘들고 고통스러운 상담주제를 갖고 온다. 만약 상담자가 자신의 정서적 어려움에 대한 인식과 통찰이 부족하고 잘 분리하지 못한다면 상담장면에서 아동의 정서적 이슈와 관련된 역전이가 일어나기 쉽고 아동과의 관계를 혼란스럽게 만들 수도 있다.
- **객관적 태도:** 지나치지 않은 동정심, 내담아동의 도덕적 판단, 두려움, 충격 등에 대한 깊이 있는 이해와 신중한 태도, 인간적 판단이나 선입견, 편견을 갖지 않는 것을 말한다.
- **관련 지식에 대한 전문성:** 아동상담자에게는 인간행동과 사회환경, 심리학적 지식, 관련된 법과 윤리에 대한 관심과 전문성이 요구된다.

4. 아동상담자 윤리

1) 상담윤리의 필요성과 개념

모든 전문직은 전문지식과 훈련을 필요로 하고, 그 결과가 미치는 영향이 크기 때문에 직업윤리는 매우 중요하다. 상담자도 전문직으로서 사회에서 전문가에게 요구하는 윤리적 방향과 내용에 민감해야 한다. 미국에서 상담자의 윤리적 문제는 미국상담협회(American Counseling Association), 미국심리협회(American Psychological Associations), 미국사회사업가협회(National Association of Social Workers)의 윤리기준에 기초하여 평가・관리되고 있다.

우리나라에서도 상담 관련 학회를 중심으로 거의 공통적인 내용의 윤리강령을 마련하고 있다. 예를 들어 한국상담심리학회의 상담심리사 윤리규정(2023)은 상담전문적 능력, 성실성, 자격관리 등 전문가로서의 태도, 사회적 책임, 내담자의 복지와 권리에 대한 존중, 상담관계, 정보의 보호 및 관리, 심리평가, 수련감독 및 상담자 교육, 윤리문제의 해결, 회원의 의무 등을 명시하고 있다. 천성문 등(2022)은 상담윤리의 주요 내용을 다음과 같이 다섯 가지로 정리하였다.

- **상담자 자질:** 상담자 자신의 한계를 명확히 알고 인정한다. 무리하게 상담을 진행하거나 자신의 전문 분야를 넘어서 진단을 한다면, 내담자에게 해를 끼치는 비윤리적인 상담이 될 가능성이 높다.
- **내담자 보호:** 상담자의 자율성을 보장하고, 내담자에게 유리하고 도움이 되도록 행동해야 한다. 자율성 원칙, 정의의 원칙, 무해성 원칙, 성실성 원칙 등을 준수한다.
- **사전동의:** 상담의 과정을 내담자가 미리 알 수 있도록 친절하게 고지해야 한다. 상담 초기 구조화 시 상담내용과 과정, 비용, 잠재적 이익과 위험 등 내담자의 알 권리에 대해 충분히 설명한다.
- **비밀보장:** 내담자가 상담을 받고 있다는 사실과 내담자가 상담에서 말한 내용을 상담자와 내담자만 공유한다는 뜻으로, 상담에서 중요한 윤리적인 문제다. 그러나 안전과 관련된 문제는 비밀보장 원칙보다 우선한다.
- **상담관계:** 전문적 상담개입이 이루어지는 데 방해가 되는 사적 관계는 피해야 한다. 전문적인 상담관계 외에 내담자와 개인적이고 사적인 다중관계는 경계문제가 발생하여 효과적인 개입에 방해가 될 우려가 있다.

그러나 윤리적 기준이 있다고 해서 다양하고 복잡한 상황에 꼭 맞는 해결책이나 필연적인 정답이 있지는 않다. 상담환경, 상담자의 철학, 정부나 관련 기관의 법적 해석, 다양한 해결책 중 적절한 선택에 따른 효과, 내담자의 특성 등 다양한 요소에 의해 영향을 받기 때문에 상담자의 관심과 노력이 요구된다.

아동상담자의 윤리강령은 이러한 기본 내용에서 아동의 연령적 특수성을 고려한 발달적 이해와 복지적 고려, 부모나 보호자가 동반되는 상담상황에서의 관계와 비밀유지 등의 역학관계에 대한 민감성이 요구된다. 부모나 보호자의 동의 없이 미성년자를 상담하는 상황에서는 이런 형태의 상담과 관련된 법적 위험에 민감해야 한다. 상담 관련 국내외 학회 윤리강령의 공통적인 내용들에 더하여 한국놀이치료학회의 놀이심리상담사 윤리강령(2023)은 아동의 특성을 반영한 내용이 추가되어 있는데, 그중 몇 가지를 살펴보면 다음과 같다.

- **최적의 성장과 발달:** 놀이심리상담사는 놀이와 놀이의 치료적 개입을 통해 내담아동의 심리사회적 발달 및 정신건강의 향상을 촉진함으로써 아동이 건강한 삶을 영위하도록 양육의 역할을 담당해야 한다.
- **가족의 이해와 참여:** 아동의 가족 역시 내담아동의 삶에 중요하다는 점을 인식하여 가족의 이해와 참여를 얻기 위해 노력한다. 내담아동에게 최상의 도움이 되도록, 아동의 삶에서 주요 성인을 대상으로 교육 및 부수적 치료(부모상담, 부모교육, 부부상담 등)를 포함시킬 수 있다.
- **성적 괴롭힘:** 놀이심리상담사는 절대로 성적 착취를 조장하거나 참여하지 않는다.
- **양육에 대한 요구:** 놀이심리상담사는 양육에 대한 아동의 자발적인 요구에 대해 전문적이고 믿을 수 있는 반응을 한다.
- **갈등이 있는 부모:** 놀이심리상담사는 아동과 가족, 아동과 부모의 관계가 내담아동의 치료 효과와 복지를 방해할 때, 갈등관계에 있는 부모를 돕도록 법적 지침과 특별 지침을 따른다.
- **보호자인 부모와 보호자가 아닌 부모:** 법이나 규정에 따라, 보호자인 부모와 보호자가 아닌 부모는 자녀의 복지에 대한 권리와 책임을 다르게 가질 수 있다는 것에 대해서 놀이심리상담사는 잘 알고 있어야 한다.
- **개인차와 집단차에 대한 민감성:** 놀이심리상담사는 문화, 성별, 발달단계 및 생활연령이 내담아동의 증상을 정의하는 방법에 영향을 미침을 알아야 한다. 지적·발달적·교육적 장애를 진단하는 데 내담아동의 생활경험을 고려하여야 한다. 놀이심리상담사는 내담아동의 생활 맥락과 증상 발현에 있어서 개인차와 집단차의 영향 모두에 민감해야 한다.
- **비밀보장의 예외:** 놀이심리상담사는 아동의 안전에 의심이 가는 경우, 또는 법원이 비밀을 보장해야 할 정보를 공개하라고 요구할 때, 아동의 법적 보호자의 허락 없이 정보를 제공할 수 있다.

2) 디지털 상담윤리

상담윤리는 사회상황의 변화와 발전을 반영하여 지속적으로 개정된다. 2014년 미국 상담학회는 다섯 번째로 윤리강령을 개정하였는데, 원격상담, 과학기술, 사회적 매체의 중요성과 융합을 강조하며 기록의 백업을 통한 전자기록의 안전성 확보, 원격상담의 장단점 등을 다루었다(강진령, 2022). 상담이 발전하면서 상담대상, 매체 기법이 다양화되고 있는데, 황매향과 황희산(2020)은 지금까지 테크놀로지가 상담에 적용되어 온 사례를 원격상담, 상담로봇, 대안적 심리검사, 상담매체, 상담자 교육 및 관리 등의 영역별로 살펴보고 온라인 상담이 오래전부터 제공되었으며, 최근 들어 모바일 앱 기반 채팅 상담과 화상 상담이 새로운 상담 형태로 자리 잡아 가고 있음을 확인하였다.

이렇듯 다양한 매체를 활용하며 지평을 넓혀 가고 있는 디지털 상담에 대해 우리나라에서도 디지털 상담윤리가 중요한 내용으로 다루어지고 있다. 사이버 상담은 장소와 시간의 선택이 편리하고 익명성으로 자기개방이 수월한 장점이 있다. 반면에 비대면으로 인한 관계 형성의 어려움, 비언어적 단서의 부재, 대부분 일회성 상담으로 인한 지시적 문제 해결 선호 등의 문제가 있다. 초기에는 사이버 상담이 접근이 용이한 청소년들을 위주(93.2%)로 발전하였는데, 내담자 신분 및 비밀보장, 상담자 입장에서도 상담내용의 노출이라는 개인정보노출 침해의 가능성, 온라인상에 남겨진 상담기록이 공개될 위험성 등이 항시 존재한다. 김현진, 김민(2017)도 청소년상담사와 소셜 네크워크 서비스에 있어서의 전문가 윤리에 대해 사생활보호, 전문성, 전문가 경계 등의 중요성을 지적하고 윤리조항의 필요성을 주장하였다.

이후 디지털 기술이 더 발달하고 이용 연령층이 넓어졌으며, 세계적으로 코로나19 팬데믹을 겪으면서 다양한 온라인 기반 접근의 활용 가능성과 한계를 동시에 체험하고 개선방안을 강구하는 기회를 가질 수 있었다. 상담에서도 비대면 상담이 활발하게 이루어졌으며, 현재는 교육과 상담, 사회의 다양한 영역에서 두 가지를 효율적으로 활용하려는 태도를 갖게 되었고, 디지털 상담윤리가 더욱 중요한 의제가 되었다. 학령기 아동의 디지털 상담윤리를 비롯하여 아동의 연령적 특성을 반영하는 구체적인 윤리조항이 개발될 필요가 있다.

요약

아동상담은 아동의 발달 수준과 특성에 대한 이해와 치료적 개입의 능력을 갖춘 상담자가 아동이 발달과정에서 겪는 다양한 행동, 사고, 정서적 어려움을 해소하고 성장을 돕는 과정이라고 정의할 수 있다. 일반적으로 아동상담은 유아기와 학령기를 대상으로 한다. 아동상담자는 전문적 상담훈련에 더하여 아동이라는 내담자의 연령에 따른 발달과업, 인지 및 행동 양식, 가족과 사회환경이 아동에게 미치는 영향 등을 이해하고 그에 맞는 상담전략을 준비해야 한다.

아동기 발달이상은 내면화 증후와 외현화 증후로 분류할 수 있으며, 미국정신의학회의 『정신질환의 진단 및 통계 편람 제5판 수정판(DSM-5-TR)』과 DC 0-5가 진단의 기준으로 널리 쓰인다. 우리 사회에 만연한 학업성취 압력과 아동학대의 증가, 미디어 중독, 성문제, 아동빈곤, 새로이 겪게 된 팬데믹(pandemic, 감염병이 대유행하는 상태) 그리고 출산률 저하 등은 아동의 삶에 영향을 미치는 최근의 사회적 문제다.

상담은 개인상담, 집단상담, 가족상담, 단기·장기 상담, 대면 상담과 비대면 상담(디지털 상담), 그리고 부모상담과 교사상담으로 구분할 수 있다. 아동상담은 일반적으로 부모나 보호자의 방문을 통한 접수상담으로 시작된다. 상담자는 부모와의 면담뿐 아니라 내담아동을 면담하고 관찰하며 필요하다고 판단되는 심리검사 등을 통해 내담아동의 환경과 문제, 문제의 원인과 유지요인을 파악하고 문제 해결을 도울 수 있는 방법을 계획하고 진행한다. 이 과정에서 부모의 양육상담이 필요하다고 판단되어 병행하는 경우도 많고, 교사들과도 협조가 이루어진다.

아동상담자가 되기 위하여 아동과 함께 놀고 상호작용하는 경험을 통해 아동의 세계에 친숙하고 익숙해진 상태에서 아동상담을 공부하는 것이 좋다. 이러한 경험을 바탕으로 전문적인 아동상담자가 되기 위하여 전문수련과정 거치기, 인간적 자질 갖추기, 도덕적·윤리적 기준을 이해하고 준수하기 등을 지속적으로 노력해야 한다. 상담윤리는 상담자의 자질, 내담자의 보호, 사전동의, 비밀보장, 상담관계 등을 구체적으로 명시하고 있는데, 이에 더하여 원격상담, 과학기술, 사회적 매체의 중요성과 융합이 강조되고 있다.

활동

1. 어려움을 겪는 아동 돕기

주변에서 발달적으로 어려움을 겪는 아동을 찾아보자. 이 아동이 일반 아동과 다른 점을 생각해 보고 이 아동을 도울 수 있는 방법에 대해 이야기해 보자.

2. 아동학대와 예방 실제 사례 찾아보기

최근 아동학대와 예방에 대한 관심이 급증하고 있다. 바람직한 훈육방법과 학대 행위 간 경계는 무엇이라고 생각하는지, 같은 상황에 대해 이전에는 학대라고 생각하지 않았는데 이제는 학대의 가능성을 생각하게 된 실제 사례들을 들어 논의해 보자.

3. 주변의 행동과 태도에 대해 이야기하기

내가 겪은 어려움을 전문상담가 혹은 주위 사람에게 말했을 때, 도움이 되었거나 도움이 되지 않았던 그 사람의 행동이나 태도에 대해 적어 보고 이야기를 나누어 보자.

4. 비밀유지 경험 나누어 보기

평소에 비밀유지에 관한 고민이나 어려움을 겪은 경험을 함께 나누어 보자. 어떤 경우에 비밀을 유지하고, 또 어떤 경우에 노출하게 되는가? 비밀유지에 대한 생각의 차이를 경험한 적이 있는가? 일상생활 및 대인관계에서의 비밀유지와 상담에서의 비밀유지의 범위와 원칙을 비교해 보자. 그리고 다음과 같은 전문상담 상황에서 어떻게 처리해야 할지 논의해 보자.

① 초등학교 고학년인 영희는 품행장애로 치료와 상담을 받고 있다. 영희는 자살을 시도한 적이 있고, 지금도 자살하고 싶은 충동을 느낀다고 하며, 이 일을 부모에게는 알리지 말아 달라고 부탁하였다. 상담자는 어떻게 해야 할까?

② 철수는 담임교사의 의뢰로 학교상담실에서 정기적으로 상담을 받아 오고 있다. 어느 날 철수 어머니는 담임교사와의 면담과정에서 이 사실을 알고 상담실을 찾아와 그동안 철수와 상담한 기록을 보여 달라고 하였다. 상담자는 기록을 보여 주어도 좋을까?

Chapter 02

정신분석 접근

한 순간에 대한 통찰은 때때로 한 인생의 경험만큼 가치가 있다.

- Oliver Wendell Holmes

지그문트 프로이트(Sigmund Freud)에 의해 창시된 정신분석이론은 가장 고전적인 상담이론으로서 현재까지 아동상담뿐 아니라 문화와 예술 전 분야의 발전에 지대한 영향을 미치고 있다.

1. 발달 배경

프로이트(1856~1939)

프로이트는 체코슬로바키아에서 8남매 중 장남으로 태어났다. 프로이트 출생 시 이미 42세였던 그의 아버지에게는 전처 소생의 아들 둘이 있었는데, 그중 둘째 아들은 당시 20세이던 젊고 아름다운 프로이트의 생모와 동갑이었다. 게다가 이복형의 아들들, 즉 프로이트의 두 조카는 프로이트보다 한 살이 많고, 또 다른 한 명은 한 살이 적었다. 어린 프로이트는 조카들과 경쟁심을 느끼고 어머니와 이복형의 사이를 오해하기도 하는 등 가족정체성의 혼란을 겪을 수밖에 없는 환경에서 성장하였다.

프로이트는 빈 대학교에서 의학 박사학위를 취득한 뒤, 신경생리학자로 일하다가 1885년 뷔르케(Brücke)의 추천으로 파리의 정신병원 사루페토리엘에 유학을 갔다. 그는 신경학자 샤루코(Charcot) 박사의 지도를 받으며 히스테리 환자를 대상으로 최면치료와 연구를 하였다. 프로이트는 브로이어(Breuer)가 히스테리 환자를 치료하기 위해 최면술을 사용한 것을 본 뒤 깊은 감명을 받았으며, 브로이어의 기법을 토대로 '자유연상(free association)' 기법을 발전시켰다.

프로이트는 40대 초반부터 지속적으로 정신신체 장애와 죽음에 대한 공포를 겪었는데, 특히 1896년 아버지의 사망은 그에게 심리적 혼란을 가중시켰다. 그러나 그는 이 시기 동안 권위적이었던 아버지와 젊고 매력적이었던 어머니에 대한 자신의 아동기 기억과 경험을 탐색하고 자신의 꿈을 분석하면서 심리성적발달이론을 개념화하였다.

프로이트는 생애 동안 33번이나 수술과 암으로 고통받으면서도 하루 18시간 이상 연구를 하며 자신의 이론을 확장시켰다. 그러나 프로이트는 1938년 나치가 오스트리아를 점령하면서 그의 책들을 불사르자 빈을 떠나 영국으로 갔으며, 턱암과 질병이 악화되어 83세의 일기로 생을 마감하였다.

1940년 이후 성욕과 본능에 중점을 둔 프로이트의 이론이 비판을 받으면서, 정신분석이론은 프로이트를 따르던 정신분석가들에 의해 다양한 학파로 발전되었다. 프로이트의 막내딸인 안나 프로이트(Anna Freud)와 하르트만(Heinz Hartmann)은 프로이트의 이론을 기본적으로 수용하면서 자아의 발달에 중점을 둔 자아심리학(ego psychology)을 발전시켰다. 또한 프로이트의 정신분석이론은 클라인(M. Klein)의 영국 학파, 생후 초기 모와 자녀 간 관계에 중점을 둔 위니컷(D. W. Winnicott)과 말러(Margaret Mahler)의 대상관계이론, 그리고 자기애에 중점을 둔 코허트(Heinz Kohut)의 자기심리학으로 발전되었다.

2. 인간관

정신분석상담에서는 인간의 본성을 정신적 결정론(psychic determinism) 관점에서 설명한다. 프로이트는 무엇이든 저절로 발생하는 현상이란 존재하지 않으며 반드시 어떤 원인이 작용하여 결과가 나타나는 것으로 보았다. 즉, 인간의 외적인 행동이나 감정 및 생각들은 정신 내적인 원인에 의해 필연적으로 미리 결정된다는 것이다.

정신적 결정론의 관점에서 보면 인간이 외부적으로 보이는 현재의 행동과 태도는 비합리적인 힘, 무의식적 동기, 생물학적 · 본능적 충동, 생애 초기 6년 동안의 심리성적 발달에 따른 정신적 원인에 의해 결정된다. 특히 성적 충동인 리비도(libido)나 죽음과 공격성의 본능인 타나토스(thanatos)는 인간의 행동에 영향을 미치는 강력한 결정요인이 된다. 뿐만 아니라 성인이 되어서 보이는 행동은 무의식에 자리 잡고 있는 어린 시절 경험의 지배를 받아 그 동기가 결정된다. 브렌너(Brenner, 1976)는 이러한 현상을 "어른 속에 아이가 살고 있다."라고 표현했다(이무석, 2003에서 재인용). 그러므로 정신적 결정론적 관점에서 볼 때 개인이 현재 보이는 심리적 갈등과 문제는 어린 시절 경험에서 형성되어 자신조차 인식하지 못하고 있던 무의식적 원인을 통찰해야 비로소 해결될 수 있다.

3. 주요 개념

1) 지형학적 이론

프로이트는 인간의 정신을 지형학적 이론으로 설명하였다. 그는 인간의 정신을 자신이 얼마나 인식하고 의식할 수 있는지에 따라 의식(consciousness), 전의식(preconsciousness), 무의식(unconsciousness)의 세 가지 각기 다른 지형학적 영역으로 분류하였다([그림 2-1]). 그는 인간의 정신세계를 빙산에 비유하여 물의 표면에 떠 있는 작은 부분을 의식, 물속에 잠겨 있는 큰 부분을 무의식, 그리고 파도치는 물결에 의해서 물 표면으로 나타났다 다시 잠겼다 하는 부분을 전의식으로 보았다. [그림 2-1]은 빙산으로 설명된 프로이트의 지형학적 이론을 도식화한 그림이다. 전의식과 무의식은 의식에서 인식되지는 않지만, 실제 인간 행동에 미치는 영향은 훨씬 크다. 이것은 눈에 보이는 물 위의 부분보다 물 밑에 있는 부분이 가늠할 수 없이 훨씬 많은 빙산과 유사하다(최영민, 2010).

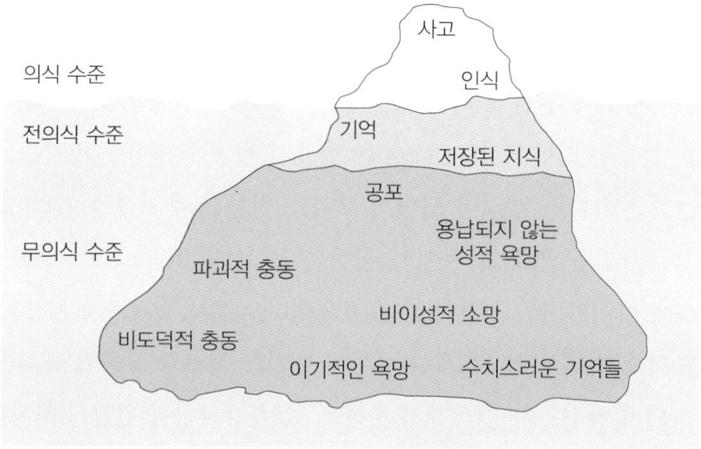

[그림 2-1] 빙산으로 표현된 지형학적 이론

의식은 주의를 기울이는 순간 곧바로 알아차릴 수 있는 정신세계로 인간의 사고, 지각, 느낌, 기억 등 개인의 모든 경험과 감각이 속해 있는 영역이다. 전의식은 무의식과 의식 영역을 연결해 주는 다리 역할을 하는 부분으로 '이용 가능한 기억'으로 불린다. 전의식은 평소에는 언뜻 떠오르지는 않지만 노력하면 금방 기억해 낼 수 있는 경험이나 기억의 부분을 의미한다. 예로는 길을 지나가다 오랜만에 만난 초등학교 동창의 이름과 같이 금방 생각나지는 않지만 정신을 집중하여 노력하면 떠오르는 기억을 들 수 있다. 무의식은 의식의 지배를 받아 자각할 수는 없는 인간의 모든 경험, 기억, 억압된 욕구와 소망 및 충동이 저장되어 있는 부분이다.

프로이트는 인간의 정신 영역 중 무의식이 신경증적 증상이나 정신병리를 유발하는 근원이 되는 것으로 보았다. 그러므로 정신분석상담에서는 인간의 무의식에서 유발된 욕구과 욕망을 파악하여 이를 의식화하는 것에 중점을 두고 있다.

무의식의 예

한 학생이 교실 청소를 하고 있는데 근처에 있던 화분이 떨어져 깨졌다. 분명히 본인과 무관하게 화분이 깨졌지만, 선생님은 학생이 잘못해서 깨진 것이라며 반성문을 써 오라고 했다. 학생은 자세히 상황 설명을 하였지만 받아들여지지 않자 할 수 없이 반성문을 썼고, 마지막에 "잘못에 대해 사과드립니다."라고 썼다. 그러나 학생은 분명히 그렇게 쓴다고 작성했음에도 불구하고 막상 반성문에는 "잘못에 대해 사고드립니다."라고 적혀 있었다. 의식에서는 반성문을 썼지만, 내심으로는 반성하거나 사과할 생각이 없다는 것을 무의식적으로 드러낸 것이다. 즉, '그것은 제가 사과할 일이 아니라 우연히 일어난 사고일 뿐입니다.'라는 무의식적 생각이 표현된 것이다.

출처: 최영민(2010), p. 88.

2) 성격의 구조와 발달

정신분석이론에 따르면 인간의 성격은 원초아(id), 자아(ego), 초자아(superego)의 세 가지 구조로 구성되어 있다. 이 세 가지 구조는 각기 서로 각기 다른 원리에 따라 작동하면서도 역동적 상호작용을 통해 한 개인의 성격을 발달시킨다.

(1) 성격의 구조

프로이트는 인간의 성격은 자아와 원초아, 초자아의 세 가지 요소로 구성되어 있다고 설명하였다. 원초아는 생물학적 구성요소이며, 자아는 심리적 구성요소, 초자아는 사회적 구성요소로 볼 수 있다. 출생 시 원초아를 가지고 태어난 신생아는 구강기, 항문기, 남근기, 잠복기, 생식기를 거치면서 자아와 초자아를 발달시켜 간다.

① 원초아

원초아(id)는 인간이 출생하면서부터 이미 존재하며 세 가지 성격 구조 중 가장 먼저 발달하는 성격의 가장 원초적 부분이다. 원초아에는 인간의 본능적 욕구, 즉 배고픔, 성욕, 갈증, 공격성 등을 포함하며 무의식에 잠재해 있는 성적 본능인 리비도와 죽음과 공격성의 본능인 타나토스가 혼재되어 있다. 이러한 원초아는 긴장은 참지 못하며 고통을 피하고 쾌락만을 추구하고자 하는 쾌락원리(pleasure principle)에 의해 지배된다. 원초아는 외부 현실이나 도덕과는 관계없이 개인의 만족만을 추구하기 때문에 본질적으로 이기적이며 충동적이다. 그러므로 성인이 되어서도 여전히 원초아가 지배적인 성격을 지닌 사람은 주변의 현실 상황을 고려하거나 사회의 윤리적 가치관에 비추어 자신의 행동을 통제하지 못하고 자신의 본능적 욕망만 만족시키는 행동을 보이게 된다.

② 자아

자아(ego)는 인간이 생후 2세가 되면서 원초아의 일부에서 발달하여 원초아의 본능적 욕구와 외적인 현실세계를 중재하고 조절하는 성격의 구조로, 주어진 현실 여건을 충분히 고려하여 무의식 수준에서 본능만을 충족시키려는 원초아의 충동을 조절하는 현실원리(reality principle)에 의해 작동된다. 그러므로 자아는 현실적이고 논리적이며 이성적이다. 그러나 자아가 원초아의 충동과 초자아의 도덕적 규제 사이에 적절히 균형을 유지하는 역할을 제대로 담당하지 못하게 되면 심리적 증상과 정신병리가 발생하게 된다.

③ 초자아

초자아(superego)는 유아기 후반(3~6세 무렵)에 자아의 일부에서 발달된다. 초자아에는 개인이 생애 초기부터 사회화 과정을 통해 부모에게서 습득한 도덕적 기준과 가치관 및 이상적 신념이 자리 잡고 있으며, 양심과 자아이상의 두 가지 하위체계로 구성되어 있다. 초자아는 현실이 아니라 이상을 나타내며, 쾌락이 아니라 도덕적 목표와 완벽을 추구하고, 인간이 부모나 사회에게서 받는 심리적 보상이나 처벌과 관련이 있다. 인간은 원초아의 충동에 의한 행동을 했을 때 부모에게 처벌을 받아 죄책감이나 열등감을 느끼면서 양심을 형성하는 반면, 좋은 행동을 해서 부모에게 보상을 받으면 자부심과 관련된 자아이상을 형성하게 된다.

원초아, 자아, 초자아 간 역동

다섯 살 여자아이가 자신이 가장 사랑하는 곰돌이 인형을 자꾸 빼앗아 가는 두 살짜리 남동생 때문에 몹시 화가 나 있다. 그러나 더 화가 나는 사실은 동생이 그녀가 독차지하던 부모님의 관심과 사랑을 모두 빼앗아 가 버렸다는 것이었다. 그녀의 바람은 동생을 때려 주고 곰돌이 인형을 다시 가져오는 것이지만, 마음속의 진정한 바람은 동생을 아예 없애 버려서 문제의 근원을 차단해 버리는 것이다(원초아). 그러나 그녀가 동생을 때렸을 때 부모님이 보였던 무서운 얼굴 표정과 많이 혼내셨던 기억이 떠오르면서 자신도 동생을 사랑하니까 그냥 동생이 가지고 놀 수 있도록 양보해 주는 게 좋겠다고 생각한다(초자아). 결국 그녀는 심사숙고한 뒤에 동생에게 봉제 동물인형을 주고 대신 자신의 곰돌이 인형을 바꾸자고 제안한다(자아).

출처: Sapiro, Friedberg, & Bardenstein (2006), p. 105.

초자아가 지나치게 강한 사람은 자아이상이 너무 이상적이어 자신에게 지나치게 높은 기대를 요구하고, 성취에 실패했을 때는 과도하고 냉혹하게 자책을 한다. 반대로 초자아가 지나치게 약한 사람은 비도덕적이고 비윤리적이며 반사회적 행동을 자주 보인다.

(2) 성격의 발달

프로이트는 생애 초기 6년이 인간의 성격발달에 매우 중요한 영향을 미친다고 보았으며, 성적 에너지인 리비도가 신체의 어떤 부위에 집중되느냐에 따라 인간의 심리성적 발달을 구강기, 항문기, 남근기, 잠복기, 생식기의 다섯 단계로 분류하였다.

① 구강기

구강기(oral stage)는 출생부터 1세까지 해당되는 시기로, 입과 입술, 혀 등을 통해 리비도가 충족된다. 이 기간 동안에는 어머니의 젖을 빨면서 섭식과 함께 구강욕구의 만족을 경험하는 구강 흡입적 행동, 그리고 치아가 돋아남에 따라 구강 공격적 행동이 나타나게 된다. 그러나 구강 만족이 충분하지 못하거나 과다하게 만족되는 경우 인간의 성격은 구강기에 고착된다. 고착(fixation)은 심적 에너지가 발달의 특정 시기 문제를 해결하는 것에만 집중적으로 투입되는 상태를 의미하는데, 특정 발달단계에 고착되면 다음 발달단계에 사용될 심적 에너지의 양이 부족해진다. 구강기에 고착되면 성인이 되어서도 지나친 구강 흡입적 행동(예: 지나친 먹기, 씹기, 흡연, 음주 등)과 구강 공격적 행동(예: 빈정거리기, 적대적 언어공격, 험담, 신랄한 비판 등)을 보이게 된다.

② 항문기

항문기(anal stage)는 1세 반부터 3세까지 해당되는 시기로, 항문의 괄약근 조절을 통한 대변의 보유와 배설 과정에서 리비도가 충족된다. 이 기간은 유아의 배변훈련 시기와 맞물리는데, 아이에 대한 부모의 배변훈련 태도가 이후 성인기 성격 형성에 중요한 영향을 미친다. 부모가 지나치게 엄격하고 강압적이며 통제적으로 배변훈련을 하는 경우 항문기에 고착된다. 순응적이지 않은 유아는 오히려 배변을 참거나 부적절한 때에 배변을 함으로써 부모에게 저항하고, 이후 성인이 되어서 난폭하고 잔인하며 무절제하고 극단적인 항문기 폭발적 성격을 형성하게 된다. 반면에 순응적인 유아는 이후 성인이 되어서 지나친 청결과 질서를 강조하는 강박적이고 결벽증적인 항문기 강박적 성격을 형성한다.

③ 남근기

남근기(phallic stage)는 3세에서 6세까지에 해당되는 시기로, 성기를 통해 리비도가 충족된다. 이 기간 동안 아동은 자신의 이성 부모에게 느껴지는 무의식적 근친상간 욕구로 인한 심리적 갈등을 경험하면서 남아는 오이디푸스 콤플렉스(Oedipus complex), 여아는 엘렉트라 콤플렉스(Electra complex)를 겪게 된다.

오이디푸스 신화와 엘렉트라 신화

프로이트는 자신의 심리학의 개념적 용어를 그리스 신화에 나오는 인물들의 이름을 사용하여 명칭하였다. 오이디푸스 콤플렉스는 그리스 신화 '오이디푸스 왕'에서 유래되었다. 오이디푸스는 출생 직후 아버지를 살해하게 될 것이라는 델포이의 신탁 예언 때문에 왕과 왕비인 부모에게 버려진다. 그러나 오이디푸스는 성인이 되어 신탁 예언처럼 자신의 생부임을 모른 채 아버지인 라이오스 왕을 죽이고 어머니인 이오카스테 왕비와 결혼하여 안티고네라는 딸을 낳게 된다. 그러나 이러한 사실이 나중에 밝혀지게 되자 어머니는 자살하고 오이디푸스는 자신의 두 눈을 파냄으로써 스스로에게 벌을 주게 된다.

한편, 엘렉트라 콤플렉스는 그리스 신화 '엘렉트라'에서 유래되었다. 트로이 전쟁의 승리자인 그리스 총사령관 아가멤논이 자신의 아내인 클리타임네스트라 왕비와 그녀의 정부에 의해 살해당한다. 이후 딸인 엘렉트라가 남자 형제인 오레스테스를 설득하여 아버지를 살해한 자신의 어머니와 그녀의 정부를 죽이고 아버지의 원수를 갚는다.

프로이트는 남아의 경우 어머니에 대한 성욕으로 인해 아버지에게는 적대감, 질투, 경쟁심을 가진다고 보았다. 그러나 남아는 자신과 아버지의 성기를 비교하면서 자신 어머니에 대한 근친상간 욕구 때문에 오히려 아버지가 자신에게 거세라는 처벌을 내릴지도 모른다는 거세불안(castration anxiety)을 느낀다. 이러한 심리적 갈등이 바로 오이디푸스 콤플렉스인데, 이를 해결하기 위하여 남아는 근친상간 욕구를 무의식에 억압하면서 아버지와 경쟁하는 대신 아버지를 닮아 가고 그 행동을 따라하며 강한 동일시를 통해 대리만족 경험을 한다. 이 과정에서 남아는 자신의 충동을 조절하면서 아버지의 도덕적 기준과 사회적 가치관을 받아들여 초자아를 발달시킨다.

프로이트는 여아의 경우 아버지에 대한 성욕으로 인해 어머니에게 경쟁심을 느끼면서 남근이 없는 불완전한 모습으로 세상에 태어나게 한 어머니를 원망하며 남근 선망(penis envy)을 가진다고 보았다. 이러한 심리적 갈등이 바로 엘렉트라 콤플렉스다. 그러나 프로이트는 여아는 거세불안을 경험하지 않기에 어머니와의 동일시를 통한 엘렉트라 콤플렉스 해결과정에서 남아에 비해 초자아 발달이 열등하다고 보았다.

어린 한스의 거세불안

프로이트는 다섯 살짜리 한스의 말 공포증을 아버지를 통해 간접적으로 치료하면서 자신의 거세불안과 오이디푸스 콤플렉스에 대한 개념을 확인하였다. 한스는 매우 영리한 아이였음에도 불구하고 어느 날부터 말에 물릴지도 모른다는 두려움 때문에 밖으로 나가려고 하지 않았다. 한스는 말에 놀라거나 물린 일도 없었다. 단지 어머니와 함께 길을 가다가 마차를 끌던 말이 쓰러져 발버둥치는 것을 본 적이 있을 뿐이었다.

어린 한스(좌측 하단)는 거대한 성기를 가진 말과 아버지를 동일시하여 말 공포증을 갖게 되었고(좌측 상단), 시가를 문 프로이트가 아버지를 통해 한스를 치료하고 있다(우측).

한스는 평소에 동물의 성기에 많은 관심을 보이고 그에 대해 자주 질문을 했다. 그리고 어머니의 관심을 끌고 어머니에게 자주 안기려 했으며 어머니가 없어질까 봐 밤에 무서워 잠을 잘 자지 못했다. 한스가 세 살이었을 때 성기를 자주 만지자, 부모는 "그런 짓을 하면 성기를 잘라 버릴 거야."라고 했고, 자신이 어머니에게 오이디푸스적 욕망을 품게 되면 아버지가 진짜로 거세할지도 모른다는 불안을 느끼기 시작했다. 이후 한스는 길거리에서 우연히 말의 큰 성기를 자주 보게 되자 거세불안이 말에 대한 두려움으로 바뀌게 된 것이다. 한스는 거대한 성기를 가진 아버지와 말을 동일시했기 때문에 말 공포증은 실은 아버지에 대한 공포, 즉 어머니를 중심으로 삼각관계인 아버지에 의한 거세공포증이었던 것이다. 프로이트는 한스의 아버지에게 이러한 심리를 설명해 주었다. 한스의 아버지는 한스의 공포증이 거세공포증임을 이해하고 이에 대해 한스와 대화를 나누었다. 아버지와의 대화를 통해 한스가 아버지는 더 이상 위험한 라이벌이 아님을 깨닫게 되면서 말에 대한 공포와 성기에 대한 집착이 사라지고 자유롭게 외출도 할 수 있게 되고 정상적으로 식사와 수면을 취할 수 있게 되었다.

출처: 이무석(2003), pp. 141-145. 발췌하여 수정함.

④ 잠복기

잠복기(latent stage)는 6세에서 12세까지 해당되는 시기로 오이디푸스 콤플렉스가 해결되면서 형성된 초자아가 강화되어 리비도가 활동을 멈추고 무의식으로 잠복하여 외적으로 평온하게 보인다. 이 단계에서 아동은 지적인 탐구가 활발해지고 사회화 과정을 경험하면서 성적 충동은 또래 동성과의 친밀감과 우정, 학교생활, 취미생활, 운동 등으로 승화된다.

⑤ 생식기

생식기(genital stage)는 12~13세의 사춘기부터 성인기까지 해당되는 시기로 잠복기에 억압되어 있던 리비도가 무의식에서 의식으로 나와 다시 활동을 시작하게 된다. 이 시기 아동은 생리적으로 이차 성징을 통해 성인으로서 성적 기능을 갖게 되고, 부모에게서 독립하여 근친상간이 아닌 성숙한 이성애착적 관계를 형성하게 된다. 그러나 프로이트는 첫 이성애 대상은 상징적으로는 비근친상간적 대상이지만 결국은 이성부모와 유사한 대상을 선정하게 된다고 보았다. 예로는 사춘기 남아의 첫사랑이 자신의 어머니와 유사한 인물이거나, 사춘기 소녀의 첫사랑이 또래 이성보다는 아버지와 유사하게 나이 많은 선생님이나 영화배우, 연예계 남자 스타 등이 대부분인 것을 들 수 있다(정옥분, 2003).

3) 불안과 방어기제

불안은 정신분석이론의 필수적인 개념으로서 심리적 에너지를 통제할 수 없을 때, 즉 원초아, 자아 그리고 초자아 간 갈등이 통제를 넘어설 때 발생하게 된다. 불안에는 현실적 불안(reality anxiety), 신경증적 불안(neurotic anxiety), 도덕적 불안(moral anxiety)의 세 가지 종류가 있다. 현실적 불안은 외부세계에서 오는 위협에 대한 두려움이며, 실제 위험의 정도에 따라 불안의 정도가 비례한다. 신경증적 불안은 본능을 통제할 수 없어 처벌받을 일을 하고 난 후 처벌받을 것에 대한 두려움이며, 그리고 도덕적 불안은 자신의 도덕적 가치관에 위배되는 일을 할 때 느끼게 되는 죄책감과 죄의식이다.

불안은 자아에 임박한 위험을 경고해 주는 중요한 기능을 담당하는데, 이때 자아가 불안을 적절히 다룰 수 없게 되면 불안을 극복하고 자아를 보호하기 위하여 자아 방어기제(defense mechanism)가 동원된다. 자아 방어기제는 개인의 발달 수준과 불안의 정도에 따라 다르게 나타나지만, 흔히 일어나는 자아 방어기제를 살펴보면 다음과 같다.

(1) 억압

억압(repression)은 위협적이거나 고통스러운 생각과 감정을 의식에서 배제하여 무의식으로 억누르는 것이다. 억압은 프로이트의 초기 주요 개념 중 하나로 다른 자아 방어기제나 신경증적 장애의 원인이 된다. 예로는 부모가 살해되는 것을 목격한 충격적인 외상사건을 마음에서 지워 버리는 기억상실증을 들 수 있다.

(2) 부인

부인(denial)은 가장 단순한 방어기제로 현실의 고통스럽고 힘든 경험을 아예 없는 것처럼 눈을 감고 무시하고 인정하지 않으려는 것이다. 부인은 억압과 유사하지만 일반적으로 전의식이나 의식 수준에서 작동한다. 예로는 사랑하는 사람의 죽음이나 자신이 불치병 진단을 받을 때 이를 인정하지 않으려 하거나 오진일 것이라며 무시하는 것을 들 수 있다.

(3) 투사

투사(projection)는 용납할 수 없는 자신의 감정이나 욕구를 다른 사람의 것으로 돌리는 것이다. 예로는 교사에 대한 적개심을 지닌 아동이 자신의 적개심을 교사에게 투사하여 교사가 자신을 미워한다고 주장하는 것을 들 수 있다

(4) 반동형성

반동형성(reaction formation)은 자신이 받아들일 수 없는 충동으로 인해 느껴지는 불

안을 해소하기 위하여 충동과 반대되는 의식적 행동과 반응을 보이는 것이다. 예로는 마음속으로는 극심한 적개심과 분노를 가지고 있는 대상에게 겉으로는 매우 친절하고 다정하게 대하면서 도움을 주는 경우를 들 수 있다. 흔히 사용되는 "미운 놈 떡 하나 더 준다."라는 속담이 반동형성에 해당된다.

(5) 합리화

합리화(rationalization)는 실망스러운 현실에서 도피하기 위하여 그럴듯한 구실을 붙이는 것으로, '신포도 반응'이라고도 불린다. 「이솝 우화」에서 여우가 포도를 몹시 먹고 싶어 함에도 불구하고 먹을 수 없자, 포도를 쳐다보면서 "저 포도는 아직 익지 않아서 너무 시기 때문에 먹을 수 없어."라고 말하는 경우를 들 수 있다.

(6) 퇴행

퇴행(regression)은 극심한 스트레스 상황에 직면할 때 자신의 요구를 관철시키기 위하여 덜 성숙된 어린 시절 발달 수준으로 되돌아가는 것이다. 예로는 동생에게 빼앗긴 부모의 관심을 되찾기 위하여 소변 가리기를 잘할 수 있음에도 불구하고 갑자기 밤에 잠자리에서 오줌을 싸거나 젖병이나 손가락을 다시 빠는 행동을 보이는 것을 들 수 있다.

(7) 치환

치환(displacement)은 위협적 대상에서 보다 덜 위협적인 대상에게 자신의 충동과 욕구를 발산하는 것이다. 예로는 직장에서 상사에게 심한 모욕을 당한 아버지가 집에 와서 아이들에게 부적절하게 화를 내는 것을 들 수 있다. 흔히 사용되는 "종로에서 뺨 맞고 한강에서 화풀이한다."라는 속담이 치환에 해당된다.

(8) 지성화

지성화(intellectualization)는 불안이나 고통스러운 감정, 성적 욕구를 회피하기 위해 정서적인 주제를 논리, 종교, 철학, 문학 등 지적이고 추상적인 주제로 전환하여 몰입하는 것이다. 안나 프로이트는 지성화를 청년기에 특히 자주 볼 수 있는 주요 방어기제로 보았다.

(9) 승화

승화(sublimation)는 성숙한 방어기제로 공격적이거나 성적인 충동을 생산적인 방향으로 바꾸어 사회적으로 용납되는 에너지로 표현하는 것이다. 예로는 공격성이 강한 사람이 축구를 열심히 하여 국가대표 선수가 되거나 성적 충동이 강한 사람이 화가가 되어 예술작품을 통해 이를 분출하는 것 등을 들 수 있다.

4) 현대 정신분석

프로이트에 의해 시작된 정신분석이론은 프로이트 사후에 자아심리학, 대상관계이론 및 자기심리학으로 발전되었다.

(1) 자아심리학

자아심리학(ego psychology)은 프로이트가 말년에 중요하게 보았던 자아의 기능을 보다 구체화하고 자아의 자율적 기능을 강조하는 이론으로, 대표적인 학자로는 프로이트의 방어기제 개념을 확장시킨 안나 프로이트(Anna Freud)와 자아심리학의 아버지라 불리는 하르트만(Hartmann)을 들 수 있다.

자아심리학은 자아가 원초아에서 파생한 것이 아니라 그와 무관하게 독립적으로 발달하며, 현실검증, 충동통제, 정서조절, 판단과 행동, 대인관계, 논리적 사고, 성격의 통합 등 자율적 기능을 가지고 있다고 보았다. 고전적 정신분석에서는 자아의 주된 기능이 원초아와 초자아 간 갈등을 중재하는 것이라고 본 반면, 자아심리학에서는 원초아의 충동과 상관없이 독립적으로 기능하는 자율적인 자아(autonomous ego)의 기능을 중요시하였다. 그러므로 자아심리학에 근거한 정신분석상담에서는 자아 기능 강화에 초점을 두며, 심리적 갈등은 결국 자아의 강화를 통해 해결될 수 있다고 본다.

안나 프로이트는 프로이트의 정신분석을 아동에게 적용시켰으며, 체계적이고 실증적인 연구를 통하여 자아의 다양한 방어기제를 보다 구체화하여 설명하였다. 하르트만은 인간은 출생 시 원초아로만 구성되어 있으며, 이후 성장과정에서 자아가 발달된다는 프로이트의 주장과는 달리, 인간은 출생 시 원초아도 자아도 없이 단지 미분화된 자아-원초아 모체(undifferentiated matrix)만 있을 뿐이라고 주장하였다. 그러나 이후 유아가 적절하게 성장할 수 있는 환경이 제공되기만 하면 미분화된 모체로부터 자아가 비로소 제 모습을 갖게 되고 환경에 적응하며 잘 성장할 수 있게 된다고 하였다.

(2) 대상관계이론

대상관계이론은 어머니와 유아 간 관계에 중점을 둔 이론으로, 대표적인 학자로는 위니컷(Winnicott)과 말러(Mahler)를 들 수 있다. 이들은 인간의 성격발달이 3~6세 유아기 성욕과 관련하여 경험하는 오이디푸스 콤플렉스에 의해 형성된다는 프로이트의 이론을 비판하면서, 오히려 출생부터 3세까지 어머니와 맺은 상호작용 관계경험이 인간의 성격발달에 영향을 준다고 보았다. 대상관계이론의 주요 개념인 대상(object)과 대상관계(object relation), 충분히 좋은 어머니(good-enough mother) 그리고 분리-개별화(separation-individuation)를 설명하면 다음과 같다.

① 대상과 대상관계

대상(object)이란 태어나서 최초로 관계를 맺는 양육자로 대표되는데, 아동은 어머니와의 관계 경험을 통해 실재하는 사람이나 사물을 의미하는 외적 대상(external object), 그리고 외적 대상과 관련되어 심리적으로 경험되는 심적 표상인 내적 대상(internal object)을 형성한다. 또한 아동은 자신의 욕구를 충족시켜 주는 좋은 대상과 욕구를 좌절시키는 나쁜 대상을 형성한다. 외적 대상과 내적 대상의 중간 영역에 위치하면서 나와 나 아닌 세계의 연결을 도와주는 대상인 중간대상(transitional object)은 아동이 어머니에게서 안전하게 독립하여 자아를 형성해 갈 수 있도록 도와주는 역할을 한다. 예로는 어머니 부재 시 아동이 자신과 어머니를 연결지어 주는 위로대상이자 어머니의 대체물로 사용하는 포근한 이불이나 곰인형 등을 들 수 있다.

대상관계(object relation)는 자기와 대상 간의 상호작용으로, 아동은 어머니와의 관계 경험을 통해 형성한 심상인 표상을 내면화한다. 이렇게 형성된 대상관계는 이후 성장 과정에서 타인과 관계를 형성하고 상호작용하는 방식에 지속적으로 영향을 미친다.

② 충분히 좋은 어머니

위니컷은 어머니의 양육과정이 유아의 심리 성장과 정서 발달에 절대적으로 중요함을 강조하면서 충분히 좋은 어머니(good-enough mother)가 대상관계의 질을 결정한다고 보았다. 충분히 좋은 어머니는 자녀의 욕구와 기대를 공감적으로 이해하여 지속적으로 충족시켜 주면서 자녀로 하여금 전능감과 안전감을 가지고 외부 현실을 경험할 수 있도록 돕는 안아 주기 환경(holding environment)을 제공한다. 안아 주기 환경은 일차적으로 신체적 안아 주기를 포함하지만, 유아의 의존욕구를 충족시켜 주면서 감정 교류와 접촉을 충분히 해 주어 유아에게 필요한 모든 환경을 충분히 제공하는 것이다. 이는 유아의 세계를 침범하거나 지나치게 통제하거나 반대로 유아에게 무관심한 것을 의미하지는 않는다.

위니컷이 설명한 충분히 좋은 어머니 개념은 [그림 2-2]와 같다(최영민, 2010). 첫째, 충분히 좋은 어머니는 유아가 어머니를 찾거나 흥분된 시기에는 유아의 몸짓과 자발적 욕구에 대해 거울 반응(mirroring)을 해 주지만, 유아가 어머니를 찾지 않거나 홀로 있는 고요한 시기에는 유아를 침범하거나 요구하지 않고 가만히 내버려둔다. 충분히 좋은 어머니는 유아가 선택하고 함께하는 중간대상을 있는 그대로 인정해 주고 존중해 준다. 마지막으로, 충분히 좋은 어머니는 유아의 공격적이고 파괴적인 행동에 보복하지 않고 견뎌 내는 모습을 보여 줄 때, 유아는 자기의 공격적인 행동에 보복하지 않고 견뎌 낸 어머니를 통해 현실과 타인이라는 대상을 인식할 수 있게 된다.

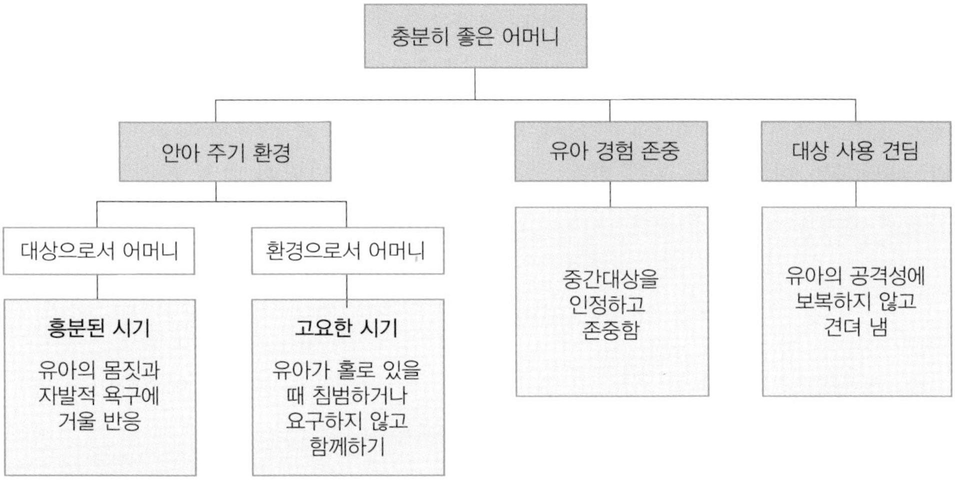

[그림 2-2] 충분히 좋은 어머니

출처: 최영민(2010), p. 531. 발췌하여 재구성함.

(3) 자기심리학

자기심리학(self psychology)은 인간 심리의 근본 동기를 건강하고 행복한 자기(self)로 발달하려는 욕구로 보는 이론으로, 대표적인 학자로는 코허트(Kohut)를 들 수 있다. 자기심리학에서는 자기애(narcissism)를 중요하게 보고 있는데, 프로이트는 자기애를 자기에 대한 사랑이나 자기 몰두 때문에 상대적으로 타인에 대한 사랑이나 타인과의 관계 형성 능력이 결여되는 것으로 보았다. 반면에 코허트는 자기애를 병리적으로 보지 않고 인간이 발달하는 과정에서 정상적으로 나타나는 것이며, 인생 주기에 적합하게 자기를 강화하려는 욕구로 보았다. 그러므로 자기애는 타인에 대한 애정에 우선할 뿐 아니라, 타인에 대한 사랑으로 발달해 가는 과정을 이끄는 주최자의 역할을 담당한다.

프로이트는 생애 초기에 유아가 홀로 생을 시작한다고 본 반면, 코허트는 생애 초기부터 유아는 부모와 상호작용 하면서 자기감(sense of self)을 발달시킨다고 보았다. 그러므로 유아의 욕구나 감정에 대한 부모의 공감적 태도는 유아가 통합된 자기를 발달시키는 데 매우 중요한 요인이 된다.

자기심리학에서는 인간이 현재 보이는 심리적 장애의 핵심을 자기 결손(defective self)으로 보며, 자기 결손의 원인은 어린 시절 부모에게서 충분한 공감과 보살핌을 받지 못해 건강한 자기-자기대상 관계를 형성하지 못한 채 자기의 성장이 멈춰지거나 왜곡된 상태가 되었기 때문이다. 그러므로 자기심리학에 근거한 정신분석상담에서는 상담자가 내담자에게 자기대상이 되어 충분한 공감반응을 제공하는 것에 중점을 둔다. 내담자는 이 과정을 통해 방해받았던 자기 성장과 발달이 다시 활성화되어 결국 건강한 자기를 형성하게 된다.

4. 상담 목표 및 과정

1) 상담목표

정신분석상담의 목표는 내담자의 무의식에 내재되어 있는 심리적 상처와 해결되지 못한 욕구와 충동을 의식화시킴으로써 현재 내담자가 보이는 증상을 일으키는 근본적 원인에 대한 통찰(insight)을 얻는 것이다. 이 같은 통찰을 통해 내담자는 자신을 좀 더 잘 알아가고, 좀 더 진실하고 실제적으로 자신을 느낄 수 있다. 내담자는 합리적이고 현실적인 자아의 기능을 강화하여 증상과 관련된 무의식적 충동을 조절하고 잘 다스리게 함으로써 심리적 문제를 해소할 수 있다.

프로이트는 정신분석의 목표를 내담자의 신경증적 고통(neurotic misery)을 보통의 불행(common unhappiness)으로 바꿔 주는 것으로 보았다. 예를 들면, 형부를 사랑하는 죄책감 때문에 다리에 마비가 온 처녀의 경우는 '신경증적 불행'을 경험하고 있지만, 정신분석상담을 통해 마비의 원인인 무의식적 욕구를 통찰하면 마비 증세가 완치되고 형부에 대한 사랑과 고민인 '보통의 불행'만 남게 된다는 것이다(이무석, 2003).

2) 상담과정

정신분석상담은 증상의 뿌리에 해당되는 무의식적 충동이나 갈등을 깊이 탐색하여 해결하는 심층치료이기 때문에 상담기간이 몇 년씩 걸리며 그 과정도 고통스럽고 험난한 과정이 될 수 있다. 정신분석상담의 과정은 초기 단계, 전이의 발달, 훈습 그리고 전이의 해결이라는 네 단계로 이루어지는데, 각 단계별 특징을 살펴보면 다음과 같다.

(1) 초기 단계

정신분석상담은 첫 번째 접촉에서 시작된다. 내담자는 자신의 갈등이나 부정적 감정, 현재 생활에서의 어려움, 가족배경과 아동기 발달사 등의 심리적 상태를 말하고 상담자는 내담자가 이야기하는 정보의 표면적 측면을 다룬다. 초기 단계는 3~6개월 동안 지속된다.

(2) 전이의 발달

정신분석상담의 두 번째 단계는 전이(transference)의 발달이다. 내담자는 상담이 진행되면서 내담자가 과거에 중요한 인물들에게 느꼈던 감정이나 생각을 상담자에게 투사하는 전이를 보이게 된다. 전이는 내담자가 무의식에 억압된 아동기 기억과 무의식적 환상들을 의식의 표면으로 떠올리면서 상담자를 통해 재체험하는 것이다. 예로는 어렸을 때 매우 엄격하고 권위적인 아버지 또는 차갑고 매정한 어머니에게 느꼈던 부정적 감정과 억압된 분노가 상담자에게 귀인되어 내담자에게는 상담자를 동일한 인물로 느껴지는 것을 들 수 있다. 이런 경우 내담자는 상담자를 매우 엄하고 애정이 없으며 가까이 하기에 거리감이 드는 존재로 인식하고 적대감을 가지게 된다. 반대로 내담자가 상담자에게 긍정적 전이를 보일 수 있는데, 이런 경우 내담자는 상담자를 사랑하게 되거나 상담자의 사랑과 인정을 받기 위하여 갖은 노력을 한다. 전이는 정신분석상담의 핵심적 치료개념으로서 상담자는 내담자가 보이는 전이에 대해 중립적인 태도를 유지해야 한다.

(3) 훈습

훈습(working through) 단계는 전이의 발달과 동시에 발생하며 지속적으로 전이와 통찰을 반복 경험하는 것이다. 개인의 무의식적 갈등에 대한 몇 번의 지적인 수준의 통찰은 충분한 행동의 변화를 이끌어 내지 못한다. 그러므로 내담자는 통찰을 토대로 자신의 생활을 변화시키려고 노력하다 다시 일시적으로 증세가 악화되면 또다시 통찰을 반복해서 경험하는 훈습과정을 거친다. 이러한 과정은 보통 3년에서 5년 혹은 그 이상의 시간을 요할 수 있다.

(4) 전이의 해결

훈습과정을 통해 상담자에 대한 내담자의 전이가 해결되면 상담은 종결 단계에 이른다. 상담목표인 내담자의 무의식적 신경증이 잘 해결되었다고 판단될 때 상담은 종결된다. 그러나 종결 단계에서는 내담자의 증상이 갑작스럽게 심화되거나 악화되는 경우가 있는데, 이는 상담자와의 관계를 단절시키고 싶지 않아 수동적이고 의존적인 행동을 지속하려는 내담자의 무의식적 동기에서 유발된 행동이다. 그러므로 종결 단계에서는 종결 이후 일어날 일과 내담자가 느끼는 감정이나 태도에 대한 분석까지 포함되어야 한다.

5. 상담기법

1) 자유연상

정신분석상담의 핵심치료기법인 자유연상(free association)은 내담자로 하여금 편안한 카우치에 누워 무엇이든 마음에 떠오르는 생각, 감정, 기억을 자유롭게 이야기하도록 하는 기법이다. 상담자는 내담자에게 아무리 고통스럽고 어리석고 사소하고 비논리적이며, 공개적으로 이야기하기에 부적절한 것일지라도 마음에 떠오르는 모든 것을 가능한 한 많이 이야기해 달라고 지시한다. 상담자는 내담자의 감정이나 주의가 분산되지 않도록 내담자의 시선이 미치지 않는 옆자리나 뒤쪽에 앉아 내담자의 자유로운 연상의 흐름을 방해하지 않도록 한다.

자유연상은 내담자 내면에 존재하는 무의식적 소망, 환상, 갈등, 충동으로의 문을 열기 위해 사용하는 기법이다. 내담자는 자유연상을 통해 과거 경험을 회상하고 억압되거나 차단되어 있는 다양한 감정을 경험하게 된다. 상담자는 내담자의 자유연상을 들으면서 표면적 내용뿐 아니라 그 내용 이면에 감춰진 의미까지 헤아리면서 탐색해야 한다. [그림 2-3]은 프로이트가 자유연상을 위해 직접 자신의 치료실에서 사용했던 카우치의 사진이다.

[그림 2-3] 프로이트가 직접 사용했던 카우치

2) 꿈의 분석

무의식적으로 억압된 욕망과 해결되지 못한 충동은 내담자의 꿈을 통해서도 드러난다. 프로이트는 꿈에는 개인의 무의식적 소망과 욕구, 두려움 등이 표현되기 때문에 꿈을 '무의식으로 가는 왕도'로 보았다. 수면을 하는 동안에는 무의식에 대한 자아의 방어가 허술해지기 때문에 억압된 욕구, 본능적 충동, 무의식적 소원들이 의식의 표면으로 보다 쉽게 떠오른다. 그러나 이들 중 일부는 개인이 받아들이기 너무 고통스럽고 위협적이기 때문에 현실적으로 보다 수용하기 쉬운 내용으로 위장되거나 상징적인 형태로 표현되기도 한다.

꿈의 분석 예

프로이트의 자유연상을 통한 꿈의 해석의 예

주인공 여성	주인공 남편	주인공의 친구 여성

남편이 호감을 보인 친구에게 질투를 느껴요.	정육점 주인으로 우직하고 성실해요. 실찐 체형의 여성을 좋아해요.	마른 체형이지만 살을 찌우고 싶어해요. 훈제연어 요리를 좋아해요.

현실 상황

주인공 여성이 남편과 식사를 하고 있어요.

남편이 그녀의 여자 친구를 칭찬하자 친구에게 질투심을 느끼죠.

그날 밤 꿈

꿈의 해석

출처: 박지영, 배영헌(2010), pp. 160-161.

무의식의 왕도인 꿈

30대의 여선생님이 있었다. 시어머니의 비인간적인 시집살이로 불안신경증이 왔다. 그런데 그녀의 꿈이 흥미로웠다. 더운 날이었는데, 마당에 개 한 마리가 돌아다녔다. 늙고 털이 빠진 흉측스러운 개였다. 작대기를 들고 쫓아가면서 그 개를 두들겨 패 줬다. 개는 비명을 지르며 달아났다. 개가 사립문을 나서면서 그녀를 돌아보았다. 놀랍게도 개는 시어머니의 얼굴 형상을 하고 있었다. 여선생님은 깜짝 놀라서 잠을 깼다.

출처: 이무석(2003), p. 77.

프로이트는 꿈을 해석하는 여러 가지 절차를 제시했다(이무석, 2003). 첫째, 꿈을 이야기할 때 말한 순서대로 연상시키고 해석해 준다. 둘째, 꿈 내용 가운데서 어떤 특별한 부분, 즉 가장 인상적이거나 유난히 선명한 부분 등을 선택해 해석을 해 준다. 셋째, 방금 말한 꿈과 관련해 마음속에 떠오르는 전날의 사건을 물어보는 것이다. 마지막으로, 내담자가 꿈의 해석을 익숙하게 하는 경우에는 상담자가 어떠한 지침이나 지시를 하지 않고 꿈 연상을 내담자에게 맡기는 것이다.

이와 같은 절차를 사용하여 상담자는 내담자가 이야기하는 꿈의 내용과 꿈으로 인해 유발되는 감정을 분석하고 내담자는 이를 통해 꿈이 주는 현재 상황에 대한 이해뿐 아니라 무의식적 정보에 대한 새로운 통찰을 얻게 된다.

3) 해석

해석(interpretation)은 상담자가 자유연상이나 꿈, 저항, 전이 등에서 나타난 내담자 행동의 의미를 지적하고 설명하며 가르치는 기법이다. 이러한 해석을 통해 내담자는 이전에는 인식하지 못했던 자신의 무의식적 내용을 차츰 의식적으로 이해하고 받아들일 수 있다. 그러나 적절한 해석을 하기 위하여 몇 가지 주의점이 있다.

첫째, 상담자가 해석을 시도하는 시기가 적절해야 한다. 해석하려는 내용을 내담자가 의식적으로 인지하기를 시작하지도 않았을 시점에 성급하게 해석을 하면 내담자는 해석한 내용을 거부하고 저항할 수 있다. 둘째, 상담자는 내담자가 받아들여서 견딜 수 있을 수준까지만 해석을 해야 한다. 일반적으로 해석은 항상 표면적인 것부터 시작하여 내담자가 정서적으로 심리적 상처나 충격을 받지 않고 수용할 수 있을 깊이까지 해야 한다. 마지막으로, 상담자는 내담자의 무의식적 감정이나 갈등을 해석하기 전에 상담에 협조하지 않는 내담자의 저항이나 방어기제를 우선 지적하여 해석해 주어야 한다.

해석의 예

"(부모가 이혼한 후) 함께 살지 않는 당신의 아버지는 매주 당신을 보러 오겠다고 약속했지만 자주 약속을 어겼었습니다. 아마도 당신이 다른 사람을 전혀 믿지 못하는 이유 중 한 가지는 만나러 오겠다던 약속을 자주 어긴 아버지 때문이었을 수 있습니다."

"당신이 너무 심하게 울고 자주 우울해지는 것은 어머니에게 상처를 준 자신에게 벌주기 위해서라는 생각은 안 하십니까?"

4) 전이의 분석

내담자는 상담자와의 전이관계를 통해 무의식을 드러낸다. 그러므로 상담자는 내담자가 상담자에게 보이는 태도나 행동을 주의 깊게 관찰하여 그것이 어떠한 의미를 지니는지 이해하고 분석해야 한다. 전이의 분석을 통해 내담자는 현재 자신의 적응에 영향을 미치고 있는 과거 경험을 통찰하게 된다. 이를 통해 내담자는 과거 경험에서 중요한 타인과의 관계, 특히 부모와 자녀 간에 이루어졌던 관계 경험과 관련된 다양한 감정을 재경험하며 해소하고, 통찰하면서 오랫동안 지속되어 온 자신의 행동 양식을 바꿀 수 있다.

전이의 분석 예

"당신은 지금 제게 화가 나 있는 것처럼 보입니다."

"당신은 마치 바보같이 걸리적거리는 존재인 것처럼 저를 대하고 있네요."

"요즘은 저(상담자)와 관련된 꿈을 아주 많이 꾸시는 것 같군요."

그러나 상담자 측면에서도 자신의 아동기 경험과 관련된 무의식적 충동과 감정으로 인해 내담자에 대한 개인적 편견이나 갈등을 경험하는 비합리적 치료반응인 역전이(counter transference)가 일어날 수 있다. 예로는 스스로 매우 중요한 존재로 인정받고 싶거나 타인을 세심하게 돌보고 완벽하게 도와주어야 한다는 내적 욕구를 가진 상담자의 경우, 어머니의 사랑을 받지 못한 내담자가 상담자에게 전이를 보이면 내담자가 더욱 유아적으로 상담자에게 의존하게 만듦으로써 내담자 자신이 심리적 독립을 못하도록 하는 역전이를 보일 수 있다. 이러한 역전이는 상담의 객관성을 저해한다. 그러므로 상담자는 자기분석과 개인지도감독(supervision)을 통하여 자신의 주요한 무의식적 갈등을 미리 해결하거나 상담 상황에서 역전이를 발견하고 자신의 욕구나 갈등을 분리하는 작업을 소홀히 해서는 안 된다.

프로이트의 자기분석

프로이트는 1986년 10월 자신의 아버지가 돌아가시자 알 수 없는 죄책감, 우울증과 신경증에 시달리다가 아버지 장례식 날 밤에 꿈을 꾸고 자기분석을 시작하였다. 꿈에서는 프로이트의 아버지가 프로이트를 뒤에서 잡고 있었고, 어린 프로이트는 어머니의 나체를 보며 흥분하고 있었다. 그리고 수염이 난 입술이 남근과 같은 시가를 물고 있었으며, 장례식에 참석하는 친척들과 시신 운구 마차가 보이고 정거장에는 '눈을 감아 주세요.'라는 문구가 써 있었다. 프로이트는 어머니에 대한 근친상간적 소원을 가지고 있었다. 그래서 아버지를 두려워했다. 그리고 아버지의 장례식을 간소하게 치르는 것에 대해서 아버지에게 죄책감을 느끼고 있었다. 꿈에서 눈을 감으라는 말을 들었는데, 이는 장례식을 간소하게 치르는 자기의 잘못을 눈감아 달라는 의미, 즉 아버지에 대한 자기의 잘못을 용서해 달라는 의미였다. 프로이트는 아버지의 사망 이후 3년간에 걸쳐 자기분석을 실시하였다.

출처: 이무석(2003), p. 37.

5) 저항의 분석

저항은 상담의 진행을 방해하고 내담자가 무의식적 욕구를 드러내고 표출하는 것을 방해한다. 저항은 억압했던 무의식적 자료를 의식의 표면으로 드러내는 것을 주저하는 것으로, 현 상태를 유지시키면서 변화를 제지하는 모든 생각, 태도, 감정 및 행동을 포함한다. 예로는 상담시간 약속을 어기거나, 상담시간에 침묵하거나, 정작 중요한 감정이나 경험은 털어놓지 않고 의미 없는 사소한 말을 반복하는 것 등을 들 수 있다.

이러한 저항은 내담자가 자신의 억압되어 있던 충동이나 감정이 의식의 표면으로 드러나는 것에 대한 불안에게서 스스로를 보호하기 위해 발생한다. 그러므로 상담자는 내담자가 보이는 명백한 저항을 지적하고 분석하여 내담자 스스로 저항의 이유를 인식하고 저항에 직면하도록 도와야 한다.

저항의 분석 예

"제가 보기에 지금 이러한 이야기를 하는 게 당신에게는 매우 힘들어 보이는군요"

"(오랜 침묵) 오늘은 말씀하기 어려운 것처럼 보입니다. 지금 무슨 생각을 하고 계신지 말씀해 주시겠습니까?"

"당신은 뭔가를 회피하려고 하는 것처럼 보이네요. 오늘 약속시간보다 늦게 오셨고, 말씀이 별로 없으시고, 방금은 할 말이 있었는데 잊어버렸다고 하셨죠? 무엇인가 회피하고 싶으신가 봅니다."

6) 안아 주기

안아 주기(holding)는 현대 정신분석상담인 대상관계이론에서 주로 사용되는 기법으로 상담자가 내담자와의 치료관계를 형성하기 위하여 가져야 할 치료적 태도다. 이는 어머니가 자녀의 욕구와 내적인 심리 상태를 민감하게 알아차려서 적절하게 일관성 있는 반응을 제공하여 자녀가 스스로 이해받고 있으며 가치 있고 사랑받는 존재라고 느끼게 해 주는 것과 동일하다. 이러한 태도는 충분히 좋은 어머니(good-enough mother)가 제공하는 안아 주기 환경(holding environment)을 내담자가 재경험하여 심리적으로 새로운 탄생과 성장을 할 수 있도록 돕는다. 내담자는 상담자와의 관계에서 일관되게 안아 주기를 경험하게 되면 내담자 자신도 점차 자신과 타인을 깊이 있게 이해하고 안아 주는 능력(holding capacity)를 증진시킬 수 있다. 안아 주기는 언어적 수단뿐 아니라 내담자 경험에 대한 깊이 있는 이해와 수용적 태도, 상담과정에서 내담자가 보이는 불안이나 정서적 갈등을 충분히 받아 줄 수 있는 능력을 내담자에게 보여 주는 것까지 포함된다.

6. 아동상담에의 적용

아동정신분석상담의 시초로 프로이트가 말 공포증이 있는 다섯 살 된 한스라는 아동의 증상을 아버지를 통해 간접적으로 치료한 사례를 들 수 있지만, 프로이트 자신은 아동을 대상으로 한 정신분석상담에 주요 관심을 두지 않았다. 프로이트 이후 정신분석상담자들은 아동정신분석상담에도 자유연상을 그대로 사용하였으나, 성인과 달리 아동은 언어표현이 미숙할 뿐 아니라 자신의 과거 탐색이나 자유연상을 거부한다는 치료적 제한점이 있음을 깨닫고 놀이를 도입하였다. 최초로 아동정신분석상담에 놀이를 활용한 사람은 허그 헬무스(Hug-Hellmuth)였으며, 이후 아동정신분석상담의 두 축인 빈 정신분석학파인 안나 프로이트와 영국정신분석학파인 멜라니 클라인에 의해 아동의 놀이는 필수적인 치료기법으로 활용되었다.

안나 프로이트와 멜라니 클라인 두 학파 모두 정신분석상담을 아동에 적용하였으나 몇 가지 입장에서 차이를 보였다.

첫째, 안나 프로이트는 성인 내담자와 아동 내담자의 본질적인 차이에 대해 강조하였다. 성인 내담자는 정신분석을 받을 것인가에 대한 결정을 스스로 내리지만 아동은 언제나 부모나 주변 성인에 의해 결정되기 때문에 아동정신분석상담에서는 성인의 정신분석상담에서 나타나는 증상인식, 자발적인 분석결정, 상담치료에의 의지가 결여되어 있다고 하였다. 반면에 멜라니 클라인은 평범하게 성장하고 있는 3세 아동도 정신분석에 큰 관심을 가지고 있으며, 오히려 성인의 경우보다 더 효과적일 수 있다고 주장하였다. 신경증을 보이는 아동에게는 성인과 동일한 정신분석을 실행할 수 있으며, 이러한 아동정신분석이 이후 성인으로까지 확대될 수 있는 심리적 고통과 심각한 경험으로부터 아동을 보호할 수 있는 예방분석이 된다고 보았다.

둘째, 전이에 대해 멜라니 클라인은 아동이 첫 상담회기부터 치료에서 행하는 모든 것이 전이의 표현이라고 본 반면에, 안나 프로이트는 아동은 즉시 전이를 형성하지 못하기 때문에 아동정신분석 치료가 경과함에 따라 점차적으로 전이가 발전된다고 보았다.

셋째, 안나 프로이트와 멜라니 클라인은 아동의 놀이를 아동이 자신을 자유롭게 표현하도록 돕고 과거를 다루고 자아를 강화하는 도구로 활용하였으나, 놀이를 활용하는 접근에 차이가 있었다. 안나 프로이트는 아동과 상담자 사이에 형성되는 감정적 관계가 매우 중요하다고 보았기 때문에 아동의 놀이를 치료동맹을 맺고 라포 형성을 위한 수단으로 활용하였다. 그러나 아동 놀이의 대부분은 일상 경험의 단순한 반복적 표현이므로 이를 분석하고 해석하는 것은 불필요하며, 오히려 상담자와의 관계가 진전되면 언어적 상호작용을 통해 상담을 진행해야 한다고 주장하였다. 반면에 멜라니 클라인은 성인이 자신의 꿈을 통해 다양한 연상을 하는 것처럼 아동은 놀이를 통해 무의식적 욕구와 불안 및 충동을 충분히 표현하기 때문에 아동의 모든 놀이를 성인 내담자의 자유연상과 동일한 것으로 보았다. 그러므로 멜라니 클라인은 아동이 표현하는 모든 놀이의 상징적 의미에 대한 구체적인 탐색과 해석에 강조점을 두었다.

넷째, 안나 프로이트는 아동의 내적인 세계와 무의식과 더불어 아동의 변화하는 환경과의 연속적인 상호작용도 중요하다고 본 반면에, 멜라니 클라인은 아동의 무의식적인 내적 세계와 역기능적 내적 대상에 대한 기술과 해석에 집중하였다. 대상관계이론은 아동이 심리적 탄생부터 3세까지 어머니와의 관계에서 어떻게 분리와 개별화를 통해 성장하는지를 개념화하여 아동정신분석상담의 이론을 한 단계 확장하였다. 특히 아동은 연령의 특수성상 부모의 영향력을 직접적으로 받기 때문에 성장과정에서 중요타자와의 관계 속에서 형성한 심리적 표상과 부모-자녀관계가 어떠한지를 체계적으로 이해할 수 있는 정보를 제공했다는 점에서 의의를 둘 수 있다. 대상관계이론은 정상아동을 대상으로 한 관찰연구를 통해 생애 초기 3년 동안 어머니와의 대상관계 측면에서 아동이 자아표상과 타인표상을 형성하는 구체적인 발달단계와 기제, 그리고 충분히 좋은 어머니와 안아 주는 모성역할 개념을 제시하였다. 그러므로 대상관계이론은 아동상담 현장에서 부모교육뿐 아니라 어머니와 병리적 관계를 맺고 있는 아동을 상담하는 데 활용되고 있다.

정신분석상담은 장기간에 걸쳐 내담자의 무의식을 탐색하여 의식화하기 때문에 아동과 부모 모두에게 힘든 과정이 될 수 있다. 특히 아동의 언어 및 발달적 특성상 무의식에 대한 의식화 과정에 제한점이 있고, 더욱이 지적발달장애 아동과 같이 인지적 능력에 제한이 있는 아동의 경우 무의식 탐색을 통한 인지적 통찰이 어렵다는 제한점이 있다.

요약

프로이트에 의해 창시된 정신분석이론은 정신적 결정론과 무의식이라는 두 가지 개념을 기본적으로 가정한다. 즉, 인간의 현재 외부적으로 나타나는 행동은 생애 초기 6년간의 모든 경험, 기억, 억압된 욕구와 자료들이 저장되어 있는 무의식에 의해 좌우된다는 것이다. 무의식은 인간이 의식하지 못하는 사이 신경증적 증상이나 행동을 유발하는 근원이 된다.

정신분석상담의 목표는 무의식적 갈등을 의식화하고 자아의 기능을 강화하여 개인의 성격구조를 재구성하는 데 있다. 상담자는 내담자가 자유연상을 통해 자신의 무의식적 갈등과 욕구를 의식화할 수 있도록 도와야 하며, 내담자는 과거 중요 인물에게 느꼈던 감정과 욕구를 상담자에게 투사하는 전이관계와 이를 반복하는 훈습과정을 통해 자신의 무의식을 의식화하는 통찰을 경험하게 된다. 상담기법으로 자유연상, 꿈, 전이 및 저항의 분석, 해석, 안아 주기 등이 사용된다.

프로이트의 고전적 정신분석이론은 놀이를 활용한 아동정신분석을 확장한 안나 프로이트, 하인츠 하르트만의 자아심리학, 멜라니 클라인의 영국학파, 그리고 무의식적 충동보다 생후 3년 동안 형성한 어머니와의 대상관계 측면에 초점을 둔 위니컷과 말러의 대상관계이론, 그리고 하인츠 코허트의 자기심리학으로 계승되었다.

활동

1. 나의 어린 시절 돌아보기

정신분석상담에서는 인간의 생후 6년간의 경험이 성격 형성과 적응에 중요한 영향을 미친다고 보았다. 그렇다면 자신의 과거 경험이 현재 자신의 대학생활과 삶의 질, 대인관계에 얼마만큼 영향을 미친다고 생각하는지 자신의 입장을 정리하여 토론해 보자.

- 기억나는 가장 어린 시절의 경험은 무엇인가?
- 어린 시절 경험으로 인해 지금까지 영향을 받고 있는 징크스나 버릇, 개인적 특성이 있는가?
- 어머니와의 관계가 현재의 자신의 성격 형성과 대인관계 특성에 어느 정도 영향을 미치고 있는가?

2. 나의 중간대상 탐색하기

중간대상은 아동이 어머니에게서 안전하게 독립하여 자아를 형성해 갈 수 있도록 도와주는 역할을 하며, 어머니 부재 시 아동이 자신과 어머니를 연결지어 주는 위로대상이자 어머니의 대체물이다(예: 포근한 이불, 곰인형 등). 어린 시절 나의 중간대상에 대해 이야기해 보자.

- 나의 중간대상은 무엇이었는가?
- 중간대상에 대한 기억, 느낌, 경험, 추억은 무엇인가?
- 나는 중간대상을 언제 어떻게 떠나보냈으며, 당시의 기억, 느낌, 경험은 무엇이었나?

3. 충분히 좋은 어머니에 대한 경험 탐색하기

나의 주변 사람들 중 충분히 좋은 어머니가 있는지 살펴보고, 이에 대해 이야기해 보자.

- 충분히 좋은 어머니는 누구인가?
- 충분히 좋은 어머니에 대한 기억, 느낌, 경험, 추억은 무엇인가?
- 나는 미래에 충분히 좋은 어머니가 될 수 있을까? 이를 위해 현재 내가 할 수 있는 일이나 준비할 것은 무엇인가?

Chapter 03

분석심리 접근

나의 삶은 스스로 실현되려고 하는 무의식의 이야기다. 무의식에 있는 모든 것은 밖으로 드러나 스스로를 표출하려고 한다. 인간의 성격 역시 그에게 주어져 있는 무의식적 조건들 속에서 벗어나 스스로를 드러내 보이려고 하며, 스스로를 하나의 전체로 체험하려고 한다.

- Carl Gustav Jung

스위스의 정신의학자 융(Carl Gustav Jung)은 분석심리학의 창시자다. 융의 심리학은 어릴 때의 가정환경, 독특한 개인적 체험과 꿈, 정신의학도로서의 관심, 프로이트와의 만남과 결별, 환자들과의 경험, 아프리카를 비롯한 여러 나라를 여행하면서의 경험, 신화 · 종교 · 연금술 등에 대한 해박한 지식 그리고 일생에 걸쳐 이루어진 자기 분석을 통해 형성되었다.

카를 구스타프 융(1875~1961)

1. 발달 배경

융은 1875년 스위스의 조그만 읍인 캐스빌에서 목사의 아들로 태어났다. 어머니가 정서장애로 오랫동안 요양생활을 하였기에 어린 시절 어머니의 돌봄을 받지 못한 융은 다락방에서 자신이 만든 나무 인형과 돌을 갖고 놀면서 많은 위안을 받았다.

정신의학도 시절 융의 동료들이 환자의 증상, 기록, 통계적 처리나 최종 진단에만 관심을 가졌던 것과는 달리, 융은 정신적으로 병든 사람의 내부에서 실제로 벌어지고 있는 일들에 대한 답을 찾는 데 집중하였다(Jung, 1995). 그 후 융은 취리히에서 정신분열증의 개념을 발전시킨 브로이어(Breuer)를 만나 정신병에 대해 배웠으며, 파리에서 정신의학자 자네(Jeunet) 밑에서 공부하면서 그의 영향을 받았다.

융에게 가장 큰 영향을 미친 사람은 프로이트(Sigmund Freud)였다. 융은 프로이트의 무의식 연구에서 많은 암시와 자극을 받았으며, 프로이트는 융에게 국제정신분석학회 회장직을 맡기기도 했다. 그러나 리비도를 성적 에너지로 국한한 프로이트의 견해와 달리, 융은 리비도를 성욕뿐 아니라 권력, 배고픔, 증오, 종교 등으로 옮겨갈 수 있는 에너지로 보았다(Jung, 2005). 융은 신경증에서 억압의 원인을 성적 외상으로만 보려는 프로이트의 생각에 동의할 수 없어서 프로이트와 만난 지 6년 만에 결별하게 되었다.

프로이트와 헤어진 융은 꿈과 환상의 분석을 통해서 자신의 무의식을 탐구하는 데 열중했다. 이 시기에 융은 무의식의 흐름에 들어가기 위해서 자신이 어릴 때 했던 것처럼, 돌을 가지고 성채와 마을을 짓는 놀이를 했다. 그 놀이는 융에게 많은 환상을 불러일으켰고 무의식의 흐름을 따라가게 해 주었다.

융은 아프리카 여행뿐 아니라 인디언들과의 만남을 통해서 그들의 정신세계와 집단 무의식에 좀 더 접근할 수 있었다. 그리고 동양의 종교와 신화에 대해서도 흥미를 가졌는데 정신적인 위기를 극복하는 과정 속에서 자신도 모르게 그린 만다라(mandala) 상을, 중국 문화의 권위자인 빌헬름(Richard Wilhelm)을 통해 얻은 『황금꽃의 비밀』이라는 중국 도교의 연금술서에서 발견하고는 연금술에 대해서도 관심을 갖게 되었다.

융은 1948년 정신요법에 대한 수련장을 만들기 위해 스위스 취리히에 체. 게. 융

(C. G. Jung)연구소를 설립하고 후진을 양성하였는데, 이 연구소는 세계 각지에 있는 융 연구소의 효시가 되었다. 국제분석심리학회(International Association for Analytical Psychology: IAAP)가 1955년에 설립되었고, 노이만(Neumann), 마이어(Meier), 폰 프란츠(Marie Louise von Franz), 한나(Hannah), 지글러(Ziegler), 야코비(Jocobi) 등이 융의 뒤를 이어 분석심리학을 계승하고 발전시켜 나갔다.

2. 인간관

융에 따르면, 인간의 본성은 정신의 전체성에 있다. 인간의 정신은 의식과 무의식, 자아와 그림자, 외적인 인격과 내적인 인격, 외향적 태도와 내향적 태도 등 상반되는 특성을 가진 대극의 쌍들로 구성되어 있지만, 인간에게는 자신의 전체성을 이루고자 하는 정신적인 성향이 있다.

융은 인간 정신의 전체성을 자기(Self)의 개념으로 설명하고 있다. 자기란 의식과 무의식을 통틀어 하나인 전체를 말하는데 인간으로 하여금 스스로 전체로서 살 것을 요구한다. 한 개인이 매일 생활해 나가는 과정에서 의식의 일방성으로 인하여, 어느 한 성향이 지배적으로 작용하면 그와 대극적인 위치에 있는 성향은 무의식화된다. 이때 자기는 무의식의 의식화를 통해 정신의 전체성을 이루도록 한다.

융은 한 개인의 정신이 전체성에서 벗어났을 때, 정신병리 현상이 생긴다고 보았다. 정신의 전체성 관점에서 볼 때 신경증은 본성으로부터의 왜곡이며, 대극을 하나로 통합하지 못해서 생기는 것으로 의식과 무의식이 분리되었기 때문에 발생한다. 정신질환자의 증상과 꿈은 억압되거나 무시된 정신요소이지만, 정신의 전체성을 이루도록 지시하는 신호로서 인격의 변화, 성숙, 통일을 이룰 수 있는 좋은 기회가 된다(이죽내, 1995). 신경증의 치료는 환자로 하여금 자신의 본성을 찾게 하는 방향으로 이루어져야 한다고 융은 주장한다.

3. 주요 개념

융은 인간의 정신현상을 보다 역동적으로 설명하기 위해서 다음과 같은 여러 가지 개념을 도입하였다.

1) 의식과 무의식

융은 프로이트와 마찬가지로 인간의 정신을 의식과 무의식으로 구분하였으나, 그 기원에 관해서는 의견이 다르다. 프로이트는 무의식이 의식에서의 억압의 산물로 구성되어 있으며, 의식에서 무의식이 파생되었다고 본 반면, 융은 무의식이 먼저 생겼고 무의식에서 의식이 파생되었다고 보았다.

(1) 의식

융에 따르면, 의식은 나, 즉 자아(ego)가 의식하고 있는 모든 것, 즉 내가 보고, 듣고, 느끼고, 생각하는 내용으로 구성되어 있으며 의식의 중심에는 자아가 있다. 융은 의식을 자아와 거의 동일시하여 자아를 종종 자아의식이라고 불렀다.

융의 의식에는 인식, 분화, 통합의 세 가지 기능이 있다. 첫째, 의식은 외부적인 상황이나 자신의 내면에서 오는 자극들을 지각한 감각 기능의 산물로서 사람들이 그가 처한 상황을 인식함으로써 그 상황에 적응하는 데 중요한 역할을 한다. 여기에는 무의식적인 요소들을 인식하는 것도 포함된다. 둘째, 의식은 인간의 정신 내용을 분화시키는 기능을 하는데 어떤 것을 인식하기 위해서는 그것과 다른 것의 차이를 구별할 수 있어야 한다. 이런 구별이 없으면 지금 보고 있는 것이 무엇인지 알지 못하게 된다. 마지막으로, 의식은 인식과 분화를 통해서 인간에게 주어지는 모든 것을 통합하는 기능을 하고 상황에 적응한다. 특히 무의식적인 요소들을 통합하고 의식의 경계를 넓히는 일은 의식의 가장 본질적인 활동이다.

융에 따르면, 정신병리의 대부분은 의식의 일방성으로 인하여 자신의 무의식적인 동기를 알지 못할 때 생겨난다. 그러나 자아가 무의식 속에 있는 미분화된 정신요소를 다시 찾아서 분화하고 통합할 수 있게 되면 자아의 영역이 더 확장되고 인격의 발달이 이루어진다.

(2) 무의식

인간이 알고 있는 자신의 정신세계가 의식이라면 자신이 아직 모르는 세계가 무의식이다. 융 심리학에 있어서 무의식은 두 개의 층으로 되어 있다. 한 층은 개인적 무의식이고 다른 한 층은 집단적 무의식이다.

개인적인 삶과 관계 있는 개인적 무의식은 프로이트의 무의식과 같은 의미로, 의식에 의해서 망각, 무시, 억압 또는 억제되어 의식으로부터 사라진 정신 내용으로 되어 있다. 집단적 무의식은 융이 제안한 독창적 개념으로 분석심리의 가장 핵심적인 개념이다. 개인적 무의식이 본질적으로는 한때 의식이었던 것이 잊어버리거나 억압되어 의식에서 사라진 내용으로 이루어진다면, 집단적 무의식의 내용은 개인적으로 획득된 것이 아니라 태어날 때부터 이미 부여되어 있는 선험적 조건으로 예외 없이 유전되는 것이다(Jung, 2002a).

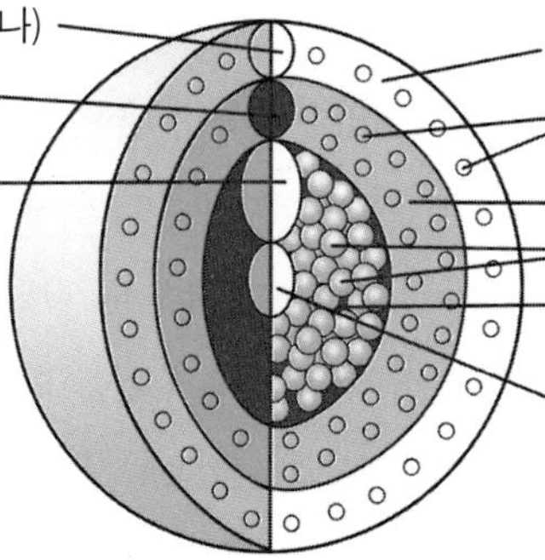

[그림 3-1] 마음의 구조

출처: 이부영(2022b), p. 48.

2) 콤플렉스와 원형

(1) 콤플렉스

인간의 마음이나 정신은 많은 콤플렉스로 구성되어 있다. 콤플렉스는 특정한 기억, 사고, 감정들이 어떤 주제를 중심으로 모인 심리적 복합체다. 융은 콤플렉스란 감정적으로 강조된 심리적 내용 또는 그 내용을 중심으로 한 심적 요소의 어떤 일정한 군집이라고 정의한다. 콤플렉스는 하나의 핵 요소를 중심으로 형성되는데, 이 핵은 강한 정감(情感)을 가지고 있는 것이 특징이다(이부영, 2022a). 그러므로 인간은 자신의 콤플렉스와 관계되는 상황에 부딪히면 얼굴이 붉어지거나 화를 내거나 당황하는 정서적인 반응을 보이게 된다. 콤플렉스를 열등의식과 같은 말로 받아들이는 사람도 있지만 콤플렉스는 감정의 덩어리로서 희로애락의 모든 감정을 일으킨다.

융은 단어연상검사를 하면서 콤플렉스의 존재에 대해 처음으로 알게 되었다. 단어연상검사는 개인의 콤플렉스를 발견하는 데 유용하게 사용되는 방법이다. 단어연상검사는 일련의 단어들을 한 번에 하나씩 피험자에게 보여 주고 피험자의 머릿속에 떠오르는 최초의 단어를 대답하도록 하는 것이다. 만약 피험자가 반응하기 전에 오래 망설이거나 마음의 동요 등을 나타내면 그 단어가 피험자의 콤플렉스와 깊은 연관이 있음을 의미한다.

현재 분석심리학파에서 쓰고 있는 연상검사는 융이 1908년 케딩(F. Kaeding)의 빈도사전에 의거하여 최다빈도의 단어 100개의 자극어를 택하여 만든 것인데 명사, 형용사 또는 부사를 무작위로 나열한 것이다. 이 검사는 진단용으로 쓰이기보다는 분석가의 분석과정에서 피분석자의 무의식적인 콤플렉스를 환기시켜 이를 의식화하는 도구로 쓰이고 있다(이부영, 2022a).

(2) 원형

융에 따르면 콤플렉스는 의식과 무의식 모두를 구성하는 것이지만, 특히 집단적 무의식의 내용을 이루는 콤플렉스를 상(像), 이마고(Imago), 또는 원형(archetypes)이라고 하였다(이부영, 2022a). 집단적 무의식은 많은 원형으로 구성되어 있다. 원형은 지리적 차이, 문화나 인종의 차이와 관련 없이 존재하는 인간의 가장 원초적인 유형이며 인간 정신의 근원적인 핵이다. 원형은 글자 그대로 인류가 태초부터 경험해 온 모든 것의 침전이다. 사람들이 대체로 여러 가지 상황 속에서 어떻게 행동할까 생각하지 않고 즉각적으로 행동하는 이유는 태곳적부터 행동해 왔던 반응양식인 원형이 들어 있기 때문이다. 융이 확인하고 서술한 원형 중에는 출생, 죽음, 권력, 영웅, 어린이, 악마, 현자, 대지, 자연계의 대상들(나무, 태양, 달, 불, 동물 등)과 반지나 무기 같은 인간이 만든 대상 등이 있다.

집단 무의식에는 많은 원형이 있는데, 융은 그중에서 그림자, 페르소나, 아니마, 아니무스, 자기 등을 우리의 성격과 행동을 형성하는 데 대단히 중요한 원형으로 보았다.

① 그림자

그림자는 의식의 바로 뒷면에 있는 무의식의 열등한 인격이다. 그림자는 어둡고 바람직하지 않아서 의식이 거부하기 때문에 무의식으로 들어가 버린 요소들과 아직 발달하지 못해서 미숙하고 원시적으로 남아 있는 요소들로 구성된다. 의식에서 배척된 요소는 흔히 악하다고 하는 것으로 비난받을 만한 생각이나 행동들이다. 예를 들면, 이기주의, 불성실, 계략, 비겁, 돈과 재산에 대한 과도한 소유욕 등이다(김성민, 2004).

자아의식이 강하게 조명되면 될수록 그림자의 어둠은 짙어지게 마련이다. "등잔불 밑이 어둡다."라는 말은 바로 그림자를 두고 하는 속담이다. 내가 알고 있는 나를 나의 전부라고 생각하고 그런 나만을 내세우면 바로 그 밑바닥에 있는 나의 어두운 부분을 모르게 된다. 그림자란 바로 '나'의 어두운 면, 즉 무의식적인 측면에 있는 나의 분신이다. 선한 나를 주장하면 할수록 악한 것이 점점 진해지다가 느닷없이 악한 충동이 선한 의지를 뚫고 나올 수 있다. 낮에는 점잖은 의사이나 밤마다 포악한 괴물로 변하는 스티븐슨(Stevenson)의 소설 『지킬 박사와 하이드 씨』는 의식적 인격과 무의식적 인격의 이중성을 표현하는 좋은 예다. 하이드는 의사 지킬의 그림자라고 할 수 있다(이부영, 2022a).

그림자는 개인적인 성격을 띠고 있지만, 인간이 무리를 이루어 살다가 보면 그 무리에 공통되는 가치판단의 기준을 만들게 되어 이 기준에 맞지 않는 것을 무의식 속에 넣어 집단의 공통된 그림자를 형성하는 경우가 많다. 개성보다 집단의 소속감을 중시하는 우리 사회에는 작게는 문벌, 동창, 동문회, 크게는 지역적 파벌에 이르기까지 집단정신과 동일시가 요구되어 그 집단 특유의 집단적 그림자가 생기게 된다(이부영, 2022a).

그림자는 투사를 통해서 표출된다. 즉, 자신에게 있는 어떤 부정적인 특성을 알지 못하고, 그것을 다른 사람에게서 찾아내어 그에게 투사하는 것이다. 예를 들어, 자신에게 이기적인 마음이 있음을 알지 못하고 타인(친구, 직장동료 등)을 이기적이라고 흉보는 것이다.

그림자 투사의 예

돈을 너무 밝혀, 자기만 알아, 친구를 이용하려고만 해, 여우같아, 게을러, 불성실해, 사이코패스야, 치사해, 엉큼해, 위선자, 이중인격자, 거짓말쟁이, 속물이야, 간사해, 까탈스러워, 욕심쟁이, 권력에 눈이 멀었어, 잘난 체해, 이기적이야, 절대 손해 보는 일이 없어, 허영심이 많아

자신이 한 개인의 어떤 인격적 특성에 대해서 유난히 민감하게 반응한다면 이는 자신의 그림자에 대한 반응일 수 있다. 그림자가 투사될 때 사람들은 어떤 대상에 대하여 왜 그런지 모르게 공연히 혐오감을 드러내거나 부정적인 감정반응을 일으킨다. 집단적 그림자의 경우는 다른 집단에 대해 집단적 투사를 하면서 다시금 집단적인 편견을 강화하여 자신이 속한 집단을 결속하며 다른 집단과는 불필요한 갈등을 만들 수 있다(이부영, 2022c).

그림자를 투사하는 최악의 상태는 부모의 그림자를 자녀에게 투사하는 것이다. 이런 자녀들은 대부분의 청소년이 짊어지는 그림자보다 훨씬 더 큰 그림자를 성장기에 감당해야 한다. 그러므로 사람들은 성인으로서의 삶을 시작하기 전에 부모의 그림자를 벗어던지는 노력을 해야 한다.

반면에 긍정적인 특성을 지닌 그림자도 있다. 자신의 좋은 면이 억압되어 스스로를 열등하다고 생각하거나 좋은 것은 남에게만 있다고 생각하는 경우다. 오랫동안 인식하지 못했던 재능이나 능력을 자아가 의식하여 통합하면 자신의 잠재력을 발휘할 수 있게 된다(Johnson, 2006).

② 페르소나

페르소나(personna)는 고대 그리스의 연극에서 배우가 쓰던 가면을 말한다. 가면이 가면을 쓴 사람의 개성이 아닌 것처럼 페르소나라 하면 가상이라는 뜻이 포함된다. 융은 자아가 외부의 집단세계에 적응하는 데 필요한 여러 가지 행동 양식을 익히면서 갖게 되는 외적 인격을 페르소나라 하였다(Jung, 2004a).

우리는 세상을 살아가면서 여러 가지 페르소나를 가지게 되며, 사회는 개개인이 자신의 페르소나에 맞는 역할(예: 어머니, 아버지, 교사, 회사원 등)을 수행하기를 기대한다. 자신이 속한 사회에 적응하기 위해서 자신의 페르소나에 충실해서 사는 것은 바람직한 일이다. 그러나 페르소나는 어디까지나 우리 인격의 한 요소이기 때문에 어떤 사람이 자기의 페르소나에 너무 빠져들어 그 역할에 동일시하면 결국 피상적이고, 거짓되고, 깊이가 없는 인격을 갖게 된다(Hall & Nordby, 2006). 페르소나에 지나치게 압도된 사람은 인격의 또 다른 부분인 내면세계, 즉 무의식과 관계를 맺지 못하기 때문이다.

[그림 3-2] 페르소나

출처: 사이버 하회동 박물관(http://www.mask.org).

③ 아니마 · 아니무스

사람들이 흔히 남자답다 또는 여자답다고 말할 때 남성성, 여성성의 관념은 남성과 여성에 대한 집단적인 견해로 페르소나에 속한다. 인간이 페르소나를 가지고 외부세계와 관계를 맺는다면 내면세계인 무의식과 관계를 맺는 내적 인격은 아니마 · 아니무스다. 남자의 무의식 속에 있는 여성적 요소를 아니마(Anima), 여자의 무의식 속에 있는 남성적 요소를 아니무스(Animus)라고 한다. 아니마는 기분(mood)을, 아니무스는 의견(opinion)을 만들어 낸다(이부영, 2022c).

아니마 · 아니무스는 남성과 여성의 의식에서 억압된 것만으로 형성되는 것이 아니며, 여러 세대에 걸쳐서 남자는 여성과 접촉함으로써 아니마 원형을 발달시켰고, 여성은 남성과 접촉함으로써 아니무스 원형을 발달시켰다(Jung, 2004b). 이같이 모든 사람에게는 본래의 성적 특성 외에 반대되는 성적 특성도 존재하고 있다. 한 사람이 이 두 가지 특성을 갖는다면 그의 인격을 통합시킬 수 있지만, 대부분의 경우 자신의 성적 특성만을 나타내는 데 익숙하기 때문에 사람들의 내적 인격은 발달하지 못하고 열등해지기 쉽다(김성민, 2001).

폰 프란츠에 따르면, 남성의 아니마가 의식되지 않아 미분화 상태이면, 수동성과 변덕스러움 등 여성의 부정적인 측면이 나타나고, 잘 분화되면 보다 수용적이고 경청하며 기다릴 수 있는 등 긍정적인 측면으로 나타난다. 반면, 여성의 미분화된 아니무스는 단호하고 잔인한 비평과 행동, 무모함과 비판적이고 날카로운 마음가짐 등 남성의 부정적인 측면으로 나타나며, 잘 분화되면 용기와 지성, 영성에 대한 능력 등 긍정적인 측면이 나타난다(Boa, 2007). 그러므로 인간은 평상시 자신의 성적 특성과 다른 또 하나의 특성이 내면에 있다는 사실을 깨닫고 이 특성 또한 발달시키며 자신의 인격에 통합하려고 노력해야 한다.

'남성 속의 부정적 아니마'의 예

한 남자는 밖에서 통솔력과 책임감, 추진력이 있는 모습을 보여 주어서 직장 동료나 친구, 지인 등 주변 사람들이 좋아한다. 그런데 밖에서 보이는 당당하고 남자다운 이미지와는 달리

집에서는 잔소리가 많으며 짜증을 잘 내고 지나치게 예민하며 감정 기복이 심하여 가족들을 힘들게 한다.

④ 자기

융에 따르면, 자아(ego)는 의식의 중심이고 자기(Self)는 정신 전체의 중심으로, 인간 정신의 모든 흐름은 자기를 향해서 나아간다(이부영, 2022d). 한 개인이 의식의 일방성으로 인하여 무의식과 단절되면 자기로부터 멀어지게 되는데, 자기 원형은 의식과 무의식, 자아와 그림자, 외적 인격과 내적 인격 등 상반되는 정신요소들을 통합시켜서 그 사람 자신의 전체가 되도록 자극한다.

융은 신화적인 상징과 종교적인 상징 가운데서 만다라, 그리스도상과 부처상이 원형적인 자기의 모습을 나타내는 가장 좋은 상징이라고 하였다. 만다라는 인류의 가장 오래된 종교적 상징으로, 모든 민족과 문화에서 발견되는데 가장 근본이 되는 형태는 '전체'를 상징하는 원이다. 원칙적으로 만다라는 전체적인 개성화(자기실현) 과정이 일어날 때 나타난다(Jung et al., 2007).

십자가를 들고 있는 만다라 속의 아기 그리스도

출처: Jung (2002b), p. 127.

전일성을 표현하는 신성한 원 혹은 테두리가 있는 장소

출처: Johnson (2006), p. 124.

[그림 3-3] 만다라

3) 심리학적 유형론

융은 심리학적 유형을 두 가지 측면으로 설명하였는데, 하나는 정신적 태도 유형으로 리비도의 방향에 따라 분류되며, 다른 하나는 정신의 기능 유형으로 개인이 적응과정에서 주로 사용하는 기능에 따라 분류된다.

(1) 정신적 태도 유형

정신적 태도는 정신에너지(리비도)의 방향에 따라 외향성과 내향성으로 구분된다. 외향적인 사람의 정신에너지는 외부세계의 여러 표상에 몰린다. 외향적인 사람은 자기와 타인 및 사물과의 상호작용에 관심을 가지고 있으며, 활동적이고 사교적이며 주위의 일들에 흥미를 갖는다. 반면, 내향적인 사람의 정신에너지는 주관적인 정신구조와 정신과정으로 흘러들어간다. 내향적인 사람은 자기의 내적 세계를 탐구하고 분석하는 일에 흥미를 가지고 있으며, 신중하고 내면에 관심을 기울이므로 그런 사람은 다른 사람들에게 고독하고 비사교적이며 보수적으로 보인다.

이 두 가지 태도는 상호배타적이어서 교대로 나타날 수는 있지만, 의식에서 동시에 공존할 수는 없다. 개인이 때로는 외향적이고 때로는 내향적일 수 있으나 일반적으로 인생에서는 어느 한쪽 태도가 우위에 서게 된다(Hall & Nordby, 2006).

(2) 정신의 기능 유형

정신의 기능은 사고, 감정, 감각, 직관의 네 가지로 분류된다. 어떤 대상이 무엇인가를 파악하기 위해 '사고'는 객관적인 사실에 근거하여 논리적이고 분석적으로 판단하는 정신기능이다. '감정'은 어떤 관념이 상쾌한 감정을 일으키는가 또는 불쾌한 감정을 일으키는가를 판단하여 그 관념을 받아들이거나 거부한다.

'감각'은 감각기관(5관)을 통한 의식적인 지각작용을 통해서 밖에서 오는 신체적 자극이나 내부기관들의 변화를 인식한다면, 직관은 무의식적인 지각 자극을 통해서 어떤 것의 배후에 깔려 있는 기원이나 목적을 알려 주는 기능이다. '직관'은 "어쩐지 그런 생각이 든다."라거나 "그냥 알아."라고 대답할 수밖에 없다. 직관은 때때로 육감 혹은 초감각적 지각이라고도 불린다.

사고와 감정은 모두 판단 행위를 필요로 하기 때문에 합리적 기능이라고 말하고, 감각과 직관은 이성이 필요하지 않으므로 비합리적 기능이라고 한다. 여기서 비합리적이란 이성에 어긋난다는 뜻이 아니라 이성과 관계가 없다는 것이다(Jung et al., 2007).

사고와 감정 기능은 서로 대립하고 있으며, 감각과 직관 기능도 대극적인 관계에 있다.

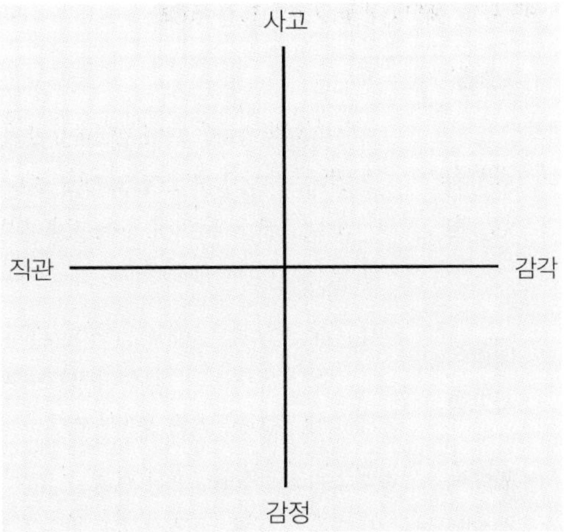

[그림 3-4] 정신의 네 가지 기능

(3) 심리학적 유형

융은 정신적 태도와 정신의 기능을 결합하여 인간 유형을 여덟 가지로 설명하였는데, 〈표 3-1〉에 제시되어 있다.

〈표 3-1〉에 나타나 있는 각 유형의 예는 극단적인 예다. 융의 유형론은 인간이 서로 어떻게 다른지를 보여 주기 위해 각각의 특징을 나타내는 체계를 제시하는 것일 뿐 모든 사람을 고정된 여덟 가지 유형 가운데 하나에 속하도록 하기 위한 것은 절대 아니다. 한 예로, 인간은 외향적인 동시에 내향적이며, 모든 기능을 여러 비율로 섞어서 사용할 수 있는 능동적인 개체다. 다만 두 가지 태도와 네 가지 기능이 완전히 균형을 유지하는 경우는 드물고 어느 한 태도나 기능이 보다 많이 표현된다고 볼 수 있다.

마이어스-브릭스 유형 지표(Myers-Briggs Type Indicator: MBTI)는 융의 심리학적 유형론을 토대로 고안된 성격유형검사로, 성격적 특성과 행동의 관계를 이해하도록 돕는다(김정택, 심혜숙, 1990).

〈표 3-1〉 융의 여덟 가지 인간 유형

유형	개념
외향적 사고형	자연현상의 이해, 자연 법칙의 발견, 이론 구성 등 객관적 세계를 알려고 하는 과학자 유형이다. 자기 본성의 감정적 측면을 억압하는 경향이 있어 다른 사람에게 인간미가 없고 냉혹하며 심지어 교만하게 보일 수 있다. 대표적인 사람으로 다윈, 아인슈타인 등을 들 수 있다.
내향적 사고형	사고가 안으로 향하고 있으며 자기 존재의 실재를 이해하려고 애쓰는 철학자나 실존심리학자 유형이다. 감정이 없고 고립되어 있는 것처럼 보이며 자신의 생각을 추구하기 위해 혼자 있기를 좋아한다.
외향적 감정형	생각보다 감정을 더 위에 놓고 있는 유형이다. 변덕이 심해 보이는데 그 까닭은 상황이 변하면 그것에 따라 감정도 변하기 때문이다. 여성에게 많다.
내향적 감정형	감정을 과장해서 표현하는 외향적 감성 유형과 달리 자신의 감정을 사람들에게 숨긴다. 말이 없고 가까이 하기 어려우며 마음을 헤아리기 어려운 경향이 있다. 우울하거나 침울해 보일 때가 많다. 그러나 한편으로는 내적으로 조화되어 침착하며 자부심이 강한 인상을 주는 경우도 있다. 여성에게 많다.
외향적 감각형	외부 세계에 관한 사실들을 모으는 데 흥미를 가진다. 현실주의적이며 실제적이고 빈틈이 없지만 정작 그 사물이 무엇을 의미하는지에 대해서는 별로 관심이 없다. 세상을 있는 그대로 받아들이며 감정이 얕고 단순하다. 남성에게 많다.
내향적 감각형	외적 대상과 거리를 두고서 자기 자신의 정신적 감각에 몰두하고 있다. 자기의 내적 감각에 비해 외부세계는 평범하며 재미없다고 생각한다. 저술을 통해 표현하는 경우를 빼고는 자기 자신을 표현하는 데 어려움을 느낀다.
외향적 직관형	외부세계에서 새로운 가능성을 발견하기 위해 분주하다. 자신의 직관을 오랫동안 끈기있게 추구하지 못하고 새로운 직관에 매달리기 때문에 엉뚱하고 불안정하다. 여성에게 많다.
내향적 직관형	외적 현실이나 관심과의 접촉을 유지하지 않으므로 같은 유형의 사람과도 충분히 의사소통하지 못한다. 친구들에게 종종 수수께끼의 인물로 보이며 자신을 남들이 이해 못하는 천재라고 생각한다. 예술가에게 많으며, 몽상가, 예언가, 망상가, 괴짜, 기인도 이에 속한다.

4. 상담 목표 및 기법

분석심리접근에서 상담은 인격발달, 즉 개성화(자기실현)에 목표를 두며, 인생의 발달단계에 따라 상담의 방향이 달라진다.

1) 상담목표

(1) 인생의 발달단계에 따른 상담목표

융은 인생을 4단계로 구분하였는데, 아동기, 청년기 및 성인기 초기, 중년기 그리고 노년기다. 앞의 두 단계를 인생 전반기, 뒤의 두 단계를 인생 후반기로 보았다. 융은 인생 전반기는 태어나서부터 35세 정도까지, 인생 후반기는 35세부터 죽을 때까지로 구분하면서 인생 전반기와 후반기에 따라 삶의 목적이 다르다고 하였다.

인생 전반기 삶의 목적은 자아를 형성하고 강화하며, 외적 세계에의 적응으로 자신의 정체성을 확립하고, 삶에 필요한 지식이나 기술을 습득하고, 사회가 개인에게 요구하는 과제를 완수하는 것이다. 반면 인생 후반기 삶의 목적은 자신의 내면세계에 적응하는 데 있으며, 자신의 내면에 관심을 갖고 정신적인 요소들을 통합시켜서 자신의 진정한 모습을 찾는 것이다. 젊은이의 가장 중요한 과제가 삶을 준비하는 것이라면, 후반기에 중요한 과제는 죽음을 준비하는 것이다. 인생 전반기의 젊은이는 외적세계에 잘 적응하기 위해서 자아의식의 강화가 중요하고, 인생 후반기의 사람들은 내면세계에 적응하기 위해서 무의식의 의식화에 주력을 기울여야 한다(Hall & Nordby, 2006).

융에 따르면, 인생 전반기 젊은이의 삶은 현실적인 목표 아래 전반적인 확장으로 이루어져야 하는데, 사회적응에 대한 두려움 때문에 앞으로 나아가지 못하고 후퇴하거나 주저할 때 신경증이 생긴다. 이런 젊은이를 치료하려면 약화된 자아를 강화시키고 내면에 있는 정신적 자원을 끌어내어 주어진 삶의 과제를 극복하도록 도와야 한다(김성민, 2001).

반면, 인생 후반기에 접어든 사람의 신경증은 자신의 내면세계에 관심을 기울이지 않고 여전히 외부세계만 쳐다보고 인생 전반기에 해결하지 못한 문제에 매달려 있거나 그 전 단계에서 성취한 열매에 탐닉하고 있을 때 발생한다. 즉, 인생 후반기가 그들에게 부과하는 삶의 과제를 회피하고 있는 것이다. 그러므로 이제까지 외적 적응에 사용했던 에너지를 정신적인 가치로 돌려 자기 자신의 내적 존재를 체험해 나가는 것이 필요하다. 이전에 중요하게 생각했던 것이 시시해 보이고 인생이 무의미하게 생각되는 등 우울증에 빠지는 중년기 위기 징후 역시 인생 전반기에 외부세계에만 적응하느라고 내면적인 욕구, 즉 무의식의 욕구를 등한시했기 때문에 생겨나는 현상이다. 그러므로 중년기에는 자신의 무의식을 탐구하여 무의식 속에 있는 요소를 살펴보고 의식에 통합해 나가는 과정이 필요하다. 따라서 상담의 목표 역시 개인의 발달단계에 따라 달라져야 한다(Jung, 2001).

(2) 개성화

융에 따르면, 개성화 과정은 무의식을 의식화함으로써 의식과 무의식을 통합하여 인간 정신의 전체성을 이루도록 하는 자기실현을 의미한다. 개성화 과정을 위한 의식과 무의식의 통합을 구체적으로 설명하면 다음과 같다.

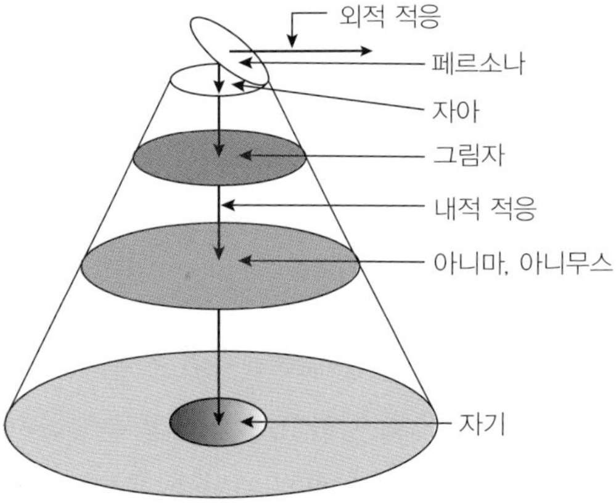

[그림 3-5] 자기실현의 과정

출처: 이부영(2022a), p. 139.

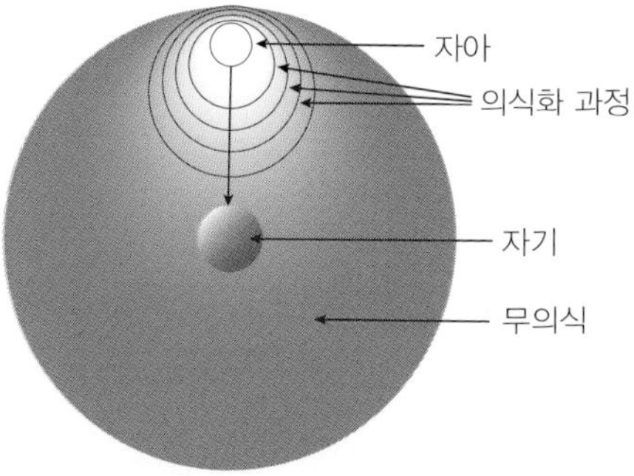

[그림3-6] 의식화와 자기실현 과정

출처: 이부영(2022d), p. 151.

① 자아와 그림자의 통합

그림자는 자아가 그 존재에 대한 인식을 거부하기 때문에 자아의 반대편에 생기게 된 정신의 한 요소다. 무의식의 의식화 과정의 첫 번째 단계는 그림자에 대한 인식이다. 그림자의 대부분이 개인적 무의식으로 구성되어 사람들이 가장 쉽게 접근할 수 있기 때문이다.

인간은 그림자를 의식하지 못하므로 보통 밖에 있는 대상에 투사되어 자신의 그림자가 존재함을 알 수 있다. 자신의 그림자가 그 대상에게 투사되면 그 사람이 가지고 있는 것 이상으로 그 사람을 나쁘게 보고 그 사람과의 접촉을 피하지만, 사실은 그 사람에게 무관심할 수 없고 감정적으로 매이게 된다.

그러나 자신의 그림자에 대한 심리적인 통찰을 갖는다면 그림자 투사를 중단할 수 있다. 인간은 다른 사람에게 투사했던 자신의 그림자를 인식하고 자아의식에 수용할 때 좀 더 겸손해질 수 있으며 자기 자신은 물론 다른 사람의 잘못이나 악에 대해서 좀 더 너그러운 태도를 보일 수 있게 된다.

② 페르소나와 아니마·아니무스의 통합

인간이 외부세계에 적응하기 위해서 필요한 외적 인격이 페르소나다. 그러나 페르소나는 사회적 역할을 하기 위한 것일 뿐 진정한 자아를 나타내는 것이 아니다. 자기실현에서 페르소나는 무조건 없애야 하는 것이 아니라 진정한 자신과 구별되어야 한다(이부영, 2022a).

특히 인생 전반기에서는 자아가 페르소나와 동일시됨으로써 자아의 힘이 강화되어 사회적응에 도움이 되었으나, 인생 후반기에서는 자아는 페르소나와 분리되고 남성 정신의 여성적 측면인 아니마와 여성 정신의 남성적 측면인 아니무스와 관계를 맺어야 한다. 융은 인간이 남성과 여성에 머물러 있지 말고 남성은 여성적 요소를, 여성은 남성적 요소를 살려서 의식에 통합해야 한다고 강조한다.

융에 따르면, 페르소나가 외부세계와 자아를 연결하는 관계기능이라면 아니마 · 아니무스는 자아로 하여금 무의식으로 눈을 돌리게 하며 내면세계로 인도하는 관계기능이다. 융은 한 개인이 아니마 · 아니무스의 이미지와 만나는 순간부터 인격의 성숙을 향해 나아가게 된다고 하였다. 그러므로 자신의 미숙한 아니마와 아니무스의 성질을 의식하고 이해해 가는 것이 개성화 작업의 중요한 부분이다.

③ 열등기능의 통합

모든 인간은 정신의 네 가지 기능인 사고, 감정, 감각과 직관 중 어느 한 가지 유형에 속해 있고 그 유형의 반대편에 있는 것이 열등기능이다. 사고형에서 열등기능은 감정이고, 직관형에서 열등기능은 감각이다. 즉, 열등기능이란 한 개인의 특정 기능이 너무 발달된 반면 그와 반대편에 있어 미처 발달하지 못하고 무의식속으로 들어가 버린 기능을 가리킨다. 인간의 인격발달은 개인에게서 잘 발달된 주 기능만 가지고 되는 것은 아니며, 그의 열등기능도 발달시켜서 개인이 가지고 있는 모든 정신기능이 균형 있게 발달되어야 가능한 것이다(김성민, 2001).

자신의 주 기능 또는 열등기능을 아는 데 도움이 되는 방법 중 한 가지는 자신이 궁지에 빠졌을 때 어떻게 거기서 빠져나오는가를 살펴보면 된다. 궁지에 빠지면 인간은 자신에게 가장 발달해 있는 기능을 사용하기 때문이다. 또 다른 방법은 다른 사람의 자신에 대한 지적, 비난, 비평 가운데 특히 자신의 신경을 건드리는 것이 감정 부문인가 감각 영역인가 등을 살펴보면 열등기능의 정체를 알게 된다(김성민, 2001). 이와 같이 열등기능을 인식해서 무의식에 머무르게 하지 않고 그것들을 발달시켜 의식에 통합할 수 있도록 해야 한다.

열등기능의 의식화를 위해서는 우선 자신의 열등기능을 받아들일 용기가 필요하고 그다음 주 기능의 일시적인 희생이 필요하다. 예를 들어, 항상 모든 것을 직관적으로 이해하는 사람은 주어진 상황을 세밀하게 관찰하고 기록한 자료를 근거로 판단하려는 자세(감각기능 활용)가 필요하다. 처음에는 그 열등기능을 움직이게 하는 데 시간이 걸리고 그 의식화의 시작이 힘들고 고통스럽지만 일단 이 기능이 체험되면 새로 경험한 것에 대한 강한 충실감을 느끼게 된다. 무의식적인 것을 의식화함으로써 그는 한 걸음 더 인격의 중심(자기)에 다가서기 때문이다(이부영, 2022a).

④ 개인적인 삶과 사회적인 삶의 통합

융에 따르면, 개성화란 우리 내면 가장 깊이 있는 자기에 도달하는 것이다. 자기는 다른 집단적 무의식과 마찬가지로 개인적인 정신요소일 뿐만 아니라 모든 인간에게 있는 보편적인 정신요소이기도 하다(김성민, 2008). 개성화가 된다는 것은 다른 사람들을 무시하고 자신의 개성만을 발달시키는 것이 아니라 그들과 밀접한 관계에 있다는 사실을 깨닫는 일이다. 개성화 과정을 통해서 인간은 자신의 개인적인 삶을 사회적인 삶에 통합할 수 있다. 물론 이것은 사회적 역할에 자아를 맹목적으로 동일시하는 것과는 다르다. 한 개인의 삶의 궁극적인 목표가 페르소나를 발달시키는 것이 아님을 자각하고 능동적으로 사회에 참여하면서 다른 한편으로는 자신의 내면세계에 관심을 갖는 것이 중요하다.

2) 상담기법

상담자는 다음과 같은 상담기법을 사용해서 내담자의 개성화 과정을 도울 수 있다.

(1) 꿈의 분석

융은 최초로 꿈을 학문의 대상으로 삼고 과학적으로 연구한 프로이트의 역할을 높이 평가하고는 있으나 꿈의 의미와 해석방법에서는 프로이트와 차이를 보인다.

① 꿈의 기능

프로이트는 꿈이 '무의식으로 가는 왕도'이며, 무의식의 숨겨진 욕망을 상징적인 방식으로 드러낸 것이라고 하면서 원인론적인 관점에서 꿈을 분석하였다. 그에게 꿈이란 사람이 깨어 있을 때 억압할 수밖에 없는 욕구를 충족시키는 정신작용이었으며, 그의 이런 주장은 대부분의 무의식이 억압의 산물이라는 그의 무의식관과 관계가 있다.

반면, 융은 꿈을 목적론적으로 이해하였는데, 사람이 꿈을 꾸는 가장 큰 목적은 의식 상황에서 잘못된 것을 바로잡으려는 데 있다고 주장하였다. 의식의 일방성으로 인하여 사람의 전체성 지향에 문제가 발생했을 때 꿈은 의식에서 억압하거나 무시해 버린 요소를 의식에 다시 통합해야 할 것을 상징적인 방식으로 알려 준다. 그러므로 사람은 꿈이 상징하는 것을 제대로 파악하여 의식에 동화시켜서 온전한 삶을 살도록 노력해야 한다.

② 꿈의 해석

융은 꿈을 객관단계와 주관단계라는 두 가지 측면에서 해석한다. 객관단계에서는 꿈이 현실 상황의 어떤 것을 수정하고 있는가를 살펴보고 그것을 깨달음으로써 현실적인 의식의 태도를 바꾸어 나가는 것이다. 주관단계에서는 꿈에 나오는 여러 대상이나 사건을 꿈꾼 사람의 마음속에 있는 심리적 요소들, 즉 무의식적인 경향, 감정, 생각 등의 상징적 표현으로 보고 그것을 깨달아 의식에 동화시킴으로써 의식의 시야를 넓히는 것이다(김성민, 2001).

꿈 내용

동생이 자동차 면허를 따서 아빠 차를 몰고 나갔는데 동생이 운전하고 나는 조수석에 앉았다. 동생이 수퍼마켓에 갔다 온 다음 내가 운전석에 앉아서 운전을 하는데 네거리에서 차가 멈추어서 진땀을 흘렸다. (실제로 동생은 놀기나 좋아하고 공부는 별로 하지 않는 천하태평의 성격으로, 친구는 많으나 공부를 잘하지 못해서 엄마한테 혼난다. 반면, 자신은 정반대로 공부는 잘하지만 인간관계에 어려움을 느끼고 있다.)

객관단계 해석: 평소에 동생을 깔보는 태도를 보상해야 함을 의미할 수 있다.

주관단계 해석: 평소에 모든 관심을 공부하는 것에만 몰두하며 정서적인 영역과 인간관계 영역은 무시하기 때문에 그의 잘못된 태도의 수정을 지적하는 것일 수 있다.

출처: 김성민(2004), pp. 100-101.

(2) 적극적 상상

적극적 상상은 내면의 이미지의 흐름을 관찰하기 위한 내성(introspective)의 한 방법으로 무의식을 알아 나가는 방법이며 체험이다. 적극적 상상은 의식과 무의식이 연합하여 만들어 내기 때문에 최고조의 정신활동에 속한다. 적극적 상상은 무의식에서 일어나는 감정, 환상, 강박관념, 백일몽의 내용을 경계하거나 비판하지 않고 적극적으로 의식에 떠오르게 하고 이러한 것들과 객체처럼 대화하면서 내면의 심상의 흐름을 관찰한다(이부영, 2022a). 내담자는 내면적인 심상이 활성화될 수 있도록 정신을 집중하는 것이 필요하며, 무의식의 비합리성에 자아의식이 휘말리지 않은 채 그 흐름을 지켜보고 반응하는 것이 중요하다. 이것을 하려면 자아기능이 어느 정도 성숙되어 있어야 한다.

융의 적극적 상상은 크게 두 단계로 나누어 설명할 수 있다(박종수, 2009에서 재인용). 첫번째 단계에서는 개인의 무의식이라 할 수 있는 꿈이나 환상 속에 등장하는 상(image)에 집중하여 주목한다. 명상하면서 그 상을 관찰하면 그것이 점점 다른 형태로 변화하는 것을 발견할 수 있다. 명상자는 그 상을 조작함이 없이 그 상의 창조적 활동이 자유롭게 일어나도록 한다. 이 변화를 통해 의식과 무의식의 동화과정을 관찰할 수 있다. 두 번째 단계는 적극적 상상이 전하는 메시지를 이해하는 것이다. 자아의 의식적인 참여를 통해 무의식의 내용을 겸손하게 판단한다.

의사 왈러스의 우울증 여성환자 사례(1987)

자신의 여성 환자가 퇴원을 해도 좋을 만큼 완치되었으나 그녀는 집에 가는 것을 좋아하지 않는다. 퇴원해서 집으로 돌아간다는 것은 일상적인 생활을 책임져야 하기 때문에 부담스러운 반면, 병원은 어떤 의무도 주지 않아서 그녀에게 편안한 곳이었기 때문이다. 이러한 상황에서 그녀는 어떤 상(image)을 보게 된다. 치료회기에서 그녀는 의사에게 다음과 같은 말을 했다.

"이상한 이미지를 보았어요. 제가 거닐고 있던 숲속에서 나오니까 고속도로가 있었어요. 저는 스스로에게 말하기를, '아니야, 이것은 있을 수 없는 일이야.'라고 하면서 뒤로 물러나

숲속으로 되돌아가려고 했어요. 그런데 제가 계속 되돌아가도 매번 같은 장소에 있었어요." (1단계)

그녀는 그 메시지의 의미, 즉 자신이 우울증의 숲속을 이미 벗어났다는 것을 이해하였고 스스로 퇴원하여 집으로 돌아가게 되었다. (2단계)

출처: 김진숙(2002)에서 발췌하여 재구성함.

(3) 그림 분석

융은 자신의 경험을 통해 그림을 포함한 조형작업을 상담기법으로 활용하였다. 융의 자서전을 보면 유년시절에 돌로 성을 쌓는 놀이를 하고 많은 그림을 그렸다고 한다. 융은 프로이트와 결별한 후 심리적인 혼란을 경험했을 때 자신의 무의식을 알기 위해서 마음속에 우러나오는 충동을 그림으로 그리고 돌로 탑을 쌓기도 하였다.

융은 자신의 환자에게도 꿈이나 환상에서 보았던 것을 실제로 그려 보도록 하였다. 융 학파의 상담에서 그림을 그리게 하는 이유는 그림을 통해 무의식의 내용을 나타나게 할 수 있고 그림을 그림으로써 감정기능을 살리고 무의식의 창조적 기능을 촉진하여 발휘하게 함으로써 의식의 변화를 가져올 수 있기 때문이다.

5. 아동상담에의 적용

융이 직접 아동을 대상으로 상담한 적은 없지만 그의 이론과 치료방법은 아동에게도 적용이 가능하다. 융의 이론적 부분을 살펴보면, 아동기는 자아가 형성되고 강화되는 시기로 출생하는 그 시점부터 자기(self)가 정신적 발달의 과정을 방향 지으며 전체성을 지닌다. 융의 제자인 칼프(Kalff, 2003)는 자아의 건강한 발달은 자기의 출현에 의해서만 가능하고 자기의 출현이 인성발달을 도모하고 통합에 이르게 한다고 하였다.

그러나 아동 초기에 어머니의 필수적인 보호가 아동에게 주어지지 않았거나 전쟁, 병 등 부적절한 환경을 경험한다면 아동의 자아가 약해서 놀이나 그림 속에 자기를 나타내는 상징이 나타나지 않는다. 초등학교에 들어가면서 아동의 자아가 강화되기 시작할 때 부모와 학교의 지나친 양육이나 통제를 받게 되면, 아동의 의식의 일방성이 강화되어 무의식 내에 잠재되어 있는 여러 가능성을 억압하게 되면서 아동에게 다양한 문제점이 노출되기 시작한다.

그러나 융은 상담과정에서 이것이 어느 정도 회복될 수 있다고 보았다. 구체적으로 설명하면, 무의식은 언어 이전의 상처에 대한 기억을 저장하고 있을 뿐 아니라 치유하고 복구하며 재생성할 수 있는 능력을 지니고 있다는 것이다(Allan & Levin, 2006). 상담자와 내담자의 치료적 동맹을 통해 내담자의 꿈과 다른 상징물을 통해 표현되는 무의식의 의식화 과정은 자기치유적 원형을 활성화한다. 암만(Ammann, 2007)은 아동에 대한 상담경험을 통해 모든 아동이 자신의 무의식의 심혼적(心魂的) 잠재성과 치유적 가능성을 갖고 있음을 발견하였다.

융 학파의 상담에서는 꿈 기록하기, 놀이하기, 만들기, 행하기, 치료적 관계의 안전함 속에서 환상을 상연하기 방법 등을 사용한다(Allen & Levin, 2006). 아동을 대상으로 하는 놀이치료, 미술치료와 모래놀이치료 등이 이에 해당한다고 볼 수 있다.

요약

융은 처음에는 프로이트의 무의식 발견을 높이 평가하면서 프로이트와 같이 인간의 정신을 이해하는 데 있어서 무의식의 영향을 연구하였다. 그러나 무의식이 의식에서 억압되어 이루어진 것이고 무의식을 성적인 욕망의 원천으로만 보는 프로이트의 견해에 반발하면서 독자적으로 연구한 이론이 분석심리학이다. 프로이트와는 달리 융은 무의식을 두 가지 층으로 구분하였는데, 하나는 프로이트가 주장하는 의미의 무의식인 개인적 무의식이고, 다른 하나는 태어날 때부터 모든 인간이 갖고 있는 보편적인 성격의 집단적 무의식이다. 집단적 무의식은 의식의 일방성을 보상하려고 언제나 정신의 균형을 위해서 작용한다.

융에 따르면, 인간 정신은 수많은 대극적 요소로 구성된 전체다. 의식과 무의식, 자아와 그림자, 외적인 인격과 내적인 인격, 외향적 태도와 내향적 태도 등의 서로 반대되는 특성을 가진 대극의 쌍이 많이 있는데, 삶의 어느 순간 어떤 성향이 지배적으로 작용하면 그와 대극적인 위치에 있는 성향은 무의식 속에 들어가 발달될 기회를 얻지 못하고 성숙될 기회를 잃어버려서 열등하고 원시적인 성향을 띠게 된다.

융은 한 개인의 정신이 전체성에서 벗어났을 때 그에게 정신병리 현상이 생긴다고 보았다. 정신의 전체성 관점에서 볼 때, 신경증은 본성으로부터의 왜곡이며 대극을 하나로 통합하지 못해서 생기는 것으로 의식과 무의식이 분리되었기 때문이다. 융은 정신질환자의 많은 증상과 꿈이 억압되거나 무시된 정신요소이지만, 다른 한편으로는 정신의 전체성을 이루도록 지시하는 신호로서, 인격을 발달시킬 수 있는 기회로 보았다. 인간 정신의 중심에 있는 자기는 의식에서 분리될 수 있는 무의식적 내용을 의식에 통합해서 개인적인 독특성을 실현한다. 이 과정이 개성화 과정이고 이것은 상담목표를 넘어 인격발달의 궁극적인 목표가 된다. 아동의 경우도 상담자와의 치료적 관계 속에서 여러 상징물을 통해 표현되는 무의식의 의식화 과정은 자기 치유력을 활성화할 수 있다.

활동

1. 나의 그림자 탐색하기

융은 "나는 선한 사람이 되기보다는 온전한 사람이 되고 싶다."라고 말한 바 있다. 이것은 융 자신 속에 있는 '빛'과 '어두움'을 모두 수용한다는 의미다. 여기서 '빛'이 의식하고 있는 나의 긍정적인 측면이라면, '어두움'은 부정적인 측면, 특히 무의식 속에 있는 나의 그림자다. 자신의 '그림자'에 대해 탐색해 보자.

- '왜 그런지 모르게' 싫은 감정을 갖게 되는 친구나 주위 사람들이 있는가?
- 불쾌감이나 혐오감을 주는 상대방의 특성이 혹시 나의 그림자는 아닌지 살펴본다.
- 그림자 투사를 하지 않기 위해서 어떻게 해야 하는지를 생각하고 이야기 나눈다.

2. 나의 페르소나에 대해 알아보기

내가 가지고 있는 여러 가지 페르소나에 대해 알아보자. 충실하거나 충실하지 못한 페르소나는 무엇이며, 지나치게 동일시하는 페르소나는 무엇인지 살펴보자.

3. 자신의 성격유형 알아보기

자신과 타인에 대한 이해를 돕기 위해 MBTI 검사를 해 봄으로써 자신의 성격유형을 알아보자.

- MBTI 검사를 한다.
- 검사 결과를 통해 자신과 친구의 성격유형에 대해 알아보고 이야기 나눈다.
- 자신의 열등기능에 대해서도 알아보고 열등기능을 발달시키기 위해 어떤 노력을 해야 할지 이야기 나눈다.

4. 인생의 전반기에 있는 젊은이로서의 나의 과제

융에 따르면, 젊은이의 삶의 목적은 자아를 강화하여 외적 세계에 적응하는 것이다. 자신의 현재 상황은 어떠한지 살펴보자.

- 대학 졸업 후 취업을 하거나 사회에 나가는 것에 대해 어떤 생각과 감정을 갖고 있는지 탐색해 본다.
- 탐색한 것들에 대한 나의 대처방안을 자아강화와 외적세계에 대한 적응의 관점에서 평가해 본다.

Chapter 04

행동주의 접근

나에게 12명의 건강한 아기를 주어 모든 조건이 충족된 나의 세계에서 기를 수 있게 해 준다면, 나는 그들 중 아무라도 택하여 그의 재능이나 취미, 성향, 능력, 적성 그리고 인종에 관계없이 의사나 법률가, 예술가, 사업가뿐만 아니라 심지어 거지와 도둑에 이르기까지 내가 원하는 어떤 유형의 전문가라도 만들 수 있다고 장담한다.

- John Watson

행동주의 접근에서는 인간의 행동이 환경에 의해 학습된 것이라 설명한다. 대표적인 행동주의 접근으로 파블로프(Ivan Pavlov)와 왓슨(John Watson)의 고전적 조건형성,

파블로프(1849~1936)

왓슨(1878~1958)

스키너(1904~1990)

밴듀라(1925~2021)

스키너(Burrhus Frederic Skinner)의 조작적 조건형성, 밴듀라(Albert Bandura)의 사회학습이론을 들 수 있다.

1. 발달 배경

러시아의 생리학자인 파블로프는 신학 공부를 하다가 의사자격 취득 후, 교수로 재직하면서 개의 소화계 생리에 관한 연구로 1904년 노벨 생리학상을 수상하였다. 그는 마취되지 않은 정상적인 개의 침 분비가 불규칙하게 일어나는 것을 우연히 관찰하면서 조건반사 법칙을 발견하였으며, 이를 토대로 발전시킨 고전적 조건형성이론은 이후 행동주의상담의 이론적 기초가 되었다.

존스홉킨스 대학교 심리학과 교수였던 왓슨은 『행동주의자가 보는 심리학(Psychology as the behaviorist view it)』에서 행동주의라는 용어를 처음 사용하였다. 왓슨은 파블로프의 고전적 조건형성 원리를 인간의 행동에 적용시킨 11개월 된 앨버트의 흰쥐 공포반응 조건형성 실험을 통해 인간의 정서반응도 학습될 수 있음을 증명하였다. 이후 왓슨은 자녀는 엄격하고 규칙적으로 길러야 한다는 자신의 자녀양육법에 대한 책인 『영유아와 아동에 대한 심리적 양육(The psychological care of the infant and child)』을 출간하였으며, 심리학을 광고에 접목하기도 하였다.

행동주의 이론을 상담뿐 아니라 학습 및 교육 현장에 대중화시킨 대표적 학자로는 스키너가 있다. 스키너는 하버드 대학교 심리학과 교수로 재직하면서 30여 년간 쥐, 비둘기 등의 동물실험을 통해 인간 행동의 학습과정을 탐구하였다. 그 결과 1953년 저서 『과학과 인간행동(Science and human behavior)』를 통해 조작적 조건형성이론을 집대성하였다. 파블로프가 인간의 행동이 선행 조건 자극에 대한 반응으로 형성된다고 보았던 것과 달리, 스키너는 행동 이후 어떠한 결과가 있었는지에 따라 인간의 행동이 조작적으로 조건형성된다고 보았다. 그는 소설 『월든 투(Walen Two)』를 통해 어떻게 조작적 조건형성이 이상적인 사회의 기초가 되는지를 보여 주었다.

1960년 말 행동주의상담은 스탠퍼드 대학교 심리학과 교수인 밴듀라에 의해 인간의 인지적 요인에 중점을 둔 사회학습이론을 발전되었다. 급진적 행동주의자인 스키너와 달리, 밴듀라는 환경 자체의 영향보다는 환경에 대한 인간의 반응인 자기조절 기제와 반응에 영향을 미치는 인간의 동기에 관심을 초점을 두었다. 그는 기존의 행동주의 이론가들이 개, 쥐, 비둘기 등의 동물실험을 통해 조건형성이론을 발전시킨 것과 달리 유아를 대상으로 공격적 행동형성 과정을 살펴보기 위하여 보보인형 실험을 실시하였다. 이 실험을 통해 밴듀라는 인간의 행동은 보상이나 처벌에 의해 형성되는 것이 아니라 타인의 행동을 관찰하고 모방한 결과로 형성된다는 사회학습이론을 주장하였다.

2. 인간관

행동주의상담은 당시 상담이론 분야에서 주도적인 입지를 차지하고 있던 정신분석 상담에 반기를 들며 발전된 이론이다. 그러므로 행동주의상담에서는 인간의 행동이 무의식적 욕구와 충동에 의해 좌우된다는 정신분석상담의 인간관을 정면으로 비판한다. 행동주의상담에 따르면, 인간은 선하지도 악하지도 않은 백지 상태로 태어난다. 인간은 단지 환경에 반응하는 개체에 불과하기 때문에 자신을 주도적으로 변화시키고 통제하는 능력과 정신력을 가지고 있지 못하다. 그러므로 인간의 모든 행동은 환경자극에 대한 반응양식들이 연합, 강화, 모방 등을 통해 학습된 것이다.

이러한 입장에서 행동주의상담은 내담자의 정신병리에 대한 정신의학적 개념을 비판하면서 이상행동이라는 용어 대신 일탈행동이나 부적응 행동이라는 용어를 사용한다. 또한 인간이 보이는 일탈행동에 진단명을 붙이거나 유발원인을 찾으려하기보다는 나쁜 습관이나 잘못된 학습의 결과인 부적응 행동을 일으키고 유지시키는 환경에 주목한다. 이는 인간의 부적응 행동은 단지 학습된 것이기 때문에 환경과 관련된 학습조건의 변화와 조작에 따라 어떠한 행동이든 충분히 수정되거나 소거될 수 있으며, 바람직한 행동을 증진시킬 수 있기 때문이다.

3. 주요 개념

행동주의상담의 주요 개념은 학습원리에 대한 설명에 따라 크게 다음의 세 가지로 구분된다. 첫째, 선행자극이 유발한 반사행동에 의해 학습이 이루어진다는 파블로프와 왓슨의 고전적 조건형성, 둘째, 선행자극과 상관없이 행동의 결과인 강화에 의해 학습이 이루어진다는 스키너의 조작적 조건형성, 셋째, 관찰과 모델링에 의해 학습이 된다는 밴듀라의 사회학습이론을 들 수 있다. 이를 자세히 살펴보면 다음과 같다.

1) 고전적 조건형성

고전적 조건형성은 무조건 자극에 대해 일어나는 무조건 반사반응을 아무런 관련이 없는 다른 중성자극에 대해서도 동일하게 나타나도록 학습시키는 것이다. 고전적 조건 형성은 파블로프의 개 타액실험에서 유래된 개념으로 이후 심리학자인 왓슨이 인간에게 이 이론을 적용해 발전시켰다. 이를 자세히 살펴보면 다음과 같다.

(1) 파블로프의 고전적 조건형성

파블로프는 개를 이용하여 위액이나 타액 분비에 대한 연구를 하던 중 개가 마취되지 않은 정상 상태에서 사육사의 발자국 소리나 열쇠 소리를 듣기만 해도 침을 분비한다는 사실을 발견하면서 고전적 조건형성 원리를 발전시켰다. 파블로프는 [그림 4-1]과 같은 실험장치를 이용하여 개의 침선 개구부에 튜브를 연결한 뒤, 실험과정에서 보이는 개의 침 분비량을 측정하였다.

개는 원래 먹이를 주면 자연스럽게 침을 분비하는데, 이 과정에서 먹이는 무조건 자극(Unconditional Stimulus: US)이 되고 침의 분비는 무조건적 반응(Unconditional Response: UR)이 된다. 파블로프는 개를 공복 상태로 만든 후 먹이를 주기 전 개의 침 흘리는 무조건적 반응과 아무런 상관없는 종소리를 중성 자극(Neutral Stimulus: NS)으로 개에게 들려주었다. 실험 초기에는 종소리가 들려도 개가 귀를 쫑긋 세우기만 할

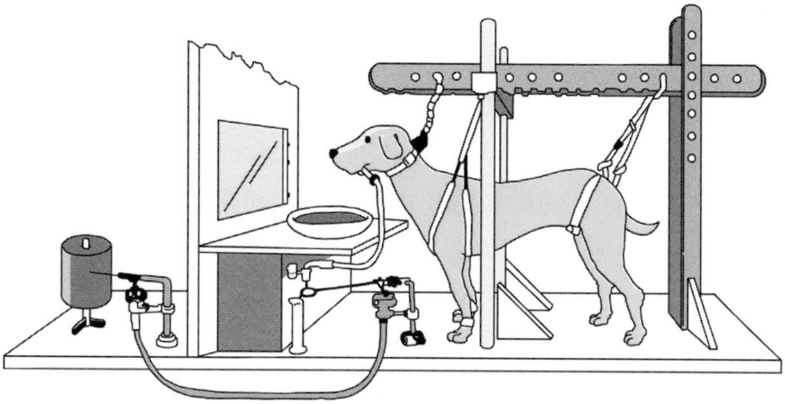

[그림 4-1] 파블로프의 고전적 조건형성 실험

출처: Meier, Minirty, Wichern, & Ratcliff (1991), p. 105.

뿐 별다른 반응을 보이지는 않았다. 그러나 종소리가 들리고 난 후 먹이를 먹게 되는 경험을 반복하자 나중에 개는 먹이 없이 종소리만 들어도 침을 분비하였다. 중성 자극인 종소리가 무조건 자극인 먹이와 연합되어 조건 반응(Conditional Response: UR)을 일으키는 고전적 조건형성이 이루어진 것이다. 이를 도식화하면 [그림 4-2]와 같다.

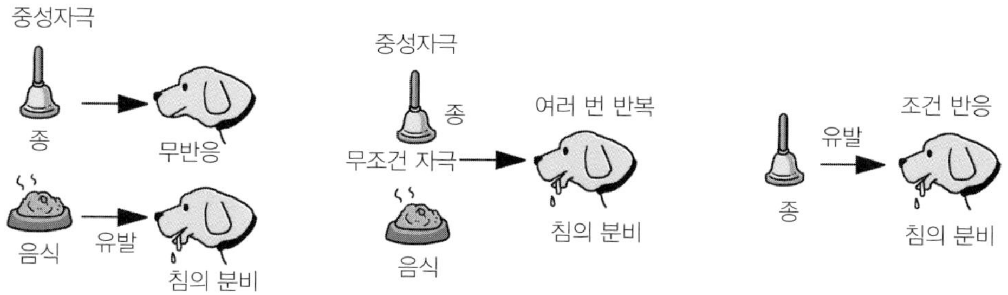

[그림 4-2] 고전적 조건형성 3단계

출처: Shaffer (2000): 조성연, 이정희, 천희영, 심미경, 황혜정, 나종혜(2004), p. 215에서 재인용.

일상생활에서 살펴볼 수 있는 고전적 조건형성의 예로는 병원에서 팔에 예방주사를 맞으면서 매우 아파 심하게 울었던 경험이 있는 유아가 이후 의사의 얼굴을 보기만 해도 미리 심하게 우는 현상이나 어린 시절에 산에서 벌에 쏘인 경험이 있는 아동이 벌 모양의 인형을 보기만 해도 심하게 놀라고 무서워하는 것 등을 들 수 있다.

고전적 조건형성이 잘 이루어지려면 조건 자극(Conditional Stimulus: CS)을 무조건 자극(Unconditional Stimulus: US)보다 먼저 제시하고 그 시간 간격은 0.5초 이내로 즉시 제공되어야 한다. 또한 어떠한 자극을 줄 때 그 자극이 일관성이 있어야 하고, 자극과 반응과의 결합이 반복되는 횟수가 많으면 많을수록 더 효과적이다.

(2) 왓슨의 행동주의

왓슨은 파블로프의 고전적 조건형성 원리를 인간의 행동에 적용하여 행동주의를 발전시켰다. 그는 인간의 공포, 분노, 사랑의 감정도 조건형성시킬 수 있다는 가정하에 레이너(Rayner)와 함께 생후 11개월 된 앨버트에게 흰쥐에 대한 공포반응 조건형성 실험을 실시하였다. 앨버트는 원래 흰쥐에 대한 두려움이나 공포감을 전혀 보이지 않았으나, 왓슨은 실험과정에서 앨버트가 흰쥐에게 접근할 때마다 아이가 공포심을 느끼도록 뒤에서 매우 큰 소리가 나게 하였다. 이러한 경험이 반복되자 나중에 앨버트는 큰 소리 없이 흰쥐를 보기만 해도 너무 놀라 울면서 먼 곳으로 기어가려는 공포반응을 보였다. 그리고 흰쥐가 아니라 흰토끼, 흰 털이 있는 모피코트뿐 아니라 산타클로스 마스크를 보기만 해도 동일한 공포 반응을 보이는 자극 일반화 현상이 나타났다.

왓슨의 제자인 존스(Jones)는 공포반응 조건형성 실험을 토대로 조건형성된 정서를 탈조건형성(deconditioning)시킬 수 있다고 보았다. 존스는 토끼를 두려워하는 3세 유아 피터를 대상으로 공포반응에 대한 탈조건형성 실험을 실시하였다. 그는 우선 피터에게 좋아하는 간식을 준 후, 피터가 무서워하지 않을 만큼 멀리에서 흰토끼를 보여주고, 다음 날에는 피터가 무서워하지 않을 만큼 흰토끼를 조금 더 가까이에서 보여주었다. 매일 이러한 과정을 반복한 결과, 마침내 피터는 한 손으로 과자를 먹으면서 다른 손으로 흰토끼와 같이 놀 수 있게 되었다. 피터는 좋아하는 간식을 먹는 동안 흰토끼를 조금씩 더 가까이에서 보면서 공포반응이 제거된 것이다.

2) 조작적 조건형성

조작적 조건형성은 스키너가 고전적 조건형성의 단순성을 비판하면서 발전시킨 개념으로 특정 행동 이후에 강화를 제공함으로써 행동을 조건형성시키는 것이다. 스키너는 인간의 행동이란 고전적 조건형성에서 설명하듯이 조건 자극을 통해 수동적이며 소극적으로만 형성되는 것이라기보다는 적극적이고 능동적 입장에서 행동 후에 나타나는 보상에 의해서 조작적으로 형성된다고 보았다. 이를 입증하기 위하여 스키너는 [그림 4-3]에 제시된 스키너 상자를 사용하여 실험을 하였다. 그는 지렛대와 먹이접시가 있고, 지렛대가 눌러지면 먹이가 나오도록 설계되어 있는 스키너의 상자 안에 쥐를 넣었다. 잠시 뒤 쥐는 처음 들어간 상자 안을 이리저리 돌아다녔고, 그러다 우연히 상자 한편의 지렛대를 누르게 되었다. 지렛대를 누르자 먹이가 접시에 떨어졌고, 쥐는 이러한 경험을 반복하게 되자 더욱 자주 지렛대를 누르는 행동을 학습하였다. 쥐가 지렛대를 누르는 행동을 한 후 주어진 먹이라는 강화에 의하여 지렛대를 더욱 자주 누르는 쥐의 행동이 조건형성된 것이다.

[그림 4-3] 스키너의 상자

스키너의 조작적 조건형성의 원리에는 강화, 강화계획, 처벌과 소거가 있으며, 이를 자세히 설명하면 다음과 같다.

(1) 강화

강화(reinforcement)는 행동의 빈도를 증가시키는 역할을 하는 자극이며 정적 강화와 부적 강화의 두 가지 방법이 있다. 이러한 원리는 아동상담에서 주로 사용되는데, 자세히 살펴보면 다음과 같다.

① 정적 강화

정적 강화(positive reinforcement)는 내담자가 특정 행동을 보이면 즉시 긍정적 보상을 제공함으로써 그 행동의 빈도를 증가시키는 것이다. 정적 강화는 아동에게 바람직한 행동을 습득시키거나 증진시킬 때 가장 흔히 사용되는 방법이다. 정적 강화의 종류에는 소모 강화(예: 먹을 것), 활동 강화(예: TV나 책 보기), 조작 강화(예: 장난감이나 풍선 조작하기), 소유 강화(예: 옷, 장난감 등 사 주기), 그리고 사회적 강화(예: 칭찬, 미소, 껴안아 주기 등 언어나 신체접촉) 등이 있다.

② 부적 강화

부적 강화(negative reinforcement)는 내담자가 특정 행동을 보이면 즉시 싫어하거나 혐오하는 부정적 자극을 소거시키거나 보류함으로써 결국 바람직한 행동의 빈도를 증가시키는 것이다. 예를 들어, 아침마다 늦잠을 자서 지각하는 아동에게 일찍 일어나 지각하지 않으면 아동이 싫어하지만 매일 반드시 해야 하는 학습지의 분량을 줄여 주는 것을 들 수 있다. 이런 경우 아동은 자신이 싫어하는 학습지를 덜 풀기 위하여 아침에 일찍 일어나는 바람직한 행동을 더 많이 하게 된다. 부적 강화는 반복된 정적 강화로 인해 긍정적 보상이 더 이상 효과가 없을 때 유용하게 활용될 수 있다.

③ 강화의 활용

강화는 아동의 행동 이후 즉각적으로 주어져야 하며, 아동의 발달 수준과 보상에 대한 선호도를 충분히 고려하여 주는 것이 바람직하다. 예를 들어, 전조작기 발달단계에 있는 2~7세 아동은 자기중심적 사고를 하기 때문에 아동이 좋아하는 장난감을 친구와 같이 가지고 놀게 해 주는 것은 적절한 보상이 될 수 없다. 오히려 좋아하는 장난감을 5분 더 가지고 놀 수 있도록 해 주는 것이 더 효과적인 강화물이 될 수 있다. 또한 아동의 경우 정적 강화와 부적 강화를 복합적으로 활용하는 것이 바람직한 행동 증진에 효과적이다.

(2) 강화계획

스키너는 강화계획에 따라 행동이 학습되는 속도, 패턴 및 지속성 등에 차이가 나타난다고 보았다. 효과적인 강화를 위해서는 어떤 강화를 언제, 어떻게 제공할지와 관련된 강화계획을 잘 세우는 것이 매우 중요하다. 강화계획은 연속적 강화와 간헐적 강화로 나눌 수 있다.

① 연속적 강화계획

연속적 강화계획은 특정 행동을 학습시키고자 할 때, 그 행동을 보일 때마다 매번 강화를 제공하는 것이다. 연속적 강화는 매번 강화를 제공받기 때문에 아동이 새로운 행동을 처음 학습할 때에는 효과적이다. 그러나 행동을 보일 때마다 지속적으로 끊임없이 강화를 제공해야 하므로 현실에서는 불가능할 뿐 아니라 시간이 지나면 강화의 효과도 미비해질 수 있다.

② 간헐적 강화계획

간헐적 강화계획은 행동을 보일 때 매번 강화가 주어지지 않는 경우를 총칭하는 것으로 일정한 시간 간격에 기준을 두고 강화를 주는 간격(interval)계획과 반응 횟수에 기준을 두고 강화를 주는 비율(ratio)계획으로 나뉜다. 간격계획은 세부적으로 고정간격과 변동간격으로, 비율계획은 세부적으로 고정비율과 변동비율로 구분된다. 이를 도식화하면 〈표 4-1〉과 같다.

강화계획 비교 예

어떻게 행동을 통제할까
강화계획
강화의 방법에 따라 뒤따르는 행동이 달라져요.
행동
예를 들어 볼까요?
엄마아~?
제발 게임기 사주세요.
엄마가 외출한 동안 집에 전화한 걸 모두 받으면 사줄게.
단, 엄마가 어떻게 연락을 하느냐~.
으흐흐
고정간격계획
매시간 정시에 연락을 하겠다.
전화를 받고 나면 덜 긴장해.
여보세요.
예, 엄마.
다음 전화가 오기 전까지 55분 동안 잘 수도 있어.
50분쯤 나갔다 올 수도 있지.

출처: 박지영, 배영헌(2008), pp. 20-21.

〈표 4-1〉 간헐적 강화계획

간격계획		비율계획	
고정간격계획	변동간격계획	고정비율계획	변동비율계획
일정한 시간 간격을 정하여 강화 제공	일정한 시간 간격 없이 무선적으로 강화 제공	일정한 반응 비율에 따라 강화 제공	고정적이지 않은 반응 비율에 따라 강화 제공

스키너는 강화계획 중 강화가 제공되는 시간과 강화의 양이 정해져 있지 않은 변동비율계획이 바람직한 행동을 증진시키는 데 가장 효과적이며, 다음으로는 고정비율계획, 변동간격계획, 고정간격계획 그리고 연속적 강화 순으로 효과가 있다고 보았다.

(3) 처벌과 소거

강화가 특정 행동을 증가시키는 것이라면, 처벌과 소거는 특정 행동을 감소시키기 위하여 사용된다.

① 처벌

처벌은 특정 행동을 보이면 즉시 주어지는 부적 결과로, 표면적으로는 즉각적인 효과가 있지만 부적응 행동을 일시적으로 억제할 수 있을 뿐 완전히 소거시키기는 어렵다. 즉, 처벌로 인해 아동이 부적응 행동을 일시적으로 참더라도 처벌이 중단되면 부적응 행동이 다시 나타나거나 이전보다 더 심각해질 수 있기 때문이다. 이런 경우 부모나 교사는 처벌의 강도를 더욱 높이기 때문에 결국 극단적으로 무섭거나 심한 처벌을 하게 되어 아동과의 관계에 부정적인 영향을 미칠 수 있다. 그러므로 처벌을 사용할 때 다음의 유의사항을 고려해야 한다.

처벌은 특정 행동이 나타난 후 즉각적으로 주어져야 하며, 처벌의 종류나 강도는 부적응 행동의 유형과 심각성 정도에 따라 강약이 결정되어야 한다. 또한 처벌의 종류나 강도에 대한 원칙은 미리 아동과 협의하여 정해야 하며, 동일한 부적응 행동에 대해서는 처벌의 형태나 강도에 일관성이 있어야 한다.

부적 강화와 처벌의 차이

부적 강화는 혐오자극을 피하기 위하여 특정 행동을 더 많이 하게 하는 것인 반면에 처벌은 혐오자극을 제공하여 특정 행동을 덜 하게 하는 것이다. 예를 들어, 자기 방 청소를 하지 않는 아동에게 어머니가 잔소리를 해서 아동으로 하여금 어머니의 잔소리를 듣지 않기 위해 자기 방 청소를 더 많이 하는 긍정적 행동을 증가시키는 것이 부적 강화다. 반면에 아동에게 체벌을 가해서 자기 방 청소를 하지 않는 부정적 행동을 줄이는 것이 처벌이다.

② 소거

소거는 이미 강화되어 학습된 행동을 더 이상 강화해 주지 않는 것으로 예전에는 관심을 주어 왔던 것을 무시하는 형태로 자주 사용된다. 예를 들면, 어머니와 함께 마트에 가면 항상 장난감을 사 달라고 심하게 떼를 써서 장난감을 살 수 있었던 유아는 떼를 쓰면 자신이 원하는 것을 얻을 수 있다는 것을 이미 학습하고 있다. 그러나 이 경우 어머니가 유아가 아무리 심하게 떼를 써도 이를 무시하고 장난감을 사 주지 않으면 유아는 더 이상 장난감을 사 달라고 떼를 쓰지 않게 된다.

정적 강화와 소거의 활용

아동상담에서 정적 강화와 소거가 복합적으로 사용될 때 부적응 행동을 소거시키면서 바람직한 행동을 효과적으로 증가시킬 수 있다. 이는 아동의 부적응 행동을 소거를 통해 감소시키면서 정적 강화를 통해 바람직한 행동을 형성하도록 도울 수 있기 때문이다. 예를 들어, 유치원에서 교사의 관심을 끌려고 친구와 전혀 같이 놀지 않고 교사만 쫓아다니는 유아가 있을 경우, 교사는 유아가 혼자 놀거나 교사의 관심을 끌려는 행동을 보일 때에는 무관심하고(소거), 유아가 친구와 함께 놀거나 친구에게 호감을 표시할 때마다 즉각적으로 칭찬과 격려(정적 강화)를 한다면 유아는 점차 교사보다는 친구와 함께 노는 것에 재미를 붙이고 친구와의 상호작용이 증가할 것이다.

3) 사회학습이론

사회학습이론은 자극이나 강화를 경험하지 않더라도 타인의 행동을 관찰하기만 해도 인간은 충분히 행동을 학습할 수 있다는 밴듀라의 이론이다. 밴듀라는 학습과 관련된 인간의 인지과정에 초점을 맞추어 사회학습이론을 발전시켰다. 그 과정에서 그는 보보인형 실험을 실시하였다.

밴듀라는 4세 유아를 세 집단으로 나누어 성인이 보보인형을 넘어뜨리고 때리며 공격적 행동을 하는 비디오를 보여 주었다. 그러나 세 집단에 제공된 비디오의 마지막 장면은 각기 달랐다. 첫 번째 집단은 공격적 행동 이후 성인이 칭찬을 받으면서 초콜릿과 음료수의 선물을 받는 장면, 두 번째 집단은 공격적 행동 이후 성인이 혼나고 처벌받는 장면, 그리고 세 번째 집단은 공격적 행동에 대해 성인이 상이나 처벌 중 아무것도 받지 않는 장면으로 끝났다. 세 집단의 유아는 비디오를 본 후 보보인형과 다른 장난감들이 있는 방에 들어갔다. 밴듀라는 유아가 비디오 속 성인이 보였던 공격행동을 얼마나 자주 보이는지를 측정하였는데, 비디오에서 성인이 혼나고 처벌받는 장면을 본 유아가 다른 두 집단 유아보다 공격적 행동을 덜 보이는 것으로 나타났다. 즉, 유아는 타인이 공격적 행동을 하면 처벌받는다는 것을 관찰학습한 것이다.

밴듀라는 실험자가 유아들이 있는 방으로 들어가 비디오에서 본 것을 따라하면 주스와 선물을 주겠다고 말한 뒤, 유아의 행동을 측정하였다. 그 결과, 세 집단 모두 동일한 수준의 공격적 행동을 보이는 것으로 나타났다. 이는 유아가 공격적 행동을 해서 처벌받는 것을 관찰학습한 것이 유아의 공격적인 행동을 억제시킬 수는 있지만, 유아가 모델링을 통해 공격적 행동을 학습한 것 자체에는 별다른 영향을 미치지 못함을 의미한다.

밴듀라는 사회적 학습을 크게 세 가지 유형으로 구분하였는데, 타인의 행동을 그대로 따라하는 모방학습, 타인이 새로운 행동을 시도할 때 나타나는 결과를 관찰함으로써 자신이 그러한 행동을 했을 경우 초래될 결과를 예측하는 대리학습, 사회적 상황에서 타인의 행동을 관찰하였다가 유사한 행동을 보이는 관찰학습으로 설명하였다. 특히 밴듀라는 관찰학습의 과정을 관찰학습을 위해 모델에 주의를 기울이는 주의집중단계(attentional process), 관찰을 통해 얻는 정보를 기억하는 기억단계(retention process), 이미 기억해 둔 모델의 행동을 외현적으로 재현하는 운동재생단계(motor reproduction process), 이미 학습한 모델의 행동을 직접 수행할 것인지 아닌지를 결정하는 동기화단계(motivational process)로 세분화하였다.

밴듀라는 인간의 학습은 전적으로 환경의 영향을 받는 것이 아니라 인간과 환경 간의 지속적인 상호작용을 통해 이루어진다는 상호결정론(reciprocal determinism)을 주장하였다. 즉, 인간의 발달은 능동적으로 개입하는 인간과 인간의 행동, 인간을 둘러싸고 있는 환경의 세 요소들 간의 상호작용에 의해 이루어진다. 이를 도식화하면 [그림 4-4]와 같다.

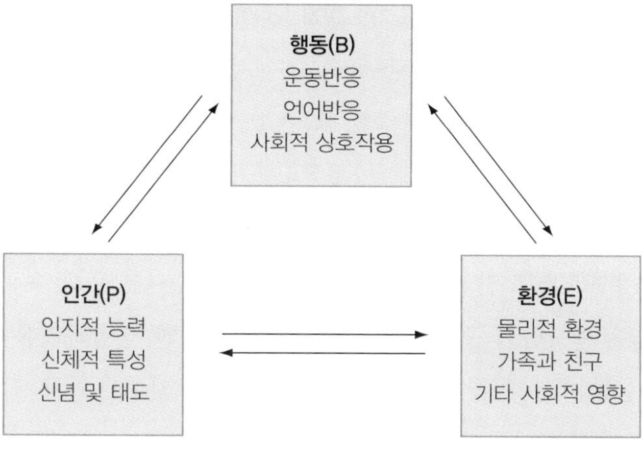

[그림 4-4] 상호결정론 모델

4. 상담 목표 및 과정

1) 상담목표

행동주의상담의 상담목표는 학습된 인간의 부적응 행동을 소거시키고 보다 적응적이고 바람직한 행동을 새롭게 학습시키거나 증진시키도록 만드는 것이다. 그러므로 상담목표는 과거의 심리문제나 내적 심리역동이 아니라 지금-여기에서 분명하게 객관적으로 관찰 가능하고 수정할 수 있는 것으로 설정한다. 상담자는 이러한 구체적인 상담 목표를 토대로 상담 초기에 실제적인 상담전략과 치료기법을 결정하여 사용한다. 그리고 행동주의상담에서는 상담의 효율성을 증진시키고 상담목표 달성을 평가하기 위하여 상담 매 회기나 상담의 초기, 중기, 종결기 등 매 분기마다 상담 결과에 대한 평가와 측정을 실시한다.

2) 상담과정

아동대상 행동주의상담의 구체적인 상담목표에 근거한 상담과정을 제시하면 다음과 같다(현정환, 2009).

(1) 목표행동 정하기

행동주의상담의 첫 번째 단계는 상담목표가 되는 행동(target behavior)을 정하는 것이다. 목표행동은 구체적으로 관찰과 측정이 가능한 용어로 표현한다. 예를 들어, '공격적이다.'를 '친구를 먼저 때린다.'로, '수업 태도가 좋지 않다.'를 '수업 시간에 자리에 앉아 있지 않고 무단으로 돌아다닌다.' 등과 같은 명확한 용어를 사용해야 한다. 그리고 부적응 행동이 여러 개 나타날 경우 상담의 우선순위를 정하여 두세 개의 목표행동으로 제한해야 한다.

(2) 기저선 파악하기

목표행동이 정해지면 행동관찰을 통해 부적응 행동의 발생빈도나 지속시간의 기저선(baseline)을 파악한다. 예를 들어, '약한 아이들을 항상 괴롭힌다.'라는 관찰이 아니라 '오늘 오전 손으로 밀고 때리는 신체적 공격 10회, 비난하거나 욕설을 하는 언어적 공격이 8회 나타났다.'라는 식으로 부적응 행동의 빈도를 관찰하여 파악한다. 그러나 기저선을 파악하는 관찰기간에는 부적응 행동이 일어나더라도 상담개입이 들어가서는 안 된다.

수업 시간에 자리 이탈과 공격적 행동을 보이는 아동의 행동주의 상담과정

① 아동의 문제행동인 수업 시간 자리 이탈, 잡담, 공격적 행동 등의 세 가지 목표행동을 설정한다.

② 행동관찰을 통하여 목표행동의 빈도를 측정한다(기저선 1).

③ 타임아웃 기법을 활용하여 행동수정을 실시한다.

④ 행동관찰을 통하여 행동수정의 효과를 검증한다(기저선 2).

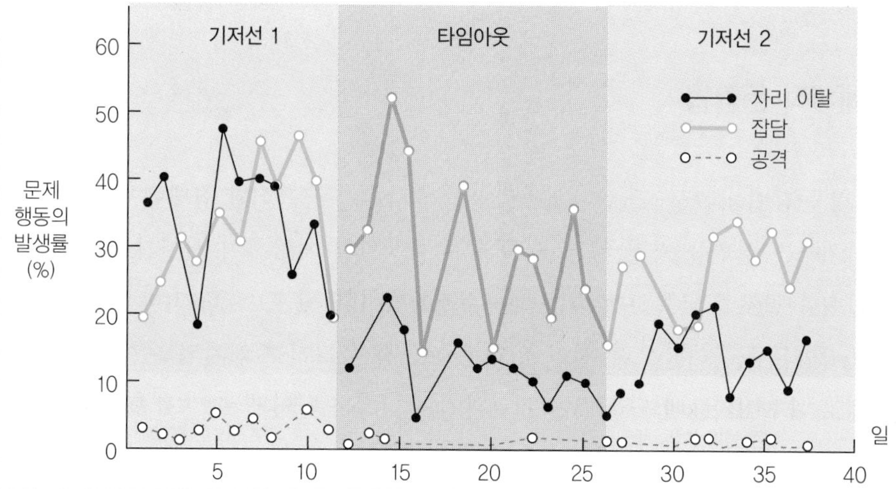

출처: 현정환(2009), p. 203. 발췌하여 재구성함.

(3) 상담기법을 선택하여 적용하고 상담효과 검증하기

목표행동과 기저선이 파악되면 목표행동의 종류나 발생횟수를 고려하여 부적응 행동 발생 직전의 자극을 조작(예: 약한 친구를 괴롭히는 아동 주변에 공격 대상이 되기 쉬운 아동을 가까이 하지 않도록 자리 편성하기)하거나 발생 직후 반응을 조작하는 방법(정적 강화, 소거, 타임아웃 기법 등)을 선정하여 상담하고 사전과 사후의 상담효과를 검증한다.

5. 상담기법

행동주의 상담자는 내담자의 행동을 수정하고 통제하기 위하여 적극적이고 지시적인 역할을 담당하며, 학습원리에 기초한 다양한 상담기법을 사용한다. 고전적 조건형성 원리에 입각한 체계적 둔감법, 노출법, 혐오기법, 조작적 조건형성 원리에 입각한 토큰경제, 행동조성, 타임아웃, 사회학습 원리에 입각한 모델링, 가상현실 치료, 안구운동 민감소실 및 재처리 기법 등이 사용된다. 구체적으로, 아동상담에서 사용되는 기법을 중심으로 살펴보면 다음과 같다.

1) 체계적 둔감법

체계적 둔감법(systematic desensitization)은 내담자가 근육이완 상태에서 불안이나 공포를 야기하는 상황을 가장 약한 자극에서 가장 강한 자극까지 점진적으로 상상하면서 불안이나 공포를 극복하게 하는 행동수정기법이다. 울프(Wolpe, 1973)가 개발한 체계적 둔감법은 근육이완훈련, 불안 위계목록표 작성 그리고 체계적 둔감법 실시 등의 세 단계로 나누어지는데, 구체적인 치료과정은 다음과 같다.

첫 번째 단계로 상담자는 내담자에게 편안한 의자나 부드러운 바닥에 앉거나 누워 있게 한 상태에서 근육이완훈련을 시킨다. 예를 들어, 상담자는 매우 조용하고 부드러우며 차분한 목소리로 내담자에게 아름다운 초원이나 마음이 편안해지는 근육이완 장면을 떠올리도록 한다. 내담자가 이러한 장면을 떠올리면 다음으로 내담자가 신체의 곳곳을 마음속에 그리며 팔, 머리, 목, 어깨, 등, 복부, 가슴, 다리 순으로 근육을 이완시키는 연습을 하도록 시킨다.

아동용 근육이완 대본

이제 근육이 긴장되거나 이완되었을 때를 연습할 건데, 이 연습의 목적은 우리가 아주 긴장했을 때 편안해질 수 있도록 몸의 근육들을 이완시키는 방법을 배우는 거예요. 우리가 긴장될 때가 많지요? 예를 들면, 겁이 나거나, 신경이 곤두서거나, 걱정이 많거나, 화가 난다던가 말이예요. 이완하기는 우리가 힘들 때 좀 더 편안하게 느낄 수 있도록 도와준답니다.

이제, 한 번에 몸 전체를 긴장시킵시다. 깊이 숨을 한 번 들이쉬고, 얼굴 찡그리고, 어깨를 목까지 올리고…… 팔을 위로 아래로 뻗고…… 배를 집어넣고…… 다리를 앞으로 쭉 뻗어 올리고…… 주먹을 꽉 쥐고…… 발가락도 힘껏 구부리세요. 몸 전체가 뻣뻣해지게 하세요. 내가 로봇이라고 상상해 보세요. 다섯을 셀 동안 이 자세를 유지하세요. 하나…… 둘…… 셋…… 넷…… 다섯…… 이제 숨을 내쉬세요. 신체 모든 부위가 느슨해지고 맥이 빠진 상태가 되게 하세요. 몸에 뼈도 없고 딱딱한 구석이라곤 하나도 없는 헝겊인형이 되었다고 상상하세요. ……머리 꼭대기에서 시작해서 편안하게 몸을 이완하세요. 아래로 내려갑니다. 여러분의 팔과 가슴을 지납니다. 더 아래로 내려갑니다. ……등과 배를 지나서 다리로 내려갑니다. ……모든 근육이 힘이 빠지고 느슨해집니다. ……이제 여러분 몸에는 어느 곳에도 긴장감이 없습니다.

좋아요. 이제는 숨을 고르고 부드럽게 쉬도록 하고 아주 부드럽고 조용하게 이완합니다. 이제 매번 숨을 내쉴 때마다 조금씩 더 깊이 이완합니다. 숨을 들이쉬고…… 내쉬고…… 들이쉬고…… 내쉬고…….

자, 이제는 상상하기 연습을 할 거예요. 지금 눈을 감고 해변에 누워 있다고 상상해 보세요. 따뜻하게 햇볕이 비추고 해변은 아주 조용해요. 수건 위에 누워 있는데 수건 아래 모래에서 따뜻함이 느껴지고 파란 하늘에는 깨끗하고 하얀 구름들이 있어요. 이제 손가락으로 모래를 더듬어 보세요. 모래는 따뜻하고 손가락을 스쳐 지나가요. 조용하고 걱정도 없고 편안해요. 아주 편안해요. (2분 정도 경과) 자. 이제 천천히 눈을 떠야 할 때가 되었군요. 내가 열을 셀 텐데, 다섯이 되면 천천히 눈을 뜨라고 할 겁니다. 그리고 열까지 다 센 다음에는 천천히 깨어나라고 할 겁니다. 하나…… 둘…… 셋…… 넷…… 다섯. 이제 천천히 눈을 뜨세요. 여섯…… 일곱…… 여덟…… 아홉…… 열. 천천히 깨어나세요. 긴장이 곧바로 다시 생기지 않도록 노력해 보세요. 이완된 상태를 그대로 유지해 보세요.

출처: Rapee et al. (2002), pp. 91-104에서 발췌하여 재구성함.

두 번째 단계로 내담자에게 불안이나 공포를 유발하는 자극을 정도에 따라 순서대로 위계목록을 만들도록 한다. 위계의 아래쪽에는 약한 자극을 설정하고, 위계의 위로 올라갈수록 불안과 공포를 심하게 느끼는 자극을 설정한다.

학교공포증이 있는 아동의 불안 위계목록

- 1단계: 아동과 어머니가 상담실에 단둘이 있고, 아동은 책을 읽거나 어머니와 함께 이야기를 나누고 있다.
- 2단계: 아동, 어머니, 아동의 친구가 같이 상담실에 있고, 아동이 친구와 이야기를 나누고 있다.
- 3단계: 아동, 어머니, 친구와 담임선생님이 아닌 다른 성인이 함께 상담실에 있고, 아동이 친구와 놀면서 이야기를 하고 있다.
- 4단계: 아동, 어머니, 친구, 담임선생님이 상담실에 있고, 아동이 담임선생님과 이야기를 나누고 있다. 조금 있다가 어머니와 친구가 밖으로 나간다.
- 5단계: 아동과 담임선생님이 상담실에 같이 있으면서 서로 이야기를 나누고 있다.
- 6단계: 아동과 선생님이 학교 교실에 가서 서로 이야기를 나누고 있다.
- 7단계: 아동이 반나절 동안 학교 수업에 참석한다.
- 8단계: 아동이 교실에서 하루종일 수업에 참석한다.

출처: Thompson & Rudolph (2001), pp. 244-245.

마지막 단계로 내담자가 눈을 감고 이완 상태가 되면 불안 위계목록 중 가장 불안을 적게 일으키는 장면부터 상상하게 한다. 그러나 만일 내담자가 불안을 심하게 느끼면 상담자는 다시 내담자를 근육이완 상태를 유도하여 불안을 느끼지 않도록 하고, 이완 상태가 되면 다시 장면을 상상하도록 유도한다. 이러한 과정을 되풀이하면서 불안 위계목록 가장 아래 자극부터 불안을 가장 심하게 일으키는 높은 자극에 이르기까지 단계적으로 장면을 상상하게 하며 상담을 진행한다. 내담자가 자신의 불안 위계목록에서 가장 높은 수준의 불안을 유발시키는 장면을 상상하면서도 불안이나 공포반응에 둔감해지면 치료가 종결된다.

2) 노출법

노출법(exposure)은 주의 깊게 통제된 조건에서 공포나 불안을 유발하는 자극이나 상황에 반복적으로 노출시켜 이를 직면하도록 함으로써 특정 자극 상황에 대한 불안을 감소시키는 치료기법이다. 노출법은 실제 환경 속에서 느끼는 불안자극에 직접 노출시키는 실제상황 노출법(in vivo exposure)과 마음속 상상을 통해 불안자극에 노출시키는 심상적 노출법(imaginal exposure)이 있다. 그러나 낮은 불안을 유발하는 자극부터 점점 강도를 높여 노출시키는 점진적 노출법과 달리, 처음부터 강한 불안을 유발하는 자극에 노출시키는 급진적 노출법인 홍수법(flooding)은 내담자에게 강한 불안과 불쾌감을 줄 수 있으므로 신중하게 사용되어야 한다.

1980년대 포아(Edna Foa)에 의해 개발된 노출 및 반응방지법(exposure and response prevention)은 문제행동을 하게 되는 자극상황에 노출을 시키지만, 그 상황에서 문제행동은 하지 못하게 함으로써 자극상황과 문제행동의 연합을 차단하는 기법으로, 강박장애 치료에 효과적으로 활용된다. 강박 사고를 유발하는 상황, 심상 및 생각에 의도적으로 내담자를 노출시킨 상태에서 강박 행동을 하지 않은 채 불안 수준이 점차 완화되는 경험을 함으로써 내담자가 두려워하는 파국적 상황이 벌어지지 않는다는 체험을 통해 강박 행동을 완화하게 된다.

3) 혐오기법

혐오기법(aversive technique)은 부적응 행동이 나타날 때마다 즉각적으로 매우 고통스럽고 혐오스러운 자극을 제공하여 부적응 행동을 소거시키는 치료기법이다. 예를 들어, 알코올 중독을 치료하기 위해 술잔에 구토제를 섞어서 마시게 하는 방법이 있다. 혐오기법은 내담자가 부적응 행동을 하려고 할 때마다 고통스러운 자극이 연상되어 부적응 행동을 하지 못하도록 만든다. 그러나 내담자에게 신체적으로 고통스럽고 혐오스러운 자극을 제공하기 때문에 비윤리적이라는 지적을 받고 있다.

4) 토큰경제

토큰경제(token economy)는 아동이 바람직한 목표행동을 했을 때 토큰을 받고, 부적응적 행동을 했을 때 토큰을 잃게 하여 기준이 되는 토큰이 모두 모이면 아동과 함께 계획한 보상으로 교환하게 하는 치료기법이다. 아동은 바람직한 행동에 대해 우선적으로 토큰으로 강화를 받은 후, 모인 토큰은 후에 자신이 원하는 후속 강화물로 대체된다. 후속 강화물인 보상은 아동과 함께 구체적으로 결정하게 되는데, 예를 들어 게임시간, TV 시청시간, 아동이 평소 매우 사고 싶어 했던 선물 등이 포함된다. 토큰경제가 효과적이려면 아동이 바람직한 목표행동을 했을 때 받는 토큰의 수, 토큰으로 대체할 수 있는 후속 강화물의 종류와 양, 후속 강화물로 교환할 수 있는 토큰의 수 등을 아동의 발달 수준을 고려하되, 아동과 상의하여 정해야 한다.

5) 행동조성

행동조성(shaping)은 행동을 여러 단계로 구분하여 강화함으로써 점진적으로 최종 목표가 되는 바람직한 행동에 근접하도록 유도하는 치료기법이다. 작은 단계로 세분화하여 행동을 습득하게 하면 습득이 용이할 뿐 아니라 습득 자체가 다음 행동에 대한 강화로 작용할 수 있다. 그러나 행동조성이 효과적이려면 각 단계별로 바람직한 행동이 발생할 때마다 즉시 강화를 주어야 하며, 사탕, 스티커, 장난감 선물 등의 외적 보상과 칭찬과 격려와 같은 내적 보상을 함께 주는 것이 효과적이다.

6) 타임아웃

타임아웃(time-out)은 행동주의 아동상담에서 가장 대중적으로 사용되는 치료기법 중 하나다. 타임아웃은 아동이 부적응 행동을 보이는 순간 정적 강화를 일시적으로 중지하거나 아동이 재미있어서 하고 싶어 하는 활동을 일정 시간 금지시키고 고립시키는 것이다. 예를 들어, 만약 아동이 친구를 때리는 공격적인 행동을 보인다면 아동이 매우 흥미 있고 즐거워하는 미술활동 시간에 교실 밖으로 나가 5분간 혼자 서 있도록 한다. 타임아웃을 효과적으로 활용하기 위해서는 미리 아동과 사전에 협의를 통해 타임아웃의 내용을 정해야 하며, 타임아웃의 시간이 너무 길지 않고 아동의 발달연령에 적절해야 하고(연령×1분, 최대 5분 미만), 타임아웃을 하는 상담자나 부모 및 교사는 중립적이고 사무적이며 단호한 태도를 취해야 한다.

타임아웃 사용지침

타임아웃 지시하기

타임아웃을 실시할 때는 단호하면서도 중립적인 목소리로 지시한다.

타임아웃 지시 후 10초 기다리기

타임아웃을 지시한 후 아동이 순응할 때까지 마음속으로 10초를 세면서 기다린다.

타임아웃 재지시 후 10초 기다리기

만일 아동이 지시를 따르지 않으면, “네가 지시를 따르지 않으면 고립(예: 생각 의자로 가서 혼자 있기)되어야 할 거야."라고 단호하게 재지시해야 한다. 재지시를 한 후 다시 10초를 기다려 준다.

타임아웃 장소로 보내기

재지시 후 10초를 기다려도 아동이 순응하지 않으면, "내가 지시한 대로 안 했으니까 고립장소로 가야겠다."라고 조용하지만 단호하게 말한 후, 아동을 즉시 고립장소로 보내야 한다. 아동으로 하여금 논쟁하도록 허용해서는 안 되며, 필요에 따라서는 아동의 팔을 잡거나 안고 고립장소로 데려간다. 아동이 고립장소에 도착하면, "내가 나오라고 말할 때까지 여기에 있어."라고 단호하게 말한다.

아동에게 주의 기울이지 않기

아동이 고립되어 있는 동안에는 아동에게 말을 걸거나 주의를 기울여서는 안 되며, 부모가 하고 있던 일을 계속해야 한다. 정해진 고립시간 동안 아동이 얌전하게 조용히 있으면 아동에게 "이제 나와도 돼."라고 말한다.

지시를 반복하여 제시하기

아동이 고립장소에서 나오면 다시 지시를 반복하고, 아동이 지시에 따르면 칭찬을 해 주지만 지시에 따르지 않으면 다시 고립장소로 보낸다.

출처: Gretchen & Melissa (2007), p. 72에서 발췌하여 재구성함.

7) 모델링

모델링(modeling)은 성인이 아동이 배워야 할 바람직한 행동의 모델을 보여 줌으로써 아동의 바람직한 행동이 증가하도록 유도하는 치료기법이다. 즉, 모델링이란 아동으로 하여금 바람직한 행동을 관찰하고, 반복해서 연습하도록 함으로써 이후에는 자발적으로 행동할 수 있도록 가르치는 것이다. 모델은 상담자, 친구, 부모 등 주변 사람이나 TV, 책, 비디오, 영화 등 대중매체를 활용할 수도 있다.

8) 가상현실 치료

1980~1990년에 처음 시작된 가상현실 치료(Virtual Reality Therapy)는 컴퓨터가 구현한 환경에서 실행되는 심리치료다(North, North, & Burwick, 2008). 4차 산업혁명 및 디지털 기기의 괄목할 만한 성장 속에서 인터넷, 모바일 앱, 가상현실(Vertual Reality: VR), 증강현실(Augmented Reality: AR), AI 등 소프트웨어를 통해 환자를 치료하는 디지털 치료제(Digital Therapeutics: DTx)가 주목받고 있는데, 가상현실 치료는 대표적인 디지털 치료제다.

[그림 4-6} 가상현실 치료 장면

가상현실 치료에서는 웨어러블 장비를 활용한 VR이나 AR 기능으로 매우 현실적이고 개별화된 시뮬레이션을 제공한다. 이를 통해 공포와 불안을 유발하는 자극 상황에 노출시켜 치료하는 접근이다. 가상현실 치료의 예를 들면, 군인을 대상으로 가상현실 전쟁 상황에 노출시키는 PTSD 치료, 광장공포증, 사회공포증, 비행공포증, 특정공포증, 공황장애 등 공포 및 불안 증상 치료 등이 있다. 가상현실 치료는 실제가 아닌 가상 환경에서 공포 및 불안을 유발하는 상황에 점진적으로 노출시킴으로써 통제된 환경에서 공포 및 불안을 해소하고 적절한 대처 기술을 습득할 수 있도록 돕기 때문에 치료적 접근성, 경제성 및 안정성이 좋을 뿐 아니라 PTSD, 공포 및 불안장애 치료에 효과적인 것으로 알려져 있다.

9) 안구운동 민감소실 및 재처리 요법

외상후 스트레스장애(Post-Traumatic Stress Disorder: PTSD) 치료에 효과적임이 입증된 안구운동 민감소실 및 재처리 요법(Eye Movement Desensitization and Reprocessing:

EMDR)은 1987년 미국의 심리학자인 사피로(Francine Shapiro)가 어느 날 여러 가지 고민을 하면서 공원을 산책하다가 우연히 눈을 반복해서 좌우로 빨리 움직이자 고민하고 있던 부정적이고 기분 나쁜 생각들이 사라졌던 자신의 경험을 토대로 개발한 치료법이다.

EMDR은 내담자가 외상과 관련된 고통스러운 기억의 단편을 떠올리는 동시에, 안구 운동과 같은 양측성 자극을 주어 뇌의 정보처리 시스템을 활성화시켜 기억의 처리가 다시 일어나도록 한다. EMDR은 주로 PTSD 치료에 널리 쓰이고 있지만, 공포증, 공황장애, 불안장애, 성격장애, 만성통증, 수면장애, 집중력 향상 등에도 효과적인 것으로 알려져 있다.

6. 아동상담에의 적용

행동주의상담은 가장 흔하고 손쉽게 사용되는 아동상담 접근 중 한 가지로 이론 발전 초창기인 1900년대 이미 공포증과 야뇨증을 보이는 아동을 대상으로 조건형성 원리를 활용한 치료가 실시되었다. 1924년 존스(Jones)는 탈조건형성을 실시하여 3세 된 피터의 토끼에 대한 공포반응을 제거하였으며, 1938년 모우러(Mowrer)와 모우러(Mowrer)는 고전적 조건형성 원리를 적용하여 방광의 긴장을 알람과 짝을 지은 배뇨 알람 시스템을 개발하여 아동의 야뇨증을 치료하였다.

행동주의상담은 객관적으로 관찰과 측정 가능한 아동의 행동에 초점을 맞추어 구체적인 목표를 세워 바람직한 행동은 유지·증진시키고 바람직하지 않은 행동은 감소시킨다. 그러므로 부적응 행동을 보이는 아동뿐 아니라 지적발달장애와 전반적 발달장애 아동상담과 특수교육에서 매우 광범위하게 활용되고 있다. 로바스(Lovaas)는 자폐아동을 대상으로 조작적 조건형성 원리를 적용하여 체계적으로 문제행동을 수정하는 응용행동분석(Applied Behavior Analysis)을 발전시켰다. 만약 자폐아동이 상황에 적절한 말을 하거나 타인과 상호작용을 시도하면 정적 강화물을 제공하고, 부적응적인 행동인 반향어(예: 상대방의 말을 의미 없이 따라하기), 자기자극(예: 기차바퀴를 몇 시간 동안 돌리면서 쳐다보기) 및 자기파괴(예: 벽에 자신의 머리를 반복해서 부딪치기) 행동을 보이면 상담자가 처벌을 하거나 무시를 하는 소거를 통해 이를 통제하였다.

또한 행동주의상담은 치료적 효율성과 활용의 용이성으로 인해 아동심리나 상담에 대한 지식과 이해가 부족한 부모나 교사를 대상으로 하는 아동행동지도법으로 유용하게 활용되고 있다. 대표적인 부모교육 프로그램으로는 바클리(Barkely)의 주의력결핍 과잉행동장애(Attention Deficit Hyper-activity Disorder: ADHD) 아동의 부모훈련 프로그램을 들 수 있다. 이 프로그램은 2～11세 ADHD 아동의 부모 6～7명을 대상으로 총 9주 동안 매회 1시간 30분 정도의 집단상담으로 실시된다. 구체적인 내용으로는 부모에게 정적 강화, 타임아웃, 토큰경제, 공공장소에서 아동의 행동을 통제하는 기법 등을 교육하고 시연을 통해 가정에서 부모가 이러한 행동수정 기법을 효과적으로 사용할 수 있도록 돕는다.

밴듀라의 사회학습이론은 사회성 기술이나 자기주장 증진 및 분노조절을 위한 집단아동상담 분야에서 유용하게 활용되고 있다. 아동은 자신이 직접 경험하지 않더라도 집단 내 다른 아동이나 상담자가 행동하는 것을 관찰하면서 모델링과 행동시연을 통해 바람직한 사회적 기술이나 자기주장 능력을 효과적으로 증진시키고 부적응 행동에 대한 바람직한 대안행동을 학습할 수 있다.

이 외에도 노출법, 체계적 둔감법 및 행동조성법을 활용한 행동치료, 디지털 멘탈 헬스 케어의 일환으로 VR이나 AR을 활용한 가상현실 치료, 외상사건(traumatic event)으로 유발된 아동의 외상후 스트레스장애 증상을 감소시키는 안구운동 민감소실 및 재처리 요법(EMDR) 치료도 실시되고 있다. 그러나 행동주의 아동상담은 아동의 심리내적 욕구나 정서를 간과하거나 부모-자녀관계 측면에 대한 개입이 제한적일 수 있으며, 혐오기법이나 처벌을 아동에게 사용하는 경우 다소 비윤리적일 수 있음을 고려해야 한다.

요약

행동주의상담은 실험심리학자들이 발견한 학습이론을 응용하여 인간의 부적응 행동을 수정하는 과학적 치료접근법이다. 대표적인 원리로는 파블로프와 왓슨의 고전적 조건형성, 스키너의 조작적 조건형성 그리고 밴듀라의 사회학습이론이 있다.

파블로프는 선행자극에 대한 반응에 의해 인간의 행동이 학습된다고 보았으며, 스키너는 단지 선행자극에 대한 반응이 아니라 오히려 행동 이후에 주어진 강화와 처벌에 의해 행동이 조작적으로 조건형성된다고 보았다. 이에 더 나아가, 밴듀라는 반드시 행동 이후에 주어지는 강화가 없더라도 인간이 타인의 행동과 행동 이후에 주어지는 강화와 처벌을 관찰하여 모델링함으로써 행동이 학습될 수 있다고 주장하였다.

행동주의상담은 환경의 영향을 받아 학습된 인간의 부적응 행동을 소거하고 보다 바람직한 행동을 증진시키는 것에 중점을 두기 때문에 상담목표는 과거의 심리문제나 내적 심리역동이 아니라 지금-여기에서 분명하게 객관적으로 관찰 가능하고 수정할 수 있는 것으로 설정한다. 그리고 상담과정과 사용되는 상담기법은 객관적으로 관찰 측정이 가능한 행동에 초점을 맞추어 구체적이고 계획적으로 이루어진다. 상담기법으로는 체계적 둔감법, 노출법, 혐오기법, 토큰경제, 행동조성, 타임아웃, 모델링, 가상현실 치료, 안구운동 민감소실 및 재처리 요법(EMDR) 등이 사용된다.

활동

1. 행동주의상담의 다양한 기법 살펴보기

다음은 초등학교 5학년 남아를 대상으로 행동주의상담의 다양한 기법을 활용한 상담사례다. 사례를 충분히 읽어 본 후, 다음의 행동주의상담의 다양한 기법 중 어떤 기법이 활용되었는지를 구체적으로 살펴보자.

예: 체계적 둔감법, 소거, 강화, 혐오기법, 토큰경제, 행동조성 등

K는 6개월째 왼쪽 다리를 구부리지 못해 다리를 질질 끌고 다니는 신체적 장애를 보이는 초등학교 5학년 남자아이다. K는 6개월 전 친구들과 축구를 하다가 다리를 다쳐 왼쪽 다리를 조금 절게 되었다. 심한 부상이 아니었기 때문에 부모는 한두 번의 병원치료를 받고 나서 시간이 지나면 회복될 것으로 생각했다. 그러나 K는 점점 더 다리를 심하게 절기 시작했고, 급기야 왼쪽 다리를 구부리지 못하게 되었다. 정형외과와 신경과를 방문하여 여러 가지 검사를 했으나 아무런 신체적 이상도 발견되지 않았으며, 의사는 K군이 다리를 구부리지 못하는 이유를 알 수 없다고 말했다.

부모의 말에 따르면, K는 자신의 신체적 장애를 걱정해 주는 여러 사람 앞에서 증상이 더욱 심해진다고 하였다. K는 이란성 쌍둥이의 동생이었는데, 형은 K보다 공부도 운동도 잘해서 학급에서 반장을 하고 있었으며 부모의 관심을 더 많이 받고 있었다. 요즘에는 K가 다리를 펴고 걷지 못하기 때문에 아빠가 업어서 등교를 시키고 있으며, 하교할 때는 어머니나 형이 도와주고 있다.

부모의 관심을 비롯한 여러 요인이 K의 증상을 강화시키고 있다고 진단되어, K를 이러한 강화요인에서 차단되어 집중적인 행동치료를 받기 위하여 정신과 병동에 입원시켰으며, 부모의 걱정, 관심, 보살핌, 도움 등의 차단을 위하여 일시적으로 부모와의 면회를 금지하였고, 병원 내 모든 치료진들은 다리를 질질 끌며 관심을 받으려고 하는 K의 행동을 못 본 척하였다. 대신에, 치료진은 K가 자신의 다리를 조금씩 움직이려는 노력을 보일 때마다 격려를 해 주었다. 입원 당시 K는 왼쪽 다리를 전혀 움직이지 못했으나, K가 다리를

움직이며 다른 아동들과 놀이를 하거나 다리를 움직이려고 노력할 때마다 치료진이 대단하다는 듯 관심을 보여 주고 과자, 음식, 인터넷 게임, 외출하기 등과 같은 것을 체계적으로 제공하였다. 2개월 후 K는 두 다리로 걸어서 퇴원하였다.

출처: 권석만(2012), p. 186에서 발췌하여 재구성함.

2. 행동주의 상담기법 연습하기

다음에 제시된 유아의 공격적 행동을 소거하기 위하여 사용할 수 있는 강화(정적 · 부적 강화), 타임아웃, 소거, 처벌, 토큰경제의 예를 들어 연습해 보자.

4세 된 상민이는 유치원에서 별명이 떼쟁이와 싸움꾼이다. 대집단활동 시간에 자신이 손을 들었는데 교사가 다른 친구에게 발표를 시키면 소리를 지르며 화를 낸다. 친구들과 함께 놀이하는 시간에도 친구가 자신이 놀고 있는 장난감을 실수로 지나가다가 건드리면 친구를 손톱으로 할퀴고 때리거나 발로 차는 공격적인 행동을 보인다. 모든 장난감을 자신이 혼자 가지고 놀려고 하고 하루에도 여러 번 화를 내며 친구에게 공격적인 행동을 보여서 친구들은 상민이 곁에 가려 하지 않고 상민이를 무서워한다.

3. 근육이완훈련 시연하기

불안의 체계적 둔감화를 위해 사용되는 근육이완훈련을 직접 시연해 보자.

● 과정(아동용 근육이완 대본 참조, pp. 121-122 참조)

① 상담자와 내담자, 관찰자 역할을 3인 1조로 구성한다.

② 상담자는 내담자에게 이 장에 제시한 아동용 근육이완 대본을 읽어 주면서 내담자의 근육이완을 훈련시킨다.

③ 근육이완 훈련을 실시한 후, 내담자와 상담자 및 관찰자가 느낀 점과 근육이완 훈련의 효과에 대해 이야기 나누어 본다.

Chapter 05

인간중심 접근

제가 10대 소녀였을 때 아빠는 저의 진실된 친구였어요.
아빠는 저에게 충고를 하지 않으셨고, 단지 공감, 이해, 지지만 해 주셨어요.
저는 알아요. 아빠가 저를 얼마나 사랑하셨는지 말이에요.

\- Natalie Rogers

칼 로저스(Carl Rogers)가 발전시킨 인간중심 접근은 심리학, 상담학, 교육학을 포함한 다양한 학문 분야뿐 아니라 인종갈등 해결과 국제 간 갈등관계의 중재정책에도 많은 기여를 하고 있다.

칼 로저스(1902~1987)

1. 발달 배경

로저스는 가족관계는 친밀하지만 놀거나 쉬지 않고 성실하게 일하는 청교도적 분위기를 강조하는 집안의 여섯 형제 중 넷째로 태어났다. 그는 아버지의 농장에서 성장하면서 청교도적 분위기를 강조하는 집안에서 성장하였으며, 대학에서 농업을 전공하다가 중국 베이징에서 열린 종교집회에서 큰 감명을 받아 전공을 신학으로 바꾸었다. 그는 이후 대학원에서 심리학과 정신의학에 흥미를 느끼고 컬럼비아 사범대학에서 박사학위를 받은 후, 뉴욕 로체스터의 아동지도센터와 아동학대예방협회에서 12년간 임상심리학자로 근무하였다. 이 기간 동안 로저스는 당시 상담의 주류를 이루던 정신분석상담이론에 의문을 제기하며 새로운 자신의 상담이론을 발전시켰다. 그의 상담이론은 1940년대 '비지시적 상담'에서 1950년대 '내담자중심상담'으로, 그리고 1970년대 '인간중심상담'으로 명칭이 변경되면서 발전되었다.

1940년 로저스는 오하이오 주립대학교 심리학 교수로 재직하면서 저서 『상담과 심리치료(Counseling and Psychotherapy)』를 통해 당시 주로 사용되던 지시적이고 해석적인 상담치료에 이의를 제기하며 '비지시적 상담'을 주장하였다. 1951년 로저스는 시카고 대학교 심리학 교수이자 대학상담센터 소장으로 재직하면서 그의 대표 저서 중 하나인 『내담자중심 치료(Client-Centered Therapy)』를 저술하였다. 그는 기존에 자신이 제시했던 비지시적 상담방법보다는 상담에 있어 '내담자를 중요시 여기는 점'을 보다 강조하기 위하여 이론의 명칭을 '내담자중심상담'으로 변경하였다. 1957년 위스콘신 대학교 심리학과 교수로 자리를 옮긴 로저스는 대학정신병원의 환자를 대상으로 자신의 내담자중심 치료의 효과검증 연구를 하였다. 그 결과 여러 환자 중에서 상담자가 진정으로 자신을 공감해 주었다고 느낀 환자의 치료가 가장 효과적인 것으로 나타났다. 이러한 경험을 토대로 로저스는 논문 「필요충분조건(Necessary and Sufficient Conditions)」을 통해 상담자의 필수적 세 가지 상담태도인 일치성, 무조건적인 긍정적 존중, 공감적 이해를 제안하였다.

1964년 로저스는 위스콘신 대학교 교수직을 은퇴하고, 캘리포니아주 라 졸라에서 거주하면서 1968년 인간연구센터(the Center for Studies of the Person)를 설립하였다. 그는 내담자보다는 '인간에 대한 관심'을 보다 강조하기 위하여 이론의 명칭을 '인간중심상담'으로 변경하였고, 인간의 성장과 잠재성을 촉진시키는 참만남집단(encounter group) 운동을 일으켰다. 로저스는 생애 마지막 15년 동안 자신의 인간중심 접근을 세계평화를 위한 국제문제에 적용시켜 인종 간 갈등 감소에 심혈을 기울였다. 이러한 노력이 인정받아 로저스는 미국의 임상 · 상담학자를 대상으로 한 조사에서 현대 심리치료자들에게 가장 강력한 영향을 미친 인물로 선정되었고, 노벨평화상 후보자로 지목되기도 하였다.

로저스의 인간중심상담은 1980년대 들어서 밀러(William Miller)와 롤닉(Stephen Rollnick)에 의해 동기강화상담(Motivational Interviewing: MI)으로 발전되었다. 동기강화상담은 상담자가 내담자로 하여금 스스로 변화하고자 하는 자신의 동기 수준을 증진시킬 수 있도록 돕는 데 초점을 맞춘 상담이다. 동기강화상담은 음주문제에 대한 개입방안으로 개발되었으나 이후 도박, 약물중독, 자살 등 다양한 심리적 문제에 적용되고 있으며, 상담소뿐 아니라 학교, 기업체, 군대 및 교정시설 등에서도 널리 활용되고 있다.

2. 인간관

인간중심상담은 인간에 대해 긍정적이고 휴머니즘적인 인본주의 관점을 가지고 있다. 인간중심상담이론이 발전되던 당시에는 인간은 자신이 통제할 수 없는 파괴적인 성적 에너지가 주도하는 무의식에 의해 영향받는 존재라는 정신분석적 인간관이 주를 이루고 있었다. 그러나 로저스는 자신의 오랜 임상경험을 바탕으로 기존의 결정론적 인간관에 이의를 제기하면서 '신뢰적인', '믿을 만한', '건설적인', '선량한' 등의 용어를 사용하여 인간을 설명하였다. 인간은 과거경험에 의해 얽매인 존재가 아니라 미래 지향적이고 신뢰적인 존재로서 자아실현의 의지와 더불어 선한 마음을 갖고 태어난다. 그러므로 인간은 적절한 조건만 갖추어진다면 타고난 내재적 잠재력을 통해 충분히 자신의 운명을 통제하고 건설적인 방향으로 성장할 수 있다.

인간중심상담에 따르면, 인간의 심리문제는 인간이 타고난 자신의 가능성과 잠재력을 발견하지 못한 상태에서 외부에서 부여된 가치조건으로 인해 자아가 형성된 후, 이러한 자아가 주변 상황에 의해 왜곡되고 거부당할 때 발생된다(이장호, 정남운, 조성호, 1999). 특히 아동의 경우에는 자아가 부모에게 부여받은 가치조건과 불일치할 때 부적응을 일으키게 된다. 아동은 자신의 자아를 발달시켜 가는 과정에서 부모의 영향을 받기 때문에, 아동은 부모에게 좀 더 사랑받거나 부모를 보다 기쁘게 해 주기 위해서 자신의 잠재력을 실현하기보다는 외부적으로 부모가 가치 있게 여기는 조건에 자신을 맞추려고 노력하게 된다. 이 과정에서 자신의 가치와 부모가 원하는 가치가 불일치해지면 심리적 갈등이 발생하는 것이다. 이를 도식화하면 [그림 5-1]과 같다.

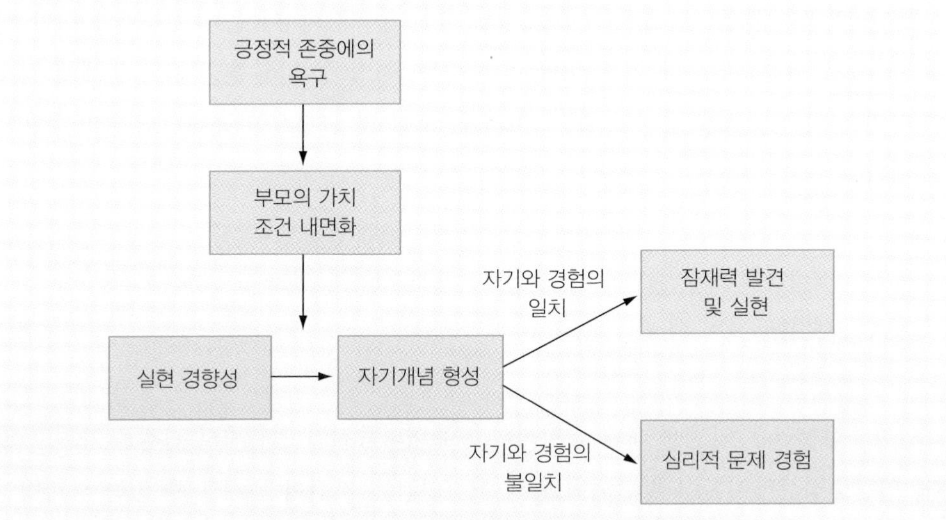

[그림 5-1] 심리적 부적응의 형성과정

출처: 이장호 외(1999), p. 73.

그러나 로저스는 인간이라는 존재는 부적응에서 심리적 건강 상태로 변화하는 천부적인 능력과 자아실현 경향성을 가지고 있기 때문에, 상담자가 충분히 허용적인 분위기를 제공한다면 내담자 스스로 내재적 잠재력을 발휘하여 문제를 해결해 갈 수 있다고 보았다.

3. 주요 개념

인간중심상담의 주요 개념으로는 로저스가 제안한 현상학적 장, 자아, 자아실현 경향성과 완전하게 기능하는 사람을 들 수 있다.

1) 현상학적 장

현상학적 장(phenomenal field)이란 내담자가 현재 여기(here-and-now)에서 지각하고 경험하는 모든 것을 의미한다. 로저스(1951)는 비록 동일한 현상일지라도 개인에 따라 각기 다르게 지각하고 경험하기 때문에 이 세상에는 객관적 현실이 아닌 개인적 현실, 즉 현상학적 장만이 존재할 뿐이라고 보았다. 인간의 행동은 주변의 자극이나 상황에 따라서가 아니라 단지 개인이 그것을 어떻게 지각하고 경험하는가에 따라 달라진다는 것이다. 그러므로 상담자가 내담자를 진정으로 이해하려면 내담자의 현상학적 장을 이해해야 한다. 이를 위해 상담자는 내담자의 내적 세계와는 관계없는 외부적 잣대인 외부적 참조틀(external frame of reference)이 아니라 내담자 자신의 눈을 통해 내담자가 스스로 직접 경험하고 있는 내부적 참조틀(internal frame of reference)에 초점을 맞추어야 한다.

2) 자아

자아(self)는 현상학적 장에서 개인이 인식하는 경험의 세계에서 분화된 부분으로 자기에 대한 개념이며, '나는 누구인가', '무엇을 할 수 있고 무엇이 될 것인가'에 대한 고민을 갖고 있다. 이러한 자아개념은 어린 시절에 형성되어 성장하는 동안 다양한 인간관계를 맺고 상호작용을 하며, 많은 경험을 축적하면서 점점 더 성숙해지고 복잡해진다. 자아개념은 현실자아(real self)와 이상적 자아(ideal self)로 구분되는데, 현실자아는 자신을 현재 어떠한 사람으로 인식하는지, 그리고 이상적 자아는 앞으로 자신이 어떠한 존재가 되고 싶은지와 관련이 있다. 그러나 현재 경험하고 있는 현실자아와 자신이 되고 싶은 이상적 자아 사이의 불일치가 커지면 인간은 심리적 갈등과 문제를 겪는다.

3) 자아실현 경향성

자아실현 경향성(self-actualizing tendency)은 인간 유기체를 유지하고 고양하는 힘으로 모든 유기체의 잠재력을 발전시키는 생득적 경향을 의미하며, 자율성을 향한 발달과정이며 타율성이나 외부의 통제에서 벗어나려는 성향이다(연문희, 이영희, 이장호, 2007). 모든 유기체는 자신의 현재 상태에서 좀 더 발전하도록 잠재력을 키워 성숙하는 데 노력을 기울이는 자아실현 경향성을 가지고 있다. 로저스는 자아실현 경향성이 인간의 가장 주된 동기이며 다른 모든 동기의 원천이 된다고 보았으며, 자아실현 경향성이 차단되거나 봉쇄되었을 때 인간은 부적응적 문제를 보이게 된다고 하였다.

4) 충분히 기능하는 인간

충분히 기능하는 인간(fully functional person)은 자신의 잠재력을 인식하고, 능력과 자질을 발휘하여, 자신에 대한 완벽한 이해와 경험을 풍부하게 하는 방향으로 이동해 가는 사람이다. 로저스(Rogers, 1961)는 충분히 기능하는 사람이란 자신의 모든 감정을 경험할 수 있고, 그것들 중 어느 것도 두려워하지 않으며, 감정의 자각이 자신의 경험을 통해, 그리고 그 안에서 자유롭게 흘러가도록 하는 인간으로 정의했다. 로저스에 따르면, 자아실현은 완성 상태가 아닌 '하나의 과정'이며, 그 과정에는 고통이나 자신의 능력에 대한 회의 그리고 긴장이 수반된다. 자아실현하고 있는 사람은 자기가 아닌 어떤 것으로 가장하거나 자아의 일부를 숨기지 않으며 진정한 자기 자신이 된다. 또한 자아개념과 경험 간에 그리고 지각된 경험과 실제 경험 간에 불일치가 없다. 이러한 사람을 로저스는 충분히 기능하는 인간이라고 설명하였다. 충분히 기능하는 인간은 다음과 같은 다섯 가지 특징을 지니고 있다(Rogers, 1961).

첫째, 경험에 대해 개방적이다. 충분히 기능하는 인간은 자신의 내적 경험과 긍정뿐 아니라 부정적 감정까지도 개방적으로 받아들인다. 이를 통해 합리적인 판단이 가능하며, 상황에 적절한 행동을 할 수 있다.

둘째, 실존적인 삶을 살아간다. 충분히 기능하는 인간은 매 순간의 경험을 중요하게 생각하면서 충실히 살아가기 때문에 모든 순간이 새롭고, 이전과는 다른 것으로 생각하며 살아간다.

셋째, 자기 자신을 신뢰한다. 충분히 기능하는 인간은 의사결정을 해야 하는 순간에 타인의 판단이나 의견, 외부의 영향 및 사회적 규범에 의존하지 않고, 자신의 유기체적 경험을 활용하여 자신이 옳다고 믿는 것을 선택한다.

넷째, 경험적 자유를 가지고 있다. 충분히 기능하는 인간은 "내 자신의 행동과 그 결과에 책임을 지는 것은 나뿐이다."라는 점을 염두에 두고 자신이 원하는 것을 선택하여 인생을 자유롭게 살아간다.

다섯째, 창조성을 지니고 있다. 충분히 기능하는 인간은 사회적 · 문화적 제약을 무조건적으로 따르기보다는 자신이 속한 문화 속에서 자신의 내재된 욕구를 충족시키면서도 창조적으로 건설적인 삶을 살아간다.

4. 상담 목표 및 과정

1) 상담목표

로저스는 상담이란 단순히 내담자의 현재 심리문제를 해결하기 위한 것만이 아니라, 오히려 내담자의 성장과정을 도와 현재 직면하고 있는 문제들과 앞으로 일어날 수 있는 문제에 더 잘 대처할 수 있도록 돕는 것이라고 보았다(Corey, 2010). 내담자는 상담자와의 관계 경험을 통해 자신이 이미 성장하고 변화할 수 있는 내재적 능력을 가지고 있음을 발견하고 개인적인 발달과 성장을 할 수 있다. 그러므로 인간중심상담의 상담목표는 상담자가 내담자가 스스로의 힘으로 문제를 해결하고 성장하여 충분히 기능하는 인간이 되도록 돕는 것이다.

로저스는 인간중심상담의 핵심을 자기와의 경험을 일치시키는 것으로 보았다. [그림 5-2]에서 보듯이, 인간중심상담을 통한 내담자의 변화는 자신의 유기체적 경험을

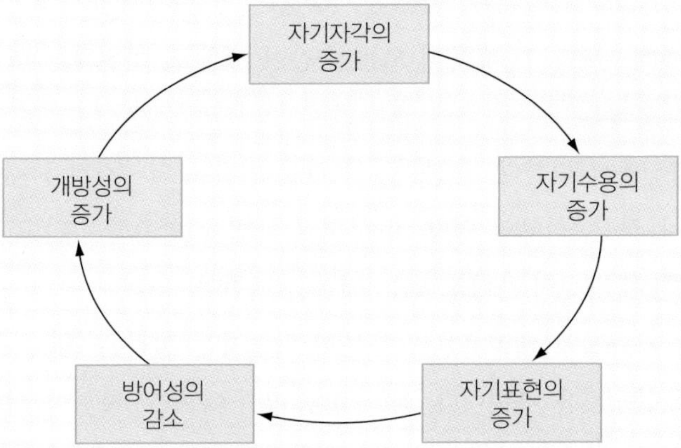

[그림 5-2] 내담자의 긍정적 변화를 위한 선순환 과정

출처: 권석만(2012), p. 288.

개방적으로 탐색하고 자각하는 것에서 시작되고, 이러한 자각을 자신의 일부로 수용하게 된다. 자기수용이 증진되면 인간은 자신의 내면적 욕구나 감정을 솔직하게 표현하는 자기표현이 증가하고, 자신을 방어하거나 타인의 인정과 평가에 의존하지 않고 자기존중감이 증진되기 때문에 자연스럽게 자신의 경험에 대한 개방성이 증가한다. 이러한 선순환은 내담자가 자아실현 경향성을 발현하여 충분히 기능하는 인간으로 성장할 수 있도록 돕는 원동력이 된다.

인간중심상담에서는 상담에 대한 일차적 책임을 내담자에게 부여한다. 로저스(Rogers, 1961)에 따르면, 내담자는 상담을 받으러 오면서 다음과 같은 의문을 가진다. "어떻게 하면 내가 진실된 나를 발견할 수 있을까? 어떻게 하면 내가 간절히 되고자 하는 사람이 될 수 있을까? 어떻게 하면 가면을 벗고 진정한 내 자신이 될 수 있을까?" 내담자는 상담을 통해 이러한 자신의 질문을 스스로 해결할 책임을 가지고 있다. 그러므로 상담자는 내담자의 내재적 잠재력과 가능성을 신뢰하기 때문에 내담자가 충분히 기능하는 인간이 되도록 돕는 전반적인 상담목표를 설정할 수 있지만, 구체적인 상담목표는 내담자가 스스로 선택하여 결정하도록 한다.

2) 상담과정

로저스는 인간중심상담이 진행되는 과정을 다음의 12단계로 설명하였다(이현림, 2008).

첫째, 내담자가 도움을 받기 위해 내방한다. 내담자가 자발적으로 내방한다는 것은 이미 문제를 해결하기 위한 발걸음을 내딛는 것이므로, 이러한 자발적 참여는 상담에서 매우 중요한 의미를 가진다. 타의에 의해 상담에 임하는 자세를 자의적인 결정으로 변화하게 만드는 개입을 우선적으로 실시해야 한다.

둘째, 상담이라는 상황을 정의한다. 상담자와 내담자 간의 상담관계를 정의한다. 즉, 상담이란 내담자가 자신의 내재적 잠재력을 통해 스스로 문제를 해결할 수 있도록 도와주는 과정일 뿐, 상담자가 문제를 대신 해결해 주는 과정은 아니라는 것을 인식시킨다. 그러므로 상담시간을 계획하고 약속하는 것도 내담자의 책임이라는 사실을 명백히 깨닫도록 해야 한다.

셋째, 상담자는 내담자의 정서반응을 반영하고, 명료화하여 내담자가 자신의 문제와 관련된 감정을 자유롭게 표현하도록 격려한다. 내담자가 상담시간에 드러내는 적개심, 불안, 죄책감 등의 부정적 감정을 있는 그대로 드러내도록 한다.

넷째, 상담자는 내담자가 드러내는 다양한 부정적 감정을 인지적으로 이해하는 것이 아니라 있는 그대로 받아들여 주어야 한다. 즉, 상담자는 내담자의 감정을 인정, 수용, 명료화해 주어야 한다.

다섯째, 내담자가 부정적 감정을 온전하게 표출할 수 있게 되면, 인격적 성장에 도움이 되는 긍정적 감정과 충동이 나타난다고 보았다.

여섯째, 상담자는 내담자의 부정적 감정을 받아들임과 동시에 긍정적 감정도 인정하고 받아들인다. 내담자는 상담자가 진실로 내담자 자신의 감정을 이해하고 공감하여 수용하는 것을 경험하면서 자기평가와 정서반응 간의 일치 및 조화를 탐색하여 정리한다.

일곱째, 내담자가 부정적 감정과 긍정적 감정을 모두 경험하면 자기이해, 자기 수용, 자기통찰이 나타나게 된다. 이를 통해 내담자는 새로운 차원의 자기통합을 할 수 있다.

여덟째, 내담자는 긍정적으로 여러 가지 의사결정을 할 수 있으며, 상담자는 내담자가 앞으로 경험할 수 있는 공포나 주저함이 당연한 것이라고 인정해 주어야 한다.

아홉째, 내담자는 실제 생활 장면에서 더욱 적극적으로 긍정적 행동을 할 수 있다.

열째, 내담자는 긍정적 행동을 많이 하면서 점차적으로 더욱 성장한다.

열한째, 내담자의 문제증상이 감소되고 현실에서 문제를 해결하고 의사결정을 하는 과정에서 불안과 두려움이 감소하여 자신감을 갖게 되며, 상담자와 내담자의 유대관계가 더욱 강화된다.

열두째, 내담자는 더 이상 상담자의 도움 없이도 스스로의 잠재력으로 자아실현이 가능해지며 치료의 종결을 계획하게 된다. 이 시기에 내담자는 지각된 자아와 이상적 자아 사이의 조화로움을 경험하며, 보다 성숙된 자세로 상담을 종결할 수 있다.

이와 같은 상담과정을 참고로 하여 정리하면 [그림 5-3]과 같다.

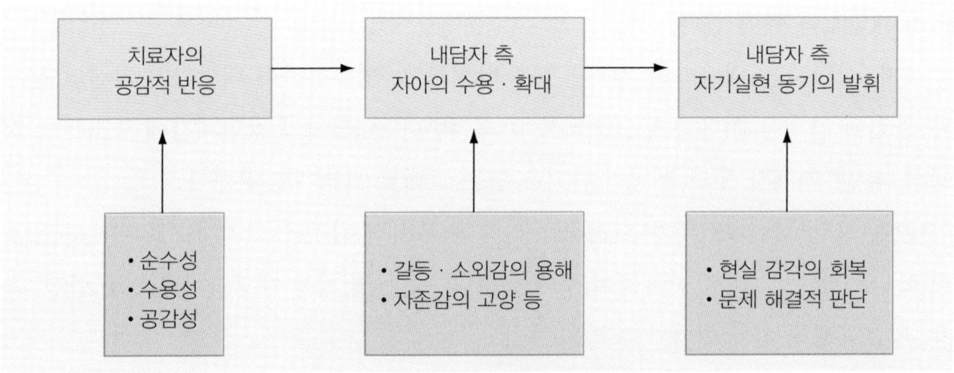

[그림 5-3] **인간중심상담의 상담과정**

출처: 연문희 외(2007), p 229.

5. 상담기법

인간중심상담에서는 상담자의 기본지식, 이론, 상담기법보다는 내담자에게 보이는 상담자의 태도가 매우 중요한 역할을 한다. 인간중심상담자는 내담자를 진단하거나 내담자의 과거를 질문하여 분석하고 내담자의 행동을 평가하거나 구체적인 치료기법을 사용하지 않는다. 오히려 상담자는 자신이 내담자와 인간적 관계를 어떻게 맺고 어떠한 태도로 상담관계를 유지할 것인지에 중점을 둔다. 즉, 상담자 자신이 내담자의 변화를 일으키는 치료적 도구가 되는 것이다.

로저스는 상담자의 태도와 역할을 일치성, 무조건적인 긍정적 존중과 수용, 공감적 이해의 세 가지로 제시하였다. 로저스는 내담자의 심리적 문제 해결과 인간적 성장을 위해서는 이러한 세 가지 상담자의 태도가 필요충분조건으로 필요하며, 상담자가 이러한 세 가지 태도를 일관적으로 유지해 나갈 때 내담자의 긍정적 성격변화가 충분히 일어날 수 있다고 보았다. 로저스가 제시한 상담자의 세 가지 태도를 자세히 살펴보면 다음과 같다.

1) 무조건적인 긍정적 존중

로저스가 제안한 내담자에 대한 상담자의 첫 번째 태도는 무조건적인 긍정적 존중(unconditional positive regard) 또는 수용(acceptance)이다. 이것은 상담자가 내담자 경험의 모든 영역과 측면을 진실되게 수용하는 것으로서 내담자에 대한 어떠한 가치판단도 하지 않은 채 조건 없이, 있는 그대로의 내담자 존재를 따뜻하고 긍정적인 태도로 수용하고 존중해 주는 것을 의미한다. 로저스는 무조건적인 긍정적 존중에 대해 다음과 같이 설명하였다.

> 나는 내담자가 자신의 안에 있는 것에 대해 따뜻하고 긍정적이며 수용적인 태도를 경험할수록 성장과 변화가 더 많이 일어날 것이라고 예상한다. 이는 마치 부모가 자식이 저지른 행동과 상관없이 하나의 인격체로 자식을 소중히 여기며 느끼는 것과 동일한 것으로, 상담자가 내담자를 하나의 인격체로 대하는 것을 의미한다. 상담자는 내담자를 잠재적 가능성을 지닌 하나의 인격체로 대우하고 비소유적인 방식으로 배려해야 한다. ……나는 잠정적으로 긍정적

존중이 무조건적일수록 관계가 더 효과적일 것이라는 가설을 제안한다. 이 말은 상담자가 내담자를 조건적 방식이 아니라 하나의 전체로 소중히 여김을 뜻한다. 상담자는 내담자의 어떠한 느낌은 수용하고 다른 느낌은 인정하지 않으면 안 된다. 상담자는 내담자에 대해 무조건적인 긍정적 존중을 느껴야 한다. 이는 주저함이나 평가함 없이 나오는 긍정적인 느낌이다. 판단하지 않음을 의미한다. 나는 상담자와 내담자 사이에서 내담자가 평가받는 느낌 없이 소중하게 여겨지면, 내담자에게 건설적인 변화와 발달이 일어날 확률이 더욱 커진다고 믿는다.

출처: Rogers & Stevens (1967). p. 94.

상담자는 내담자에게 "당신이 만약 ……한다면 나는 당신을 받아들이고 인정하겠습니다."가 아닌 "나는 당신이 어떠한 모습으로 있거나 어떠한 행동을 하건 당신이 가치 있는 존재이기 때문에 당신의 있는 그대로의 모습을 존중하겠습니다."라는 생각을 전달해야 한다. 내담자가 이러한 상담자의 무조건적인 긍정적 존중을 일관되게 경험하면 내담자 또한 자신에 대한 가치판단에서 벗어나 자신을 있는 그대로 느끼고 수용하며, 자유롭게 자아를 표현할 수 있는 존재가 될 수 있다. 이를 통해 내담자는 심리적 문제를 해결할 뿐 아니라 내재적 잠재력을 발휘하여 성숙할 수 있다.

그러나 무조건적인 긍정적 존중을 해야 한다고 해서 상담자가 내담자의 바람직하지 않은 부적응 행동 전부를 무조건적으로 존중하여 받아들여야 함을 의미하는 것은 아니다. 로저스 자신도 상담자들이 항상 진지하게 무조건적인 수용과 존중을 할 수는 없음을 분명히 밝혔다(Corey, 2010). 단지 상담자는 "행동은 미워하되 그 행동을 하는 사람은 미워하지 마라."라는 격언처럼 내담자의 행동이나 감정이 아니라 그러한 행동과 감정을 경험하고 표현하는 내담자 존재 자체에 대한 따뜻한 관심과 긍정적 수용을 보여 주도록 노력해야 한다.

장발장과 주교

다음의 소설은 무조건적인 존중과 수용이 사람을 변화시키는 원동력이 됨을 보여 준다.

다음 날 아침 미리엘 주교는 여느 때처럼 일찍 일어나 정원을 거닐고 있었는데 마글루아르가 숨을 헐떡이며 달려왔습니다. "주교님. 은식기와 은촛대가 보이질 않아요! 도둑맞은 것이 분명해요. 그 남자예요. 그 남자가 도망가 버렸어요." 주교는 한동안 잠자코 있다가 이윽고 부드러운 목소리로 이야기했습니다. "도대체 그 은식기가 원래 우리들의 것이었다고 할 수 있을까요? 그것은 더욱더 가난한 사람들이 가져야 할 것이었다는 생각이 드는군요. 어젯밤의 그 남자도 그렇게 가난한 사람들 중의 한 사람이었으니까요." 그때 현관문이 거칠게 열리며 헌병처럼 보이는 세 남자가 장발장의 목덜미를 잡고 들어왔습니다. 한 헌병이 무엇인가 이야기를 하려고 했을 때, 주교가 벌떡 일어나 장발장 곁으로 다가가 "아, 난 또 누구신가 했군요. 은촛대 한 짝을 잊고 가셨더군요. 그것도 당신에게 드리려고 했는데."라고 말했습니다. 장발장은 깜짝 놀랐지만 주교는 선물로 준 것이라고 설명하였고, 헌병은 "그럼 이대로 놓아 주어도 되겠습니까?"라고 물었다. 장발장은 꿈을 꾸고 있는 것이 아닌가 하는 생각이 들었고, 주교가 내미는 은촛대를 받아 들면서 부들부들 몸이 떨렸습니다. 주교는 속삭이듯이 그러나 엄숙한 목소리로 말했습니다. "내 말 잘 들으십시오. 이것들은 당신이 참된 인간이 되기 위해 쓰는 것입니다. 당신은 이미 악의 세계가 아니라 선의 세계에 속한 사람입니다. 이 사실을 결코 잊어서는 안 됩니다." 장발장은 그때까지 가지고 있었던 인간을 믿지 못하는 그의 생각이 흔들리기 시작하는 것을 느꼈습니다.

출처: Hugo (2022)에서 발췌하여 재구성함.

2) 공감적 이해

로저스가 제안한 내담자에 대한 상담자의 두 번째 태도는 공감적 이해(empathic understanding) 또는 공감(empathy)이다. 로저스는 공감적 이해를 상담자가 내담자의 경험을 마치 자기 자신의 것처럼(as if) 지각하고 이해하며, 그 이해한 것을 내담자에게 전달하는 것이라고 정의하였다. 일치성과 무조건적인 긍정적 존중이 상담자가 내담자를 대하는 데 유지해야 할 기본적 자세나 태도와 관련된 것이라면, 공감적 이해는 그것들을 실제로 구현하는 것과 관련된다. 상담자는 일치성과 무조건적인 긍정적 존중의 태도를 유지하면서 공감적 이해를 통해 내담자와 참된 소통을 해야 한다. 상담자는 지금 여기에서(here and now) 나타나는 내담자의 감정과 생각 및 경험을 민감하고 정확하게 이해하여 마치 상담자 자신의 것으로 느껴야 한다. 상담자는 내담자의 입장에서 보고 풍부한 정서적 상상력으로 내담자의 마음을 동일하게 느끼고 이해하려는 노력이 필요하다. 이러한 상담자의 공감적 이해는 내담자가 있는 그대로의 자신에게 더욱더 가깝게 접근해 갈 수 있도록 격려하고, 보다 깊이 있는 경험을 할 수 있도록 도와 내담자 자신 안에 존재하는 자아와 유기체적 경험 간의 불일치성을 해결하고 극복해 갈 수 있도록 해 준다.

그러나 상담자 자신의 내적 준거 틀에 의한 감정이나 비판적인 생각이 개입되어 내담자의 경험을 오염시키지 말아야 하며, 내담자의 격한 감정과 경험에 상담자가 지나치게 몰입되어 상담자로서의 주체성을 잃어버리지 않도록 주의해야 한다. 로저스(1961)는 "상담자가 자신의 정체성이나 독자성을 잃지 않으면서 내담자가 세계를 보고 느끼듯이 내담자의 세계를 이해할 수 있을 때 건설적인 변화가 일어난다."라고 주장했다. 그러므로 상담자는 전문가로서의 입장과 시각은 그대로 유지하고 개인적인 감정이나 사사로운 의견은 배제한 채, 내담자와 동일한 입장에서 보고 느끼고 경험하는 것의 의미를 정확히 공감하고 있음을 내담자에게 전달해야 한다.

상담자의 공감적 이해는 상담자가 내담자를 공감적으로 이해하는 것뿐 아니라 이를 내담자에게 전달하는 과정까지 포함한다. 상담자는 공감적인 태도와 자세를 가지고 내담자가 드러내는 것에 대해 공감적 경청을 한 뒤, 내담자에게 이를 전달하는 공감적 반응을 해야 한다(연문희 외, 2007).

달과 공주 예화

다음은 내담자(공주)가 말하는 바의 의미를 정확하게 파악하고, 내담자(공주)의 문제 해결력에 대한 신뢰를 바탕으로 내담자(공주) 스스로 자신의 논리를 확장해 상황을 해결할 수 있도록 돕는 공감을 보여 주는 예화다.

옛날 어느 나라에 왕과 왕비의 사랑을 듬뿍 받으며 아름답고 건강하게 자라고 있는 어린 공주가 살고 있었다. 그러던 어느 날 공주는 하늘 높이 금빛을 내며 떠 있는 달을 보고 불현듯 그 달을 가지고 싶은 마음이 들었다. 그리하여 공주는 부모님께 달을 따다 달라고 보채기 시작했고, 왕과 왕비는 달은 따올 수 없는 것이라고 열심히 타일렀다. 그러나 공주는 들은 체 만 체 여전히 달을 따다 달라고 조르며 물러서지 않았다. 왕은 유명하다는 학자들과 의원들을 불러 "공주님, 달은 너무 멀리 있어서 가까이 다가갈 수도 없습니다. 공주님, 달에 대해 너무 많이 생각하셔서 병이 든 것 같습니다. 제발 더 이상 달 생각을 하지 마십시오."라며 공주를 설득했다. 그러나 공주는 달을 따 달라는 요청을 들어주지 않자 굶기 시작했고 서서히 말라 가기 시작했다. 이때 공주와 친하게 지내던 한 광대가 나타나 공주를 만나 몇 가지 질문을 했다.

광대: 공주님. 달은 어떻게 생겼나요?
공주: 달은 동그랗게 생겼지 뭐.
광대: 그러면 달은 얼마나 큰가요?
공주: 바보. 그것도 몰라? 달은 내 손톱만 하지. 손톱으로 가려지잖아.
광대: 그럼. 달은 어떤 색이지요?
공주: 달이야 황금빛이 나지.
광대: 알겠어요. 공주님. 제가 가서 달을 따올 테니 조금만 기다리세요.

광대는 손톱 크기만 한 동그란 황금 구슬을 만들어 공주에게 가져다주었고, 공주는 뛸 듯이 기뻐하였다. 그런데 광대는 기뻐하는 공주를 보며 달을 따 왔는데 마침 보름인 오늘밤 달이 또 뜨면 공주가 뭐라고 할까 염려가 되어 공주에게 물었다.

광대: 공주님. 달을 따 왔는데 오늘밤 또 달이 뜨면 어떻게 하지요?

공주: 이런 바보. 그것을 왜 걱정해. 이를 빼면 새 이가 또 나오지? 그것과 같은 거야. 달은 하나를 빼 오면 또 나오게 되어 있어. 그리고 달이 어디 하나만 있니? 달은 호수에도 떠 있고, 물 컵에도 떠 있고, 세상 천지에 가득 차 있어. 하나쯤 떼어 온다고 문제될 게 없지.

출처: 박성희(2007), pp. 14-16.

공감적 반응의 구체적 방법으로서 이혼 가정 아동의 상담 예를 들어 자세히 설명하면 다음과 같다(김순혜, 2004).

(1) 단순한 수용

단순한 수용(simple acceptance)은 상담자가 내담아동에게 최소한의 언어적 반응을 보여 주거나 비언어적 반응을 나타내는 것이다. 비언어적 반응은 다양한 방법으로 전달될 수 있다. 예를 들어, 자세, 몸의 움직임, 몸의 위치, 얼굴 표정, 미소, 찌푸림, 이마의 찡그린 주름, 입술을 깨무는 것, 몸동작의 속도(빠른지 느린지), 제스처, 목소리(음색, 높이, 크기, 속도), 손의 움직임, 다리와 발의 움직임, 시선의 접촉, 눈썹의 움직임 등이 있다.

아동: 아빠와 놀이공원에 함께 놀러 갔었어요.

상담자: (아동을 바라보면서 고개를 끄덕이며 차분한 목소리로) 그랬구나.

(2) 반영

반영(reflection)은 상담자가 내담아동이 표현한 감정과 태도에 대해 거울과 같이 다른 말로 다시 비추어 표현해 주는 것이다. 내담아동은 자신이 말한 내용을 상담자를 통해 다시 듣게 되면 자신이 이해받고 수용받고 있다고 느낀다.

아동: 아빠가 만나러 오기로 했는데 오지 않아서 실망하고 슬펐어요.

상담자: 아빠와 같이 지내고 싶었는데 만나러 오겠다고 하시고 오지 않으셔서 아빠에게 실망하고 마음이 슬펐구나.

(3) 침묵

침묵(silence)은 상담자가 내담아동이 이야기한 내용에 대해 좀 더 관심을 가지고 이야기를 집중해서 듣고 싶어 함을 내담아동에게 알려 주면서, 아동 나름대로 생각할 시간을 갖도록 돕는 기법이다. 상담자는 침묵을 통해 내담아동에게 "나는 네가 이 문제를 다룰 시간이 필요하다고 생각한단다.", "나는 네가 이 문제를 충분히 극복해 갈 수 있다고 믿는단다.", "지금 네가 이야기하고 싶지 않아서 침묵하지만, 나는 네가 언제든지 이야기를 계속 하고 싶을 때 진심으로 들어 줄 수 있게 인내심을 가지고 기다리고 있을게." 등의 메시지를 전달하게 된다. 그러므로 내담아동은 침묵을 통하여 자신이 정말로 하고 싶은 이야기가 무엇인지를 깊이 생각해 보고, 자신의 감정이나 생각을 정리하는 시간을 가질 수 있다.

아동: (눈물을 흘리면서 침묵)

상담자: (침묵하면서 옆에서 기다려 준 후) 그래. 슬픈 이야기를 하는 것은 아주 힘든 일이지.

(4) 자기노출

자기노출(self-disclosure)은 내담아동이 자신을 보다 더 잘 이해할 수 있도록 돕기 위해서 내담아동과 유사한 상담자의 경험이나 생각, 느낌을 아동과 함께 나누는 기법이다. 상담자는 내담아동의 문제와 직접적으로 연관성이 있는 자신의 유사 경험과 생각, 느낌을 솔직하고 정직하게 이야기해야 한다.

아동: 아빠가 그렇게 하려고 마음만 먹으신다면 지금이라도 우리는 모두 가족이 함께 살 수 있어요. 나도 아빠하고 함께 살고 싶어요.

상담자: 맞아. 나도 우리 부모님이 이혼하셨을 때 너처럼 그런 생각을 했던 적이 있었단다. 나도 부모님이 마음만 먹으시면 다시 예전처럼 가족이 함께 살 수 있을 거라고 생각했었어.

3) 일치성

로저스가 제안한 내담자에 대한 상담자의 세 번째 태도는 일치성(congruence), 진실성(realness) 또는 진정성(genuineness)이다. 일치성은 상담자가 내담자와의 관계에서 어떠한 가식이나 왜곡, 거짓됨 없이 온전히 진실되고 솔직해야 함을 의미한다. 로저스는 일치성을 다음과 같이 설명하였다.

> 나는 상담자가 우선 진정한 자신이 될 때, 내담자와의 관계에서 순수하게 어떠한 겉치레나 가면 없이 매 순간 자신의 내면에서 흐르는 느낌과 태도에 대해 열려 있을 때 개인의 성장이 촉진된다고 생각한다. 우리는 이러한 조건을 일치성이라는 용어로 설명해 왔다. ……이는 상담자가 내담자와 인격 대 인격의 터전 위에서 직접적인 인격의 접촉을 하고 있음을 의미한다. ……나는 피상적인 것이 아니라 깊고 진실된, 상담자의 진실성에 대해 말하는 것이라는 점을 분명히 하고 싶다. 나는 이따금 이러한 인격의 일치성 요소를 묘사할 때 투명성이라는 단어가 도움이 된다고 생각한다.
>
> 출처: Rogers & Stevens (1967), pp. 90-92.

상담자는 내담자에게 진심으로 깊은 관심과 흥미를 가지지만, 내담자와의 만남에서는 거짓된 모습이 아닌 진정으로 실제 자기 자신이어야 한다. 이를 위해서 상담자는 상담관계에서 자신의 신체 변화와 내담자와의 의사소통 방식에 대한 알아차림과 함께 자신의 느낌과 관계에 대해서도 개방적인 자세를 보여야 한다. 내담자가 상담관계에서 상담자의 겉과 속이 투명하게 일치하는 일치성을 경험하면, 상담자를 신뢰하게 되어 내담자 자신의 느낌과 경험을 개방적인 태도로 표현하여 드러내는 일치성 역시 촉진된다.

상담자가 내담자에게 일치성을 보여 주기 위해서는 상담 관계에서 자신이 느끼는 매력, 짜증, 귀찮음, 애처로움, 지루함, 성가심 등 모든 감정을 있는 그대로 솔직하게 인정하고, 이를 필요에 따라 내담자에게 솔직하게 표현해야 한다. 그러나 상담자의 일치성은 상담자가 느끼는 모든 감정을 충동적으로 여과 없이 표현해야 함을 의미하는 것이 아니며(Rogers & Stanford, 1985), 어느 정도 상담자의 인격적 성숙을 전제로 한다. 상담자 자신이 왜곡되고 미성숙한 인격을 가지고 있을 경우, 상담자가 아무리 내담자에게 긍정적인 반응을 보여 줄지라도 이는 겉치레에 불과할 뿐이며, 상담자가 충동적으로 표현하는 부정적 반응이 내담자에게 상처를 줄 수 있기 때문이다. 그러므로 상담의 일치성이 상담관계에 부정적인 영향을 줄 수 있겠다는 판단이 서는 경우에는 오히려 침묵이나 짧은 어구로 내담자의 마음을 반영해 주는 중립반응을 하는 것이 바람직하다(박성희, 2007).

다음은 정신과 의사가 거식증에 걸린 내담자를 상담하면서 보여 준 어떠한 가식이나 왜곡, 거짓됨 없이 온전한 일치성의 예다.

한동안 모습을 보이지 않았던 거식증 환자가 진료실 문을 열고 들어오는 모습을 볼 때부터 환자의 상태가 심상치 않다는 것을 한눈에 알아챌 수 있었다. 그간 지내 온 사정을 들어보니, 심한 저체중으로 면역력이 떨어진 상태에서 장에 결핵이 생겼고, 그로 인한 장 유착으로 네 차례 개복 수술을 했으며, 그 뒤에 우울증이 심해져 수차례 자살시도를 한 뒤 날 찾아온 것이다. 그녀는 의자에 앉자마자 한숨을 내쉬며 대뜸 물었다. "선생님, 저 왜 살아야 해요? 이렇게 나도 괴롭고 식구들에게 피해만 주는데, 나 왜 살아야 하죠? 오늘 그 이유를 알고 가야겠어요." 삶이 얼마나 괴로웠으면 그런 질문을 할까 싶었지만, 난 말문이 막힌 채 멍하니 그녀를 바라볼 수밖에 없었다. "선생님이 말 안 해 주면 나 오늘 어떻게 할지 몰라요." 환자는 터무니없는 협박을 하며 내 대답을 요구했다. "나도 몰라! 네 맘대로 해!"라고 소리치고 싶었지만, 정신과 의사답게 일단 심호흡을 하고 한 템포 멈춘 뒤, "마침 나도 그 살아야 하는 이유를 절실히 찾고 있는 중이었는데, 혹시 알면 가르쳐 줄래?"라고 반문했다. 의아해 하는 환자에게 나 자신도 암에 걸렸다가 치료가 끝난 지 얼마 되지 않았고, 지금도 치료 후 유증으로 여전히 힘들고 두려워서 매일 '왜 살아야 하지?' 하고 질문하며 답을 찾고 있는 중이라고 설명했다. 잠시 놀란 눈을 깜빡이던 환자는 "선생님 이야기를 들으니 좀 위로가 되네요."라고 대답하고는 자리에서 일어났다.

출처: 김준기(2014), pp. 216-217.

6. 아동상담에의 적용

인간중심상담의 창시자인 로저스는 뉴욕 로체스터의 아동지도센터와 아동학대예방협회에서 심리학자로 12년간 근무하면서 자신의 임상경험을 토대로 1939년『문제아동의 임상적 치료(The clinical treatment of the problem child)』를 저술하였다. 그러나 로저스는 자신의 인간중심상담이론을 구체적으로 아동에게 적용하지는 않았고, 로저스의 시카고 대학원 제자인 버지니아 액슬린(Axline, 1987)이 로저스의 이론을 아동상담에 접목하였다. 액슬린은 성인이 상담자를 통해 무조건적인 긍정적 존중, 공감적 이해, 일치성을 경험하면 자기 자신의 문제를 드러낼 수 있는 것처럼, 아동도 상담자와 함께 놀이를 통해 이러한 경험을 하면 자신의 문제를 드러내어 스스로 문제를 해결하는 자아실현 경향성을 보일 것이라고 보았다. 이러한 견해를 토대로 그녀는 놀이를 활용한 비지시적 놀이치료를 제안하였으며,『딥스』라는 사례집을 출간하여 비지시적 놀이치료의 효과를 널리 알렸다. 그뿐만 아니라 액슬린은 아동을 대상으로 한 집단상담, 학교에서 적용할 수 있는 상담 그리고 부모와 교사 간의 관계에 인간중심상담이론을 적용하였다.

액슬린의 비지시적 놀이치료는 이후 노스텍사스 대학교의 개리 랜드레스(Garry Landreth)에 의해 아동중심 놀이치료(Child-Centered Playtherapy)로 더욱 발전되었다. 랜드레스는 아동은 충분히 스스로 내재적 잠재력을 발휘하여 자신의 문제를 극복하고 자아실현 경향성을 가지고 성장할 수 있다고 보았다. 따라서 상담자의 일치성, 무조건적인 긍정적 존중 그리고 공감적 이해가 제공된다면 아동은 스스로 긍정적인 자기 개념을 발견하고 자신에 대한 신뢰감과 자존감을 높여 성장할 수 있다고 주장하였다 (Landreth, 1991).

그러나 인간중심상담을 아동에게 적용함에 있어 다음의 사항을 고려해야 한다. 인간중심상담에서는 상담자의 지식이나 상담기법보다는 상담자가 내담자와의 관계에서 보여 주어야 할 세 가지 태도에 중점을 두는 상담이론이다. 그러므로 상담과정이 비교적 단순하고 쉽게 보이기 때문에 전문적인 상담자가 아니더라도 어떤 사람이든 아동중심상담을 실시할 수 있으며, 내담자에 대한 무조건적인 지지와 공감적 경청만으로 상담이 가능하다는 오해를 받을 수 있다. 그뿐만 아니라 인간중심상담자는 기본적으로 내담자 스스로의 내재적 치유 능력을 신뢰하기 때문에 상담 시 내담자에게 지시적 태도를 취하지 않도록 주의해야 하지만, 아동상담의 경우 상담자가 바람직한 모델이 되거나 때로는 교육적이고 훈계와 독려를 할 수 있는 교사의 역할을 담당해야 하는 경우도 있다.

아동중심상담자의 태도

로저스의 인간중심상담을 아동상담에 적용한 액슬린(1987)은 상담자와 아동의 관계는 허용적이며 심판적이지 않고 따뜻하게 보호하는 관계로서 아동이 자신의 가장 내적인 세계 속으로 깊이 들어가 보도록 용기를 북돋아 주어 진정한 자아를 발휘하도록 하는 것이라고 보았다. 그리고 아동중심상담자가 지녀야 할 태도를 다음의 여덟 가지로 제시하였다.

① 상담자는 내담아동과 바람직한 라포를 신속하게 이루어야 하며, 아동과 따뜻하고 우호적인 관계를 발전시켜야 한다.

② 상담자는 아동을 있는 그대로 정확하게 수용해야 한다.

③ 상담자는 상담관계에서 아동이 수용받고 있다고 느껴서 자신의 감정을 온전히 자유롭게 표현할 수 있도록 도와야 한다.

④ 상담자는 아동이 표현하는 감정을 민감하게 인식하고 아동이 자신의 행동을 통찰할 수 있도록 아동의 감정을 반영해 주어야 한다.

⑤ 상담자는 아동이 기회가 주어진다면 자신의 문제를 해결할 수 있는 능력을 가지고 있음을 존중해야 한다. 선택을 하고 변화를 시키는 책임은 아동의 몫이다.

⑥ 상담자는 어떠한 방식으로든 아동의 행동이나 대화를 지시하지 않는다. 아동이 상담을 이끌어 가고 상담자는 따라가야 한다.

⑦ 상담자는 상담을 재촉하지 않는다. 상담은 점진적인 과정임을 인식해야 한다.

⑧ 상담자는 상담이 현실세계에 기반을 두고, 현실적인 관계 내에서 아동이 스스로 책임을 인식하게 할 필요가 있을 때에만 제한을 설정해야 한다.

요약

로저스가 창시한 인간중심상담은 1940년대 '비지시적 상담'으로 시작하여 1950년대 '내담자중심상담' 더 나아가 1970년대 '인간중심상담'으로 명칭이 변경되면서 확장된 상담이론으로 1980년대 밀러와 롤닉에 의해 동기강화상담(Motivational Interviewing: MI)으로 발전되었다. 인간중심상담에 따르면, 인간은 신뢰적인 존재로서 누구나 다 자신의 내재적 잠재력을 실현하려는 경향성을 가지고 있으며, 인간의 자아개념과 외부적 가치기준의 영향을 받은 현실자아와 이상적 자아 간에 불일치가 일어날 때 심리적 문제행동을 유발한다.

인간중심상담은 내담자가 성장과 성숙을 향해 긍정적으로 나아가려는 자기 안내적 잠재적 능력을 가지고 있기 때문에 구체적인 기법보다는 상담자의 촉진적 태도로 적합한 환경을 제공하면 내담자 스스로 문제를 해결할 수 있다고 보았다. 로저스가 제시한, 상담자가 숙지해야 할 태도와 역할은 일치성, 무조건적인 긍정적 관심과 수용 그리고 공감적 이해의 세 가지가 있다.

로저스 자신은 아동상담에 주요관심을 두지 않았으나 그의 제자인 액슬린이 아동에게 인간중심상담을 적용해 아동중심상담을 발전시켰다. 액슬린은 아동의 언어적 표현의 발달적 제한성을 고려하여 놀이를 활용하여 비지시적 놀이치료를 제안하였으며, 아동중심상담자의 기본적 원칙을 제시하고, 『딥스』라는 사례집을 출간하면서 비지시적 놀이치료의 효과를 알렸다. 비지시적 놀이치료는 이후 노스텍사스 대학교의 랜드레스에 의하여 아동중심 놀이치료로 더욱 발전되었다.

활동

1. 나의 자아존중감과 장점 탐색하기

다음에 제시된 로젠버그(Rogenberg, 1965)의 자아존중감 척도를 실시한 뒤, 자신의 자아존중감 정도는 어느 정도 되는지, 그리고 자신의 장점은 무엇이라고 생각하는지 작성하여 이야기해 보자.

여러분이 평상시에 느낀 대로 해당란에 ✓표 하십시오.

문항	전혀 그렇지 않다	약간 그렇지 않다	약간 그렇다	아주 그렇다
1 나는 내가 적어도 다른 사람만큼은 가치 있는 사람이라고 느낀다	①	②	③	④
2 나는 내가 좋은 장점을 많이 갖고 있다고 느낀다.	①	②	③	④
3. 대체로 나는 내가 실패자라고 느끼는 경향이 있다.	①	②	③	④
4. 나는 남들이 하는 만큼은 할 수 있다.	①	②	③	④
5. 나는 남들에게 자랑스러워할 만한 것들이 별로 없다.	①	②	③	④
6. 나는 나 자신에 대해 긍정적인 태도를 지니고 있다.	①	②	③	④
7. 대체로 나는 나 자신에 만족한다.	①	②	③	④
8. 나는 나 자신을 좀 더 존중할 수 있으면 하고 바란다.	①	②	③	④
9. 때때로 나 자신이 쓸모없는 존재로 느껴진다.	①	②	③	④
10. 때때로 나는 내가 전혀 유능하지 못하다고 생각한다.	①	②	③	④

* 역채점 문항 (3, 5, 8, 9, 10)
* 총점의 점수가 높을수록 자아존중감이 높음을 의미함

나의 자아존중감 점수	나의 장점 목록
	① ② ③

2. 나는 '충분히 기능하는 인간'인지 이야기 나누기

- 나는 '충분히 기능하는 인간(자신의 잠재력을 인식하고, 능력과 자질을 발휘하여, 자신에 대한 완벽한 이해와 경험을 풍부하게 하는 방향으로 이동해 가는 인간)'인지에 대해 이야기해 보자.
- 만약 그렇지 않다면, 어떠한 점에서 충분히 기능하지 못하고 있다고 생각하는가?
- 충분히 기능하는 인간이 되기 위해서는 어떠한 노력이 필요할 것 같은가?

3. 공감적 대화 연습하기

공감적 대화는 상대방의 말 속에 표현된 느낌, 감정, 동기, 행동을 있는 그대로 잘 드러내 주는 것이다. 다음에 제시된 말을 읽고 어떻게 공감적으로 반응해 줄지 연습해 보자.

예

- 엄마는 매일 공부! 공부! 잔소리 좀 그만하세요. 공부는 내가 알아서 한다니까요!
  아, 네게 모든 것을 믿고 맡겨 주면 더 잘할 수 있다는 말을 하고 싶은 거구나.

- 나는 친한 친구가 없어. 내 주변엔 마음 터놓고 이야기할 만한 친구가 아무도 없어.
  마음을 터놓고 이야기할 만한 친구가 하나도 없어서 무척 외롭겠다.

① 난 아무래도 안 되나 봐. 그렇게 열심히 공부했는데도 시험을 잘 보지 못하다니.

____

② 친구가 먼저 저에게 귀찮게 굴어서 때린 건데 왜 저보고만 사과하라고 하는 거예요? 전 절대로 먼저 사과하지 않을 거예요.

____

③ 다른 애들은 다 잘하던데, 왜 나는 발표만 하려 하면 겁이 나고 떨려서 목소리가 안 나오지?

____

Chapter 06

가족상담 접근

가족상담을 통해 변화가 지속되는 것은 가족구성원이 각자 변화할 뿐 아니라 서로에게도 영향을 미치기 때문이다.

– M. P. Nichols & R. Schwartz

가족상담은 정신건강에 관련된 임상문제를 다루는 데에 있어 개입의 단위를 내담자 개인보다는 내담자가 속한 관계망에 둔다. 일반적으로 아동의 문제는 가족에서 비롯되는 경우가 많다. 특히 가족과의 관계 및 상호작용 패턴과 밀접한 연관이 있기 때문에 아동의 문제 해결을 위해 가족이 상담에 참여하는 것은 중요하며 필요하다. 아동은 가족 내부의 문제를 가시적으로 드러내는 일종의 대변자, 즉 지목된 환자(Identified Patient: IP)이며 희생양일 수 있다. 따라서 가족상담자는 아동의 문제 해결을 위해 아동의 가족관계나 맥락을 고려해야 하기 때문에 아동을 포함한 가족 전체를 대상으로 개입한다.

1. 발달 배경

1) 가족상담과 개인상담의 차이

가족상담은 개인상담의 기초가 된 세계관과는 다른 세계관이 나타나면서 태동하고 발전하였다. 전통적인 개인상담이 기계론적 세계관에 기반을 둔 반면 가족상담은 유기체론적 세계관에 기초한다. 기계론적 세계관에 따르면, 사람은 기계처럼 고장 난 부분을 찾아 고치는 것이 가능하다. 예를 들면, 기계인 자동차는 미리 정해진 방법으로 만들어지며, 동일한 기종의 자동차는 동일한 법칙에 의해 움직인다. 반면 유기체론적 세계관에 따르면, 사람, 자연 등 생명을 가진 유기체는 만들어지는 것이 아니라 태어나서 자라며 맥락에 따라 다르게 행동하는 존재다. 같은 부모 밑에서 태어난 자녀라도 특성은 제각기 다르며, 성장환경에 따라서도 다르다. 그러므로 자동차가 고장이 나면 그 부분만 수리하는 것이 가능하지만, 사람은 문제가 되는 부분이나 문제가 되는 사람만 상담하기가 어렵다. 사람의 몸은 유기적으로 연결되어 있고, 몸은 정신과 연결되어 있으며, 다른 사람이나 환경과도 유기적으로 연결되어 있기 때문이다.

유기체론적 관점의 출현으로 개인상담적 접근을 보완할 필요성이 제기되었고 인간의 문제와 고통 및 해결 방법에도 혁신적인 변화가 일어났다. 개인상담과 가족상담의 차이를 몇 가지 측면에서 비교하면 〈표 6-1〉과 같다.

〈표 6-1〉 개인상담과 가족상담의 차이

	개인상담	가족상담
세계관	기계론적 세계관	유기체론적 세계관
은유	• 우주는 기본적 물질 구성체로 만들어진 거대한 기계와 같다. • 기계, 자동차	• 우주는 상호 관련된 관계의 망으로 본질적으로 역동적이다. • 사람, 자연, 생명체
기본 가정	• "왜?"라는 질문 • 직선적 인과관계 • 결정론적/반응적 • 역사(과거사)에 초점 • 개인주의적 • 절대적 • 과학적 방법-양적 분석	• "무엇?"이라는 질문 • 순환적 인과관계 • 선택의 자유/능동적 • 지금-여기에 초점 • 관계적 • 상대적 • 과학적 방법-질적 분석
대표 발언	"나는 인간의 육체를 하나의 기계라고 생각한다. 나의 생각은 병든 사람은 잘못 제조된 시계, 건강한 사람은 잘 제조된 시계에 비유될 수 있다는 것이다." –데카르트	"…… 상관관계는 초등학생에게도 가르쳐야 한다. 어떤 것도 그것 자체가 무엇이냐가 아니라 다른 것과의 관계로 정의되어야 한다." –베이트슨
지배 문화	서양 문화 (서양 의학)	동양 문화 (동양 의학)

출처: 정문자, 정혜정, 이선혜, 전영주(2012)에서 발췌하여 재구성.

이와 같이 개인상담과 가족상담의 큰 틀을 비교하였으나, 이 두 접근이 절대적으로 다른 것은 아니며 내담자, 증상, 상담자의 선호에 따라 또는 상담 맥락을 고려하여 적절하게 사용될 수 있다. 가족치료 모델의 발달을 간단히 살펴보기로 한다.

2) 가족치료 모델의 발달

(1) 초기 가족치료 모델

초기 가족치료의 발달은 미국의 사회 문화적 변화와 연관이 깊다. 1940년대 중반

미국에서는 제2차 세계대전으로 인한 가족의 장기적 이별과 사망, 재결합, 베이비 붐 등으로 가족 문제가 급증하였는데, 전통적인 개인상담 방식으로는 가족 문제를 다루는 데 한계가 있다는 인식이 생겼으며 가족 전체가 상담을 받아야 한다는 주장이 공감대를 얻었다.

이 시기에 등장한 일반체계이론과 사이버네틱스(cybernetics) 개념은 심리치료의 패러다임을 변화시켰으며 가족치료를 탄생시키는 원동력이 되었다. 기존의 개인상담은 독립된 개인의 성격 구조와 내용에 관심을 두었고, 문제 원인에 대한 통찰을 얻는 것이 주된 작업이었는데, 이것은 개인을 외부 자극에 반응하는 존재로 본 기계론적 세계관에 기인한 것이다. 그러나 유기체론적 관점을 가진 일반체계이론에서는 개인이 하나의 체계로서 외부환경과 상호작용하고, 환경으로부터의 지속적인 입력과 출력을 통해 자신을 유지해 나간다고 보았다.

1950년대 정신과 의사들을 포함한 다양한 분야의 전문가들이 조현병 환자와 가족에 대해 연구하면서 가족치료에 대한 관심이 커지기 시작하였다. 베이트슨(Gregory Bateson)은 1954년 조현병 환자 가족에 관한 이중구속 가설을 발표하면서, 조현병이 개인의 정신 내적 질병이라기보다 대인관계에서 발생하는 현상이며, 특히 가족 내의 의사소통 구조에서 야기될 수 있다고 보았다. 보웬(Murray Bowen)도 조현병 환자 가족과 일반 가족 간에 차이가 있음을 관찰하고 연구한 결과 환자와 어머니 두 사람이 마치 하나의 존재인 것처럼 밀착되어 있었으며, 아버지와 다른 가족은 이를 방관하거나 강화하면서 문제를 유지한다고 하였다.

1960년대에는 가족치료가 하나의 독립된 전문 분야로 자리 잡으면서 이론과 기법이 정립되기 시작하였다. 미국 서부 팔로알토(Palo Alto)의 정신건강연구소(Mental Research Institute: MRI)는 조현병 환자와 가족들의 의사소통 연구를 시작으로 아동 · 청소년의 학교문제와 비행, 정신 · 신체 질환, 부부문제를 해결하기 위해 가족을 연구하고 상담해 왔으며 일반 대중에게 가족치료에 대한 인식과 중요성을 알리는 데 크게 공헌하였다.

1970년대는 다양한 가족치료 모델이 개발되고 발전되었는데 각 모델은 자기만의 특성이 분명하였으며 개인심리치료에 대한 대안으로 매우 효과가 있다고 확신하였다 (Nichols & Schwartz, 2001). 대표적인 초기 가족치료 모델로는 의사소통(MRI) 모델, 다세대(보웬) 모델, 구조적(미누친) 모델, 경험적(사티어) 모델, 전략적(해일리) 모델 등이 있으며, 심리치료 모델을 가족치료에 접목한 모델로는 대상관계 가족치료와 인지행동 가족치료 모델 등이 있다.

그러나 초기의 가족치료 모델은 당시 서구사회를 지배했던 모더니즘 사조의 영향에서 완전히 벗어나지 못했다. 모더니즘 사고에서는 절대적인 진리가 존재하며, 보편적인 원리를 근거로 객관적이고 과학적인 관찰과 측정을 통해 실제(reality)를 발견할 수 있다고 믿었다. 이러한 사고에 기초하여 가족의 상호작용 패턴을 객관적인 기준으로 관찰하고 평가하였으며 이 기준은 가족의 정상성이나 역기능성 여부를 규정하고 상담목표를 수립할 수 있는 근거가 되었다.

(2) 후기 가족치료 모델

가족치료의 패러다임은 1980년대에 들어서면서 전환기를 맞이한다. 이 시기에 등장한 포스트모더니즘은 모더니즘의 한계에서 벗어나려는 노력의 결과로 사회과학 분야에 전반적으로 큰 영향을 미쳤다. 일반체계이론의 영향력이 감소한 반면, 포스트모더니즘의 사조 속에서 구성주의와 사회구성주의가 주목받기 시작하면서 해결중심치료 모델(드세이져와 김인수), 이야기치료 모델(화이트와 엡스턴), 협력언어체계 모델(앤더슨) 등 후기 가족치료 모델의 발전에 영향을 주었다.

구성주의에서 실재란 개인이 주관적으로 구성하는 것임을 강조한다. 사회구성주의의 기본 전제는 다음의 네 가지로 요약할 수 있다(Freedman & Combs, 1996).

① 실재는 사회적으로 구성된다.
② 실재는 언어를 통해 구성된다.
③ 실재는 이야기를 통해 조직되고 유지된다.
④ 본질적인 진실이란 존재하지 않는다.

따라서 초기 가족치료 모델에서 개인이나 가족을 정상 또는 비정상으로 평가하며 상담목표를 수립하는 것은 더 이상 의미가 없어졌다. 대신 개인이 자신의 가족이나 관계를 어떻게 경험하는지, 자신의 경험세계를 어떻게 구성하며 어떤 의미를 부여하는지가 문제 해결과정에 더 중요해졌다. 그렇기 때문에 상담자는 내담자보다 더 많이 알고 있는 전문가가 아니라 내담자의 경험세계를 재창조하는 과정에서 협력해야 할 동반자가 된다.

21세기에 들어와서는 체계이론을 바탕으로 한 초기(1차) 가족치료 모델들과 포스트모더니즘과 관련된 후기(2차) 가족치료 모델들의 고유성을 인정하고, 상황에 따라 통합하고 절충하자는 주장이 힘을 얻고 있다.

3) 한국의 가족상담

한국의 가족치료는 가족치료의 근원지인 미국에서 수학했거나 임상수련을 마치고 귀국하여 주로 대학교나 임상에서 활약하는 교수나 정신과 의사에 의해 적극 도입되었다. 1970년 후반부터 가족치료 저서들이 번역되어 출판되기 시작하였다. 교육 현장에서는 이화여자대학교 대학원 사회사업학과가 가족치료 과목을, 연세대학교 아동학과가 가정상담 과목을 개설한 것을 필두로 국내 대학교에서 가족상담 전공 학과와 대학원이 증가하고 있다.

1980년대에는 가족상담과 관련된 다양한 연구논문이 출간되었다. 1990년대부터 외국의 가족치료 모델 임상가들이 국내에서 가족상담 교육, 훈련, 워크숍을 실시하였으며, 이러한 움직임은 한국가족치료학회(1988년 12월 3일 발족, http://www.familytherapy.or.kr) 주도하에 활발하게 이루어졌다. 현재는 여러 가족 관련, 상담 관련 학회에서 가족상담을 교육 · 훈련하고 있다.

현재는 초기 및 후기 가족치료 모델에 대한 이해와 응용이 수준 높게 진행되고 있으며, 특정 모델에 대한 훈련만으로는 훌륭한 임상가가 되기에 충분하지 않다는 인식이 지배적이다. 이에 맞게 개인의 신념과 선호에 따라 혹은 내담자나 증상에 따라 여러 모델을 통합하는 가족상담자들이 증가하고 있다.

2. 주요 개념

국내 가족치료 임상현장에서 통용되고 있는 몇 가지 개념을 살펴보면 다음과 같다.

1) 전체성

전체성(wholeness)은 체계의 특성으로, 살아 있는 체계는 부속품들의 특성으로는 이해될 수 없으며 전체라는 큰 맥락 속에서만 이해될 수 있다. 어떤 체계를 독립된 요소로 분해하면 그 체계의 특성은 파괴되는데, 체계는 부분들을 단순히 합쳐 놓은 것보다 더 크다. 이것은 "시계가 톱니바퀴와 스프링을 모아 놓은 것 이상이고, 교향곡이 단순한 음표들을 모아 놓은 것 이상인 것과 같으며"(Nichols & Schwartz, 2001), 사람이라는 생명체가 단순히 오장육부 등 신체의 여러 기관을 합쳐 놓은 것 이상인 것과 같다는 뜻이다.

체계의 전체성이란 1+1=2가 아니라 3이 될 수도 있다. 가령 2인 가족의 경우, 두 사람 각각의 특성(2단위)만 파악해서 이 가족체계의 전체 특성을 파악할 수 없다. 두 사람 간의 상호작용(1단위)까지 모두 파악해야 이 가족의 전체 특성을 파악할 수 있다. 이와 같이 가족이라는 체계는 개인으로 구성된 것은 사실이지만, 단순히 개개인을 모아 놓은 것 이상을 의미한다.

2) 순환적 인과관계

인과관계에는 직선적인 것과 순환적인 것이 있다. 직선적 인과관계는 결과에 선행하는 사건이 있고, 결과가 문제라면 선행사건(원인)을 찾아 교정하면 된다고 가정한다. 예를 들어, 아이가 울고 있는 상황이 문제인 경우 아이가 울게 된 사건은 형이 놀아 주지 않고 때렸기 때문이다. 그러면 아이를 울리지 않기 위해서는 형이 놀아 주면 된다고 가정한다. 그러나 순환적 인과관계는 형의 행동 이전에 어떤 원인, 예를 들어 형이 공부하는데 동생이 와서 귀찮게 했다는 사건이 있고, 그 사건 이전에 또 다른 사건이 있음을 가정한다. 형이 놀아 주기로 하였는데 놀아 주지 않았던 까닭은 어머니가 제시간에 공부를 마치지 않으면 혼난다고 하였기 때문이고, 어머니의 그런 지시는 남편의 비난(예: "아이들 교육을 잘못 시킨다.")을 피하기 위해서이며, 남편의 그런 비난은 직장생활로 인한 스트레스에서 비롯되었음을 가정한다. 물론 그 이전의 원인까지도 계속 추적할 수 있다.

순환적 인과관계는 체계의 요소들이 상호영향을 미치는 관계에 있으므로 살아 있는 체계의 원인과 결과를 정확히 식별해 내는 것이 불가능하다는 것을 의미한다. 따라서 체계에서 일어나는 일의 정확한 원인을 찾고 정확하게 구분하는 것은 의미가 없다. 순환적인 인과관계 속에서 특정 원인을 구별해 내는 것을 마침표(punctuation)라 한다. 마침표는 인과관계를 바라보는 관찰자에 따라 다르며, 마침표를 찍는 사람에 따라 원인을 식별해 내는 행위도 달라진다. 가족 혹은 대인 갈등의 원인은 대부분이 마침표를 다르게 찍는 것에서 비롯된다. 예를 들면, 딸은 아버지가 지나치게 간섭해서 반항적으로 행동한다는 '지나친 간섭 → 반항적 행동'에 마침표를 찍고, 아버지는 딸이 반항적으로 행동해서 간섭을 하였다는 '반항적 행동 → 지나친 간섭'에 마침표를 찍는다. 상담자는 이러한 상황에서 어느 한 사람이 옳다고 보기보다는 이러한 패턴으로 두 명이 상호작용하고 있음에 주목한다.

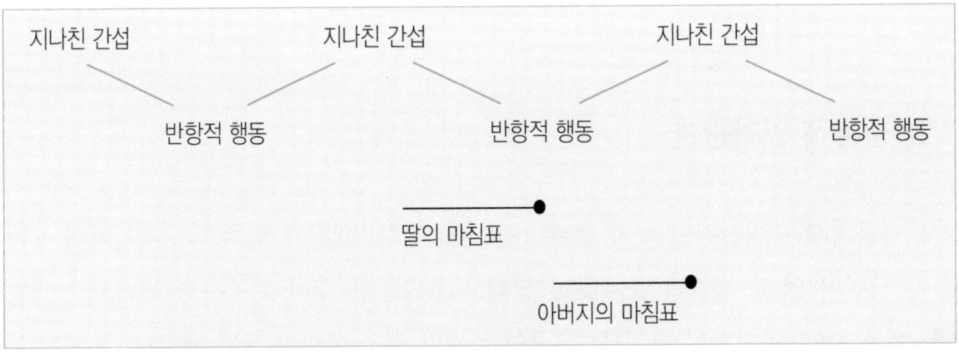

[그림 6-1] 마침표

3) 피드백

피드백(feedback)은 어떤 과정이나 행동의 결과에 대한 정보를 그 근원에 전달하는 과정으로, 체계의 자기조절 기제를 나타내는 용어다. 피드백 과정을 통해 체계는 본연의 정체성을 유지한다. 가족체계도 끊임없는 피드백 과정에 의해 안정성이 유지되거나 변화한다. 체계가 변화나 이탈을 거부하고 안정성을 유지하는 방향으로의 피드백 과정(즉, 그 상태를 변화시키지 않는 것)을 부적(negative) 피드백이라고 한다. 반면에 체계의 안정적인 상태를 거부하고 체계를 변화시키려는 방향으로의 피드백 과정(즉, 그 상태를 변화시키는 것)을 정적(positive) 피드백이라고 한다. 여기서 '부적' 혹은 '정적' 피드백은 '좋거나 나쁘다'는 의미는 아니며 특정 맥락에 따라 평가될 수 있다. 가족체계의 건강한 생존을 위해서는 부적 피드백과 정적 피드백이 모두 필요하다.

예를 들어, 사춘기로 접어드는 아동의 모험적이고 독립적인 행동을 가족체계로 부터의 이탈로 보고, 이전의 순종적이고 의존적인 행동을 하도록 피드백이 이루어진다면(부적 피드백), 가족체계의 상태는 유지될 수 있어도 아동의 성장은 방해를 받을 수 있다. 그러나 아동의 독자적이거나 모험적인 행동(체계로부터의 이탈)이 어느 정도 허용되는 방향으로 피드백이 이루어진다면(정적 피드백), 아동은 자율적인 청소년으로 성장할 수 있다.

4) 정보처리와 의사소통

체계론적 사고의 핵심은 체계의 모든 과정이 정보처리와 의사소통으로 이루어진다는 데 있다. 살아 있는 체계는 외부체계에서 들어오는 정보를 처리하고 외부체계에 보낼 정보를 조절함으로써 체계 고유의 구조와 기능을 유지하기 때문이다. 가족구성원 간의 상호작용은 정보처리와 의사소통을 통해 이루어진다. 벡바와 벡바(Becvar & Becvar, 2001)는 의사소통의 세 가지 원칙을 다음과 같이 제시하였다.

- **사람은 행동하지 않을 수 없다.**

  의미: 사람은 살아 있는 한 아무것도 하지 않을 수 없다. 예로, '아무것도 하지 않고 가만히 앉아 있다.'라는 것도 그러한 행동을 하고 있다는 메시지를 주변 사람에게 전달한다는 의미다.

- **사람은 의사소통하지 않을 수 없다.**

  의미: 사람은 언어적 차원의 의사소통은 하지 않을 수 있으나 비언어적 메시지인 행동을 하지 않을 수는 없다. 예로, 아무 말도 하지 않고 침묵을 지키는 것도 '침묵을 지키고 있다.'라는 메시지를 전달하는 것이다.

- **어떤 행동에 대해 부여하는 의미가 곧 그 행동의 진짜 의미는 아니다.**

  의미: 어떤 행동 그 자체가 의미 있다기보다는 그 행동에 특별한 의미를 부여하면 그것은 그 사람에게 진실이 된다. 예로, 김춘수의 시 〈꽃〉에서 "내가 그의 이름을 불러 주기 전에는 그는 다만 하나의 몸짓에 지나지 않았다. 내가 그의 이름을 불러 주었을 때 그는 나에게로 와서 꽃이 되었다."

출처: 정문자 외(2012), p. 112에서 발췌하여 재구성.

5) 이중구속

이중구속 가설(double-bind hypothesis)이란 지속적인 관계를 맺고 있는 중요한 사람에게서 어떤 언어적 메시지를 받으면서 이와 모순되는 비언어적 메시지를 동시에 받으면, 이 중에서 어느 메시지에 반응하는 것이 적절한지를 알 수 없어 혼란에 처하는 상황을 말한다. 예를 들어, 어머니가 아동에게 비아냥거리는 표정으로 사랑한다고 말하면, 아동은 어머니의 표정(부정적)과 언어(긍정적) 중 어느 메시지에 반응해야 할지 알 수 없어 혼란에 빠진다. 이때, 아동이 부모에게 어떤 메시지가 진짜 메시지인가를 질문할 수 있고 부모가 분명히 대답하여 아동이 적절한 반응을 할 수 있다면 이중구속 상황이 성립하지 않는다. 그러나 질문한 것에 대해 부모가 야단치거나 부정명령을 하면, 아동은 모순되는 두 종류의 메시지 중 어떤 것이 진짜인가를 알지 못하며 모든 말의 이면에는 숨겨진 의미가 있다고 생각하게 된다. 이런 경험이 쌓이면 자신의 생존이 부모에게 달린 아동은 두려움과 위협을 느끼고, 이러한 경험들이 누적되어 조현병의 원인이 될 수 있다.

[그림 6-2] 이중구속 상황

6) 가족구조

가족구조는 반복적이고 체계화되어 있어 예측할 수 있는 가족의 행동 양식을 가리킨다. 가족이 서로 대화를 나누고 소통하는 패턴을 유심히 관찰하면, 누가, 언제, 어떻게, 누구와, 얼마나 자주 관계를 맺는지, 그래서 그들의 관계는 얼마나 친밀한지 파악할 수 있다. 반대로 누가 누구와 상호교류를 하지 않는지, 그래서 소원한 관계인지도 알 수 있다. 가족구조를 구체적으로 이해하기 위해서는 하위체계, 경계선, 위계구조에 대해 아는 것이 필요하다.

(1) 하위체계

상호작용하는 관계에 있는 부분들로 구성된 체계에는 여러 수준(levels)이 존재한다. 어떤 특정 체계보다 더 높은 수준은 그 체계의 상위체계이고 더 낮은 수준은 하위체계(subsystem)다. 체계의 수준들은 상호작용하면서도 고유하게 존재한다. 가족도 상호작용하는 개인의 집단으로 하나의 체계다. 가족체계도 사회라는 상위체계의 하위체계이면서 동시에 더 낮은 개인체계의 상위체계다. 가족의 하위체계는 개별 가족원일 수도 있고, 다른 하위체계일 수도 있다. 부부와 자녀로 구성된 가족체계는 부부, 부모, 부모자녀, 형제자매 하위체계 등으로 구분될 수 있다. 그러므로 가족이라는 전체 체계를 이해하기 위해서는 가족과 상호작용하는 상위 및 하위 체계의 특성을 이해해야 한다. 가족 내의 각 개인은 각 하위체계 안에서 각기 다른 권력과 역할을 가지며 고유의 기능을 수행하면서 상보적인 관계를 맺는다.

(2) 경계선

경계선은 눈에 보이지 않지만 하나의 체계를 다른 체계와 구분 짓는 선을 말한다. 체계의 경계(boundary)는 두 가지 역할을 한다. 하나는 유통 역할로 외부체계와 상호작용하면서 에너지나 정보를 교환하는 역할이다. 다른 하나는 보호 역할로 체계에 유익한 에너지나 정보는 받아들이지만 무익한 것은 들어오지 못하게 하며, 체계에 필요한 에너지나 정보가 외부체계에 쉽게 흘러 나가는 것은 저해하지만 체계에 해로운 것은 외부체계에 최대한 신속하게 배출하는 역할이다(박창근, 1977: 정문자 외, 2012, p. 105에서 재인용).

경계선은 인간의 정체성 확립에 대한 요구와 관련이 있다. 인간은 본질적으로 자율적이고 독립적이고자 하는 욕구와 타인과 친밀한 관계를 맺고 어딘가에 소속되기를 바라는 욕구를 동시에 갖는다.

구조적 가족치료에서 제시하는 세 가지 경계선 범주에서 보면, 기능적인 가족은 명확한 경계선을 갖고 있어 독립과 소속감의 욕구를 충족시키는 방향으로 상호작용한다. 반면에 밀착된 경계의 가족에서는 가족원 간의 지나친 상호작용과 관여 때문에 가족에 대한 소속감과 충성심은 강하나 개인으로서의 자율성이나 독립성은 부족하여 개인이 독립적으로 성장할 기회를 방해받을 가능성이 크다. 경직된 경계의 가족에서 가족원은 자율적이고 독립적으로 기능할 수 있지만, 가족원 간의 상호교류가 거의 없어 가족의 보호를 제대로 받지 못하며 가족에 대한 소속감과 충성심이 부족하다.

(3) 위계구조

가족체계에 존재하는 여러 하위체계는 각기 갖고 있는 권위와 책임을 바탕으로 위계구조를 확립한다. 가족이 적절히 기능하기 위해서는 효율적인 위계구조를 갖고 각 구성원이 적합한 위치에 있어야 한다. 자녀의 성장과 안녕을 책임지는 부모 하위체계는 자녀 하위체계보다 우위에 위치해야 하는데, 그렇지 않으면 역기능이 발생할 수 있다. [그림 6-3]은 집의 물리적 구조를 통해 경계선, 하위체계, 위계구조를 설명한다.

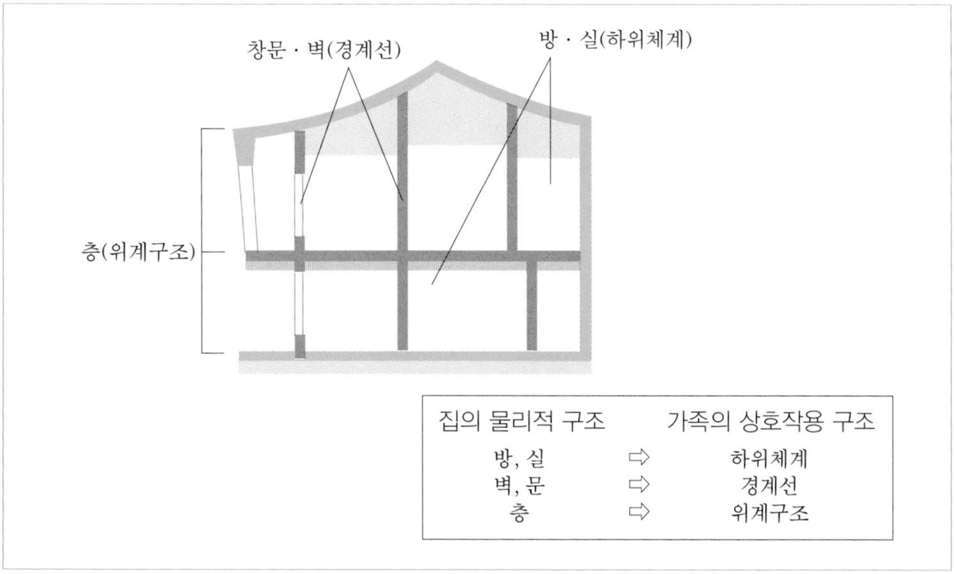

[그림 6-3] 집의 구조와 가족의 구조 비교

출처: 정문자 외(2018), p. 222.

7) 자기분화

자기분화(differentiation of self)는 정신내적인 동시에 대인관계적인 의미를 갖고 있다. 정신내적으로는 사고와 감정을 분리할 수 있는 능력을 의미하며, 대인관계적으로는 자신과 타인 사이의 분화를 의미한다. 보웬은 분화를 통해서만이 인간이 갖고 있는 만성 불안이 감소될 수 있다고 주장하였다. 자기분화는 가족이론에서 사용하는 개별화 개념과 유사하다.

정신내적으로 분화수준이 낮은 사람은 감정을 사고와 분리하는 것이 어렵기 때문에 감정에 따라 맹목적으로 추종하거나 배척한다. 반면, 분화수준이 높은 사람은 사고와 감정이 균형을 이루어 예민한 정서를 갖고 있어도 감정적인 충동을 참을 수 있는 자제력과 객관성을 가진다. 대인관계에서도 분화수준이 낮은 사람은 자주적 정체감이 적어 타인과 쉽게 융합되며 자신과 타인을 분리하지 못한다. 따라서 권위적인 인물의 지시나 가족의 의견에 대해 긍정적이든 부정적이든 감정적으로 반응하게 되며, 자신의 독자적 신념을 갖기 어렵다. 반면, 분화수준이 높은 사람은 타인과 차별되는 분명한 자기 입장을 가지고 자기 신념에 따라 행동하며 타인과 친밀한 접촉을 유지하면서도 융합되지 않는다.

8) 삼각화

삼각화(triangulation)는 가족 내 불안과 긴장을 해소하는 정서적 역동방식을 의미한다. 삼각관계(triangles)는 삼인(triad) 체계의 정서적 역동을 의미하는 것으로 삼각관계에 가장 주요한 영향을 미치는 것은 불안이다(Kerr & Bowen, 1988). 만일 이인(dyad) 관계가 평온하면 안정적 상태를 유지할 수 있지만, 이인관계가 불안정하여 불안이 증가하면 긴장 해소의 방법으로 삼각관계가 이루어진다.

삼각관계는 사람뿐만 아니라 사물이나 주제가 개입되어 형성될 수 있다. 현대 가족에서 흔히 개입되는 제삼자는 유튜브나 반려동물이다. 한 가족원이 유튜브나 반려동물에 몰두할수록 다른 가족원은 그것에서 소원해진다(McGoldrick, Gerson, & Shellenberger, 2005). [그림 6-4]는 한부모가족의 아들(IP)과 그의 외조모, 그리고 반려견 간의 삼각관계를 보여 주는 예다.

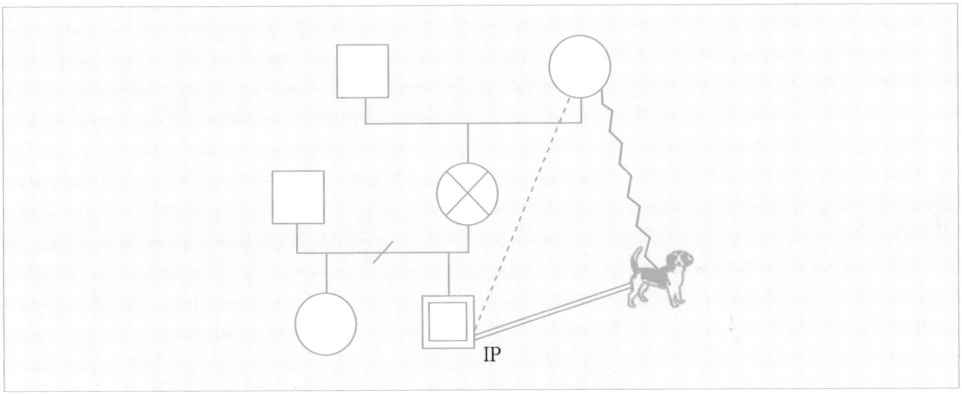

[그림 6-4] 반려견과의 삼각관계

출처: 정문자 외(2018), p. 148.

일반적으로 가족의 융합 정도가 높을수록, 즉 가족원의 분화의 정도가 낮을수록 삼각화에 대한 열망은 더 강하다.

9) 다세대 전수과정

다세대 전수과정(multigenerational transmission process)은 가족의 정서적 과정이 여러 세대에 걸쳐 전수되는 것을 의미한다. 미숙한 부모는 무의식적으로 자녀 중 가장 취약한 아이를 선택한 후 자신들의 불안과 융합을 전달하여 결과적으로 더 낮은 분화수준을 갖게 하는데 이를 투사과정이라고 한다. 다세대 전수과정은 특히 여러 세대에 걸쳐 투사과정이 반복되면서 각 세대에서 불안과 융합에 취약한 개인이 양산되어 역기능이 발생하는 경우를 가리킨다.

보웬에 따르면, 가족원과 핵가족의 적응력 손상은 다세대 전수과정의 결과다. [그림

6-5]의 사례처럼 가족원의 약물 또는 알코올 남용, 과잉기능도 다세대 전수과정을 거칠 수 있다.

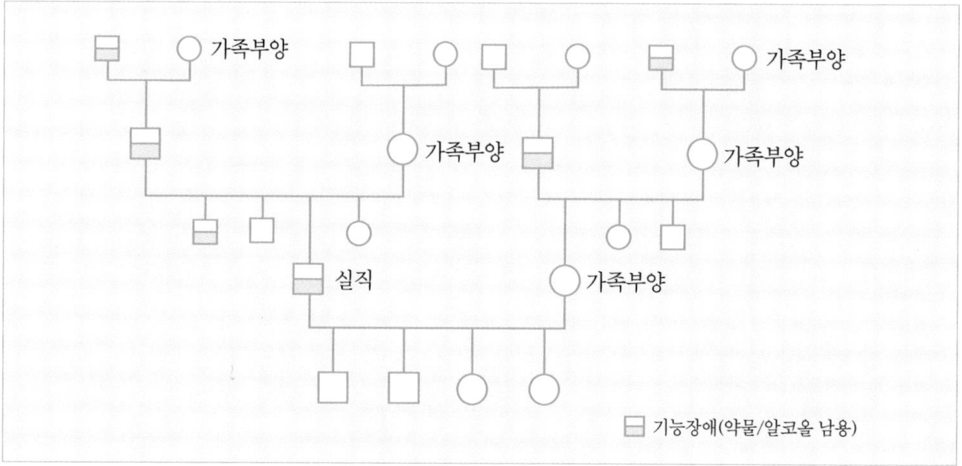

[그림 6-5] 기능 수준의 균형과 역할유형의 반복

출처: McGoldrick, Gerson, & Shellenberger (2005), p. 153.

10) 자아존중감과 대처유형

사티어(Satir)는 자아존중감의 3대 요소로 '자기', '타인', '상황'을 지적한다. '자기'는 자신에 대한 가치와 자신의 유일성을 말하고, '타인'은 타인과의 동질성, 이질성, 상호작용에 대한 것이며, '상황'은 주어진 여건과 맥락을 의미한다. 이 3대 요소인 자기, 타인, 상황이 균형 잡힌 상태를 자아존중감이 높은 것으로 설명한다.

대처유형은 개인이 스트레스 상황에서 자신을 보호하거나 욕구를 충족시키기 위해서, 또는 상대방을 위협하기 위한 목적으로 사용하는 대처방식으로 의사소통 방식을 말한다. 자아존중감이 낮으며 불균형 상태에 있는 사람이 보이는 역기능적 대처유형으로 회유형, 비난형, 초이성형, 산만형이 있으며 기능적 대처유형으로는 일치형이 있다([그림 6-6] 참조). 사티어는 임상현장에서 내담자들이 보이는 역기능적 대처유형을

대처유형(의사소통)		설명
회유형	음영처리된 부분은 무시된 요소임 	자신의 내적 감정이나 생각을 무시하고 타인의 비위를 맞춤, 타인 의견에 쉽게 동조, 사죄와 변명 사용, 지나치게 착함
비난형		타인을 무시하며 타인의 말과 행동을 비난, 통제하는 성향, 내면에는 소외감 느낌
초이성형		자신과 타인을 모두 무시하고 상황만 중시, 규칙과 옳은 것만을 절대시하는 극단적인 객관성 보임
산만형		자신, 타인, 상황을 모두 무시, 말이 되지 않는 이야기를 하거나 정서적으로 매우 혼란스러운 상태
일치형	모든 요소가 존중됨 	내용과 내적 감정의 일치로 진솔한 의사소통 보임, 높은 자기가치감, 창조성, 유능감 소유, 심리적 · 신체적으로 건강함

[그림 6-6] 대처유형의 자세와 설명

기능적 대처유형으로 변화시키는 것을 목표로 하였다(정문자, 2007).

3. 상담 목표 및 기법

1) 상담목표

가족상담에서 상담목표는 상담자가 적용하는 상담모델에 따라 차이가 있다. 초기 가족상담 모델에서 상담목표는 '기능적인 가족'이 되는 것으로 가족역할의 융통성과 적응력 도모, 부부간의 권력 균형, 가족 집단 안에서 개별성 확립, 의사소통의 구체성과 명료성 확립 등이 었다.

반면, 후기 가족상담 모델은 실제란 개인이 구성하는 것으로 간주하며 기능적인 가족이라는 준거 틀을 적용하기를 거부하였다. 따라서 상담자는 내담자의 정상성/역기능성을 평가하여 이에 기초하여 치료목표를 설정하지 않는다. 상담자는 내담자보다 더 많이 알고 있는 전문가가 아니라 내담자가 원하는 목표를 성취하는 과정에서 협력해야 할 동반자다. 목표를 설정할 때 문제의 소거보다는 원하는 긍정적인 행동의 시작, 실현 가능하며 작은 목표에 초점을 두기 때문에 목표 달성이 용이하다. 개인이 자신의 가족이나 관계를 어떻게 경험하고 자신의 경험의 세계를 어떻게 구성하며 어떤 의미를 부여하는지가 문제 해결과정에 더 중요하다.

2) 상담기법

현재 가족상담은 임상현장에서 특정 모델만을 집중적으로 사용하기보다는 상담자가 사례개념화한 것에 기초하여 다양한 기법을 유연하게 적용하는 추세에 있다. 여기에서는 여러 가족상담 모델의 기법 중 임상에서 자주 쓰이는 몇 가지를 소개한다.

(1) 가계도

가계도는 최소한 3세대에 걸친 가족의 정보를 도식화한 것으로, 가계도를 통해 가족의 정서 체계(개인력, 핵가족력, 확대가족력)를 평가하여 현재의 문제를 다세대 체계의 맥락에서 분석한다. 내담자의 문제와 관련된 가설을 세워 보는 데 유용하게 사용되기도 한다. 예를 들면, 원가족과의 융합, 정서적 단절, 미분화, 다세대 전수, 삼각관계 등을 가계도를 통해 가정해 볼 수 있다. 상담현장에서 내담자의 가족과 원가족에 대한 정보를 얻을 때 표준 기호를 사용하여 가계도를 그린다. 가계도 표준 기호에 대한 설명은 [그림 6-7]과 같다.

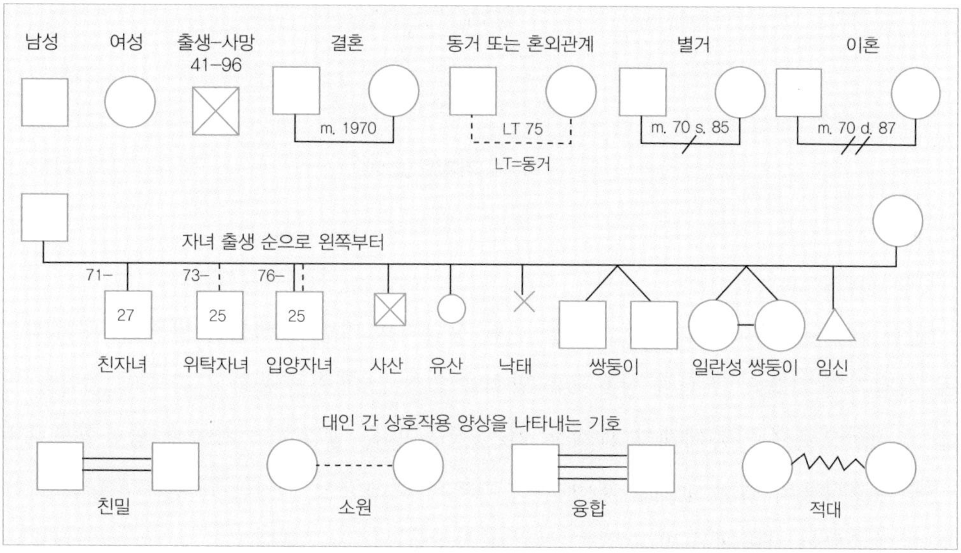

[그림 6-7] 가계도 표준 기호

출처:McGoldrick et al. (2011), p. 4에서 발췌하여 재구성함.

[그림 6-8]의 사례는 아들(5세)의 문제로 가족상담을 한 가족의 가계도다.

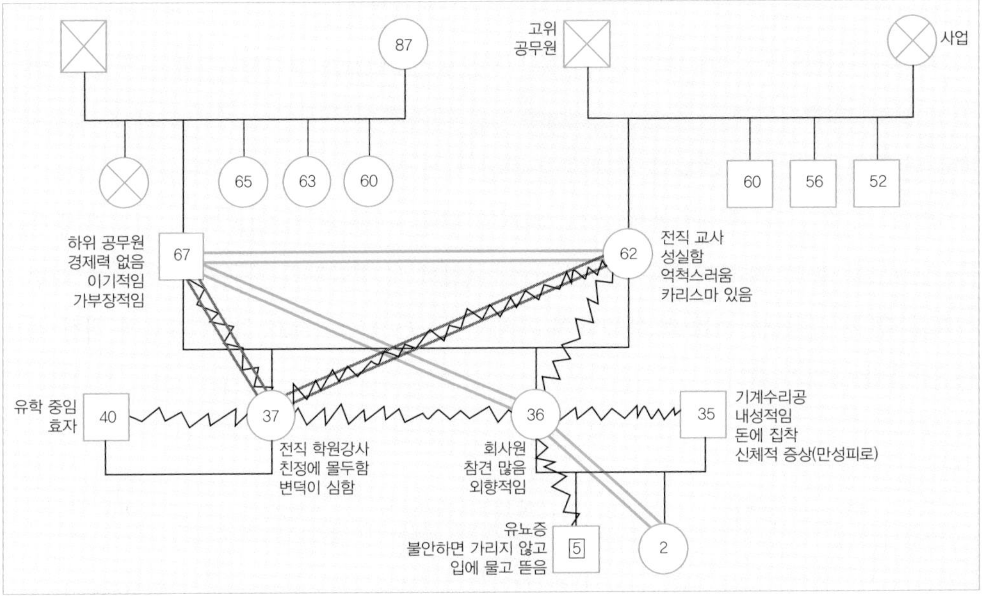

[그림 6-8] 가계도의 예

(2) 합류

합류(joining)는 치료적 관계 형성을 위한 상담자의 자발적 행동을 말한다. 구체적으로 상담자가 가족의 조직과 상호교류 방식을 있는 그대로 수용하고 가족의 강점을 직접 경험함으로써 가족체계와 관계를 맺는 행동이다. 상담자는 가족과 합류함으로써 가족 상호작용의 핵심 주제를 파악한다. 가족의 희생양이 느끼는 고통이나 슬픔 또는 특정 가족원이 가족에서 받고 있는 신뢰와 사랑을 느낄 수 있다.

합류를 위한 기법으로 유지, 추적, 모방이 있다. 유지(maintenance)는 상담자가 가족구조를 의도적으로 지지하는 기법으로 가족원 개인의 장점과 가능성을 인정·지지하는 것과 특정 가족원의 위치를 지지하는 것이 포함된다. 추적(tracking)은 상담자가 가족의 의사소통과 행동의 내용을 계속 따라가면서 가족에 합류하는 기법이다. 상담자는 가족이 말하는 내용을 명확히 하려고 질문하며, 찬성한다고 말하거나, 가족이 말한 내용을 확대해 문제의 핵심을 이끌어 내는 작업을 한다. 모방(mimesis)은 상담자가 가족의 생활방식과 정서 상태에 적응하기 위해 가족이 사용하는 언어, 몸짓, 대화 방식을 그대로 따라하는 기법이다. 예를 들면, 탈모가 심한 남성 내담자가 모자 벗기를 주저할 때, 상담자가 자신의 모자를 쓰면서 자연스럽게 상담하는 경우다. 상담자가 치료 과정에서 가족의 경험과 동일한 자신의 경험을 강조하여 말하는 것도 모방에 속한다.

(3) 장점과 자원 탐색 및 활용

장점 및 자원의 탐색과 활용은 상담자가 내담자가 이미 가진 장점과 자원을 탐색하고, 이를 치료에 적극적으로 활용하는 것을 말한다. "칭찬은 고래도 춤추게 한다."라는 말처럼, 내담자의 장점과 자원을 탐색하는 것은 내담자의 자신감을 북돋아 주고 상담에 더욱 협조하게 한다. 내담자는 항상 문제 속에 사는 것이 아니며, 자신이 가진 것을 활용하여 문제를 성공적으로 다루었던 경험이 있을 것이므로 이를 탐색하여 활용하도록 격려하는 것은 곧 문제 해결의 시작이 된다. 해결중심단기상담의 예외질문(예: "최근 문제가 없었거나 덜했던 때는 언제였지요?", "그때는 무엇이 달랐나요?")은 내담자가 문제없는 상황들을 되도록 많이 찾도록 하여 결과적으로 이 상황들의 재연이 곧 해결책이 되도록 돕는다.

남아프리카 잠비아 북부 고산지대에 살고 있는 바벰바 부족 사회에는 범죄 행위가 거의 없기로 유명하다. 그러나 어쩌다 죄를 짓는 사람이 생기면 그들은 정말 기발하고 멋들어진 방법으로 그 죄를 다스린다고 한다.

부족 중 한 사람이 잘못을 저지르면

그를 마을 한복판 광장에 세웁니다.

마을 사람들은 남녀노소 빠짐없이 모두 일을 중단하고 그를 둘러쌉니다.

그리고 한 사람씩 돌아가며 큰 소리로 시작합니다. 비난이 아닌 그가

과거에 했던 좋은 일, 장점, 선행, 미담들을 한마디씩 열거합니다.

몇 시간이고 며칠이고 걸쳐서 칭찬의 말을

바닥이 나도록

다 하고 나면 그때부터 축제가 벌어집니다.
말하자면 판사도 검사도 없고
변호사만 수백 명 모인 법정과 같습니다.

출처: Cavanaugh & Maggi (1997)에서 발췌하여 재구성함.

잘못을 저질렀던 사람이 이 기발한 의식을 통해 새사람이 되었다고 인정하고 축하하는 잔치를 벌이는 것이다. 실제로 이 놀라운 칭찬 폭격은 죄를 지어 위축되었던 사람의 자존심을 회복시켜 준다. 정말 새사람이 되어 모든 이웃의 사랑에 보답하고 살겠다는 눈물겨운 결심을 하게 만든다. 범죄 행위에 대한 이 기발한 처리 방식은 문자 그대로 효과 만점이어서 이런 행사를 하는 일이 극히 드물다고 하는 사실이 바로 그 증거다.

(4) 재명명

사람이 문제시하는 자신 또는 타인의 성격적 특성이나 행동에서 긍정적인 측면을 찾아 강조하며 긍정적으로 재명명(재구성)하는 것을 말한다. 예를 들어, 매일 밤 늦게 귀가하는 자신을 어머니가 비난만 한다고 생각하는 딸에게, 상담자가 "어머니가 마음속으로는 딸과 많이 가까워지고 싶어 하며, 위험한 일이 많이 생길 수 있는 밤에 딸의 안전을 진심으로 염려하는 것 같다."라고 말하면, 딸은 어머니의 관여를 비난, 질책, 무시로만 생각하던 것에서 어머니가 자신과 가깝게 지내고 싶어 하며 자신을 참으로 걱정한다는 것으로 생각을 바꿀 수 있다. 다른 예로는, 아버지를 '경직된', 어머니를 '소심한', 언니를 '변덕이 심한', 자신을 '나약한'이라고 생각하는 아동의 경우 이 부정적인 단어들을 재명명하면 아버지는 '소신이 강한', 어머니는 '신중한', 언니는 '자기감정에 충실한', 자신은 '생각이 많은'으로 바꿀 수 있다(활동 4번 참조).

(5) 실연

실연(enactment)은 상담자가 가족구조와 상호작용을 확인하기 위해 문제시되고 있는 가족의 상호작용을 상담실에서 직접 해 보도록 요청하는 것이다. 예로, 자녀의 행동문제를 부모가 어떻게 다루는지 상담실에서 직접 해 보도록 요청한다. 이 과정에서 딸과 아버지 간의 밀착된 경계선, 아들과 어머니 간의 경직된 경계선, 딸이 부모와 자녀 간에 중재 역할을 하기 때문에 부부간 연합이 약해지는 가족구조를 볼 수도 있다. 상담자는 실연을 관찰하면서 가족이 상호교류 방식을 다르게 해 보도록 제안할 수 있다.

(6) 문제의 외재화

문제의 외재화(externalization)는 상담에서 문제를 내담자와 분리하고 객관화시키기 위해 문제에 이름을 붙이는 작업을 말한다. 이는 내담자의 문제를 성격이나 정신병리에 기인한 것으로 보는 대신 상황이나 대인관계의 산물로 이해하게 한다. 특히 아동의 경우 이름 붙인 문제를 그림으로 그리거나 찰흙으로 만드는 과정에서 치료적 대화를 촉진할 수 있다. 내담자를 괴롭히고 있는 문제에 이름을 붙인 뒤, 고무찰흙으로 그 모습을 만든 후 내담자에게서 문제를 분리한다. 이러한 대화의 예는 다음과 같다.

(초등학교 3학년생인 남아는 "달팽이집"을 그리고 부담이라고 적는다.)

남아: 엄마는 내가 하고 싶어 하는 것들을 못하게 해요. 진짜 달팽이집 안에 갇혀 있는 것 같아요.

상담자: 그렇구나. 참 답답하겠다.

남아: 답답한 정도가 아니라 미치기 일보 직전이에요.

상담자: 달팽이집에서 나온다면 어떤 것들을 하고 싶어?

남아: 너무 많죠.

상담자: 예를 들면 어떤 것들이 하고 싶어? 그중에서 제일 하고 싶은 것 하나만 고른다면 어떤 것이 있을까?

남아: 일단 달팽이집에서 탈출해야 해요.

상담자: 좋은 생각 같구나. 어떻게 하면 탈출할 수 있을까?

남아: 엄마 마음에 들게 뭔가 해야 할 것 같아요.

(7) 역설적 개입

역설적 개입(paradoxical intervention)은 내담자가 상담자의 지시에 저항하지만 결과적으로 내담자의 변화를 유도하는 방법이다. 변화해야 하는 증상에 대하여 변화하지 말라는 지시를 함으로써(증상처방) 내담자는 일종의 이중구속 상황에 빠진다. 즉, 변화하지 말라는 상담자의 지시를 따른다면 내담자는 이미 증상을 통제할 수 있는 것이고, 만일 따르지 않는다면 증상을 포기하는 것이다. 예를 들어, 치통으로 치과를 찾은

[그림 6-9] 역설적 개입의 활용

환자가 치료를 위해 입을 벌려 보라는 의사의 요구를 거절하는 경우, 의사는 내담자가 아픈 채로 지낼 것을 처방한다(증상 처방). 환자는 결국 심해지는 치통을 견디지 못하고 치과를 방문하여 의사의 지시에 따라 치료를 받게 되는데(변화) 이것이 의사의 의도다. 그러나 역설적 개입은 효과가 크지만 유의점도 있다. 내담자와 좋은 라포가 형성되어야 하며 숙련된 임상 경험을 쌓은 후 적절한 시점에 진정성과 확신을 가지고 사용하여야 한다.

(8) 가족조각

가족조각(family sculpture)이란 어느 시점을 선택하여 그 시점에서의 가족관계, 타인에 대한 느낌과 감정을 동작과 공간을 사용하여 표현하는 비언어적인 기법을 말한다. 조각은 말하지 않으면서 근육, 표정, 움직임 등으로 개인의 내적 감정, 은밀한 생각, 느낌 등을 표현하는 것이다. 한 가족원이 다른 가족원에게 느끼는 내적 정서 상태를 자세와 동작 및 소도구를 사용하여 공간에서 표현하므로 말이 아닌 행동으로 정보가 전달된다.

이 기법은 역동적이고 자발적이며 상호관계를 잘 보여 주기 때문에 어느 시점에서의 사건이나 상황과 태도, 감정과 행동 및 사고를 함께 느끼고 지각하며 경험할 수 있다. 덜 등(Duhl, Kantor, & Duhl, 1973, p. 6)은 가족조각이 “관계의 의미, 은유, 이미지를 제공하므로 참여자와 관찰자가 함께 공유할 수 있다.”라고 하였다.

다음의 가족조각 장면은 ‘상담자의 자기 성장’ 프로그램에서 한 참여자의 원가족 상황을 보여 주는 것으로 아버지는 높은 자리에서 가족을 판단하고 비판하는 자세를 취하고 있고 나머지 가족은 회유하거나 소극적으로 비난하는 자세를 보인다. 앞서 설명한 역기능적 대처유형들(회유형, 초이성형, 비난형)을 잘 보여 주고 있다.

[그림 6-10] 대처유형으로 본 조각 장면

4. 부모상담에의 적용

아동상담에서의 부모상담은 상담자가 아동의 문제를 해결하는 과정에서 아동의 주양육자인 부모를 만나면서 시작된다. 상담자는 부모를 통해 자녀 문제에 대해 보다 상세한 정보를 듣고, 부모의 양육방식을 파악함으로써 자녀 문제의 원인에 대한 이해의 폭을 넓힐 수 있다. 그리고 상담자는 아동의 발달특성과 효율적인 양육방법에 대한 지식과 기술을 부모에게 제공한다. 자녀의 문제가 부모 개인의 심리적인 요인에 기인한다고 의심되면, 상담자는 부모를 대상으로 개인상담이나 부부상담을 추천하는 것이 바람직하다.

가족상담 접근에서의 부모상담은 아동이나 부모 개인의 심리적 요인이나 부모의 양육방식에 국한하기보다는 아동의 가족체계, 가족구성원들과의 관계 및 상호작용을 참고하여 아동의 문제를 해결하려는 노력을 해야 한다.

1) 가족생활주기에서 부모기

현대 사회에서의 부모의 역할은 그 어느 때보다 중요하다. 사회적 · 문화적으로 급격한 변화가 이루어지고 있으나, 부모는 아동이 처한 상황과 사회적 · 문화적 요구에 비교적 덜 민감하거나 잘 이해하지 못하는 경우도 있고 부모중심적 사고에 사로잡혀 상황을 수용하지 못하는 경우도 있다. 아동의 발달이 조숙해지고 아동의 문제는 저연령화와 난폭한 경향을 보이고 있다. 아동의 양육과 지도를 위한 정보는 방대하나 정확하지 못하거나 왜곡된 경우도 허다하다. 아동에게 유해한 정보는 잘 걸러지지 않은 채 SNS를 통하여 아동에게 쉽게 노출되고 있으며 이러한 매체의 영향은 매우 크기에 사회적으로 우려의 대상이 되고 있다.

가족의 탄생으로 시작되는 가족의 생활주기에는 여러 의견이 있으나 이 책에서는 가족생활주기를 6단계로 구분한 카터와 맥골드릭의 이론(정문자 외, 2018)에 기초하여 살펴보되 설명은 아동과 관련된 세 개의 주기들에 한정한다.

가족생활주기의 첫 단계는 '결혼전기'로 가족생활주기의 기초가 된다. 아동이 성숙하여 성인이 되면 정서적 · 정신적 · 경제적 · 물리적으로 부모에게서 독립할 수 있는 여건이 마련된다. 원가족에서 분화하여 부모의 집과 떨어진 곳에서 직장생활이나 진학 또는 집단생활을 하게 되는 경우다. 결혼전기의 성인은 이성을 만나 연애를 하는 것이 보편적인데, 동료관계를 발달시켜야 하는 과업도 갖고 있다. 이 시기의 성인 대다수는 결혼의 의식을 거쳐 부부생활을 시작한다.

결혼으로 가족생활주기의 두 번째 단계인 결혼적응기에 진입한다. 이 단계에는 새로운 체계에 대한 부부 각자의 헌신이 요구된다. 부부는 하나의 새로운 집을 짓는 건축사가 되어 상호 조율과 합의를 거쳐 부부가 중심이 되는 부부체계를 형성한다. 그러나 본인의 가족과 친구뿐 아니라 배우자가 설 자리도 마련해야 하며, 결혼생활과 직장생활을 조화롭게 운용해야 하는 과제를 갖고 있다. 신혼기 부부에게 생길 수 있는 문제로 배우자와 자신의 원가족과의 마찰로 인한 것, 결혼에 대한 헌신의 부족 그리고 성적 부적응을 들 수 있다. 원가족과의 문제에 대한 개입으로는 증상을 이용하고 가족관계의 개선을 통해 원가족과 독립할 수 있도록 도우며, 성적 부적응은 병리적으로 다

〈표 6-2〉 가족생활주기의 단계

가족생활주기 단계	전환기의 정서적 과제	발달을 위해 필요한 가족체계의 변화
결혼전기	자신에 대한 정서적·재정적 책임을 수용하고 부모-자녀 관계의 분리를 받아들임	① 원가족과의 관계에서 분화 ② 친밀한 이성관계의 발달 ③ 일과 재정적 독립 측면에서 자신에 대한 확립
결혼적응기	새로운 체계에 대한 수임	① 부부체계의 형성 ② 배우자가 포함되도록 확대가족, 친구와의 관계 재정비
자녀아동기	새로운 가족성원 수용	① 부부체계에 자녀를 위한 공간 만들기 ② 부모 역할 받아들이기(자녀양육, 재정, 가사일에 공동참여) ③ 부모, 조부모 역할이 포함되도록 확대가족과의 관계 형성
자녀청소년기	자녀의 독립과 조부모의 허약함을 고려하여 가족경계의 융통성 증가	① 청소년 자녀가 가족체계에 출입이 자유롭도록 부모-자녀관계의 변화 ② 중년기 부부의 결혼 및 진로 문제에 재초점 ③ 노인세대를 돌보기 위한 준비 시작
자녀독립기	가족성원의 증감 수용	① 부부체계를 이인군 관계로 재조정 ② 성장한 자녀와 부모와의 관계를 성인 대 성인의 관계로 발전 ③ 사돈과 며느리, 사위, 손자녀가 포함되도록 관계 재정비 ④ 부모 또는 조부모의 무기력과 죽음에 대처
노년기	역할변화 수용	① 신체적 쇠퇴에 직면하면서 자신과 부부의 기능과 관심사 유지 ② 다음 세대가 중추적 역할을 하도록 지원 ③ 연장자가 할 수 있는 일을 대신하지 않으면서 자신의 지혜와 경험이 활용될 수 있는 여지 마련 ④ 배우자, 형제, 친구의 죽음에 대처하면서 자신의 죽음을 대비하며 삶을 되돌아보고 통합

출처: 정문자 외(2018)에서 발췌.

루기보다는 상황에 따라 직접적으로 개입하는 것 좋다.

세 번째 단계인 자녀아동기에는 자녀가 부부체계에 들어오는 것을 심리적 · 정신적 · 물리적으로 수용하고 자녀를 위한 공간을 만들어 주어야 한다. 부모는 자녀가 확대가족을 포함한 가족 외부와 관계를 수립할 수 있도록 돕는 것이 필요하다. 부모의 과업은 가족이 사회와 상호작용을 확대하도록 돕고, 자녀의 발달과 교육을 지원하며 자녀가 요구하는 활동시간과 범위를 다루는 것이다. 이 시기에 발생하는 주요 문제 중 하나는 한쪽 배우자가 한명의 자녀와 밀착되어 삼각관계를 이루면서 부부의 문제를 자녀를 통해 다루는 것으로 가족 간의 경계선 파괴가 발생한다. 자녀양육에 관한 문제로 부부간, 원가족 간에 갈등이 있을 수 있으며, 습관적인 의사소통 패턴이 문제를 심화시키기도 한다. 이 시기의 이러한 문제들을 개선하기 위해 과잉 간섭하는 부모를 아동에게서 분리시키며, 아동의 그릇된 행동을 비난하기보다는 올바르게 행동하는 데 초점을 맞추며 지지한다. 부모가 아동과 맺은 역기능적 삼각관계를 건전한 삼각관계로 바꾸면서 개인을 둘러싸고 있는 상황들을 객관적으로 이해하는 태도가 필요하다.

2) 부모 역할에 영향을 미치는 요인

성인은 이성교제를 통해 결혼 의식을 치르면서 부부의 법적 자격을 얻는다. 혼전의 이성교제는 부부가 가족이라는 하나의 구조물을 건축하는 데 중요한 기틀이 된다. 그러나 많은 부모는 부모됨이 요구하는 지식이나 정보, 적절한 교육이나 훈련을 받지 못한 채 아이를 잉태하는 시점부터 부모 역할에 진입한다. 많은 부모가 갖고 있는 결혼과 가족 만들기에 대한 기대와 이상은 낭만적이거나 비현실적일 때가 많다.

부모 역할에 미치는 요인으로 부모의 성격, 기질, 교육 경험을 들 수 있으며, 부모의 또래 및 대인 관계, 사회적 경험과 원가족 경험은 중요한 영향을 미친다.

3) 부모상담의 목적

부모상담의 목적은 다음과 같다.

- 부모가 아동 발달, 심리, 행동에 대한 이해와 지식 함양하도록 돕는다.
- 자녀가 처한 상황에 대한 이해와 공감 능력을 향상시킨다.
- 자녀의 심리와 특성에 대한 이해뿐 아니라 부모 자신에 대한 통찰을 갖도록 돕는다.
- 자녀의 장점과 자원을 활용하여 해결책을 모색하도록 돕는다.
- 자녀(부모)의 긍정적 변화에 도움이 되는 것을 실습하고 반복한다.
- 부모의 자녀양육 능력을 향상시킨다.
- 부모의 자기 원가족 작업을 통해 가족체계에 대해 이해하고 수용하도록 돕는다.
- 아동과 부모가 상담에 우호적, 협조적이며 동반자적 관계로 발전하도록 조력한다.

4) 상담의 과정

아동상담 현장에서 부모의 적극적이며 호의적인 참여는 매우 중요하며 필요하다. 그러기 위해서 전문적 지식과 경험을 갖춘 상담사의 첫 임무는 부모와 라포를 잘 형성하는 것이라고 할 수 있다. 아동의 문제 원인이 부모에게 있어 보이더라도 이를 단정짓는 투의 말이나 행동은 금물이다. 라포가 어느 정도 형성되면 아동의 문제와 관련되어 보이는 요인들을 살펴보는 것이 중요하다. 또래와의 관계와 상호작용뿐 아니라 아동이 처한 가족의 환경, 부모 및 형제와의 관계와 상호작용에 대한 파악과 이해가 필요할 수 있다. 이러한 이해는 상담의 목표 설정에 도움이 된다. 그러나 상담의 목표는 내담아동이 원하는 것이어야 하므로 부모, 가족의 의견뿐 아니라 당사자인 아동의 의견과 바람을 잘 파악하여 정하는 것이 좋다. 일단 목표가 설정되면, 목표 달성을 위해 상담자와 아동, 가족이 상호 협조하는 것이 필요하다.

진행과정에서 과거의 실패나 문제를 파악하는 데 많은 시간을 할애하기보다는 현재와 미래에 무엇을 하는 것이 도움이 되고, 목표를 어떻게 달성할 것인지에 초점을 두는 것이 효율적이다. 그러기 위해 아동뿐 아니라 부모와 가족의 장점, 자원, 성공적 과거 경험에 초점을 맞춘다. 아동의 문제를 아동에게서 분리하여 외재화함으로써 문제가 쉽게 해결되기도 한다.

가족상담에서는 아동의 가족체계에서 관계와 상호작용의 문제가 발생한 것으로 보아 가족, 특히 부모를 개입의 대상에 포함한다. 아동에게 가장 영향력이 있는 부모와 가족에게 변화가 오면 아동의 변화가 더 빨리 오며 더 오래 유지될 수 있다. 부모를 포함한 가족을 초기에 개입시키는 것은 문제가 더 커지는 것을 예방할 수 있다는 이점이 있다. 가족을 중시하고 연장자의 권위를 인정하는 우리 사회 상황에서는 아동의 부모 의존도가 높으며, 이는 청소년기, 청년기, 결혼 이후에도 계속된다. 그러므로 부모를 비롯한 가족의 인적 · 물적 자원을 최대한 활용하는 것이 효과적이다. 아동을 위한 부모상담은 부모를 개인적으로 성장시킬 뿐 아니라 부부관계에도 좋은 영향을 미친다. 나아가, 상담의 대상이 아닌 자녀에게도 긍정적인 영향을 미치는 수직적 파급효과를 가져오며, 가족 외적인 상황, 즉 이웃 등 지역사회에도 수평적 파급효과를 얻게 된다. 따라서 부모와 가족체계가 변화의 필요성을 인식하고, 실제로 변화하는 것은 아동의 문제 해결에 결정적인 역할을 한다.

요약

전통적인 심리상담에서는 내담자를 개별적으로 치료할 수 있는 존재로 보나, 가족상담에서는 내담자를 주위 환경과 유기적으로 연결된 존재로 여기므로 상담의 대상에 내담자뿐 아니라 내담자가 속한 관계망에 있는 가족을 포함한다.

초기 가족치료는 조현병 환자 가족에 대한 연구에서 시작하여 1970년 절정을 맞았다. 대표적인 초기 가족치료 모델로는 MRI 모델, 다세대 모델, 구조적 모델, 경험적 모델 그리고 전략적 모델이 있다.

후기 가족치료는 포스트모더니즘 사조의 확산과 구성주의 및 사회구성주의에 힘입어 더욱 발전하였다. 모더니즘이 절대적 진실과 객관적 지식을 강조한다면 포스트모더니즘은 당연시되고 있는 담론과 절대적 실제라는 아이디어에 전적으로 도전한다. 실제란 개인이 주관적으로 구성하는 것이며, 사회적 상호작용 과정에서 언어를 통해 그 의미가 부여되고 공유된다고 가정한다. 그러므로 내담자를 객관적인 준거에 의해 평가하기보다는 내담자의 주관적 진실을 인정하고 존중한다. 상담자는 내담자가 자신의 경험에 다른 의미를 부여하는 과정에 협력해야 할 동반자다. 후기 가족치료 모델로는 해결중심 모델, 이야기치료 모델, 협력적 언어체계 모델이 있다.

부모상담을 통해 아동의 문제뿐 아니라 부모와 가족의 어려움을 해결하며 전체 가족구성원의 성장에 큰 역할을 할 수 있다. 전문적인 훈련을 받은 상담자나 상담교사는 아동의 욕구와 함께 부모의 욕구와 바람을 이해하고 그들이 원하는 모습으로 갈 수 있도록 최선을 다하는 노력과 열정 그리고 인내가 필요하다. 오늘날의 상담자들은 자신의 신념과 전문성에 기초하여 특정 기법과 치료과정을 내담자와 증상에 맞추어 사용하는 통합모델을 사용한다.

활동

1. 가계도 그리기

가계도는 최소 3세대에 걸친 가족과정을 도식을 통해 평가하는 다세대 상담모델 기법이다.

- 준비물: A4 용지(참여자 수만큼)
- 과정

① 자신의 가계도를 가계도 표준 기호([그림 6-7] 참조)에 따라 그린다.

② 이 가족에서 반복되거나 상반되는 심리적 · 정서적 과정에 대해 이야기 나누어 본다(격세대 전수의 예: 할아버지의 엄격한 양육행동 → 아버지의 방임적 양육행동 → 나의 엄격한 양육행동).

③ 본문에 설명된 삼각관계, 경계선, 다세대 전수과정 등을 참고하여 이야기 나눈다.

2. 문제의 외재화

문제의 외재화는 문제를 내담자와 분리하고 객관화하기 위해 이름을 붙이고 의인화하는 것을 말한다. 다음의 순서에 따라 문제의 외재화를 연습해 본다.

- 준비물: A4 용지, 크레파스(또는 찰흙) (각각 참여자 수만큼)
- 과정

① 두 명(A와 B)이 한 조를 이룬다.

② 각자 A4 용지에 자신이 가진 문제(예: 늦잠, 지나친 불안)를 상징적으로 표현한다(예: 까칠한 성격은 고슴도치로 그린다).

③ 문제의 모습에 이름을 붙인다.

④ A는 B가 그린 그림을 보면서 B에게 다음과 같은 질문을 한다.

> • 문제에 이름 붙이기(외재화) 질문
>
> 예: ○○○에 뭐라고 이름을 붙이셨어요? 왜 그런 이름을 붙였지요? 언제 그 문제가 생겼어요?

• 문제의 영향에 대해 이야기하도록 질문하기

예: ○○○가 부모님(또는 중요한 타인)과의 관계에 어떤 영향을 미쳤지요?

• 문제의 영향에 대해 평가해 보도록 질문하기

예: ○○○가 부모님(또는 중요한 타인)과의 관계를 매우 힘들게 한다고 하셨는데, 그래도 좋게 작용한 적도 있었나요? 아니면 좋지 않았나요?

• 그러한 평가에 대한 근거를 이야기하도록 질문하기

예: 좋은 이유가 무엇이었지요? 어떻게 해서 그런 입장이었나요? 앞으로는 어떻게 하고 싶나요?

⑤ 차례를 바꾸어 B는 A가 그린 그림을 보면서 A에게 ④의 질문들을 한다.

⑥ 다음의 측면에서 반영한다.

• 상대방의 이야기에서 특히 내 눈에 띄었거나 관심이 갔던 부분
• 상대방의 이야기를 듣고 떠오르는 이미지
• 상대방의 이야기를 듣고 지금까지 경험(전문적/개인적)했던 것 중에서 어떤 것이 떠오르는지, 내 경험의 어떤 부분과 연결이 되고 공감이 가는지 등

⑦ A와 B는 각자 느낀 점에 대해 이야기 나눈다.

3. 가족규칙의 탐색 및 작업

① 나의 원가족에는 어떤 규칙들이 있었는지 생각해 보고 규칙을 5개 정도 적는다.

② 이 규칙들이 은밀하였는지, 아니면 분명히 명시되었는지를 표시한다.

③ 이 규칙들이 나에게 미친 영향이 긍정적이면 +, 부정적이면 -로 표시한다.

④ 부정적인 영향을 미친 규칙들을 아직 사용하고 있다면 긍정적인 규칙들로 바꾸어 본다.

4. 재명명(재구성)하기

부정적으로 표현되는 사람, 사물의 특성이나 행동에 대해 긍정적인 측면을 찾아 부각하고 명명하는 것을 재명명(재구성)이라고 한다.

● 과정

① 다음 표에 적힌 성격/행동적 특성에 대해 부정적 형용사로 적은 것을 3개 정도 선택하여 각각을 긍정적 형용사로 바꾼다(재명명).

② 3~5명이 한 조가 되어 같은 형용사를 제각기 재명명해도 좋다.

③ 부정적 형용사를 긍정적 형용사로 재명명한 것을 발표하며 소감을 나눈다.

부정적 형용사	긍정적 형용사		
예: 고집 센	자기 의견이 있는	표현을 하는	옳다고 믿는
1. 무책임한			
2. 자기만 아는			
3. 버릇이 없는			
4. 의존적인			
5. 거짓말 잘하는			
6. 공격적인			
7. 자기주장만 하는			
8. 변덕스러운			
9. 산만한			
10. 까다로운			

Part 02

아동상담 과정

Chapter 07. **접수상담과 심리평가**

Chapter 08. **사례개념화와 상담과정**

Chapter 07

접수상담과 심리평가

1. 상담예약

상담예약은 일반적으로 아동에게 의미 있는 타인인 부모나 교사 혹은 아동을 돌보는 성인이 전화로 상담기관과 접촉함으로써 이루어진다. 이는 내담아동의 보호자가 아동상담을 위하여 실행으로 옮기는 첫 번째 과정으로, 접수상담 여부를 결정짓는 데 영향을 미친다.

아동의 보호자는 상담기관에 전화를 걸기 전까지 실제로 걱정과 갈등이 상당히 많다. 자녀의 문제 해결을 위한 도움을 받을 수 있는지 여부와 이 문제가 외부의 도움이 꼭 필요한지에 대한 혼란이 있다. 또한 부모 자신의 무능함과 부적절함에 대한 무력감 그리고 선택한 기관의 적절성에 대한 의구심으로 많은 고민 끝에 전화를 하게 된다. 상담예약의 목적은 상담을 해 주는 것이 아니라 접수상담을 약속하는 것이다. 따라서 짧은 시간 내에 부모의 어려움을 알아주면서 전문가의 도움을 받으면 개선될 수 있다는 희망을 전달하여, 부모에게 상담의 동기를 갖게 하는 것이 좋다.

상담예약에서 상담기관이 해야 할 기본 내용은 다음과 같다. 상담기관에서는 상담을 받고자 하는 아동에 대한 인적사항과 연락처 그리고 현재의 어려움을 간단하게 파악한다. 또한 보호자에게 상담기관에 대한 정보를 주어야 하는데, 즉 위치, 비용, 절차, 상담자 프로필, 상담방법 등을 간단히 소개한다.

2. 접수상담

접수상담은 부모가 아동의 문제에 대하여 전문가와 처음으로 직접 만나서 하는 상담으로, 아동상담을 할지 여부를 결정짓는 매우 중요한 과정이다.

1) 목적

접수상담에서는 아동과 상담 의뢰자(부모, 교사, 기타 보호자)와의 면담과 관찰을 통해 아동과 환경에 대하여 전반적으로 파악한다. 접수상담의 목적을 구체적으로 살펴보면 다음과 같다.

(1) 라포 형성

접수상담에서 내담아동과 부모는 상담자와 처음으로 접촉한다. 이 접촉에서 상담자와 기관에 대한 신뢰감을 형성하며, 이러한 라포 형성은 상담자 소견에 대한 신뢰 정도와 앞으로 상담을 시작할지를 결정하는 데 매우 중요한 영향을 미친다. 라포를 잘 형성하기 위해서 상담자는 따뜻하고 친절하며 민감한 태도를 보여 주어야 할 뿐 아니라 아동과 가족의 어려움을 이해하고 있음을 부모와 아동에게 잘 전달해야 한다.

(2) 아동 이해를 위한 관련 정보 수집

아동의 성장과정, 발달사 그리고 교육사를 탐색한다. 또한 아동에게 영향을 미치는 중요한 환경인 가족에 대하여 파악하기 위하여, 부모 양육태도의 장단점과 형제의 특성 그리고 가족관계 양상을 살펴본다. 그뿐만 아니라 현재 아동이 다니고 있는 유치원이나 학교에서의 경험과 또래관계를 파악한다. 부모의 아동 문제에 대한 인식과 관점 그리고 가족의 심리문제와 발달상의 병력도 탐색한다. 정보수집 과정에서 상담자는 아동 문제와 관련된 부분에 초점을 둠으로써 문제를 명료화해야 한다.

(3) 아동의 현재 기능 수준과 장단점 분석

아동의 전반적인 기능 수준을 파악하기 위하여 발달 수준, 정서 상태, 병리문제를 파악한다. 이를 토대로 아동의 강점과 약점, 상담동기와 통찰 수준, 그리고 증상과 관련된 예후를 추정해 본다.

(4) 아동의 문제 파악

접수상담 과정 중에 수집한 관련 정보를 통해 아동의 핵심적인 문제가 무엇인지, 이 문제와 관련되는 아동과 부모의 갈등이 무엇인지 파악한다.

(5) 아동의 문제 원인과 유지요인에 대한 가설 설정

아동에게 문제가 생기게 된 원인과 현재에도 문제를 유지시키는 요인을 아동의 성장사와 아동의 기능과 관련지어 추론해 본다. 또한 가족, 또래, 중요한 타인과의 관계 양상에서도 원인과 유지요인에 대한 가설을 세워 본다.

(6) 상담 목표 및 계획 설정

아동 문제의 원인과 현재에도 문제를 유지시키는 요인에 기초하여 상담목표를 설정하고, 목표에 맞는 상담 방법과 전략을 선택한다. 중재가 필요한 대상이 아동 개인인지, 부모인지 혹은 다른 가족에 대한 개입이 필요한지 결정한다. 심리상담적 개입, 교육적 개입, 문제 해결적 개입 중에서 어떤 개입을 해야 할지 결정한다. 상담기간에 대한 고려도 한다. 접수상담 후 아동과 가족에 대한 보다 세밀한 부분의 이해가 필요하거나 부모가 아동의 심리평가를 의뢰할 경우 심리검사를 계획한다.

2) 구조

접수상담을 신청하는 사람은 일반적으로 아동의 문제를 해결하려는 동기가 가장 큰 사람으로, 대개는 부모다. 그러므로 접수상담에는 상담신청을 한 부모(부 또는 모)가 참석한다. 부모 외에 아동을 참여시킬지 혹은 가족이 모두 참여할지 여부는 상담기관의 특성과 접수상담자의 선택에 따라 달라진다. 아동과 부모를 같이 상담할지 여부에 따라 다음과 같이 구분할 수 있다.

(1) 아동과 부모를 함께 상담

아동과 부모를 함께 만나는 경우, 부모-자녀관계의 양상을 좀 더 정확하고 풍부하게 탐색할 수 있다는 장점이 있다. 그러나 아동이 같은 공간에 있으므로 아동의 발달사와 아동과 관련된 정보를 수집하는 데 어려움이 있다. 아동은 부모가 낯선 사람에게 자신에 관한 이야기를 한다는 점에 대하여 불편해하거나 수치심을 가질 수 있고, 부모의 비난으로 인해 화가 날 수 있다. 또한 부모가 속상해하거나 우는 모습을 보이면 아동은 죄책감을 가질 수 있다. 접수상담에서의 부정적인 경험은 아동으로 하여금 상담자와 상담에 대해서 부정적인 태도를 갖게 만들 수도 있다. 이러한 문제를 최소화하기 위해서 상담자는 가족 모두를 배려하고 다룰 수 있는 역량을 갖추고 있어야 한다. 특히 어리거나 충동적인 아동의 경우는 이 만남에 지루해하지 않고 참여할 수 있도록 아동이 놀 수 있는 환경을 준비해 주면 좋다.

(2) 아동과 부모를 따로 상담

아동과 부모를 따로 만나게 될 때, 아동을 언제 상담하느냐에 따라 두 가지 경우가 발생한다. 첫째, 부모면담 후 아동을 만나는 경우는 아동에 대한 정보가 아동을 이해하는 데 유용할 수 있으나, 부모가 상담자에게 아동 자신에 대해 나쁜 말을 했을지도 모른다는 걱정으로 아동이 상담자와의 만남을 꺼릴 수 있다. 둘째, 부모상담 전에 아동을 먼저 만난 경우는 아동부터 파악했기 때문에 부모면담에서 아동 이해에 도움이 되고 또한 아동을 먼저 만나 줌으로써 아동이 존중받았다는 느낌을 가진다는 장점이 있다. 그러나 상담자가 아동과 이야기한 것을 부모에게 알릴까 봐 걱정할 수 있고 부모면담 중에 오랜 시간 동안 기다려야 하는 단점이 있다. 이러한 단점을 최소화하기 위해 부모면담 뒤에 아동을 잠깐 다시 만나는 것이 좋다. 먼저 혼자 있었던 시간에 대한 아동의 마음을 헤아려 주며, 앞으로의 상담계획을 알리고 아동의 동의를 얻는다.

아동과 부모를 따로 만나는 구조에서 가장 바람직한 것은 아동과 부모의 면담 날짜를 다르게 잡는 것이다. 상담자가 접수상담을 두 번에 걸쳐서 해야 하는 번거로움이 있지만, 부모상담 중에 아동이 혼자서 기다리기 어려운 경우라면 이런 구조가 가장 바람직하다. 아동과 만남을 먼저 해서 상담자가 아동에 대하여 어느 정도 파악한 후에 부모와 면담을 하는 것이 아동에 대한 이해를 바탕으로 부모면담을 깊이 있게 하는 데 도움이 된다.

3) 내용과 방법

접수상담에서 아동과 부모를 면담하고 관찰하는 구체적인 방법은 다음과 같다.

(1) 아동과의 접수상담

상담자는 아동이 상담소에 들어오는 순간부터 관찰을 시작한다. 낯선 곳에서의 행동, 대기 중에 기다리는 태도, 부모와의 상호작용 양상은 아동을 이해하는 중요한 자료다. 물론 본격적인 접수상담은 상담자가 아동과 마주하면서 아동을 관찰하고 면담하면서 이루어진다. 아동이 초등학교 이상이면 대화를 주로 하지만, 어린 유아의 경우는 행동과 놀이관찰을 통해 파악한다.

아동 접수상담에서 다루게 되는 구체적 내용을 살펴보면 다음과 같다.

① 상담소와 상담자 소개하기

다음은 아동에게 소개하는 한 예다. 물론 아동의 연령 수준에 따라 사용하는 언어와 설명 정도를 달리 한다.

> 이곳은 네가 하고 싶은 이야기나 놀이를 할 수 있는 특별한 곳이란다. 사람은 누구든지 힘들거나 답답할 때가 있잖아. 그럴 때 마음속에 있는 것을 이야기나 놀이로 표현하면서 자기 마음도 알아 가고 스트레스도 풀 수 있어. 그러면서 마음의 힘도 커지게 되고 다른 사람하고도 더 잘 지내고 자신감도 생긴단다. 선생님은 아이의 마음을 잘 알아주는 훈련을 받았어. 그래서 네가 너의 마음을 잘 알게 되고 너의 자신감이 커질 수 있도록 도울 수 있단다.

② 상담에 대한 아동의 인식 파악하기

자신의 어려움에 대해 구체적으로 보고하는 아동도 있지만, 대부분의 아동은 자신이 내담자임에도 불구하고 왜 오게 되었는지 모르는 경우가 많다. 자신에 대한 문제점을 인식하는 아동의 경우에는 상담과정에서 구체적으로 다루어야 할 상담목표에 대한 이야기로 발전시킬 수 있다. 자신의 생각을 언어로 적절하게 표현하려면 아동은 적어도 학령기 수준이어야 한다. 다음은 이를 위한 질문의 예다.

> • 네가 여기에 왜 오게 된 것 같니?
> • 부모님은 무엇 때문에 너를 여기에 데리고 오신 것 같니?

③ 아동의 장단점과 상담목표 파악하기

아동에게 먼저 자신의 장점이나 잘하는 것을 질문한다. 다른 사람이 말해 준 좋은 점에 대해서 물어보기도 한다. 만약 아동이 자신의 장점을 찾아내지 못한다면 상담자가 파악한 장점을 이야기해 주는 것도 좋다. 이러한 칭찬은 아동의 긴장을 완화시켜 주어서 이후의 면담을 더욱 원활하게 하는 데 도움이 된다. 장점에 대한 이야기를 나눈 후에 단점이나 바꾸었으면 하는 안 좋은 습관에 대하여 물어본다. 장단점의 파악으로 아동의 자기인식을 알 수 있으며, 아동의 상담목표에 대한 이야기를 나눌 수 있다. 다음은 이를 위한 질문의 예다.

• 너의 좋은 습관이나 장점은 무엇이니?
• 너는 너의 어떤 부분을 고치거나 달라지게 하고 싶니?
• 너는 상담에서 어떤 도움을 받고 싶니?

④ 아동의 욕구와 바람 알아보기

'세 가지 소원'은 아동의 공상과 욕구와 바람을 알아보는 데 도움이 된다. 이를 위해 우화인 '알라딘의 요술램프'에 비유하여 세 가지 소원을 물어보면 어린 아동도 집중하여 대답하기가 좋다. 또한 "달나라에 가는 로켓에 누구와 같이 가고 싶어?"와 같은 질문은 아동이 누구와 가장 가까운지 혹은 누구와 가장 가까워지고 싶은지 아동의 바람을 아는 데 유용하다.

네 앞에 알라딘의 요술램프가 있다고 상상해 보자. 램프의 요정이 세 가지 소원을 들어준다고 했어. 너는 어떤 소원을 말하고 싶어? 첫 번째 소원은 무엇이지? 두 번째 소원은 무엇이니? 마지막으로 세 번째 소원은 무엇이니?

⑤ 그림을 통하여 전반적인 심리 상태와 기능 그리고 가족관계 파악하기

언어로 상담할 때 아동은 자신의 상황에 대해 잘 이야기하지 않는 경우가 많다. 이런 경우 투사검사에서 이용되고 있는 집-나무-사람(House-Tree-Person: HTP)을 이용한 그림검사나 동적 가족화 그림검사(Kinetic Family Drawing: KFD)가 유용하다. 이 검사는 아동의 현재 심리적 상태를 알려 주므로 심리 상태에 대한 정보수집뿐 아니라 발달수준이나 인지기능을 보조적으로 파악하는 데 도움이 된다.

⑥ 유아 행동 관찰하기

5세 이하의 유아와는 언어로 면담하기 어려우므로 놀이 행동과 태도를 잘 살펴보아야 한다. 양육자와는 분리가 잘되는지, 상담자 질문에 대하여 연령에 적절하게 대답을 하는지, 목소리 크기와 톤 그리고 눈 맞춤이나 반응은 자연스러운지, 놀잇감을 적극적으로 탐색하고 연령에 맞게 갖고 노는지 등을 관찰한다. 만일 대인관계에서 위축되어 있거나 우울한 아동이라면, 놀이실에서도 작은 목소리로 말하거나 아무 말도 안 하고 가만히 서 있거나 혹은 상담실에 들어오는 것을 거부하기도 한다. 반대로 충동적인 아동은 한 가지 놀이에 홍미를 보이기보다 산만하고 우발적으로 장난감을 다루는 경우가 많다.

⑦ 유아와 부모 간의 상호작용 관찰하기

유아와 부모와의 상호작용 양상을 파악하기 위하여, 부모와 같이 놀아 보도록 요구하고 이를 관찰하기도 한다. 부모와 놀면서 유아는 긴장감에서 벗어나 가정에서의 일상적인 태도를 보여 주기 쉽기 때문에, 아동을 있는 그대로 평가하는 데 도움이 된다. 뿐만 아니라 부모의 행동을 직접 관찰할 수 있어서 부모 태도의 민감성, 일방성, 적절성 등을 파악하는 데 많은 도움이 된다.

다음은 7장의 접수상담과 8장의 사례개념화 과정에 대한 이해를 돕고 적용방식을 구체적으로 알려 주기 위하여 제시한 사례로, 소극적이고 위축된 유아를 대상으로 한 접수상담이다.

◖ 민아의 사례 ◗

내담아동: 민아(만 4세, 여아, 가명)

부모의 주호소: • 어린이집에서 자기표현을 거의 못한다.
• 옷에 소변 실수를 한다.
• 손톱을 물어뜯는다.

‖ 민아의 접수면담 ‖

대기실

상담자는 대기실에서 엄마 옆에 붙어 있는 민아를 처음 만났다. 민아와 눈맞춤을 하려고 상담자는 쪼그리고 앉아서 미소를 지으며 부드럽게 말을 건넸다. "안녕! 네가 민아구나. 선생님이 너에게 장난감이 많은 놀이실을 구경시켜 주려고 해. 엄마는 여기서 기다리실 거야. 선생님이랑 장난감 많은 방에 들어가 보자."

엄마가 민아에게 놀이실 가서 장난감을 보고 오라고 했으나 아이는 머뭇거렸다. 민아가 망설이자 상담자가 엄마에게 민아를 놀이실 앞까지 데려다 달라고 부탁했다. 상담자는 놀이실 문을 열어 안의 장난감을 보여 주었고, 엄마의 손을 잡고 있던 민아는 엄마랑 같이 들어가려고 하였다. "엄마랑 같이 들어가고 싶구나. 하지만 지금은 엄마는 밖에서 기다리시고 너만 들어가는 시간이야."라고 상담자가 말하자, 민아는 잠시 망설이다가 놀이실(상담실)로 들어갔다.

상담실(약 20분 소요)

상담자는 민아가 불안해하지 않도록 문을 조금 열어 놓았다. 그리고 민아에게 "여기 장난감이 많이 있지. 어떤 것이든지 네가 원하는 것을 꺼내서 하고 싶은 놀이를 할 수 있어."라고 하였다. 그러나 민아는 서서 장난감만 물끄러미 쳐다보았다. 민아는 계속 긴장했고 입으로 손톱을 뜯기 시작했다.

잠시 후 상담자가 민아가 좋아할 만한 인형 바구니를 보여 주었다. 민아가 다가와서 인형을 만져 보고 조심스럽게 탐색을 시작하였다. 상담자는 주로 민아의 태도와 놀이를 관찰하면서 아이 마음이 편해지도록 마음을 읽어 주었다. 민아는 인형에게 모자를 씌우고 유모차에 태워서 끌어 보기도 하였다. 상담자를 슬쩍 쳐다보기도 하나 거의 말이 없었다.

상담자는 민아의 놀이를 10분 정도 관찰 후에 물었다. "엄마도 여기 들어와서 같이 놀아도 될까?" 민아가 고개를 끄덕였다.

엄마가 들어오자, 민아 표정이 밝아지고 "엄마, 이거 봐."라고 하였다. 상담자는 한쪽 구석에 앉아 엄마와 민아의 놀이를 10분간 관찰하였다. 민아는 인형을 돌보는 놀이를 엄마에게 보여 주었다. 엄마는 민아 놀이에 관심을 갖기보다는 자신이 관심 있는 놀잇감을 보여 주거나 해 보자고 하였다. 엄마는 민아에게 다소 지시적이고 놀이 방향을 이끌어 가는 태도가 있었다.

민아의 언어표현력은 또래수준과 비슷하나 말수는 적은 편이었다.

상담자가 엄마와 상담하는 동안 민아와 놀아 줄 다른 선생님을 소개해 주고, 엄마가 어디에 있을지 알려 준 후에 놀이실에서 계속 놀아도 된다고 알려 주었다. 민아는 다른 선생님과 놀이실에서 계속 노는 것을 받아들였고, 상담자는 엄마와 상담을 하기 위하여 다른 방으로 이동하였다.

(2) 부모와의 접수상담

접수상담 과정에서 부모와의 상담은 아동을 이해하는 데 상당히 중요한 부분이다. 아동 자신이 자신의 성장과정과 현재 상황을 다 말할 수 없기 때문에 아동의 과거와 현재에 대하여 가능한 한 많은 정보를 부모에게서 얻어 내야 한다. 자세하게 탐색하기 위해서는 부모만 따로 하는 2~4회기의 개별 상담시간이 요구된다. 그러나 접수상담 시간이 제한적이기 때문에 아동을 이해하는 데 우선적으로 중요한 내용을 중심으로 대략적인 파악을 할 수밖에 없다.

아동에 대한 이해를 돕기 위해 부모에게 얻어야 할 정보는 다음과 같다.

① 인적사항

이름, 성, 생년월일, 주소, 현재 다니고 있는 기관, 가족 관계 등의 정보가 필요하다. 가족 관계를 기재할 때에는 현재 한집에서 살고 있는 동거인 모두를 적도록 한다. 가족의 연령, 학력, 직업이나 종교, 월수입 등도 유용한 정보다. 이혼이나 재혼 여부, 특이한 종교, 가족 이외의 다른 동거인, 외동이거나 형제가 많은 경우, 월수입이 적은 가정환경 등은 상담하기 전에 가족 내의 역동성을 파악하는 데 도움이 되는 정보다.

② 주호소 내용

아동 문제의 도움을 받고자 하는 부모의 걱정거리가 주호소 내용에 해당된다. 주호소가 여러 가지라면 우선순위에 따라 말하게 한다. 또한 주호소 내용과 관련하여 같은 증상으로 상담을 받아 본 경험이 있었는지, 각각의 증상이 언제 시작되었는지, 바로 그 시점에 어떤 일이 있었는지, 그동안 어떻게 대처해 왔는지 파악한다. 이것은 아동의 문제행동에 대한 원인을 규명하는 데 필요한 정보일 뿐 아니라 부모의 구체적인 양육기술을 파악할 수 있는 기회가 된다.

③ 아동의 생육사, 발달사, 교육사, 양육상의 특이사항

임신부터 현재 아동의 생활에 이르기까지 총체적인 생육사와 발달정보 그리고 교육사에 대한 것도 필요하다. 그뿐만 아니라 양육상의 특이사항으로 아동의 주 양육자가 누구였으며, 어떻게 키워졌는지, 이사나 동생 출생, 전학, 그 외에 아동에게 심리적으로 상처가 될 만한 일들이 있었는지 상세하게 알아봐야 한다.

이러한 사항에 대한 구체적인 내용을 민아의 부모가 기록한 접수면접지 내용을 통하여 알아보고자 한다. 다음은 민아 어머니가 기록한 민아의 성장사다.

접수면접지

작성일: ______________ 작성자: ______________

I. 인적사항

아동명	이민아 (남 ✓여)	생년월일	20○○년 3월 9일 (4세 5개월)
주소	서울시 행복구 웃음동 사랑APT 302호	전화	02) 123-4567
학교, 학년(유치원)	행복어린이집		

II. 가족사항

관계	성명	(만)연령	학력	직업	종교	월수입	기타
부	이가장	36세	대졸	회사원	기독교	350만 원	
모	최주부	36세	대졸	주부	기독교		
남동생	이장군	2세					

Ⅲ. 주호소

	내용	언제	대처 방법
1	어린이집에서 잘 못 지내는 것 같다. 면담에서 밝혀진 구체적인 내용 – 자발적으로 얘기하거나 의사표시를 하지 않는다. 선생님이 물어보는 것에는 작은 소리로 간단하게 대답한다. 지시 따르기는 잘한다. 또래가 하는 놀이를 쳐다보기는 하나 끼어들지는 못한다. 다른 아이가 때리면 울어 버린다.	3세	어린이집 선생님에게 말로 얘기하라고 하였다.
2	어린이집에서 소변 실수를 한다. 면담에서 밝혀진 구체적인 내용–어린이집 종일반을 다니면서 시작되었다. 주 2~3번 실수한다. 선생님이 화장실을 가도록 챙겨 준 경우에는 괜찮으나 아이가 먼저 말하지 못하고 소변 실수를 하는 것 같다.	3세	속옷을 챙겨 주고 선생님에게 도움을 청했다.
3	손톱과 발톱을 물어뜯는다. 면담에서 밝혀진 구체적인 내용– 동생이 태어나고 나서 시작되었다. 주로 심심할 때 하는 것 같다. 이전에는 손가락을 빨았다.	2세 6개월, 동생 출생 후	물어뜯을 때마다 하지 말라고 말했다.
지금 온 이유: 어린이집 교사가 가 보라고 해서			

Ⅳ. 생육사

1. 임신 시

약 복용	✓무 유, ( )개월 시, 내용:
질환	✓무 유, ( )개월 시, 내용:
입덧	무 ✓유, 정도: 2, 3개월부터 5, 6개월까지 잘 못 먹음
충격	✓무 유, ( )개월 시, 내용: 특별한 것 없음
심리 상태	입덧 때문에 힘들었고 아이 상태 걱정
계획된 임신	네 ✓아니요

임신에 대한 반응	부: ✓좋았다 안 좋았다 이유: 기다리던 아이라서 모: 좋았다 ✓안 좋았다 이유: 직장 중단, 육아 부담

2. 출생 시

산모 연령	32세	임신 기간	정상
분만 상태	✓순산 난산 제왕절개	신생아 체중	2.9kg
산소호흡기 사용	✓무 유	인큐베이터 사용	✓무 유
황달	무 ✓유, 치료기간 및 방법: 병원에서 2~3일 치료		

3. 수유 및 식사

수유방법	모유 (1)개월 우유 (15)개월 모유+우유 ( )개월 젖병 뗀 시기 (24)개월
식습관 (3세 이후)	편식 (무 ✓유) 내용: 야채, 질기거나 딱딱한 것 잘 안 먹음. 새로운 음식은 잘 안 먹음 식사태도: 음식을 입에 머금고 있는 시간이 많음. 빨리 먹으라고 야단침

4. 대소변 훈련

대변	시작 시기: 18개월 가린 시간: 2세 현재: ✓정상 변비 유분
	방법: 책도 보여 주고 부모의 모습도 보여 줌 아이반응: 자연스럽게 따라함
소변	시작 시기: 18개월 가린 시기: 22개월 현재: 정상 야뇨 ✓유뇨
	방법: 처음 훈련 시작하고 실수했을 때 야단쳤음. 이후 아이가 소변을 참아서 야단치지 않음. 소변 볼 시간에 화장실에 데려감 아이반응: 소변을 참음. 어린이집 종일반을 다니면서 유뇨 시작됨

5. 수면 및 활동

보챘음	무 ✓유 / 언제까지: 2세까지 정도: 잠들 무렵에 많이 보채서 안고 흔들어 주어야 했음
현재 누구랑 자나	온 가족이 함께 잠
활동량(3세 이전)	✓과소 보통 과다

6. 병력

고열	무 ✓유 시기: 2세 전까지 여러 차례 고열	경기	✓무 유 시기: 횟수:
질환	시기: 병명: 입원유무: 치료기간: 감기에 자주 걸린다.		
현재의 건강 상태	대체로 건강		

V. 발달사

1. 신체발달(괄호 안은 정상 개월)

목 가누기(2)	3 개월	기기(6)	7 개월
걷기(12~13)	14 개월	숟가락질하기(24)	30 개월
옷 벗기(24)	30 개월	옷 입기(36)	36 개월

2. 언어 및 인지 발달

옹알이(2~3)	3 개월 양 : 많음 보통 ✓적음 없음
첫말 단어(8~14)	10 개월 내용: "엄마"
현재 언어	표현력: 보통, 말수가 적은 편 이해력: 보통
인지 상태	빠름 ✓보통 느림, 기타:

3. 사회 및 정서 발달

눈맞춤	무 ✓유	**낯가림**	없음 적음 보통 ✓많음
좋아하는 놀이	그림 그리기, 책 보기	**좋아하는 장난감**	인형
성격	잘 운다. 겁 많다. 욕심 많다. 눈치 본다. 고집 세다. 말이 없다.		
부모와의 관계	부 – 바빠서 주말에만 놀아 줌. 부를 따른다. 모 – 다소 어려워한다. 모가 자기를 사랑하는지 수시로 확인한다.		
부모 양육태도	부 – 허용적, 훈육과 양육에 거의 관여 안함. 모 – 동생이 생긴 이후로 다소 엄격해지고 스킨십을 별로 안해 줌. 잘 안 먹거나 어지르면 아이에게 짜증을 내는 편.		
형제와의 관계	동생은 적극적이고 활달한 성격. 동생 출생 후 처음에만 약간 때리거나 꼬집는 행동 있었음. 지금은 동생에게 양보를 잘함. 그러나 동생이 뺏거나 때리면 울어 버림.		
또래와의 관계	노는 것을 쳐다보기는 하나 잘 어울리지 못함. 먼저 다가가지 못함. 또래가 때리거나 장난감을 뺏으면 울어 버림.		

Ⅵ. 교육사

서울어린이집: 동생 태어나기 한 달 전인 2세 5개월에 서울어린이집에 처음 감. 처음 2주간은 잘 안 떨어지고 울었으나 이후는 울지 않고 감. 그러나 자주 아파서 결석을 많이 했음. 약 7개월 다님.

행복어린이집: 이후 이사 때문에 행복어린이집으로 바꿈. 종일반을 다님. 가기 싫어하나 가야 한다고 단호하게 말하면 더 이상 거부하지는 않음. 또래와 잘 어울리지 못함. 선생님의 지시에 따르기는 하지만 자발적으로 의사 표시하는 것이 별로 없음.

Ⅶ. 양육상의 특기사항

0~2세: 모가 돌봄. 자주 아프고 잘 안 먹어서 모가 걱정을 많이 함.

2~4세: 어린이집을 다니기 시작. 2세 6개월에 동생이 태어남. 3세경에 이사하고 어린이집을 바꾸면서 종일반으로 다님.

④ 아동의 현재 생활양상

아동의 하루 일과를 중심으로 아침에 일어나서 잠자리에 들기까지 아동과 가족 간의 상호작용을 중심으로 파악한다. 일상생활에서의 정서적 경험과 상호작용 양상은 부모-자녀관계와 형제관계의 질에 따라서 달라진다. 아동은 아직 의존적이라서 가족이라는 상황에 많이 의존할 수밖에 없기 때문에 부모-자녀관계의 현재 양상을 제대로 파악하는 것은 중요하며, 문제가 있다면 이를 잘 해결하기 위하여 부모상담이 필요하다.

또한 현재 다니고 있는 유치원이나 학교에서의 생활도 구체적으로 파악해야 하고, 무슨 학원을 다니는지, 아동의 반응은 어떠한지 아는 것이 좋다. 부모가 아동의 학습을 하루에 얼마나 도와주는지, 아동의 반응은 어떠한지에 대한 탐색이 필요하다. 학령기 아동의 경우는 학습으로 인한 스트레스가 많아서 때로는 이러한 스트레스를 줄여주는 것만으로도 아동의 문제는 좋아지기도 한다. 접수상담에서 아동의 현재 생활을 자세히 다루기에는 시간의 제약이 있기 때문에 상담을 시작한 후 초기에 별도의 부모상담 시간에 자세하게 다루는 경우가 많다.

⑤ 가계도

아동의 가족환경에 대해 좀 더 구체적인 정보를 얻기 위해 가계도(genogram)를 작성하게 된다. 가계도란 3세대 이상에 걸친 가족성원에 관한 정보와 그들 간의 관계를 도표로 기록하는 작성방법을 말한다(McGoldrick et al., 2005). 가족에 관한 정보가 도식화되어 있어 복잡한 가족 유형의 형태를 한눈에 볼 수 있으며, 가계도를 통해 여러 가지 정보를 얻어 낼 수 있다. 이와 같은 장점 때문에 심리상담 현장에서 많이 사용되고 있다. 접수상담에서 대략적인 가계도를 파악하기도 하나, 시간 제약상 자세한 정보를 다루기 위해서는 추후 부모상담 시간에 상세하게 다루는 경우가 많다. 가계도를 작성하는 방식은 6장을 참고하기 바란다.

4) 접수상담 마무리 시 고려사항

접수상담을 마무리하면서 상담자의 종합적인 소견을 부모에게 알린다. 즉, 아동의 현재 문제는 무엇이며, 왜 생겼는지에 대한 대략적인 인상을 설명한다. 아동을 더 잘 이해하기 위하여 추후에 어떤 심리검사나 평가가 필요한지 혹은 아동과 가족에게 어떤 상담이나 개입이 도움이 될지를 안내한다. 이에 따르는 절차와 비용 등을 자세히 알려 주어서 부모가 현실적인 선택을 하는 데 도움을 주도록 한다.

접수상담에서 나타나는 부모의 태도는 다양하다. 아동이 적응에 어려움이 있음을 수용하고 이를 적극적으로 해결하고자 하는 태도를 보이는 부모가 있는가 하면, 아동의 문제와 원인을 이해하거나 수용하지 못하는 부모도 있다. 예를 들면, 상담을 권유한 교사에 대한 분노를 상담자에게 투사하는 부모, 아동의 문제는 아동만 고치면 된다고 주장하는 부모, 발달장애이거나 심리적 상처가 깊은 아동의 문제가 금방 해결될 거라고 믿는 성급한 부모, 그리고 아동의 문제는 스트레스에 대한 일시적 반응이므로 상담이 필요한 정도는 아니라는 대답을 듣고 싶어 하는 부모 등 다양하다.

접수상담은 주어진 짧은 시간 동안 정보 수집, 원인 파악과 가설 설정, 평가 필요성 여부, 개입방법 안내 그리고 상담과정에서 드러나는 부모의 정서도 다루어야 하므로, 한 회기의 상담보다 시간과 노력이 많이 든다. 따라서 접수상담은 노련한 상담자가 하는 것이 접수상담의 목적 달성에 도움이 된다.

3. 심리평가

아동에 대한 심리평가는 일반적으로 접수상담 이후 본격적인 상담을 시작하기 이전에 아동의 기능 및 발달 수준을 전반적으로 파악하고 아동의 문제를 구체적으로 알기 위하여 실시한다.

1) 목적과 필요성

아동상담에서 심리평가의 목적은 아동의 현재 발달과 기능 수준뿐 아니라 적응의 어려움과 증상을 유발한 원인을 파악하기 위한 객관적인 자료를 얻는 데 있다. 즉, 심리평가를 통하여 아동의 현재 발달과 기능 수준, 사고와 정서상의 문제, 아동의 장단점 그리고 대인관계 패턴과 성격특성을 파악한다. 이와 같은 아동에 대한 보다 풍부하고 체계적인 자료는 아동의 발달과 기능 수준에 맞는 효율적인 상담계획과 목표를 설정하는 데 도움이 될 뿐만 아니라 아동의 잠재된 능력과 장단점을 파악하고 예후를 측정하는 데도 도움이 된다. 이러한 심리평가 결과는 접수상담과 더불어 아동상담을 위한 상담계획과 목표를 설정하는 데 중요한 자료가 된다.

아동에 대한 관찰과 부모가 제공해 준 정보로 아동을 충분히 파악할 수 있다면 심리평가를 실시하지 않을 수도 있다. 그러나 부모와 상담자 간에 의견이 일치하지 않아서 보다 객관적이고 충분한 자료가 필요한 경우와 아동이 방어적이어서 심리 상태에 대한 이해가 어려운 경우에는 심리평가를 실시해야 한다. 아동의 인지적인 능력이나 발달 수준이 또래와 차이가 있다고 판단되는 경우에도 평가가 필요하다. 주의력장애와 같은 기질적인(organic) 장애가 염려된다면 심리평가 결과가 있어야 상담계획을 효율적으로 세울 수 있다.

2) 심리평가 시 고려사항

일반적으로 심리평가는 아동의 기능과 심리 상태를 파악하고 상담목표를 설정하기 위해 접수상담 후에 곧바로 실시하거나 혹은 상담과정 초기에 실시한다. 그러나 임상 현장에서는 부모가 심리평가를 원하지 않는 경우가 종종 있다. 그 이유로는 현실적으로 비용이 문제되거나, 심리평가가 기존에 했던 검사와 중복된다고 여기거나, 평가결과를 안다고 특별히 달라지는 것이 없으므로 굳이 필요하지 않다고 생각하거나 혹은 평가결과가 기대와 달리 나쁠지도 모른다는 두려움 때문일 수도 있다. 부모들의 이러한 요구 때문에 임상현장에서 심리평가를 생략하는 경우가 종종 발생한다.

그러나 발달장애는 아니지만 발달 수준이나 인지 능력이 의심되는 아동, 주의력결핍 과잉행동장애(Attention Deficit/Hyperactivity Disorder: ADHD)처럼 기질적인 장애가 의심이 되는 아동, 방어가 심한 초등학생 이상의 아동, 부모의 기대가 너무 높아서 아동과 갈등이 계속 유발되는 경우에는 심리평가가 꼭 필요하다. 상담자의 관찰과 부모면담 자료로 충분히 파악하기 어려운 아동의 특성을 심리평가를 통하여 조기에 파악한다면 아동에게 적절한 상담계획과 목표를 설정하고, 증상에 따른 약물복용 문제나 다른 상담개입 등을 고려하여 보다 빠른 시간에 최대의 효과를 가져올 수 있다.

아동은 성인보다 평가 환경의 영향을 많이 받는다. 특히 어린 유아의 경우는 피곤하거나 졸리면 신체 상태에 따라 결과가 크게 영향을 받는다. 또한 낯선 상황에 대한 긴장이 심한 아동은 처음 검사에서 자신의 기능을 제대로 보여 주기 어렵다. 아동의 집중력과 조절 능력을 감안하여 장시간 평가하는 것도 피해야 한다. 이런 점을 고려하여 아동평가에서는 여러 번 나누어서 실시하는 것이 필요하다.

아동상담자가 심리평가를 해야 하는 상황이더라도, 상담하기로 배정된 아동을 평가하는 것은 피하는 것이 좋다. 평가자는 단시간 내에 평가를 해야 하기 때문에 아동에게 지시를 하고 요구하게 되므로, 만약에 아동을 평가했던 담당자가 아동을 상담하게 된다면 아동과 초기에 라포를 형성하기가 어려울 수 있다.

임상현장에서 일반적으로 하는 종합심리검사(full-battery)를 실시하면 아동의 인지능력, 정서 상태와 성격특성, 신경 심리문제 등 전반적인 심리 상태를 통합적으로 파악하는 데 도움이 된다. 여기에 더하여 부모-자녀관계를 파악하기 위하여 부모성격검사도 같이 실시하는 것이 일반적이다. 〈표 7-1〉은 임상현장에서 일반적으로 실시하는 종합심리검사 내용이다.

전반적인 심리 상태와 인지기능을 평가하기 위하여 내담아동에게 종합심리검사를 실시하는 경우가 대부분이지만, 아동의 연령과 현재 적응상의 문제를 고려하여 더 적합한 평가와 검사도구를 선정해야 하는 경우도 많다. 예를 들어, 종합심리검사를 실시하기에 연령이 너무 어리거나 발달장애를 고려해야 하는 유아는 발달평가와 발달장애검사를 해야 한다. 주의력결핍 과잉행동장애처럼 기질적인 장애가 의심이 되는 경우

〈표 7-1〉 종합심리검사 내용

종합심리검사 (full-battery)	인지평가	• 웩슬러 아동 지능검사(6~16세) 혹은 웩슬러 유아 지능검사 (3~7세 3개월)
	성격검사	• 로르샤흐 검사(5세 이상) 혹은 아동용 주제통각검사(3~10세) • 집-나무-사람 그림검사, 동적 가족화 그림검사 • 아동용 문장완성검사 • 한국아동인성평정척도(3~17세)
	신경심리검사	• 벤더-게슈탈트 검사(7세 이상) 혹은 시각-운동통합 발달검사 (3~6세)
	부모성격검사	• 다면적 인성검사 • 성인용 문장완성검사

에는 종합심리검사에 추가로 정밀주의력검사(Advanced Test of Attention: ATA)를 실시한다. 여기에 더하여 아동의 전두엽기능과 신경심리 상태를 구체적으로 파악하기 위하여 신경심리검사를 추가하기도 한다.

3) 심리평가 종류

인지평가, 정서 및 성격 검사, 신경심리검사, 자폐스펙트럼장애검사, 임상관찰 및 행동평가별로 분류하여 우리나라 임상현장에서 주로 사용되는 것을 중심으로 살펴보면 다음과 같다.

(1) 인지평가

인지평가는 크게 인지검사와 발달평가로 나누어진다. 인지검사는 전반적인 지적 기능을 측정하는 검사로서, 한국판 웩슬러 아동(유아) 지능검사가 있다. 발달평가는 어린 유아와 발달장애가 고려되는 유아를 대상으로 전반적인 발달 수준을 측정하는 검사로서, 베일리 영아발달검사와 한국판 덴버 발달선별검사가 대표적이다.

① 한국 웩슬러 아동 지능검사

웩슬러 지능검사는 일반적인 지적 능력에 대한 검사로서 성인용, 아동용, 유아용이 개발되었고, 우리나라에서도 이를 표준화하여 사용하고 있다.

한국 웩슬러 아동 지능검사 5판(Korean Wechsler Intelligence Scale for Children-V: K-WISC-V)은 6세 0개월부터 16세 11개월까지 아동의 지능을 평가하기 위해 개별적으로 실시하는 종합적인 임상도구다(곽금주, 장승민, 2019). 5판은 한국 웩슬러 아동 지능검사 4판의 개정판으로, 전반적인 지적 능력(전체 IQ)은 물론, 특정 인지 영역의 지적 기능을 나타내는 소검사 및 지표점수를 제공한다. K-WISC-V의 전체 척도는 <표 7-2>와 같다.

〈표 7-2〉 K-WISC-V의 전체 척도

언어이해	시공간	유동추론	작업기억	처리속도
공통성	토막 짜기	행렬추리	숫자	기호 쓰기
어휘	퍼즐	무게 비교	그림기억	동형 찾기
상식		공통그림 찾기	순차연결	선택
이해		산수		

한국 웩슬러 유아 지능검사 4판(Korean-Wechsler Preschool and Primary Scale of Intelligence-IV: K-WPPSI-IV)은 2세 6개월에서 7세 7개월 된 유아를 대상으로 한다(박혜원 외, 2019). 유아용 지능검사는 어린 유아를 대상으로 실시되기 때문에 검사 수행 시 유아의 흥미를 유지하면서 주어진 과제들을 수행하도록 배려하고 있다.

② 한국 베일리 영유아 발달검사

한국 베일리 영유아 발달검사 3판(Korean Bayley Scales of Infant and Toddler Development-III: K-Bayley-III)은 생후 16일~42개월 15일 영유아를 개별적으로 평가하여 현재 발달 기능을 파악한다. 발달검사 영역을 인지, 언어, 운동, 사회정서, 적응행동의 다섯 가지 영역으로 확장하여 영유아에 대한 통합적인 발달정보를 제공해 준다. 이 검사를 통해 발달이 지연되었거나 발육지연이 의심되는 유아를 조기에 발견하여 교육시킬 수 있다. 또한 다양한 영역에서 유아의 발달을 측정하기 때문에, 발달이 유난히 빠른 영역과 개발이 필요한 영역을 파악하는 데 유용하다.

K-Bayley-Ⅲ의 구체적인 구성은 〈표 7-3〉과 같다(방희정 외, 2019).

〈표 7-3〉 K-Bayley-Ⅲ의 구성

인지 발달	언어 발달		운동 발달		사회정서 발달	적응행동 발달
	수용언어 발달	표현언어 발달	소근육운동 발달	대근육운동 발달		

[그림 7-1]은 한국형 베일리 영유아 발달검사 3판(K-Bayley-Ⅲ) 도구를 보여 준다.

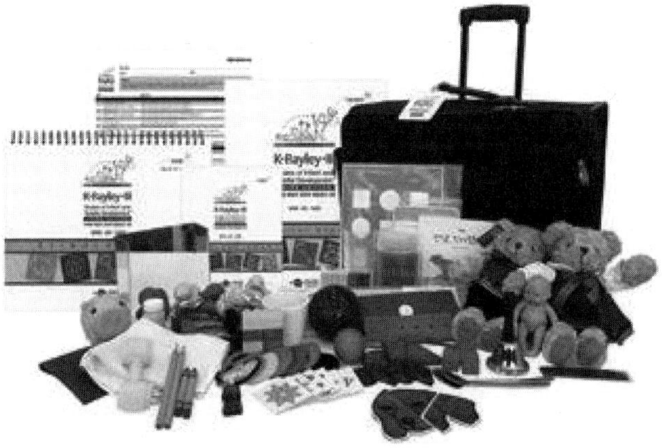

[그림 7-1] K-Bayley-Ⅲ 도구

③ 한국판 덴버 발달선별검사

한국판 덴버 발달선별검사 II(Korean Denver Developmental Screening Test-II: K-DDST-II)는 생후 2주부터 6세까지의 영유아를 대상으로, 영유아에게 잠재된 발달장애를 조기에 발견하기 위한 선별검사로, 총 10~20분 소요된다(신희선 외, 2002). 발달선별을 위한 4개 영역의 구체적인 내용은 〈표 7-4〉와 같다.

〈표 7-4〉 K-DDST-II 영역

사회성 발달	사람들과 어울리기, 스스로 자신을 돌볼 수 있는 능력
소근육-적응 발달	눈/손 협응, 작은 물체 다루기, 문제 해결력
언어 발달	듣기, 이해력, 언어사용 능력
대근육 발달	앉기, 걷기, 뛰기, 일반적인 큰 근육의 움직임

④ 사회성숙도검사

사회성숙도검사(Social Maturity Scale: SMS)는 0세부터 30세 성인을 대상으로 하며, 개인의 성장 또는 변화와 개인차를 측정하는 도구다(김승국, 김옥기, 1995). 총 117문항으로 구성되어 있으며, 아동을 잘 아는 보호자나 부모가 검사문항을 읽고 평가하며, 현재 아동의 발달 수준과 적응 능력을 파악하여 치료와 훈련 후의 향상을 측정하는 도구로 사용될 수 있다. 사회성숙도검사의 영역과 구체적 내용은 〈표 7-5〉와 같다.

〈표 7-5〉 사회성숙도검사(SMS) 영역과 내용

자조	먹기, 입기, 대소변처리 등의 자조기술
이동	기어 다니는 능력부터 어디든 혼자 다닐 수 있는 능력
작업	단순한 놀이부터 고도의 전문성을 요하는 작업에 이르는 다양한 능력
의사소통	동작, 음성, 문자 등을 매체로 한 수용과 표현
자기관리	금전의 사용, 구매, 경제적 자립 준비와 지원, 책임 있고 분별 있는 행동
사회화	사회적 활동, 사회적 책임, 현실적 사고

최근에는 사회성숙도검사(SMS)의 개정판으로 연령이 확대된 한국판 바인랜드 적응행동척도 2판(Korean Vineland Adaptive Behavior Scale II: K-Vineland-II)이 보급되고 있다(황순택 외, 2015). 영유아부터 성인(0~90세)을 대상으로 개인적, 사회적 능력의 발달 정도를 측정한다. 의사소통 영역, 생활기술 영역, 사회성 영역, 운동기술 영역, 적응행동조합의 주영역과 선택인 부적응행동 영역으로 구성된다.

(2) 정서 및 성격 검사

아동의 정서 상태나 성격을 파악하기 위한 검사다. 대부분의 성격검사는 아동이 그림을 보고 말하게 하거나 혹은 그림을 그리게 하여 자신의 내면세계를 투사시키는 방법으로 이루어진다.

① 집-나무-사람 그림검사

집-나무-사람 그림검사(House-Tree-Person Test: HTP)는 가장 잘 알려진 투사적 그림검사로 인지 수준과 성격을 대략적으로 측정하는 수단으로 발전되었다. 집 그림은 그동안 이루어 놓은 자아상과 관련되며 또한 가족과 집에 대한 관점을 보여 준다. 나무 그림은 본능적인 자아상과 관련되며 갈등과 방어에 대한 정보를 준다. 사람 그림은 현재의 자아상과 신체심상을 나타낸다고 볼 수 있다. 사람 그림이 의식적 측면을 반영한다면, 나무 그림은 보다 무의식적인 부분을 반영한다고 볼 수 있다.

검사를 위하여 A4 용지, 연필, 지우개를 준비한다. 집은 가로 방향으로, 나무와 사람은 세로 방향으로 종이를 제시해서 준다. 사람은 원하는 성(性)을 먼저 그리게 한 후에 반대성의 사람을 그리게 한다. 사람을 그릴 때 막대기나 만화 주인공처럼 그리지 않도록 주의시킨다. 시간 제한은 없으나 아동이 그림을 그리는 데 소요되는 시간을 기록한다. 그림을 다 그리고 난 뒤 질문을 하고 아동의 대답을 기록한다. 검사자가 아동의 대답을 그림에 같이 적지 않도록 주의해야 한다.

② 문장완성검사

문장완성검사(Sentence Completion Test: SCT)는 다수의 미완성 문장을 피검자가 자기 생각대로 완성하여 적는 자기보고식 검사로 성인용, 청소년용, 아동용이 있다. 아동용 SCT는 개인의 욕구 상태, 부모 및 교사, 동성, 이성 친구들에 대한 태도 파악과 성격 역동에 대한 심리진단 정보, 그리고 전반적인 심리적 적응을 판단하는 데 유용하다. 개인과 집단 모두에게 실시 가능하며, 20~40분의 시간이 소요된다.

반응 내용을 분석하여 내담아동에 대한 임상적인 인상을 구체화하여 해석한다. SCT 자체의 반응을 단독으로 분석하는 것도 유용하지만, 다른 투사적 검사에서 얻어진 자료와 함께 분석한다면 내담아동을 더욱 풍부하게 이해할 수 있다.

③ 한국아동인성평정척도

한국아동인성평정척도(Korean Personality Rating Scale for Children: KPRC)는 한국아동인성검사(Korean Personality Inventory for Children: KPI-C)를 부분적으로 수정하여 개발되었다(김지혜 외, 2005). KPRC는 아동의 인지, 정서, 행동특성을 다차원으로 평가하여 임상장면에서 아동의 정신과적인 문제를 선별 진단하고, 학교장면에서 심리적인 도움이 필요한 아동들을 조기 발견하여 도움을 주는 데 유용하다. 검사는 총 177문항으로 구성되어 있으며, 3~17세 아동을 대상으로 보호자가 응답하는 방식이다.

④ 한국판 아동용 주제통각검사

한국판 아동용 주제통각검사(Korean Children Apperception Test: K-CAT)는 3~10세 아동 성격의 지배적인 충동(drives), 정서(emotions), 갈등(conflicts)을 측정하기 위해 제작한 투사검사다(김태련 외, 1993). 이 시기 아동은 동일시 대상으로 동물을 더 선호한다는 가정에 따라, 이 연령대에 필수적인 상황들을 동물그림자극으로 구성하게 되었다. K-CAT는 18장의 동물그림 도판으로 구성되어 있다. 각 도판에서 아동이 무엇을 생각해 내는지, 왜 그런 해석을 하는지, 그것이 아동의 내적세계에 어떤 의미를 갖는지, 주요한 인물이나 충동에 대응해 나가는 방식을 파악하게 된다.

⑤ 로르샤흐 검사

로르샤흐 검사(Rorschach Test)는 일련의 막연하고 무의미한 잉크반점에 의해 한 사람에게서 일어나는 지각 반응을 분석하여 그 개인의 성격을 추론하는 투사검사다. 즉, 아동에게 모호하고 불규칙한 형태의 잉크얼룩을 제시하여, 투사되는 아동의 지각반응을 분석하여 개인의 사고특성과 정서 상태는 물론 자기상과 대인관계 등을 추론한다. 5세 이상에서 성인까지 검사가 가능하다.

도구는 10개의 대칭으로 된 잉크블롯 카드이며, 카드에 새겨진 순서와 위치에 따라서 제시된다. 카드 I, IV, V, VI, VII은 무채색, II, III은 검정색과 붉은 색채, VIII, IX, X

은 여러 가지 색채가 혼합되어 있다. 이 카드들의 특징은 체계화되어 있지 않고 불분명하며 뚜렷한 의미가 없다는 점으로 다양한 의미를 함축하고 있어 아동이 다양한 심리적 내용을 투사할 수 있다. 이 검사를 해석하는 데는 고도의 훈련이 필요하다.

(3) 신경심리검사

신경심리검사는 신경학적인 취약성이나 손상이 고려되는 경우에 보조적으로 실시하는 검사다.

① 벤더-게슈탈트 검사

벤더-게슈탈트 검사(Bender-Gestalt Test: BGT)는 교육과 임상장면에서 성인과 아동을 대상으로 성격, 심리적 과정, 정신장애, 기질적 장애 여부를 진단하는 데 보조적으로 사용된다. 특히 자신의 연령에 비해 제대로 수행하지 못하면 뇌신경 기능 이상이 의심되므로 의학적인 검사를 의뢰해야 한다.

2003년에 벤더-게슈탈트 검사 2판(BGT-2; Brannigan & Decker, 2003, 2006)으로 대폭 개정되었다. BGT-2는 4세 이상의 아동 및 성인을 대상으로 하며, 기존 9개의 원본 도형이 유지되면서 7장이 새롭게 추가되어 총 16장의 카드로 구성된다.

BGT는 간단한 기하학적 도형이 그려진 카드를 한 장씩 피검자에게 보여 주고 나서 그것을 종이(A4 용지) 위에 그리도록 한다. 그림 결과에 대하여 형태심리학(Gestalt Psychology)의 이론을 기초로 개인의 심리적 과정을 분석한다. 검사는 제시된 도형을 똑같이 그리는 모사 단계와 모사한 후 기억나는 대로 그리는 재모사 단계로 구성된다. 성격검사보다는 뇌기능상의 문제를 살펴보는 데 더 적합하다.

유아의 경우에는 이와 유사한 기능의 검사인 시각-운동 통합검사(Visual-Motor Integration: VMI)를 실시할 수 있다. BGT는 7세 이상의 아동에게 유용한데 비해, VMI는 3~6세 아동을 대상으로 시지각 통합기능을 검사해 볼 수 있는 도구다. 현재는 Beery-VMI 6판(Beery-Buktenica Developmental Test of Visual-Motor Integration, Sixth Edition: Beery VMI-6)이 출시되어 유아와 아동은 물론 성인까지 다양한 연령층을 대상으로 시각-운동 통합 능력, 시지각 능력 및 운동 협응 능력을 평가하는 도구로 널리 사용되고 있다(홍순택 외, 2016).

② 정밀주의력검사

정밀주의력검사(Advanced Test of Attention: ATA)는 연속수행 검사(Continuous Performance Tests: CPT)의 한 종류로 지속적인 주의력을 평가하기 위한 주의력장애 진단 시스템(Attention Diagnosis System)의 문제점을 개선한 주의력결핍 과잉행동장애의 검사 프로그램이다. ATA는 시각자극과 청각자극으로 구성되어 있으며, 자극제시 시간과 자극제시 간격은 각각 0.1초와 2초다. 컴퓨터 프로그램을 사용하여 실시되므로 시행과 해석이 편리하다(홍강의 외, 2010).

③ 아동 색 선로 검사

아동 색 선로검사(Children's Color Trails Test: CCTT)는 5~15세 아동을 대상으로 지각추적 능력, 정신운동속도, 순차적 처리 능력 및 분할시각주의력과 지속적 시각주의력을 측정하는 전두엽 관련 검사다(신민섭, 구훈정, 2007). 기존의 선로 잇기 검사(Trail Making Test: TMT)가 '글자'를 자극으로 사용함으로써 언어 및 문화적 영향에서 자유로울 수 없다는 한계점을 극복함과 동시에 아동의 인지 및 발달적 특성에 적절한 검사를 개발하고자 '글자'를 '색'으로 대체하여 새롭게 개발되었다.

④ 스트룹 아동 색상-단어검사

스트룹 아동 색상-단어검사(STROOP Color and Word Test: STROOP)는 5~14세 아동을 대상으로 전두엽에서 담당하는 억제과정의 효율성을 평가하기 위해 개발되었다(신민섭, 박민주, 2007). 이 검사는 단어의 색과 글자가 일치하지 않는 조건에서 자동화된 반응을 억제하고 글자의 색상을 말해야 한다. 이를 통해 학습과 주의력, 문제 해결 능력, 사회적 판단 및 정서조절에 관여하는 인간의 고등 인지기능인 전두엽 실행기능을 평가하는데, 학교에서의 또래관계, 교사와의 관계 및 가족관계 등 실제 생활에 적응할 수 있는 능력을 예측하는 데 도움이 되는 정보를 제공한다.

⑤ 위스콘신 카드분류 검사

위스콘신 카드분류 검사(Wisconsin Card Sorting Test: WCST)는 6세 6개월 이상의 아동을 대상으로 전두엽 기능과 관련된 실행 능력을 평가하는 도구다(고려원, 2000). 검사는 기하학적 도형이 그려진 여러 개의 카드를 통해 숨겨진 규칙을 알아내는 방식으로 실시된다. 주어진 카드를 모양이나 색깔을 기준으로 분류하는 행동을 분석하여 문제해결 능력 및 상황에 대처하는 능력을 측정한다.

(4) 자폐스펙트럼장애 검사

자폐스펙트럼장애와 같은 발달장애를 진단하기 위하여 실시하는 검사다.

① 자폐증 진단 관찰 스케줄

자폐증 진단 관찰 스케줄 2판(Autism Diagnostic Observation Schedule 2: ADOS-2)은 놀이와 활동을 통해 자폐스펙트럼장애 아동을 관찰하고 진단을 내리는 데 도움을 주는 반구조화된 관찰도구다(Lord, Rutter, DiLavore, Risi, Gotham, & Bishop, 2012). 자폐스펙트럼장애 진단에 해당하는 행동을 유도해 내기 위해 평가자가 직접 활동에 관여하여 관찰하므로 연구도구로도 널리 사용된다. ADOS-2는 12개월부터 성인기까지 다양한 발달단계의 개인을 대상으로 의사소통, 사회적 상호작용, 제한적인 관심사 및 반복행동을 측정한다.

[그림 7-2] ADOS-2 도구

② 자폐증 진단 면담지

자폐증 진단 면담지 개정판(Autism Diagnostic Interview-Revised: ADI-R)은 다른 유형의 발달장애로부터 자폐스펙트럼장애를 감별 진단하는 데 있어서 필요한 특징적 행동들의 자세한 묘사를 얻기 위하여 만들어졌다(Rutter et al., 2003). 주요 진단적 특징에 초점을 맞추지만, 연관된 다른 행동들도 포함하며 초기 4~5년 동안의 발달이정표 세부정보를 얻을 수 있다. 이 도구는 2세 이상의 정신연령이면서 자폐특성을 지닌 아동과 1차 양육자 성인을 대상으로 한다.

주고받는 사회적 상호작용, 언어와 의사소통, 행동의 제한적이거나 반복적이며 상동적 패턴, 발생시점 평가 등 4개의 하위 영역에 대해 면담하고 평가하는 구체적 가이드라인을 제시한다. 아동의 행동을 직접 관찰하여 평가하는 자폐증 진단 관찰 스케줄 2(ADOS-2)와 상호보완적 도구로 이용된다. 이 도구는 숙련된 면담기술과 면담자의 상세한 지식에 크게 의존하므로 철저한 훈련이 필수적이다. 지침에 따라 면담하고 표준화된 기준에 의해 채점하고 진단을 내릴 수 있다.

(5) 임상관찰 및 행동평가

영유아나 발달장애 아동 혹은 평가에 대한 저항이 심한 수검자의 경우 임상관찰이나 행동평가가 중요한 평가 방법이 되기도 한다.

① 놀이평가

놀이평가는 아동에게 편안하고 익숙한 활동인 놀이를 통해 아동의 현재 발달 및 기능 수준을 이해하는 방법으로, 구조화된 심리검사를 실시하기 어려운 아동들에게 많이 활용된다. 아동의 놀이 행동과 패턴은 아동의 내면세계에 대한 정보뿐 아니라 언어, 인지, 정서, 사회성과 같은 다양한 측면의 발달 수준에 관한 구체적인 정보를 제공한다는 점에서 아동 평가도구로서의 가치가 있다(이영애, 2019). 또한 카잔(Chazan, 2002)의 아동 놀이 프로필(Children's Play Therapy Instrument: CPTI)은 놀이활동을 목록화하고 아동 놀이의 정서적 구성요소, 인지적 구성요소, 이야기 구성요소, 발달적 구성요소로 분석함으로써 아동의 특성에 대해 매우 체계적이고 포괄적으로 평가하고 있다.

놀이평가의 영역 및 양식은 놀이 심리상담자의 필요에 따라 다양하게 작성될 수 있다. 놀이평가는 일회성으로 진행되기도 하지만, 상황에 따라 1~4회기 놀이치료 단계를 요약하기도 한다(유미숙 외, 2021). 놀이평가 양식과 작성방법의 예가 활동에 제시되어 있다.

② 마샥 상호작용 평가

마샥 상호작용 평가(Marchak Interaction Method: MIM)는 부모와 아동의 애착관계를 평가하는 관찰체계로 부모-자녀 상호작용 평가로도 알려져 있다. 부모-자녀가 일정한 공간 안에서 제시된 과제들을 수행하는 과정에 대한 관찰을 통해 부모-자녀 간 상호작용의 질과 특성을 평가한다. 임상가는 초기 면접에서 나온 정보를 바탕으로 특별한 MIM 과제를 선택하여 준비하고 과제에 참여하는 부모와 아동의 모습을 녹화한 후, 부모와 함께 녹화된 장면을 검토한다. 관찰은 구조, 개입, 양육, 도전의 4개 차원으로 범주화된다(Jernberg, 1991).

③ 아동·청소년 행동평가척도

아동 · 청소년 행동평가척도(Child Behavior Checklist: CBCL)는 아동 및 청소년의 사회 적응 및 정서행동 문제를 평가하는 데 유용한 임상도구다. Achenbach 연구팀은 Achenbach와 Edelbrock(1983)이 개발한 아동 · 청소년 행동평가척도(CBCL) 및 청소년 자기행동평가척도(Youth Self-Report: YSR)와 교사용 아동 행동평가척도(Teacher's Report Form: TRF) 등 그동안 개발되어 온 개별 검사들을 이용하여 전 연령대에 걸쳐 행동 문제를 평가하는 ASEBA(Achenbach System of Empirically Based Assessment)를 구축하였다. K-CBCL은 아동 및 청소년의 행동에 대해 부모나 교사 등의 성인이 관찰한 보고를 토대로 평가하는 방법이며(오경자 외, 1997), 개정판에서는 검사대상 연령에 따라 18개월~5세 영유아를 대상으로 하는 K-CBCL 1.5-5와 6~18세의 아동 및 청소년을 대상으로 하는 K-CBCL 6-18로 나뉜다(하은혜, 2021).

요약

아동을 상담하기 위한 첫 번째 접촉은 전화를 통한 예약상담이며, 그 후 상담자와의 첫 번째 만남인 접수상담이 이루어진다. 접수상담의 목적은 상담자가 내담아동과 부모와 라포 형성하기, 상담자가 아동을 이해하기 위한 관련 정보를 수집하기, 아동의 현재 기능 수준과 장단점 분석하기, 아동 문제의 원인과 유지요인에 대한 가설을 설정하기, 치료목표와 계획을 설정하기 위한 것이다.

접수상담은 일반적으로 아동면담과 부모면담이 따로 이루어지는 경우가 많다. 상담자는 아동과의 접수상담에서 아동을 관찰할 뿐 아니라 상담소와 상담자 소개하기, 여기에 왜 오게 되었는지 이야기하기, 아동의 주호소를 파악하고 상담목표 설정하기, 가족관계와 또래관계 파악하기, 아동의 욕구와 바람 탐색하기 등을 하게 된다. 이때 집-나무-사람 그림검사와 동적 가족화 그림검사를 하면서 아동과 면담을 하기도 한다. 내담아동이 어린 유아라면 면담보다는 유아의 행동과 놀이 관찰을 통하여 파악하는 경우가 많다. 부모와의 면담은 아동의 생육사, 발달사, 교육사, 양육상의 특이사항을 중심으로 이루어진다.

접수상담을 마무리하면서 상담자의 종합적인 소견을 부모에게 알린다. 즉 아동의 현재 문제는 무엇이며, 왜 생겼는지에 대한 대략적인 인상을 설명해 준다. 아동을 더 잘 이해하기 위하여 추후에 어떤 심리검사나 평가가 필요한지 혹은 아동과 가족에게 어떤 상담이나 개입이 도움이 될지를 안내한다.

아동상담에서 심리평가의 목적은 아동의 현재 발달과 기능 수준뿐 아니라 적응의 어려움과 증상을 유발하게 된 원인을 파악하기 위한 객관적인 자료를 얻는 데 있다. 즉, 심리평가를 통하여 아동의 현재 발달과 기능 수준, 사고와 정서상의 문제, 아동의 장단점 그리고 대인관계 패턴과 성격특성을 파악한다. 이러한 자료는 아동에 대한 진단을 내리고 아동상담을 위한 상담계획과 목표를 설정하는 데 있어서 접수상담과 더불어 중요하다.

활동

1. 보호자 접수상담 역할놀이하기[민아 사례 접수면접지 참고(pp. 207-211)]

접수상담에서 아동을 이해하기 위해 양육자에게서 구체적으로 어떤 내용을 탐색해야 하는지를 알아보고, 이 과정에서 양육자의 양육과정에서의 어려움과 현재의 걱정에 대해 공감적으로 이해해 주는 태도를 연습해 보자.

- 과정
  ① 두 명씩 한 조를 이룬다.
  ② 각각 상담자와 민아 어머니 역할을 맡는다.
  ③ 민아의 접수면접지 내용을 중심으로 상담자가 민아 어머니와 만나서 상담하는 장면을 역할놀이해 본다.
  ④ 역할놀이를 마친 후 각자의 경험에 대하여 이야기 나눈다.

2. 놀이평가하기

- 과정
  ① 놀이평가를 할 유아를 선정한다.
  ② 다음에 제시된 놀이평가 양식을 참고하여 평가하고 기록해 본다.
  ③ 놀이평가 내용을 발표하고 각자의 경험에 대하여 이야기를 나눈다.

아동명:	성별	연령	세 개월	□ 미취학 □ 취학(학년)
평가자:		평가일: 년 월 일		
1. 첫인상 및 태도				

- 평가자의 눈으로 확인할 수 있는 외적 특성을 묘사하듯이 기술함.
- 아동의 신체 성숙도(예: 키, 체격)과 신체 특징(예: 피부색, 머리 모양 등), 표정과 인상, 옷차림, 위생 상태 또는 계절에 맞는 옷을 입었는지 등을 기록함.
- 아동이 실제 연령보다 어려 보이거나 나이 들어 보이는지, 시간과 장소에 따라 발달의

기능 수준이 달라지는지에 대해 관찰하는 것을 통해 타인에게 아동이 어떻게 인식될지, 그리고 아동이 사회적 상황에서 어떤 반응을 보일지 알 수 있음.

- 기관에 방문해서 평가 전까지 아동이 어떤 행동을 했는지, 보호자와 분리 시 어떤 태도를 보였는지, 평가자와 처음 마주쳤을 때 반응은 어땠는지 기술함.
- 아동의 발달 수준이 다양한 대인관계에서 일관적인지를 확인하는 것은 아동이 자신의 욕구를 충족시키기 위해 사용하는 전략을 이해할 수 있게 함.

2. 행동 및 활동

- 아동의 행동 범위와 크기, 활동량, 탐색 수준, 조작 및 협응 능력, 충동성, 주의력, 공격행동, 기타 행동특성에 관해 기술함.

3. 언어

- 언어표현 : 발화량과 발화 수준, 조음 명료도, 말더듬 유무, 목소리 톤
- 언어이해 : 지시 따르기, 질문의 이해, 반향어 유무

4. 인지

- 아동의 지능, 현실 검증력(사고력 미숙, 왜곡, 비현실성), 인지 및 대처 양식, 주의력에 대해 기술함.
- Piaget의 발달단계와 연결하여 아동의 인지기능을 설명할 수도 있음.

5. 정서와 감정

- 놀이 상황에서 관찰되는 감정의 다양성과 유형(기쁨, 즐거움, 불안, 우울, 분노, 적개심), 정서(놀이 주제를 통해 볼 수 있는 아동이 주로 경험하고 있는 감정)를 기술함.
- 아동의 연령을 고려하여 자신의 정서 경험을 언어로 전달할 수 있는지 살펴볼 필요가 있음.

6. 사회성

- 평가자에 대한 아동의 태도, 눈 맞춤 정도, 상호작용 및 친밀감에 대한 욕구, 언어적-비언어적 상호작용의 양상 및 수준, 수용 정도, 의존 정도, 자기 표현 및 주장의 양상 및 수준, 제한에 대한 수용, 경쟁적 태도 등에 대해 기술함.

7. 놀이 내용

- 아동이 선택한 놀이, 놀이 행동과 주제를 기술함.
- 놀이 시의 주도성, 놀이 맥락의 변화, 놀이 단절, 놀이를 종료하고 퇴실 시의 태도 등을 기재할 수 있음.

- 나이가 있는 아동의 경우에는 '세 가지 소원', '변하고 싶은 동물'과 같은 질문을 활용하거나 주호소 문제와 관련하여 이야기를 나눌 수도 있음.

출처: 유미숙, 이영애, 박현아(2021).

3. 아동 접수상담 역할놀이하기

접수상담에서 내담아동을 이해하기 위하여 구체적으로 어떤 질문을 해야 하는 지를 역할놀이를 통하여 연습해 보고, 이 과정에서 아동과 라포를 잘 형성하기 위하여 어떤 태도를 취해야 하는지를 경험해 보자.

〈성철 사례〉

내담아동: 초등학교 3학년 남아(성철-가명)
현재 가족은 부모(부모 모두 직장에 다님)와 6세 여동생

부모의 주호소:
- 학교에서 수업 중에 산만하다.
- 친구들과 자주 다툰다.
- 자기 물건을 자주 잃어버린다.
- 부모 말을 잘 안 듣는다.

● 과정

① 세 명이 한 조를 이룬다. 각자 상담자, 아동, 관찰자의 역할을 한다.
② 상담자가 아동에게 이름과 학년과 학교를 질문한다. 아동의 역할을 맡은 사람은 가능한 아동의 입장에서 응답해 본다(〈성철 반응 예〉 참고).
③ 상담자는 상담소와 상담자를 소개한다.
④ 아동에게 여기에 왜 오게 되었는지 질문한다.
⑤ 아동에게 아동의 장단점을 질문한다.
⑥ 아동에게 가족관계에 관한 질문을 한다.
⑦ 아동에게 학교생활과 친구관계에 관한 질문을 한다.
⑧ 아동에게 아동의 욕구와 바람을 알기 위한 질문을 한다.
⑨ 아동과 상담의 목표를 정한다.

⑩ 관찰자가 관찰한 내용과 코멘트를 한다.

⑪ 상담자와 아동의 역할을 맡은 사람은 각자의 경험을 이야기한다.

〈성철 반응 예〉

- 여기에 왜 왔나? "엄마가 오자고 해서 왔고……."
- 장단점? "장점은 글쎄요……. 단점은 학교에서 선생님에게 혼나고 애들과 싸우고……."
- 가족관계? "아빠는 바쁘고 동생만 예뻐해요……. 엄마는 나에게 잔소리 많이 하고, 동생은 여우라서 고자질 잘하지만 동생이 있어서 심심하지 않고……."
- 학교생활과 친구관계? "친구는…… 학교는 재미없지만……."
- 세 가지 소원? "첫째는 부자 되기, 둘째는 공부 안 해도 1등 하기, 셋째는……."

Chapter 08

사례개념화와 상담과정

1. 사례개념화 정의와 필요성

접수상담과 심리평가 후 아동에 대한 자료가 모이면 상담자는 아동을 이해하기 위한 본격적인 작업으로 사례개념화를 한다. 여기에서 사례개념화는 무엇이며 왜 필요한지 알아보고자 한다.

1) 정의

사례개념화(case conceptualization)는 아동 문제에 대한 이해와 해결을 위한 상담자의 관점을 반영하는 종합적인 틀이다. 즉, 상담자는 아동 문제와 현재 기능 패턴을 규명하고, 아동 문제의 발생과 현재 상태에 이르게 한 원인과 유지요인에 대하여 상담자 자신의 이론과 경험을 활용하여 다양한 측면에서 조명해 보고 통합적으로 이해하는 가설을 세운다. 이를 토대로 아동의 문제를 해결하기 위한 전략과 목표를 세운다. 이러한 일련의 과정이 사례개념화 작업이다. 사례개념화는 상담 초기에 설정하게 되는 잠정적인 설명이고, 상담이 진행되면서 얻어지는 추가적인 정보에 의해서 초기 사례개념화의 가설은 계속해서 수정되고 보완된다.

접수상담에서 얻은 자료를 토대로 비록 대략적이기는 하지만 일차적인 사례개념화를 하여 접수상담 마무리 시간에 부모에게 피드백을 주기도 한다. 그러나 보다 적절한 사례개념화를 하기 위해서는 더 풍부한 자료가 필요하므로 많은 시간과 노력이 요구된다. 즉, 접수상담 결과 외에 아동에 대한 심리평가, 관찰자료, 부모와의 심층면담 자료가 필요하다. 이러한 자료에 기초하여 본격적으로 사례개념화 작업에 들어간다. 이때 상담자의 이론적 배경과 접근방식, 가치관과 성격, 상담 경험, 아동발달과 심리 및 가족관계에 대한 지식이 총동원되면서 내담아동의 문제를 정의하고 이해하는 작업을 하게 된다. 상담자는 이러한 전반적 틀 안에서 내담아동의 개별적 특수성을 파악하고 알아 간다.

2) 필요성

사례개념화는 상담자가 내담아동을 이해하기 위한 탐색을 심도 깊게 하는 작업이다. 이를 통하여 내담아동의 어려움이 무엇이고 원인이 무엇인지 그리고 어떤 개입으로 문제가 개선되어 아동의 발달이 정상 궤도에 이를지 가설을 세우게 된다.

사례개념화는 아동을 위한 적절한 상담목표와 효율적인 상담전략을 설정하기 위해서도 꼭 필요하다. 사례개념화를 통하여 아동의 본질적인 문제를 정의하고 이러한 문제에 이르게 된 원인에 대하여 파악하기 때문에, 아동의 문제를 개선하고 아동이 자기 연령에 맞는 발달 수준에 이르도록 하기 위해서 무엇을 어떻게 해야 할지 구체적인 방향을 세울 수 있다. 사례개념화는 상담을 진행하는 데 하나의 좌표가 되고, 상담의 효율성을 높이는 데 많은 도움이 된다.

2. 사례개념화 준비과정

사례개념화를 하기 위해서는 많은 시간과 노력을 기울여 아동을 제대로 이해할 수 있는 풍부한 자료를 얻어야 한다. 앞 장에서 살펴본 접수상담 자료 외에도 아동에 대한 심리검사 및 평가 자료와 부모와의 심층면담 자료가 필요하다.

1) 심리검사 및 평가

어떤 심리검사나 평가를 선택할지는 아동의 문제, 연령, 발달 수준 그리고 상담자의 관점에 따른다. 발달장애가 아니라면 일반적으로 인지와 성격을 모두 측정하는 종합 심리검사(full battery)를 하는 경우가 많다. 표준화된 검사를 통하여 아동의 기능 수준과 성격양상에 대한 객관적이고 포괄적인 자료를 얻을 수 있다. 따라서 경험에 근거한 상담자의 주관적인 시각을 보완하는 효과가 있다. 심리검사는 상담자가 아닌 심리검사 훈련을 제대로 받은 심리검사 전문가가 하는 것이 좋다.

발달장애로 추정되는 경우에는 발달평가를 통하여 발달 및 인지 수준을 파악하며, 발달장애 유형을 알기 위해 자폐스펙트럼장애 검사를 실시하기도 한다.

검사도구를 활용하는 것 외에 아동의 행동과 놀이 관찰을 통한 질적 평가인 놀이평가가 아동을 파악하는 데 도움이 된다. 놀이평가는 일반적으로 아동상담자가 하는 경우가 많다. 본격적인 상담에 들어가기 전에 놀이평가를 하여 자료를 수집하기도 하지만, 한국 임상현장에서는 상담 1회기에서 4회기에 걸쳐 상담자와 함께하는 놀이과정을 통해 놀이평가를 하기도 한다. 즉, 상담 초기는 라포 형성을 위한 시기이기도 하지만 아동을 객관적이고 종합적으로 파악하는 시기라고 볼 수 있다. 사실 일회성이 아닌 여러 회기에 걸쳐 얻은 자료가 더 믿을 수 있다.

2) 부모면담

접수면접에서는 시간 제약 때문에 부모에게 아동의 성장사와 가족관계에 대한 대략적인 내용만을 얻게 된다. 필요한 경우 본 상담을 하기 이전에 부모와 따로 만나서 상담을 하거나 본 상담 초기에 부모와 심층면담을 하여 자료를 얻는다. 이때 주로 다루는 내용은 성장과정의 특이사항과 현재 일어나고 있는 아동과 주양육자와의 상호작용 양상과 심리적 경험이다.

아동의 출생부터 현재에 이르기까지 겪은 사회정서적인 경험을 관계 중심으로 다시 탐색하면서 아동의 입장에서 생각해 보고, 아동의 정서적 경험에 대하여 부모와 함께 이해하는 시간을 가진다. 그리고 현재 생활에 대한 자세한 탐색을 통하여 현재 아동의 가족관계 경험과 부모 태도의 구체적인 내용을 파악한다. 유치원이나 학교에서의 생활과 또래관계도 탐색한다. 이를 토대로 부모로서 바람직한 양육과 훈육태도를 가지도록 양육상담을 병행하기도 한다.

또한 부모의 성장사와 원가족 관계를 탐색하면서 부모의 성격양상, 대인관계 패턴, 핵심감정과 욕구 등을 파악한다. 이러한 부모의 성격과 태도는 현재 아동과의 관계에서 반복되는 경우가 많기 때문에 부모가 이에 대한 통찰을 가지도록 도움을 줄 필요가 있다. 이와 같은 상담을 통하여 부모는 자신의 삶을 되돌아보고 정리하는 시간을 가질 수 있으며, 상담자와의 심리적 유대관계가 보다 깊어지게 된다. 물론 초보 상담자의 경우 부모상담을 하면서 부모의 심정을 잘못 건드리거나 불안을 유발시켜서 오히려 상담자와의 관계에서 바람직하지 못한 결과를 초래할 수도 있기 때문에, 상담자로서 충분히 준비된 상황에서 실시해야 한다.

3. 사례개념화 요소

사례개념화를 위하여 구체적으로 다음과 같은 요소를 파악한다.

1) 아동의 현재 문제 및 기능 수준

(1) 현재 문제

부모와 아동의 주호소 내용을 기초로 부모와 아동이 가장 걱정하고 힘들어하는 것이 무엇인지 파악한다. 아동에게 나타난 증상(예: 틱, 대소변 문제, 손톱 뜯기 등)이 무엇이며, 증상의 빈도와 유발 상황 그리고 언제 시작했는지를 탐색한다. 다음은 민아 사례(pp. 207-211)의 현재 문제다.

- 집 외의 장소에서 많이 위축되고 자기표현을 거의 못한다.
- 또래와 관계를 맺지 못한다.
- 속옷에 소변 실수를 자주 한다(주 2~3회 정도).
- 유치원에서 손톱을 뜯는다(더 어려서는 손가락을 빨았다).

(2) 현재 기능 수준과 양상

아동의 현재 기능 수준과 양상을 파악해야 한다. 이를 토대로 일반적인 또래아동의 발달 수준이나 양상과 비교하여 많이 이탈하는 핵심적인 문제를 정리한다. 다음은 파악해야 할 기능 수준과 양상에 대한 정의와 민아 사례를 통한 예시다.

기능	정의	예시
인지 특성과 수준	• 전반적인 인지 수준 • 특정한 학습장애 유무 • 인지기능의 강점과 약점 • 핵심적인 신념과 세상과 자신에 대한 관점 등	• 낯선 곳에서 아동의 위축 정도가 심하여 심리검사를 실시하지 못하였음. • 부모의 보고와 놀이 관찰을 토대로 전반적인 언어인지 능력은 정상임. • 연령에 맞는 상징놀이 수준을 보임. • 글자와 숫자를 읽고 쓸 수 있음.

<table>
<tr><td>정서 상태</td><td>• 현재 정서적 안정감 정도
• 불안의 내용과 반응특성
• 감정의 분화 정도
• 동기와 감정의 인식 수준
• 언어 혹은 행동으로 적절하게 감정을 표현하는 능력
• 감정과 충동성 조절 능력 등</td><td colspan="2">• 집 외의 장소에서는 매우 불안해하고 긴장되어 있음.
• 자기 감정과 욕구의 인식수준이 또래에 비해서 낮고 표현도 거의 못 함.</td></tr>
<tr><td>기질적 정신병리</td><td>• 주의집중력과 충동성 문제 가능성
• 현실감이 부족한 사고장애 가능성
• 전반적 발달장애 가능성 등</td><td colspan="2">• 없음.</td></tr>
<tr><td>소근육 기능과 운동 능력</td><td>• 소근육 기능, 대근육 운동 능력
• 감각조절과 통합의 어려움 유무</td><td colspan="2">• 감각통합문제가 있어 보임.
• 소근육 기능과 운동계획 능력이 부족해 보임.
• 몸을 움직이는 놀이를 좋아하지 않고 주로 실내에서 책을 보거나 인형놀이를 함.
• 집에서는 그림을 그리나 유치원에서는 그리지 않음.</td></tr>
<tr><td rowspan="4">관계 양상과 행동</td><td rowspan="4">• 부모-자녀관계 양상
• 또래관계 양상
• 교사 같은 권위자와의 관계 양상
• 타인과 친밀한 관계를 맺고 유지할 수 있는 능력
• 스트레스나 외적 요구에 대한 대처 반응</td><td>부모 관계</td><td>• 신변처리가 미숙하여 모에게 많이 의존함.
• 외부에서 모가 아동의 대변인 역할을 함.
• 모에게 매우 의존적이고, 좌절 시 모에게 짜증을 잘 냄.
• 부를 어려워하여 먼저 다가가지 않는 편임.</td></tr>
<tr><td>동생 관계</td><td>• 주로 혼자 놀이함. 동생이 자기 것을 빼앗아가도 요구하지 못함.</td></tr>
<tr><td>또래 관계</td><td>• 관심은 있어서 쳐다보나, 먼저 다가가거나 어울리지 않음.
• 유치원에서 또래가 아동을 위해 대신해 주는 경우가 많음.</td></tr>
<tr><td>교사 관계</td><td>• 지시에 따라서 하는 편이나 동작이 느리고 수동적임.
• 낯선 사람이 묻거나 요구하면 엄마 뒤로 숨음.</td></tr>
</table>

2) 문제의 원인

현재의 문제와 어려움에 이르게 한 원인을 추정해 본다. 아동의 개인적 원인과 환경적 원인으로 나누어 볼 수 있다.

(1) 아동 개인적 원인

아동의 타고난 기질이 까다로운지 혹은 소심한지, 감각통합이나 뇌파상의 신경계 취약함이 있는지, 신체상의 약점이 있는지, 타고난 활력과 에너지 수준은 어떠한지, 타고난 언어인지 능력 등은 어떠한지를 파악하고, 그것들이 현재 문제에 어떤 영향을 미쳤을지 고려한다. 또한 아동의 증상이 가계력(family loading)과 관련이 있는지 본다. 다음은 민아의 현재 문제와 연관된 아동 개인적 원인이다.

- 소심한 기질
- 감각조절과 운동계획 능력에 어려움이 있음.

(2) 환경적 원인

부모의 성격과 태도, 가족관계 양상, 아동의 발달시기별 부모의 양육과 훈육태도, 양육자의 변동 등 가족과 관련된 원인을 파악한다. 트라우마나 충격이 될 만한 사건이 있었는지 살펴본다. 그리고 아동의 발달시기별 또래관계와 기관이나 학교에서의 경험을 고려한다. 이 모든 환경적 요인이 아동의 발달시기와 맞물리면서 아동에게 어떤 사회정서적 영향을 미쳤는지 그리고 아동의 대인관계나 반응양식과 어떤 관련이 있을지를 추론해 본다. 다음은 민아의 현재 문제의 환경적 원인에 대한 추론이다.

- 부모 모두 완벽주의적임.
- 부의 태도는 청결과 위험에 지나치게 신경을 써서 제한과 금지가 많음.
- 모의 양육태도는 과보호적이며 외부에서 아동의 대변자 역할을 하고 동생에게 양보할 것

을 많이 요구함.

- 2세에 동생이 출생했음. 동생은 요구적이고 적극적인 성격으로 부모의 관심을 독차지함.
- 동생 출생으로 2세 1개월에 어린이집에 가기 시작함.
- 3세에 이사하면서 어린이집을 바꾸고 종일반에 다님.

3) 현재 문제의 유지요인

앞에서 살펴본 아동 개인적 요인과 환경적 요인 중에서 아직도 아동의 현재 생활과 어려움에 영향을 미치는 것이 있는지 살펴본다. 다음은 민아의 현재 문제의 유지요인에 대한 추론이다.

- 아동에 대한 부모의 높은 기대 수준, 과보호적 태도, 제한과 통제가 많은 편임.
- 아동에게 감각통합 문제가 있음.
- 부모와 담임교사가 아동의 대변자 역할을 함.

4) 상담목표 설정과 계획

아동의 핵심문제가 무엇인지 파악하고, 문제의 원인과 유지요인을 분석한 후, 아동의 어려움을 지속시키는 요인을 제거하고 아동이 최적의 기능을 발휘하도록 도울 수 있는 상담목표를 설정하고 계획을 세운다.

(1) 상담목표

일반적인 상담목표는 아동의 증상을 완화하거나 제거하기, 아동이 자기 연령에 적절한 발달 수준에 도달하기 그리고 부모-자녀관계, 형제관계, 또래관계 개선하기와 관련된다. 상담을 받으러 온 아동을 돕기 위해서는 아동에게 적합한 구체적인 목표를 설정해야 한다. 아동이 최종적으로 달성해야 하는 장기목표를 설정하고, 상담이 진행됨에 따라서 초기 목표, 중기 목표, 말기 목표 등으로 세분화해 간다. 장기 상담의 경우에는 중기 목표도 단계에 따라서 여러 개가 설정될 수 있다.

또한 아동의 환경을 개선하기 위해서는 부모의 도움과 협조가 절대적이기 때문에 부모를 위한 양육상담을 하게 되는 경우 부모 태도의 변화와 관련된 목표도 설정하게 된다. 다음은 민아 사례의 상담목표다.

초기 목표	• 신뢰적인 치료적 관계를 형성한다. • 아동이 자신의 의사를 점진적으로 표현할 수 있도록 격려한다. • 감각통합치료를 받도록 돕는다.
중기 목표	• 놀이를 통하여 내면의 갈등과 부정적 감정을 표현하여 해소하도록 한다. • 자신의 긍정적인 면을 발견하고 수용하도록 한다. • 자신의 욕구와 감정을 보다 적극적으로 표현하도록 한다. • 부모와 안정적인 애착을 형성하도록 돕는다. • 동생에 대한 질투감정을 완화하도록 한다. • 또래와 잘 어울리고 자기주장을 적절하게 하도록 한다. • 증상의 완화 및 해결: 야뇨, 손톱 뜯기
말기 목표	• 대인관계에서 자신의 의사를 적절하게 표현한다. • 자신감과 자율성이 보다 증진되도록 한다.

다음은 민아의 부모에 대한 양육상담 목표다.

- 민아의 심리를 이해하도록 돕는다.
- 민아가 감각통합치료를 받도록 돕는다.
- 부모로서 적절한 양육과 훈육 태도를 가지도록 돕는다.
- 민아가 또래를 사귈 수 있도록 환경을 조성해 주도록 한다.

(2) 상담계획

설정한 상담목표를 가장 잘 달성하기 위한 상담계획을 세운다. 상담계획은 상담실 내에서의 계획과 상담실 밖에서의 계획으로 나누어 볼 수 있다. 상담실 내의 계획은 개별상담 혹은 집단상담 여부, 상담매체, 회기구조화, 상담기간과 주당 횟수를 고려해야 한다. 상담실 밖의 계획은 아동상담과 같이 병행해야 하는 치료나 개입, 부모나 가족 또는 가족 외의 영향력 있는 사람에 대한 개입 형태를 고려해야 한다.

① 상담실 내 계획

- 개별상담 혹은 집단상담: 아동의 어려움이 성격이나 심리적인 문제와 관련이 크다면 우선 개별상담이 필요하다. 반면, 심리적인 어려움보다는 또래관계를 맺거나 유지하는 기술과 경험 부족으로 인한 것이 크다면 또래집단상담이 더 적절할 것이다. 상담을 의뢰하는 사유로 또래관계 문제가 많다. 이러한 경우 주요 원인이 심리적인 문제로 인한 것이 크다고 판단되면 우선 개별상담을 하여 심리적 어려움을 많이 완화한 후에 사회성 기술 훈련을 위한 집단상담을 하는 순서로 진행하는 것이 바람직하다.
- 상담매체: 아동상담의 매체는 다양하다. 놀이를 통한 상담, 미술을 통한 상담, 모래상자를 통한 상담, 게임을 통한 상담, 동작이나 무용을 통한 상담, 음악을 통한 상담, 언어를 통한 상담 등 매우 많다. 성인은 언어로 자신을 표현하는 것이 익숙하지만, 아동은 아직 언어인지 발달이 미숙하기 때문에 언어보다는 몸이나 놀이를 통하여 자신을 표현하는 것을 더 편안해한다. 어떤 매체를 선택할지는 상담실 환경과 아동에게 달려 있다. 상담실 환경은 상담자의 매체 선호와 훈련 내용과 관련된다. 놀이치료는 다양한 놀잇감이 준비되어 있고, 모래놀이치료는 주로 모래가 담긴 상자와 작은 모형들이 있다. 미술치료는 미술작업을 하기에 적절한 환경과 매체, 음악치료는 다양한 악기가 준비되어 있다. 상담자가 어떤 접근으로 훈련을 받았느냐에 따라서 상담실 환경이 달라질 수밖에 없다.
- 회기구조화: 상담회기의 구조화는 아동의 놀잇감 선택의 자유와 상담자의 개입 정도와 관련이 있다. 즉, 비구조화, 반구조화, 구조화로 구분된다. 비구조화 회기

(unstructured session)는 놀잇감이나 상호작용의 정도를 모두 아동이 결정하도록 하는 것이다. 반구조화 회기(semi-structured session)는 아동이 몇 가지 장난감이나 도구를 선택하고 상담자가 상호작용의 정도를 결정하는 것이다. 완전히 구조화된 회기(structured session)는 상담자가 특별한 도구를 정해 놓고 상호작용의 정도까지 결정하는 방법을 말한다(O'Connor, 2001). 구조화의 정도는 상담자의 접근방법과 연관된다. 상담자가 아동중심적 접근을 하는지 혹은 인지행동적인 접근을 하는지에 따라 구조화 정도에 커다란 차이가 생긴다. 또한 구조화의 정도는 아동의 발달수준을 고려하여 결정되기도 한다. 예를 들어, 아동이 인지적인 능력이 있고 자신의 놀이를 이끌어 갈 힘이 있다면, 놀잇감 선택이나 상담자의 참여도를 완전히 아동이 정하게 할 수 있을 것이다. 그러나 발달 수준이 낮은 아동의 경우라면, 전적으로 아동에게 맡기기보다는 놀잇감 종류와 상담자의 개입 정도를 상담자가 조절하는 것이 더 적절하다.

- **상담기간과 주당 상담 횟수**: 상담을 단기로 할지 장기로 할지 여부는 현재 아동의 여건이나 아동 문제 양상 그리고 상담접근과 관련되기도 한다. 일반적으로는 6개월 이상 장기로 진행되는 경우가 많다. 그러나 아동이 몇 달 후에 외국에 가야 한다면 어쩔 수 없이 단기로 진행해야 할 것이다. 한편, 아동의 문제가 최근에 있었던 외상적인 경험에만 국한되고 그 사건과 관련된 정서적 어려움 해소가 목표라면 단기 상담이 가능할 것이다. 또는 인지행동 접근이나 해결중심 접근은 구체적인 행동목표를 설정하여 단기로 진행하기도 한다. 주당 상담 횟수는 아동 문제의 심각성, 부모의 요구나 경제적 능력과 관련된다. 일반적으로는 주 1회 상담을 한다.

다음은 민아 사례의 상담실 내 계획이다.

- 아동 개별상담
- 아동중심적 놀이치료
- 주 1회이며, 6개월 이상의 장기 상담 고려

② 상담실 밖 계획

- 병행치료: 병행치료 여부는 아동 문제의 유형과 관련된다. 만약 아동이 주의력결핍 과잉행동장애라면 약물치료와 병행하는 것이 일반적이다. 약물치료에 대한 수용성은 부모마다 입장이 다르기 때문에 부모와 상의하여야 한다. 뉴로피드백(neurofeedback)도 주의력결핍 과잉행동장애처럼 신경계 조절 어려움이 있는 경우에 도움이 되는 뇌파조절훈련이다(Steinberg & Othmer, 2007). 또한 아동의 문제가 감각통합적 어려움과 크게 연관이 된다면 감각통합치료와 병행하여야 아동의 정서적 어려움도 보다 빨리 완화된다. 아동이 전반적 발달장애라면 발달을 촉진하는 놀이치료뿐만 아니라 언어치료, 인지치료, 감각통합치료도 같이 고려해야 한다. 다른 치료나 개입을 같이 병행한다는 것은 부모입장에서 경제적인 부담과 내담아동의 치료와 상담에 많은 시간을 할애해야 한다는 어려움이 있다. 따라서 아동 가족의 현재 여건도 중요하게 고려하여 꼭 필요한 경우에만 권유하여야 한다.
- 부모나 가족에 대한 개입: 아동상담의 경우 일반적으로 부모 양육상담을 병행하는 경우가 많다. 부모 양육상담은 부모가 아동의 심리나 발달 수준을 제대로 이해하고 부모로서 적절한 양육태도와 훈육태도를 가지도록 도움을 주는 상담이다. 아동을 상담하는 상담자가 하는 경우도 있고 전문적으로 부모 양육상담을 하는 상담자가 하기도 한다. 부모의 성격문제가 커서 아동의 문제를 반복해서 유발한다면 부모에게 개인 심리상담을 권유하는 것이 좋다. 아동의 어려움은 인정하나 부모 자신의 심리적 문제를 인정하지 않는 경우가 많기 때문에 부모에게 심리상담을 권유하고 설득하는 것은 많은 노력을 요하는 섬세한 작업이다. 부부간의 갈등이나 고부간의 갈등처럼 가족관계의 문제가 크다면 가족상담을 권유하는 것이 좋다.
- 가족 외의 개입: 아동의 문제가 유치원이나 학교 상황과 연관된다면 교사와의 협력이 필요할 것이다. 일반적으로 부모의 허락을 받아서 상담자가 담임교사와 통화를 하여 기관이나 학교에서의 아동생활을 파악하고 담임교사의 협조를 구체적으로 요청하기도 한다. 한편, 아동이 가족과 거주하는 것이 아니라 조부모가 돌보거나 혹은 보호시설에서 지낸다면, 아동을 주로 돌보는 양육자와 상담을 하여 아동의 일상생활을 파악하고 도움을 요청하는 것이 좋다.

다음은 민아 사례의 상담실 밖 계획이다.

- 감각통합치료 병행
- 부모 양육상담: 주 1회, 총 10회
- 어린이집 교사와 전화 상담

(3) 상담계약

접수상담과 평가를 한 후에 대략적이나마 사례개념화를 하고, 이를 토대로 부모와 상담계약을 한다. 우선적으로 내담아동에게 도움이 된다고 판단되는 개입부터 권유한다. 즉, 아동에게 도움이 될 만한 상담유형을 알려 주고, 부모에게는 양육상담 혹은 부모 개인의 심리치료 중에서 현재 시점에 도움되는 것을 제시한다. 전문적 개입의 방식과 목표를 알려 주고 동의를 구한다. 개입의 회수와 비용도 알려 주어야 한다. 가급적이면 상담계약을 할 때, 상담실 내규(상담 일정과 비용 규정, 상담 취소 규정, 비밀보장 원칙 등)를 알려 주고 부모에게 동의서를 받는 것이 바람직하다.

한편, 실제 임상에서는 현실적인 이유로 본 상담에 앞서 사례개념화를 위한 자료를 충분히 모을 수 없는 경우가 종종 있다. 따라서 상담 초기과정에서 아동의 현재 문제, 원인과 유지요인을 보다 종합적으로 파악하고 이에 따라 상담목표와 전략을 다시 수정하는 경우가 많다. 이와 같은 체계적인 사례개념화를 토대로 부모와 다시 협의를 하게 된다. 처음 계약한 상담개입 외에 더 필요한 것이 있으면 새로 계약을 한다. 이후 아동에게 추가로 다른 개입이 필요하다고 판단되거나 기존 개입방식의 수정이 더 적합해 보이면 그때마다 부모와 상담계약을 수정하면 된다.

4. 상담과정

1) 초기 상담

(1) 목표

상담 초기의 가장 중요한 목표는 치료적 관계의 형성이다. 즉, 아동과 상담자가 서로 신뢰할 수 있는 편안하고 좋은 관계를 맺어야 한다. 이는 아기가 세상에 잘 적응하고 성장하기 위해서는 출생 초기에 엄마와 기본적인 신뢰감을 맺어야 하는 것과 같은 이치라 할 수 있다. 서로 믿고 좋아하며 편안한 관계 속에서 아동은 안심하고 내면의 어려움을 표현할 수 있는 용기를 얻으며, 이를 해결할 수 있는 심리내적인 힘이 작동하기 시작한다.

인간은 누구든지 낯선 곳에서 처음에는 불안해한다. 특히 적응에 어려움이 있는 아동은 낯선 곳에서 낯선 성인, 더구나 선생님이라고 생각되는 사람과 만난다는 것 자체로 긴장감을 받는다. 따라서 상담자는 아동이 편안해질 때까지 인내심을 갖고 기다려야 한다. 상담자는 아동의 욕구와 감정을 알고 수용할 수 있어야 한다. 수용적인 태도로 아동과 만날 때 아동은 자신이 받아들여짐을 느끼며 편안해한다. 아동이 편안해지고 안정되었을 때, 비로소 자신의 생각과 욕구를 표현하기 시작한다.

(2) 첫 상담에서 다루는 내용

상담 첫 시간은 다른 상담시간들에 비해 다소 구조화된다고 볼 수 있다. 예를 들면, 상담자와 상담실에 대한 소개, 상담시간과 장소에 대한 제한, 비밀보장 원칙 등이 대부분 첫 시간에 이루어지기 때문이다. 물론 이러한 내용들은 아동의 증상이나 발달 수준, 첫 시간에 보여 주는 아동의 태도를 고려해서 언급하여야 한다. 아동의 욕구나 감정 상태를 무시하고 기관의 원칙이나 상담자의 생각을 일방적으로 전달한다면, 상담자가 아동과 신뢰할 수 있는 관계를 형성하기는 어려워질 것이다. 더구나 첫 시간에 아동이 상담자와의 관계에서 부정적인 정서를 경험하였다면 아동의 저항으로 인해 상담이 조기에 중단될 수도 있다. 그러므로 첫 시간은 서두르지 말고 아동의 감정 상태에 맞추어 조심스럽게 진행되어야 한다.

첫 시간에 일반적으로 다루게 되는 내용은 다음과 같다.

① 상담자와 상담실의 소개

아동에게 상담실이 그동안 아동이 경험한 장소와는 다른 특별한 곳임을, 상담자가 특별한 선생님임을 다음과 같이 알려 주면 좋다. 또한 상담실에 있는 놀잇감이나 도구를 소개해 줄 수도 있다.

상담자와 상담실 소개 예

"이곳은 네가 원한다면 하고 싶은 것을 할 수 있는 특별한 곳이야. 네가 하고 싶은 이야기를 해도 되고, 네가 그림을 그리거나 무언가를 만들고 싶으면 그것을 해도 되고, 네가 하고 싶은 놀이가 있다면 그것을 해도 되는 곳이야. 여기에 네가 하고 싶은 것을 할 수 있도록 여러 가지가 준비되어 있어. 네가 하고 싶은 것을 하다 보면 스트레스도 풀리고 네 마음도 편해지면서 네가 진심으로 원하는 것도 알아 가게 된단다. 나는 아이 마음을 잘 알아주는 선생님이고 네가 너의 마음을 잘 알도록 도와줄 거야."

② 제한 설정

상담을 구조화하는 데 있어 기본적인 원칙 중의 하나는 시간에 대한 제한이다. 상담 시간은 일반적으로 40~50분 정도이며, 아동의 연령이나 발달 수준을 고려하여 정하는 것이 좋다. 일반적으로 일정한 요일과 시간을 고정시키며 정해진 시간에 오도록 하여 아동이 예측할 수 있도록 하는 것이 바람직하다. 상담이 끝나는 시간도 종료 5~10분 전쯤 미리 시간을 알려 주어 아동에게 마음의 준비를 시킨다.

상담을 현실적으로 구조화하기 위해서는 상담 시작 시간과 끝나는 시간을 지키는 것이 좋다. 시작하는 시간과 끝나는 시간을 정확하게 지키는 것은 현실적인 제한을 받아들이는 것을 학습해 볼 기회가 되고 충동과 욕구 조절을 배우는 데 도움이 된다. 제한을 받아들이지 못하는 문제를 가지고 있는 아동의 경우라면 시간 제한이야 말로 좋은 치료적 개입이 된다.

상담은 늘 정해진 방에서 일정하게 만나는 것임을 아동에게 알려 주어야 한다. 만일 아동이 다른 놀이실에서 놀기를 원하는데, 아동의 그 욕구를 허용해 주는 것이 아동 문제를 개선하는 데 도움이 된다면 고려해 볼 수 있으나, 단지 호기심 차원에서 다른 놀이실을 원한다면 단호하게 제한하는 것이 필요하다.

그 밖에도 상담실에서 지켜야 할 규칙이 있으나, 일반적으로 첫 시간에 아동에게 모든 제한사항을 이야기하지 않는다. 위축되거나 불안한 아동에게 여러 가지 제한점을 미리 다 이야기한다면 상담실을 편안한 곳이라고 느끼기 어려울 수 있고, 상담자와의 관계 형성에도 방해가 될 것이다. 그러나 충동적이거나 공격적인 아동의 경우, 첫 시간에 상담자를 공격한다거나 상담실의 기물을 파손하려고 한다면 그 부분에 대한 제한을 분명하게 알려 주어야 한다.

③ 비밀보장 원칙

대화가 되는 아동에게는 상담내용의 비밀이 보장됨을 알려 준다. 일반적으로 아동상담을 하고 이어서 부모를 대상으로 양육상담도 같이 하는 경우가 많기 때문에, 아동은 상담자에게 한 이야기나 놀이를 상담자가 부모에게 다 말할 것이라고 생각하는 경우가 종종 있다.

비밀보장 원칙 설명 예

"여기서 네가 한 말이나 놀이는 너와 나만 알고 있고, 부모님이나 다른 사람에게는 말하지 않는단다. 하지만 누군가가 다칠 것 같은 위험한 내용을 알게 되면 나는 그런 일이 일어나지 않도록 하기 위해서 다른 사람에게 알려서 도움을 받을 거야. 그것 외에는 다 비밀이 보장된단다."

(3) 초기 상담 양상

첫 시간에 상담자는 아동과 어느 정도 라포를 형성하게 된다. 이후 상담이 지속되면서 둘 간의 관계가 친밀해짐에 따라 아동의 반응도 달라진다. 아동이 상담자와 상담실을 아주 많이 좋아하거나 혹은 아동의 무의식적인 관계 역동으로 인하여, 상담자의 관심을 끌고 인정받으려는 욕구가 겉으로 강하게 나타나기도 한다. 이때를 일시적 수용시기라고 한다. 아동은 상담자의 호의를 사기 위해 노력하며, 때로는 상담자의 비위를 맞추려고 하며 상담자가 원하는 대로 행동하려고 한다. 상담실을 깨끗하게 치우거나, 상담자에게 어떻게 해야 하는지 자꾸 묻거나, 먹을 것을 갖다 주기도 한다. 상담시간이 시작되기 전에 흥분 상태로 기다리거나 상담자를 보기만 해도 좋아하는 표정을 지으며 상담선생님이 보고 싶었다고 말하기도 한다. 마치 허니문과 같이 달콤한 시기다.

상담회기가 진행되면서 아동의 자발성이 증가하고 자신의 개인적인 이야기나 가족에 대한 이야기를 하며 공격적인 행동이나 놀이가 많아지게 된다. 어떤 아동은 자기의 심리적인 어려움을 놀이를 통하여 능동적으로 잘 풀어낸다. 이런 아동은 상담이 비교적 순탄하게 진행이 되는 경우다.

반면에 어떤 아동은 지나치게 자기 자신을 방어하기도 한다. 상담실에서 자신을 개방하는 놀이와 언행을 삼가고 경쟁적인 게임에만 몰두하기도 한다. 이런 경우 상담자는 아동의 욕구와 감정을 충분히 이해하고 수용하여야 한다. 그리고 이런 아동의 욕구와 태도를 아동에게 반영하여 주고 명료화해 주는 작업이 필요하다. 아동이 자신의 욕구와 감정을 점차적으로 인지하고 상담자와 진정한 관계가 형성되면 아동은 방어를 풀고 자신에 대하여 보다 적극적으로 탐색할 수 있는 용기가 생길 것이다.

때로는 상담자가 어디까지 자신을 받아 주는지 시험해 보는 아동도 있다. 이를 부정적 반응시기라고도 한다. 제한을 탐색해 보기 위해 일부러 제한사항을 어기고 상담자의 반응을 살피기도 한다. 이때 상담자는 아동의 감정을 모두 수용해 주지만 일관성 있는 반응으로 행동의 허용한계는 분명하게 알려 주어야 한다. 만약 상담자가 위축되거나 불편해하거나 혹은 아동이 일반적으로 알고 있는 다른 어른처럼 혼내거나 꾸짖으면, 아동은 불안해하며 상담자에 대한 믿음을 유지하기 어렵고 상담실에 대한 안전감을 형성하기가 어려워질 수 있다. 이 시기를 잘 넘기면 아동과 상담자 간에 진정한 신뢰관계가 맺어지고 중기 단계로 넘어간다.

2) 중기 상담

(1) 목표

이 시기의 목표는 아동이 과거 양육자와의 관계에서 결핍되었던 욕구를 충족하고 자신의 과거에서 일어났던 외상적 경험을 재경험하도록 도와서, 부적절하고 부정적인 감정을 녹이고 아동 자신의 긍정적인 성장의 힘을 현재 생활에서 잘 활용하도록 하는 데 있다. 아동이 과거 성장과정에서 어느 시기에 부적절한 경험을 어떻게 했는지를 탐색하여, 아동의 어떤 욕구가 충족이 안 되고 어떤 갈등과 감정이 쌓여 있는지를 상담자가 알고 있는 것이 좋다. 아동의 성장은 일련의 심리적 과정을 거쳐 진행되는 데, 상담에 의해서 결핍된 부분을 보충하고 갈등이 해소되면 다음 단계에 대한 욕망이 자연스럽게 일어난다. 이와 같은 일련의 성장과정을 거쳐 현재 연령 수준에 맞게 아동의 적응 능력과 기능이 발달하게 된다.

아동과 상담자 간의 신뢰적인 관계 속에서 이루어지는, 과거 부적절한 경험에 대한 아동의 재경험을 교정적인 경험(corrective experience)이라고 한다(O'Connor, 2001). 즉, 교정적 경험이란 아동이 과거에 경험했던 상처와 결핍을 극복하고 현재의 생활에 제대로 적응할 수 있는 새로운 경험으로 재창조하는 과정이다. 현재 생활에 충분히 적응하고 기능하기 위해서는 과거의 실체를 부정하기보다는 현재로 통합시켜야 한다. 중기과정은 이러한 일련의 경험을 하는 시기이므로 매우 역동적인 과정이다. 아동마다 직면하고 정리하고 해결해야 할 내용이 다르기 때문에 중기에 소요되는 기간은 개인차가 클 수밖에 없다.

(2) 중기에서 다루는 내용

상담과정 중 상담자와 아동과의 관계에서 자연스럽게 전이(transference)와 역전이(counter transference)가 일어나게 된다.

아동이 상담자에게 투사하게 되는 전이는 일반적으로 크게 두 가지 현상으로 나타난다(O'Connor, 2001). 첫째, 부모의 전이다. 즉, 상담자에게 좋은 부모(good mother) 혹은 나쁜 부모(bad mother)와 관련된 아동의 환상과 경험을 투사한다. 좋은 부모와 관련된 전이에서, 아동은 상담자가 자신의 모든 요구를 충족시켜 줄 거라는 기대를 가지게 된다. 이와 맞물려, 상담자의 마음속에는 아동을 보호하고 지나치게 잘해 주려는 역전이가 발생되기도 한다. 나쁜 부모와 관련된 전이에서, 아동은 부정적으로 지각된 부모의 행동들을 상담자에게 투사할 수 있다. 결과적으로, 아동은 상담자에게 공격적이 되거나 상담자를 함부로 대하게 된다. 이것은 상담자로 하여금 아동에게 화를 내고, 벌을 주는 역전이를 초래할 수 있다(Geldard & Geldard, 2004).

둘째, 상담자가 전지전능하고 전권을 가진 사람이라고 투사하는 경우다. 아동은 상담자가 모든 일을 바로잡아 줄 것이라고 기대하게 되는데, 그런 일이 일어나지 않는다면 매우 실망한다. 부모의 전이나 전능감에 대한 투사가 적절하게 관리되지 않으면 상담의 진행을 직접적으로 위협할 수 있다. 상담자는 상담 상황 안에서 항상 깨어 있어야 하고, 그래야 부모처럼 행동하지 않고 아동과 충분히 분리되어 객관적인 상태로 남을 수 있다. 상담자는 아동의 전이를 알아차리고 아동의 욕구와 동기를 아동이 인식할 수 있게 도와주어야 한다.

상담과정에서 역전이의 미묘한 징조들은 상담자가 느끼는 거의 모든 종류의 강한 감정과 관련이 있다. 어떤 게임을 사용하고 싶거나 그림 그리기를 피하고 싶은 강한 욕구, 내담자에 대한 동정이나 분노의 느낌, 부모에게 잘못을 저지른 나쁜 아이로 내담아동을 규정하고 싶은 상담자의 마음으로도 나타날 수도 있다. 이러한 느낌들은 내담자의 문제에 의해 촉발되기보다는 상담자 자신의 느낌과 관련된 것일 가능성이 크다. 만일 상담자가 이러한 것을 인식하지 못하면 상담을 성공적으로 지속하는 데 지장을 초래할 수 있다(Pledge, 2009).

(3) 중기 상담 양상

전버그(Jernberg)에 따르면, 상담 중기는 성장과 신뢰의 단계다(O'Connor, 2001에서 재인용). 상담자와 아동 간의 신뢰관계를 바탕으로 아동은 과거에 결핍되거나 왜곡되었던 정서적 경험을 채우고 재경험하면서 아동 자신의 속도에 맞추어서 다시 성장을 하게 된다. 중기과정은 상담자와 아동 그리고 옆에서 지켜보고 도와주는 보호자 모두에게 가장 길고 지루하고 어려운 시기이면서, 어느 때보다도 인내심이 요구되는 시기라고 할 수 있다. 아동은 계속해서 내면의 갈등과 부정적 감정을 표현해 낸다. 언제 끝이 나나 지루해하면서 기다릴 정도로 끊임없이 반복되기도 한다. 어느 정도 해결이 되었나 싶으면 또 다른 갈등과 원망 혹은 내면에 더 깊이 억압되어 있던 감정과 욕구가 올라와서 표현되기도 한다.

그동안 아동의 마음속에 갖고 있던 어려움 덩어리의 크기에 따라서 중기의 기간이 달라질 수 있다. 또한 아동이 속해 있는 환경도 중요한 영향을 미친다. 아동은 뭔가 달라지고 성장하려고 하지만 가족관계의 역기능적 역동성이나 부모의 부적절한 태도가 아동의 성장과 변화를 계속해서 방해하고 있다면 아동이 중기 시기를 빨리 벗어나기 힘들 수 있다. 상담자는 이 시기에 아동과 가족 모두를 잘 다루어서 아동이 중기과정을 잘 넘길 수 있도록 노력해야 한다.

상담 중에 표현된 아동 놀이에서 나타난 주제를 대상관계 관점으로 분석하면, 주제는 아주 다양하게 나타난다. 예를 들면, 죽음, 안전, 고장과 수리, 양육, 경계 짓기와 침해, 착한 사람과 나쁜 사람, 공격성, 분류와 통제 등이다(Benedict, 2010). 이러한 주제는 때로는 혼란스럽게, 때로는 반복적으로 나타나므로 상담자는 아동의 놀이와 표현에서 아동의 핵심적인 갈등과 감정을 이해하고 읽어 낼 수 있는 훈련을 받아야 한다. 상담자의 이해와 수용 속에서 아동은 자신의 혼란스러움과 두려움을 이해하고 이를 극복할 수 있는 성장의 힘을 작동시킬 수 있다.

한편, 상담실 밖의 일상생활에서 아동의 행동에 변화가 보이게 된다. 상담을 받기 시작하면서 아동은 밝아지고 태도와 적응력도 좋아지는 것처럼 보인다. 그러다가 요구적이거나 주장적인 아동의 행동이 강해지면서 관계에서 갈등이 더 불거지거나 퇴행적인 행동이 나타나면서 마치 아동의 발달이 퇴보한 것처럼 보이기도 한다. 이와 같은 양상을 보이다가 다시 좋아지는 것 같기도 하는 등 불안정하게 기복을 보이는 경우도 있다. 혹은 일상생활의 태도와 적응력이 점진적으로 아주 조금씩 개선되는 양상을 보이기도 한다.

상담과정에서 아동의 부적응 행동이 어느 정도 좋아지게 되면, 부모는 목에 꽉 찼던 걱정거리가 덜어지면서 상담받으러 가야 할 필요성을 덜 느끼게 된다. 혹은 상담을 계속 받는데 아동이 좋아지다 안 좋아지다 하는 양상을 보고 불안해하면서 상담과 상담자에 대한 신뢰감이 감소되기도 한다. 이와 같이 상담에 대한 부모의 태도 변화를 미리 예측하면서 부모가 불안해하지 않고 상담자를 믿고 상담목표에 이르기까지 잘 협조할 수 있도록 부모를 다루어야 한다. 이를 위해서 아동의 행동변화를 미리 예측해 주고 그 행동의 밑에 깔린 정서와 심리적 변화를 부모가 이해할 수 있도록 상담해 주어야 하며, 집에서 부모가 어떻게 대처해야 하는지를 지도해 줄 필요가 있다. 장기 상담인 경우에는 상담 중간에 정기적으로 재평가 시기를 정하여 부모와 같이 중간 목표를 설정하고 얼마나 목표를 이루었는지 다른 목표가 필요한지, 이를 위해서는 부모가 어떻게 도와주어야 되는지 등을 점검하면서 진행하면 부모가 불안해하지 않고 인내심 있게 잘 기다리게 하는 데 도움이 된다. 아동과 부모를 한 상담자가 다룬다면 별문제 없으나, 아동상담자와 부모상담자가 서로 다른 사람이라면 두 상담자 간에 긴밀한 협조가 필요함은 당연하다.

3) 말기 상담과 종결

(1) 종결 신호

길고 지루한 중기과정을 거치면서 아동이 외부 스트레스를 견디어 낼 수 있고 심리상태도 안정적으로 되었다는 신호들이 놀이실과 외부환경에서 지속적으로 나타난다. 주호소 문제 해결은 말할 것도 없고, 상담실 밖에서 아동의 행동은 상황에 적절하며 자기 연령에 맞게 여러 기능이 발달한다. 따라서 부모-자녀관계뿐 아니라 형제관계 그리고 또래관계도 개선이 되어 아동은 만족스럽고 행복한 경험을 더 많이 하게 된다. 이제는 상담실에 오는 것보다 친구들과 있는 것이 더 재미있어지고, 상담실에 오고 싶어 하지 않기도 한다. 상담실에서 아동의 태도는 자기 연령에 맞게 달라지고 적절해지고 자신감이 있으며, 놀이 주제도 보다 통합되거나 확장되고 재미나 안정을 추구하는 형태로 나타난다. 이러한 변화들이 몇 주간 지속적으로 보일 때 상담 종료를 준비한다.

랜드레스(Landreth, 2015)는 아동 내부에서 자기 주도적으로 변화가 이루어질 때 다음과 같은 변화가 일어난다고 보고하였다.

① 아동의 의존성이 감소된다.
② 아동의 혼돈이 감소된다.
③ 아동이 욕구표현을 개방적으로 한다.
④ 아동이 자신에게 집중할 수 있다.
⑤ 아동이 자신의 행동과 감정에 대한 책임을 수용한다.
⑥ 아동이 자신의 행동에 대한 적절한 제한을 한다.
⑦ 아동이 좀 더 내부지향적이다.
⑧ 아동이 좀 더 융통성이 있다.
⑨ 아동이 우연적인 사건에 대해 너그러워진다.
⑩ 아동이 확신을 가지고 활동을 시작한다.
⑪ 아동이 순응하는 것이 아니라 협력한다.
⑫ 아동이 적절하게 화를 표출한다.
⑬ 아동이 부정적 슬픔에서 행복한 기쁨으로 옮겨 간다.
⑭ 아동이 좀 더 자신을 받아들인다.
⑮ 아동이 연속적인 이야기를 놀이로서 표현하고 놀이의 방향성이 있다.

한편, 부모 입장에서는 부모가 걱정했던 아동의 문제행동이 감소되거나 해결되면 종료를 원하는 경우가 많다. 아동 문제행동의 감소가 때로는 부모 태도의 변화나 상황 개선에 따라 일시적으로 나타난 반응일 수도 있다. 이러한 가능성을 부모에게 잘 설명하고, 아동이 스트레스를 견디어 내는 힘이 자기 주도적으로 생길 때까지 아동에게 좀 더 상담 기회를 주는 것이 좋다고 설득하는 과정도 필요하다. 아동 내부에서 변화가 진정으로 이루어졌다는 신호는 상담과정에서 나타나는 아동의 심리 상태에 대한 내용들을 통해서 파악할 수가 있다.

(2) 종료과정

종료과정은 아동이 앞으로 수많은 인간관계를 맺고 정리하는 데 있어서 하나의 모델이 된다. 아동이 더 통합적이고 안정적인 삶을 살아가기 위한 준비로서 종료과정은 매우 중요하다. 종료 단계에 들어가도 되는 신호들이 보이면 상담자는 아동과 부모와 같이 종료 시기를 결정해야 한다. 이러한 과정은 서서히 진행되어야 하며, 아동의 감정에 대한 세심한 배려가 필요하다. 아동은 자신의 삶에서 의미 있는 사람과의 분리에 대하여 불안을 느낀다. 때로는 종료 전에 불안으로 인하여 퇴행을 보이거나 일시적으로 저항하기도 한다. 종료과정 중에 시간을 갖고 이를 다루어 주어 종료에 대한 준비를 할 수 있게 도와야 한다.

종료 시점의 결정에 있어 아동의 의견이 가장 중요하다. 상담자는 다음과 같은 대화를 아동과 같이 나눈다. 처음에 이곳에 왔을 때 부모와 아동이 힘들어하고 걱정했던 행동들이 현재 어떻게 좋아졌는지 그리고 현재 아동이 어떻게 달라졌는지를 대화한다. 주로 긍정적인 변화에 초점을 맞추어서 이야기를 한다. 대화가 되는 아동도 있고 아니면 상담자가 주로 이야기해 주게 되는 경우도 있다. 이런 대화를 할 때 대부분의 아동은 귀를 기울여서 듣는 편이다. 아동에게 이만큼 네가 좋아졌고 마음의 힘이 생겨서 이곳을 졸업해도 된다고 이야기해 준다. 앞으로 몇 번 정도 더 다니면서 그동안 아동이 이곳에서 놀았던 것도 정리해 보고 또한 남은 시간 동안 더 달라지고 싶은 것이나 아직도 힘든 것이 있으면 해결할 수 있다고 알려 준다. 종료 준비기간은 아동과 합의를 하는 것이 좋다. 일반적으로 4회 전후로 정해지나, 아동이 좀 더 상담시간을 갖고 싶어 하고 해결했으면 하는 어려움이 있는 경우에는 10회까지도 갈 수 있다. 물론 사전에 부모의 의견도 알아 둘 필요가 있다.

남은 횟수와 종료 시기를 정하면 그다음부터 만날 때마다 이를 알려 줄 수 있는 준비물을 정하는 것이 좋은데, 이는 아동이 종료를 잘 준비할 수 있도록 하기 위해서다. 어린 아동의 경우에는 앞으로 올 횟수만큼 사탕이나 초콜릿을 준비해서 매주 하나씩 먹으면서 준비하기도 한다. 초등학생 정도의 아동이면 종료기간을 알려 주는 표를 그려서 아동, 부모, 상담자가 매주 만날 때마다 표에 사인을 하나씩 하면서 종료를 준비하기도 한다.

종료 바로 전 회기에는 아동과 함께 종료를 어떤 식으로 할지, 누구를 초대할지 상의한다. 종료는 아동이 졸업하는 뜻깊은 날이기 때문에 아동의 의견이 중요하다. 종료일에는 아동을 위한 작은 파티를 준비하고 축하해 준다. 아동에게 그동안 성장하고 변화된 긍정적인 모습에 대하여 강조해 준다. 덧붙여서, 지내다 보면 앞으로 어려움이 생길 수도 있고 그런 어려움을 어떻게 해결할 수 있는지에 대해서 같이 이야기를 나눈다. 또한 상담자를 보고 싶거나 도움이 필요할 때는 언제든지 연락할 수 있음을 알려주고 상담소의 주소나 전화번호가 적힌 명함을 주면 좋다. 그동안 했던 작품이나 사진을 모아서 앨범을 선물하면 아동에게 의미 있는 선물이 되기도 한다.

부모에게도 도움이 필요하면 언제든지 연락할 수 있음을 알려 준다. 아동은 계속 발달과정 중에 있으므로 발달단계마다 어려움을 겪을 수 있고, 부모도 아동의 변화에 대해 이해하고 이를 다룰 수 있어야 하기 때문에 추후상담이 필요할 수 있음을 미리 알려 주기도 한다.

4) 추후상담

상담을 통해 아동이 그동안 겪었던 심리적 어려움을 해소하고 자기 연령에 맞게 다시 발달이 이루어지지만, 때로는 주변 환경이 다시 악화되면서 환경적인 스트레스가 심해지면 아동의 성장이 다시 지연될 수도 있다. 아동은 변화되었는데 부모가 이에 맞게 적절히 대처하지 못하고 옛날 방식으로만 자녀를 키우려고 할 때 다시 부모-자녀 간에 갈등이 생기기도 한다. 또는 아동이 새로운 발달단계로 접어들 때마다 심리적으로 잠시 혼란을 보일 때도 있다.

상담이 종료되고 몇 달 후에, 상담자가 부모나 아동에게 전화를 걸어서 그간의 근황을 묻기도 한다. 그동안 어떻게 지냈는지, 혹시 어려움은 없는지 이야기를 나눈다. 이런 관심과 배려는 아동과 부모에게 큰 힘이 된다. 전화로 이야기를 나누다 보면 사소한 어려움은 전화 상담으로 충분히 해결할 수 있지만 때로는 만나서 해결하는 것이 필요한 경우에는 부모에게 추후상담을 권유하게 된다. 또는 부모나 아동이 먼저 전화로 도움을 요청을 하기도 한다. 추후상담 기간은 처음 상담보다는 짧기 마련이다. 처음 상담을 통하여 그동안 누적되어 온 갈등을 해소하고 성장할 수 있는 기반이 아동에게 이미 어느 정도 형성되어 있었기 때문에, 추후상담에서는 현재 겪고 있는 어려움에 대해서만 도움을 받아도 아동은 다시 성장과 발달의 방향으로 재진입하는 경우가 많다.

요약

사례개념화는 아동 문제에 대한 이해와 해결을 위한 상담자의 관점을 반영하는 종합적인 틀이다. 즉, 상담자는 아동 문제와 현재 기능 패턴을 규명하고, 아동 문제의 발생과 현재 상태에 이르게 한 원인과 유지요인에 대하여 상담자 자신의 이론과 경험을 활용하여 다양한 측면에서 조명해 보고 통합적으로 이해하는 가설을 세운다. 이를 토대로 아동의 문제를 해결하기 위한 상담 전략 및 목표를 세우게 된다. 이러한 일련의 모든 과정이 사례개념화 작업이다. 사례개념화를 위해서 접수상담, 평가, 부모심층면담 자료가 필요하다. 사례개념화는 상담 초기에 설정하게 되는 잠정적인 설명이고, 상담이 진행되면서 얻어지는 추가적인 정보에 의해서 사례개념화의 초기 가설은 계속해서 수정 · 보완되어야 한다.

상담과정은 일반적으로 초기, 중기, 말기로 이루어진다. 상담 초기의 목표는 치료적 관계의 형성이다. 상담 초기에 내담자와 상담자 간의 긍정적인 관계인 작업동맹을 잘 형성하는 것이 중요하다. 중기 상담의 목표는 아동이 과거 양육자와의 관계에서 결핍되었던 욕구를 충족하고 자신의 과거에서 일어났던 외상적 경험을 재경험하도록 도와서, 부적절하고 부정적인 감정을 녹여 버리고 아동 자신의 긍정적인 성장의 힘을 현재 생활에서 잘 활용하도록 하는 데 있다. 중기 상담은 성장과 신뢰의 단계로 다양한 주제의 놀이가 나타난다. 부모의 주호소 문제 해결뿐 아니라 상담실에서 아동의 자기 주도적인 변화가 이루어지면 종결을 준비한다. 종결 과정은 아동이 마음의 준비를 할 수 있도록 일련의 시간을 두고 이루어지는 것이 바람직하다.

활동

성철의 사례를 활용하여 다음 활동을 하시오.

주호소 문제	• 초등학교 3학년 남학생으로 부모와 6세인 여동생과 살고 있음 1) 학교에서 수업 중에 산만하다. 2) 친구들과 자주 다툰다. 3) 자기 물건을 자주 잃어버린다. 4) 정리정돈이 전혀 이루어지지 않는다.
생육사와 발달사	• 산모 30세에 정상체중으로 성철을 순산함 • 어려서부터 식사시간에 편식, 늦게 먹기, 돌아다니기 때문에 많이 혼남 • 학교에서는 급식시간에 늦게 먹는 것 때문에 교사에게 지적받음 • 어려서부터 활동량이 매우 많았고 여기저기 부딪히는 일이 잦음 • 언어 및 인지 발달은 또래보다 약간 빠른 편임 • 성격: 잘 싸운다, 욕심 많다, 말대꾸가 심하다, 고집 세다, 잘 운다, 눈치 본다. • 부: 일로 바빠서 늦게 귀가하는 편임, 장남인 성철에게 엄격하고 딸에게는 너그러운 편으로 아이들이 싸우면 주로 성철을 혼냄 • 모: 예의범절에 엄격함, 성철이 시끄럽게 하거나 동생과 싸우면 주로 성철을 혼내는 편이고 때로는 체벌을 함. 성철에게 기대가 높아서 잔소리를 많이 함, 갑상선 문제가 있어서 감정조절이 어렵고 쉽게 피곤해함 • 여동생: 적극적이고 애교가 많음, 성철과 잘 놀기도 하지만 자주 부딪침 • 또래관계: 어려서는 또래와 어울리는 것을 좋아하였고 활달하였음, 5세부터 또래와 부딪히는 일이 많아졌음, 2학년부터는 친구가 안 놀아 준다고 불만을 이야기하였고, 3학년인 현재는 친구 없음
양육상 특기사항	• 3세에 여동생이 태어났음, 동생에게 해코지하면서 혼나기 시작함 • 5세에 어머니가 직장에 다니기 시작하였고 동생과 성철은 유치원 종일반에 다니게 됨. 이후로 유치원에서 또래와 부딪히는 일이 많아졌고 교사에게도 혼나게 됨, 어머니는 직장에 다니면서 피곤하여 짜증이 많아지고 성철을 주로 혼내게 됨, 어머니의 갑상선 문제를 성철이 2학년 때 발견하게 되어 이후로 약물을 복용 중임 • 학교 입학 전 겨울부터 어머니가 공부를 가르치게 되면서 성철을 더 혼내게 됨, 입학 후에는 소지품을 잘 잃어버리고 알림장을 안 써 오고 숙제를 안 하여 어머니와의 관계가 더욱 악화됨

양육상 특기사항	• 1학년 때는 착석에 어려움이 있었음. 수업 중에 떠들거나 딴짓을 하여 늘 지적을 받는 편이었음 • 하교 이후에는 공부방(매일)과 학원(태권도, 영어, 피아노, 주산, 실험)을 다니다가 어머니가 퇴근하는 7시에 집에 옴
심리검사 결과	• 지능은 우수 수준이나 각 영역별로 불균형이 큼. 특히 사회인지 부분이 떨어지고 주의집중력이 부족한 것으로 나타남 • 정서적으로 불안정하며 스트레스에 취약함 • 주의력결핍 과잉행동장애(ADHD) 가능성 시사

1. 아동 문제 이해하기

사례개념화를 위해서 아동 문제와 현재 기능 패턴을 파악하고, 아동 문제의 발생과 현재 상태에 이르게 한 원인과 유지요인에 대하여 규명하는 작업이 필요하다. 이를 토대로 아동의 문제를 해결하기 위한 전략과 목표를 세우게 된다. 여기서는 아동 문제와 이에 대한 원인을 추론하는 연습해 보자.

● 과정

① 아동의 현재 문제를 파악하여 적는다.

② 문제의 원인을 아동 개인적 원인과 환경적 원인으로 나누어 추론해서 적는다.

③ 문제가 현재에도 유지되는 원인을 추론해서 적는다.

2. 각 입장에서 상담목표 토론하기

사례개념화를 위해서 아동문제에 대한 이해를 바탕으로 상담목표와 전략을 설정한다. 여기서는 아동, 부모, 교사 입장에서 아동과 환경이 어떻게 달라지고 개선되었으면 하는지 가능한 한 구체적이고 긍정적인 목표를 설정해 보자.

●과정

① 소집단으로 세 조 이상을 구성한다.

② 각 조별로 아동팀, 부모팀, 교사팀을 정한다.

③ 각 조는 다음과 같이 성철의 사례를 위한 상담목표를 토론한다.

- 아동팀은 아동 입장에서 목표 설정

- 부모팀은 부모 입장에서 목표 설정
- 교사팀은 교사 입장에서 목표 설정

④ 각 조별로 내용을 정리하여 발표한다.

3. 아동상담을 위한 상담목표 통합하기

활동 2를 실시한 후에, 각자 상담자 입장이 되어서 성철의 사례에 대한 상담을 위하여 최종적으로 어떤 목표로 상담을 진행할지 생각해 보고 발표하는 시간을 가진다. 이때 성철을 위한 상담목표와 성철의 부모를 위한 상담목표로 나누어서 생각해 보자.

Part 03

아동상담 모델 및 실제

Chapter 09

놀이치료

1. 개념

놀이치료란 훈련받은 놀이상담사가 사회정서적인 어려움이나 발달상의 문제를 가진 아동을 대상으로 놀이의 심리치유적 힘을 활용하여 하는 심리치료다. 아동을 상담하기 위해서는 아동이 자신을 표현하기에 적절한 매체와 환경이 제공되어야 한다. 아동의 가장 자연스러운 자기표현 매체는 놀이다. 놀이는 아동 자신의 감정, 욕구, 경험, 생각을 자연스럽고 편안하게 표현할 수 있는 수단이며, 또한 놀이에는 치유적 힘이 있다.

놀이치료에 대한 정의는 이론적 접근에 따라 약간씩 강조점이 다르다. 아동중심적 놀이치료의 선구자인 액슬린(Axline, 1987)에 따르면, 놀이치료는 가장 호의적이고 알맞은 조건에서 성장할 수 있는 경험의 기회를 아동에게 제공해 주는 것이다. 아동의 부적응 원인은 내부의 자아실현 욕구가 잘못된 방향으로 나타나기 때문이다. 그러므로 무조건적으로 수용하고 공감할 수 있는 놀이상담사가 아동의 내면적 경험에 대하여 민감하게 반영해 줌으로써 아동은 자기 감정을 인식하고 표현할 수 있다. 이렇게 부정적 감정의 표현과 해소가 일어나면, 아동은 내부에 깊숙이 자리 잡고 있는 자신의 무한한 성장의 힘을 인식하고 자신을 가치 있게 여기며 자신에 관한 일을 스스로 처리하게 된다.

정신분석적 입장에서 놀이치료란 정신분석가가 심리적 갈등과 적응 문제를 가진 아동을 대상으로 놀이를 활용하여 아동과 관계를 맺은 후에, 놀이로 표현된 아동의 소망, 환상, 갈등에 대하여 분석가가 해석적인 의사소통을 하여 아동이 자신의 문제와 갈등에 대하여 통찰을 얻도록 하는 심리상담이다.

분석학적 놀이치료는 무의식적인 영역과 의식적인 자아 간 소통의 중요성에 기초를 두고 있는 카를 융(Carl Jung)의 이론에 근거하여 발전되었다. 마음의 깊은 무의식적 영역은 언어 이전의 상처에 대한 기억뿐 아니라, 그 자체에 치유하고 재생할 수 있는 능력을 지니고 있다고 본다. 내담아동의 치유와 회복은 놀이상담사와 아동의 치료적 동맹을 기반으로 아동이 표현한 상징을 이해하는 놀이상담사의 반영과 해석을 통하여 이루어진다. 즉, 이러한 과정에서 아동의 자기치유적 원형이 활성화되고 무의식적인 부분을 좀 더 의식화하면서 아동의 자아가 건강해진다(Allan & Levin, 2006).

2. 발달 배경

놀이치료의 역사는 그리 길지 않지만 시기별로 강조점이 조금씩 달라져 왔다.

1) 초기의 놀이치료

아동의 심리치료를 위해 놀이를 처음 도입한 사람은 지그문트 프로이트(Freud, 1909)다. 프로이트는 5세 남아인 한스의 공포증을 치료하기 위하여 한스의 아버지에게 한스의 놀이와 언행을 잘 관찰하여 보고하게 하고, 이를 토대로 한스의 마음속에 있는 갈등과 공포를 아버지가 이해하고 이를 해석하는 방법을 알려 주면서 심리치료를 진행하였다. 부모를 통한 간접적인 방법이었지만 이 사례는 놀이를 심리치료에 사용한 최초의 사례로 볼 수 있다.

이후 1919년 허그-헬무스(Hug-Hellmuth, 1921)가 아동분석을 위하여 놀이를 처음으로 심리치료에 적용하였다. 그는 성인과 달리 아동은 자신을 언어로 표현하는 데 한계가 있음을 인정하고, 가정에서 자연스럽게 아동의 놀이행동을 관찰하면서 심리분석을 하였다.

멜라니 클라인(Melanie Kline)이 이끌던 영국의 런던 정신분석학파와 안나 프로이트(Anna Freud)의 빈 정신분석학파는 허그-헬무스의 연구를 더욱 발전시켜 아동분석의 언어적 방법의 부분적인 대체물로 놀이를 적극적으로 사용하였다. 안나 프로이트는 아동을 상담에 끌어들여 치료적 동맹을 형성하기 위한 방법으로 놀이를 사용하였다. 아동과 분석가가 만족할 만한 관계가 되었을 때, 심리치료의 강조점은 언어적인 상호작용으로 서서히 옮겨 가게 된다. 대부분의 아동에게 자유연상이라는 기법을 사용할 수 없었기 때문에, 안나 프로이트는 꿈과 백일몽의 분석에 중점을 두었다.

한편, 클라인은 놀이를 성인의 언어화된 자유연상으로 보았다. 아동의 놀이표현에 상징적인 의미가 있다고 보고 놀이행동에서 드러난 아동의 무의식적인 환상, 불안, 방어를 해석하였다. 6세 이하의 아동에게도 이러한 해석을 적용하였는데, 분석가의 해석을 통해 아동이 자신의 초기 정서와 환상을 이해하고 통찰을 얻으면 불안이 감소된다고 보았다.

2) 구조화된 놀이치료

1930년대에서 1950년대 사이에 많은 아동심리치료의 이론과 기법이 급속하게 발달하였다. 새로운 이론적인 모델뿐 아니라, 전통적인 정신분석적 놀이치료를 적용하기에 적합하지 않은 아동을 위한 다양한 모델이 개발되었다.

1930년대 중반부터 정신분석적인 이론에 기초한 '구조화된 놀이치료'라고 알려진 놀이치료기법이 발달하기 시작하였다. 대표적 학자가 레비(Levy), 솔로몬(Solomom), 함브리지(Hambridge)이며, 이런 접근의 심리치료에서는 놀이의 정화적인 가치와 상담과정에서 치료자의 적극적인 역할을 강조하였다.

레비(1938)는 외상적 사건을 경험한 아동을 상담하기 위해 '이완치료(Release Therapy)'라는 구조화된 놀이치료를 개발하였다. 이완치료는 아동이 놀이실과 치료자에게 친숙해지도록 자유놀이를 한 후에, 적당한 시기에 아동이 외상적 사건의 경험을 놀이로 재연할 수 있도록 하여, 아동이 자신의 고통과 긴장을 이완하도록 돕는다. 이러한 심리치료의 기본 가정은 프로이트의 반복충동이라는 개념에서 파생된 것으로, 안전하고 지지적인 환경과 적절한 놀이도구가 주어지면 아동이 외상적인 사건과 관련된 부정적인 사고와 감정을 동화할 수 있을 때까지 계속해서 반복하여 외상적 사건을 재현한다는 것이다. 레비는 놀이를 굳이 해석할 필요가 없다고 보고 놀이가 지닌 자연스러운 정화효과에 기초한 놀이치료를 하였다.

솔로몬(1938)은 충동적인 행동장애 아동을 주된 대상으로 하는 '적극적인 놀이치료(Active Play Therapy)' 기법을 개발하였다. 그는 놀이를 통해 안전하게 공포와 분노감정을 발산하고 정화시킬 수 있다고 보았다. 또한 아동은 놀이를 통해 행동화에 사용하였던 에너지를 사회적으로 수용 가능한 놀이중심의 행동으로 전환하는 것을 배울 뿐만 아니라 과거로 인한 불안과 미래의 불안으로부터 분리하여 현재를 살아갈 수 있는 도움을 받을 수 있다고 하였다.

3) 관계 놀이치료

1930년대에는 오토 랭크(Otto Rank)의 철학에 기초하여, 과거 경험이나 무의식을 중요시하기보다는 '지금-여기'에서의 치료사와 내담자 간의 관계에 초점을 맞추는 관계치료에 기초한 놀이치료기법이 많이 개발되었다. 랭크는 발달에 있어서 출생 외상의 중요성을 강조하였는데, 즉 출생 때 입는 스트레스가 인간이 개별화되는 것을 두려워하도록 만들어서 과거에 집착하게 한다고 하였다.

태프트(Taft, 1933), 알렌(Allen, 1942), 무스타카스(Moustakas, 1959)는 놀이치료를 할 때에 랭크의 이론을 적용하여, 출생 시 입는 외상 때문에 다른 사람에게 의존적으로 되거나 철회되어 관계를 적절하게 맺을 수 없게 된다고 보았다. 아동에게는 심리치료

상황이라는 안전한 환경에서 치료사와 신뢰적인 관계를 맺을 수 있는 기회가 주어진다. 아동과 치료사와의 관계를 강조하고, 과거에 일어난 사건의 중요성을 강조하지 않음에도 불구하고, 관계 놀이치료는 여전히 정신분석적 이론의 영향을 받고 있다.

4) 아동중심 놀이치료

로저스(Carl Rogers)의 인간중심 접근법은 액슬린(Virginia Axline)에 의해 아동중심 놀이치료로 개발되었다. 액슬린의 아동중심 놀이치료는 노스텍사스 대학교의 랜드레스(Garry Landreth)에 의하여 더욱 발전되었다. 아동중심 놀이치료 접근에서는 놀이상담사가 아동을 통제하거나 변화시키려 하지 않고, 아동과 환경 간의 부조화를 해결하여 자연적인 자기 성장을 촉진하도록 하는 데 목적이 있다.

아동중심 놀이치료가 발달하면서 제한 설정이 중요한 문제로 대두되었다. 빅슬러(Bixler, 1949)는 「제한도 치료다」라는 논문에서 놀이상담사가 치유적 역할을 효과적으로 다할 수 있도록 놀이도구의 파괴, 놀이상담사에 대한 신체적 공격, 상담시간 초과 등에 관한 제한을 설정해야 한다고 주장하였다. 기노트(Ginott, 1959, 1961)는 놀이상담사가 적절한 제한을 함으로써 아동은 성인에게 거부당하는 것이 아니라 오히려 보호받는 것으로 느낀다는 입장을 취하였다.

5) 놀이치료의 최근 경향

놀이치료는 1980년대 이후 장족의 발전을 하였다. 미국에서 1982년에 놀이치료학회(Association for Play Therapy: APT)가 결성되어 체계적인 발달을 이루었고, 1990년대 후반부터는 국제놀이치료학회(IAPT)로 확대 개편되었다. 이러한 발전과정에서 미국은 구어니(Louise Guerney), 셰퍼(Charles Schaefer), 오코너(Kevin O'Connor) 등 많은 대가를 배출하였다. 1980년대에 들어서면서 놀이치료는 어느 한쪽의 이론에 치우치지 않고 다양한 상담이론과 심리치료이론을 근거로 큰 발전을 하였고 더욱 다양한 놀이치료 접근이 등장하였다. 예를 들면, 정신분석적 놀이치료, 분석학적 놀이치료, 아동중심 놀이치료, 인지행동 놀이치료, 생태학적 놀이치료, 게슈탈트 놀이치료, 가족놀이치료, 치료놀이 등이 있다.

한국에서는 1970년대에 주정일 교수가 숙명여자대학교에서 아동중심 놀이치료를 처음 도입하여 발전시켰다. 그 결과, 임상장면과 교육현장에서 아동중심적 접근의 놀이치료가 많이 보급되었다. 주정일 교수를 주축으로 놀이치료연구회가 결성되었고, 1997년 6월에 한국놀이치료학회가 창립되었다. 이후에 한국아동학회와 한국발달심리학회에서도 놀이상담사를 훈련시키기 위한 과정을 만들었고, 한국아동심리재활학회, 한국아동심리치료학회, 한국영유아아동정신건강학회, 한국모래놀이치료학회와 같이 놀이상담사를 훈련시키는 새로운 학회가 계속해서 등장하였다. 요즘은 학회를 중심으로 놀이치료를 교육하고 놀이상담사를 훈련하여 자격증을 수여하고 있다. 아동상담을 위한 전문가를 필요로 하는 사회적인 요구와 맞물려 근래에는 놀이상담사라는 직업이 주목을 받고 있고, 학회 차원에서 놀이상담사를 양적으로 많이 배출하고 있다.

한국에서는 여전히 아동중심 놀이치료를 중심으로 아동상담을 하는 놀이상담사가 대부분이지만 최근에는 오클랜더식 접근방법의 게슈탈트 놀이치료, 신체적 접촉과 활동을 중심을 하는 치료놀이(Theraplay) 그리고 인지행동적인 접근이 주축이 되는 인지행동 놀이치료가 소개되었다. 한편, 부모자녀 간의 관계를 회복시키기 위한 부모자녀관계치료(Child Parent Relationship Therapy: CPRT)도 널리 보급이 되고 있다. 부모자녀관계치료에서 부모는 놀이상담사의 지도하에 놀이회기에 대한 훈련을 받고 부모가 직접 놀이회기를 진행하면서 놀이치료 과정의 파트너로서 참여한다. 이러한 과정을 통해 부모는 자녀와 소통하고 수용하는 방법을 효율적으로 배우게 된다.

발달지연아동이나 자폐아동의 경우에는 기존의 특수교육적 접근으로 아동의 발달을 촉진하던 입장에서 벗어나서 좀 더 다양한 접근이 대두되고 있다. 현재 임상현장에서 많이 적용되고 있는 응용행동분석(Applied Behavior Analysis)의 교육적 접근뿐만 아니라, 아직 소개 단계이기는 하지만 어린 자폐증 아동을 위한 ESDM(Early Start Denver Model)이 보급되기 시작하고 있다. 또한 발달지연아동의 감각통합적인 어려움에 주목한 그린스펀(Stanley I. Greenspan)의 플로어타임(Floor Time)이 소개되고 있고 이런 접근에 특화된 놀이상담사가 배출되고 있다.

3. 치료적 가치

놀이치료는 아동상담에서 언어를 통한 상담이 가지는 한계를 극복하는 데 많은 기여를 했다. 놀이치료의 치유적 가치를 살펴보면 다음과 같다.

첫째, 놀이를 통하여 아동과 놀이상담사는 쉽게 관계를 맺을 수 있다. 모든 상담에 있어 첫 단추는 상담사가 내담자와 관계를 잘 맺는 것이다. 아동이 보기에 놀이상담사가 자기의 놀이를 이해한다거나 혹은 아동이 원하는 방향으로 놀아 준다면 아동은 상담사에게 마음의 문을 쉽게 열어 준다.

둘째, 아동의 연령이나 발달 수준에 상관없이 모든 아동은 놀이를 통한 의사소통이 가능하다. 놀이는 아동에게 삶 그 자체일 뿐 아니라 아주 익숙한 자기표현 수단이다. 발달이 늦은 아동이든 신체적으로 불편한 아동이든 사춘기 청소년이든 모든 아동은 놀이로 자신에 대한 많은 것을 표현한다.

셋째, 놀이 자체의 치유적 힘이 있어서 아동이 굳이 의식화하지 않아도 무의식 차원에서 치유가 이루어지기 시작한다. 놀이를 하면서 행동으로 혹은 상징으로 본능을 마음껏 펼치면서 쌓여 있던 감정이 해소된다.

넷째, 어떤 부정적 감정도 놀이로 안전하게 표현할 수 있다. 분노, 질투, 두려움, 수치심과 같은 부정적 감정을 인식하고 표현하는 것은 누구에게나 힘든 일이다. 그러나 놀이라면 큰 두려움 없이 혹은 즐겁게 부정적 감정의 표현이 가능하다. 이러한 부정적 감정은 표현이 되면 점차적으로 완화되므로 아동은 자연스럽게 무거운 감정을 덜어내게 된다.

다섯째, 놀이에는 긍정적인 느낌이 수반된다. 놀이처럼 하고 싶은 것을 한다는 것 자체가 내부의 긴장감을 발산하여 완화시키는 효과가 있을 뿐 아니라 즐거움을 경험한다. 재미있고 즐거운 정서는 부정적인 정서와 스트레스를 해독하는 효과가 있으며 현재의 갈등을 새로운 시각에서 볼 수 있는 여유로움도 준다.

여섯째, 놀이를 통하여 다른 사람의 입장이 되어 역할을 해 보거나 혹은 어떤 문제에 대하여 혁신적이고 창의적인 관점을 가질 수 있다. 이는 놀이가 가정과 비사실적인 속성을 지니고 있어 현실 생활이 아닌 것처럼 진행될 수 있기 때문이다. 놀이 속에서 자신의 힘을 느끼고 발휘해 볼 수 있기 때문에 만족스러울 뿐 아니라 상상의 나래를 펴면서 새로운 시각으로 상황을 경험해 볼 수 있으므로 새로운 통찰을 얻기가 용이하다.

아동은 놀이치료를 받으면서 닫아 두었던 마음의 문을 열고, 두렵고 혼란스러웠던 자신의 감정, 욕구, 바람, 경험과 생각 등을 하나씩 표현하기 시작한다. 이러한 과정에서 아동은 자기 자신을 있는 그대로 수용하고, 자신이 누구이며 원하는 것이 무엇인지 그리고 어떻게 해 나가야 되는지를 알아간다. 이 과정에서 증상이 완화되거나 없어지고 일상생활에서 적응력이 커지면서 연령에 적절한 태도와 행동을 취하고 자신이 주인공이 되는 주도적인 삶을 살아 나갈 수 있다.

놀이 자체에 치유적 힘이 있기 때문에 굳이 놀이상담실이 아니더라도 아동이 마음껏 안심하고 놀 수 있는 환경이 제공되면 아동의 불안과 두려움은 완화되고 인간 누구에게나 내재된 긍정적인 성장의 힘이 작동한다. 그래서 아동을 이해하는 선생님과의 놀이시간 혹은 자녀 입장에서 생각할 수 있게 된 부모와의 시간 혹은 아동을 이해하고 사랑하는 좋은 성인과의 만남, 이 모든 것이 아동이 가진 성장의 힘을 자극하는 좋은 기회가 될 것이다.

4. 치료실과 치료도구

여기서는 아동중심적 입장에서 치료실과 치료도구를 살펴보고자 한다.

1) 놀이치료실

[그림 9-1] 놀이치료실 전경

놀이치료실은 아동에게 안전하고 편안할 뿐 아니라 아동이 자신을 표현하기에 쉽고 적절한 곳이라는 인상을 주어야 한다. 즉, 아동의 다양한 표현과 놀이를 위한 적당한 크기, 방음이 잘되고 외부로부터 보호될 수 있는 문과 창문, 쉽게 청소할 수 있는 바닥과 벽, 아동이 놀잇감을 꺼내기에 적절한 높이의 선반, 물/물감 놀이와 같은 감각운동 놀이를 할 수 있는 시설 등이 고려되어야 한다.

(1) 크기

랜드레스(2015)에 따르면, 놀이치료실은 아동이 안정감을 가지고 자신의 놀이에 몰두할 수 있는 공간이어야 한다. 치료실이 너무 크면 아동이 산만해지거나 불안해져서 자신의 놀이에 몰두하기 어려울 뿐 아니라 놀이상담사가 아동의 행동을 관찰하는 것이 어렵다. 치료실이 너무 작으면 아동이 답답해하거나 놀이상담사와의 밀착감 때문에 불편할 수 있다. 따라서 개별아동을 위한 치료실은 4×4m(약 4, 5평) 정도의 크기가 적당하다. 이 정도의 방 크기라면 아동이 안정감을 가지고 다양하게 자신의 놀이를 펼치고 놀이상담사는 아동을 잘 관찰할 수 있어서 아동의 정서를 실시간으로 반영할 수 있다. [그림 9-1]은 일반적인 치료실 전경이다.

(2) 시설

창문은 채광을 위하여 외부로 난 것은 좋으나 다른 사람의 방해를 받을 수 있는 복도나 로비 쪽으로 난 창문은 바람직하지 않다. 외부 소음의 영향을 적게 받을수록 치료실의 안전감과 안정감이 유지될 수 있다. 불안이 심한 아동은 밖에서 나는 소리에 영향을 받아 자신의 놀이에 몰두하지 못하고 중단하는 경우가 있다. 방음은 아동이 놀이에 몰입할 수 있도록 도와주며 편안하고 안전감 있는 치료실이 되게 한다.

아동은 물, 물감, 찰흙과 같이 쉽게 더러워지는 재료를 사용하여 놀이를 하기도 한다. 따라서 바닥은 청소하기 쉽고, 손상되었을 때 쉽게 바꿀 수 있는 재질이 좋다. 만일 바닥재에 무언가 묻었을 때 잘 지워지지 않거나 값비싼 재질이라면 치료과정에서 놀이상담사는 자신도 모르게 신경을 쓰게 되면서 아동의 행동에 상담사 태도나 표정으로 제한을 하는 식으로 영향을 미칠 것이다. 아동 또한 죄의식이나 좌절감 같은 불필요한 감정을 갖게 되므로 결과적으로 아동과의 관계 형성에 도움이 되지 않는다.

한편, 감각운동놀이나 물감과 모래처럼 지저분해지기 쉬운 놀이를 위한 시설인 냉온수가 나오는 수도와 싱크대 그리고 물이나 진흙놀이를 할 수 있는 바닥이 있으면 좋다. 가장 이상적인 환경은 치료실과 연결되는 작은 욕실이 있는 구조다. 또한 아동이 때로는 운동놀이를 할 수도 있기 때문에 공을 던져도 괜찮은 빈 벽과 같은 안전한 공간을 확보해 놓는 것이 좋다.

(3) 비품

놀잇감을 둘 수 있는 선반이 필요한데 선반의 높이는 아동이 서서 꺼낼 수 있는 정도의 높이인 90~100cm정도가 적당하다. 그러나 놀잇감을 비치할 공간이 부족하여 아동의 키보다 높게 선반을 제작한 경우라도 방 안의 의자를 이용하여 아동이 직접 꺼내도록 할 수도 있기 때문에 선반 높이에 대하여 크게 신경 쓰지 않아도 된다.

테이블과 의자는 아동의 안전을 위하여 안전하고 견고한 것으로 비치한다. 한국은 좌식문화이므로 의자가 필요 없는 낮은 탁자를 준비해도 좋다. 탁자는 상담사가 아동의 행동을 기록할 때나 아동이 그림을 그릴 경우 또는 상담사와 함께 게임을 하는 경우에 이용되기도 한다.

2) 놀이치료 도구

아동의 놀이는 상담과정 중 언어에 해당하며, 놀이에 사용되는 놀잇감이나 도구는 단어에 해당한다(Landreth, 2015). 따라서 아동 자신의 경험, 감정, 욕구, 생각을 잘 표현할 수 있는 놀잇감과 도구가 준비되어 있어야 한다.

놀이상담사가 어떤 치료적 접근을 하느냐에 따라서 구체적인 놀이도구는 달라진다. 신체놀이를 중심으로 하는 치료놀이(Theraplay)나 발달놀이치료는 놀이상담사와의 신체적인 상호작용이 중요하기 때문에 실제로 사용되는 놀이도구는 몇 가지 정도다. 미술작업을 통한 놀이치료는 아동의 표현놀이에 좋은 다양한 미술재료를 준비해야 한다. 모래작업을 통한 놀이치료는 기본적으로 모래상자와 수많은 작은 모형을 준비해야 한다. 정신분석적 입장에서는 아동의 심리적 외상과 관련된 감정을 정화하고 교정하기 위하여 그 아동을 위한 특정한 놀잇감을 따로 관리하여 준비하기도 한다. 한편, 아동중심적 입장에서는 가능한 한 다양한 놀잇감을 준비하여 아동이 그때그때 느끼는 감정과 욕구에 따라서 표현할 수 있도록 한다.

(1) 놀이도구 유형

랜드레스(2015)는 놀이치료에 유용한 놀잇감에 대하여 실생활을 탐색할 수 있는 놀잇감, 공격성이나 감정표출을 도와줄 수 있는 놀잇감, 정서적 표현이나 창의적 표현을 도와주는 놀잇감의 세 가지로 분류하였다. 이 외에 학령기 아동의 놀이치료에서 사용되는 게임 놀이도구를 함께 살펴보면 다음과 같다.

① 실생활 관련 놀이도구

실생활과 관련된 다양한 놀이도구가 있다. 〈표 9-1〉에는 놀이도구의 종류별로 아동이 표현할 수 있는 심리적 내용을 제시하였으며, [그림 9-2]는 집과 가족 인형, 학교, 병원, 가게 놀이를 할 수 있는 도구의 예다.

〈표 9-1〉 놀이도구 종류별 심리적 내용

놀이도구 종류	심리적 내용
인형집, 가족 인형, 사람 퍼펫	가족관계에서 경험하는 분노, 두려움, 수치심, 경쟁심, 질투감정과 욕구
유치원, 학교, 사람 인형	유치원이나 학교에서 경험하는 다양한 감정과 욕구
소꿉도구, 아기 인형, 양육도구	양육 경험과 관련되는 감정과 욕구
병원놀이 도구	병원에서의 부적절한 경험으로 인한 불안감 완화 숙달감과 통제감을 경험
슈퍼마켓 도구, 금전출납기	가게주인이 되어 상황에 대한 통제감과 조절감
탈것들	방 탐색을 위한 구실, 치료자에게 접근을 용이하게 함 탈것의 경험과 관련된 답답함, 좌절, 혼란스러움 움직임의 욕구와 힘

[그림 9-2] 실생활 관련 놀이도구 예

② 부정적 감정과 공격성 표출을 위한 놀이도구

놀이치료에서 아동은 자신이 말로 표현할 수 없을 정도의 강한 감정을 행동으로 표출하는 경우가 많다. 놀이상담사는 수용적인 환경을 제공함으로써 아동이 공격적인 감정을 자유롭게 발산하도록 돕는다. 〈표 9-2〉는 부정적 감정 표현에 유용한 놀이도구와 표현되는 심리적 내용을 제시한 것이며, [그림 9-3]은 부정적 감정을 놀이로 표현하는 데 유용한 도구의 예다.

〈표 9-2〉 놀이도구 종류별 심리적 내용

놀이도구 종류	심리적 내용
공룡, 맹수, 악당, 괴물, 용사, 군인, 총, 칼, 수갑, 펀치미, 퍼펫, 점토(두드리고 던지고 뭉치고 찢기)	부정적 감정과 공격적 욕구

[그림 9-3] 부정적 감정과 공격성 표출을 위한 놀이도구 예

③ 창의적인 표현과 정서적 해소를 위한 놀이도구

〈표 9-3〉은 창의적 표현과 정서 해소에 도움이 되는 놀이도구와 기대되는 심리적 내용을 제시한 것이며, [그림 9-4]는 창의적 표현과 정서 해소에 도움이 되는 도구의 예다.

〈표 9-3〉 놀이도구 종류별 심리적 내용

놀이도구 종류	심리적 내용
모래, 물	창조적으로 자기만의 세계 표현 이완, 변형과 창조
블록	탑을 쌓고 부수면서 정서 해소 집이나 원하는 건물이나 보호벽 건설
이젤과 물감, 그림도구	창의적으로 표현
점토(주무르고 만들기)	정서 해소

[그림 9-4] 창의적인 표현과 정서 해소를 위한 놀이도구 예

④ 게임 놀이도구

게임은 즐거울 뿐 아니라 아동의 정서, 인지, 신체, 사회성 등 다양한 측면의 발달을 도울 수 있다. 게임은 경쟁이라는 요소를 포함하고 있기 때문에, 경쟁 상황에 직면하여 그 상황을 잘 해결해 나가는 것을 배울 수 있다. 이를 통하여 유능감과 도전정신과 성취감을 경험할 뿐 아니라 좌절과 부정적 감정을 다루는 연습을 해 본다. 〈표 9-4〉는 게임 유형에 따른 게임 종류와 기대되는 심리적 내용을 제시한 것이다.

〈표 9-4〉 게임 유형별 게임 종류와 심리적 효과

게임 유형	게임 종류	심리적 효과
자아향상 게임	주사위 게임, 카드 게임, 젠가, 윷놀이, 할리갈리 등	자기통제력, 좌절 인내심, 규칙 지키기, 기억력, 계획적이고 논리적인 사고력
대화 게임	말하기 행동하기 느끼기 게임, 이웃 사귀기 게임, 집안에서 일어나는 일 등	가족이나 또래와의 관계 문제, 부모의 이혼, 상실, 왕따 등과 관련된 경험을 이야기함. 이를 통하여 감정 표현뿐 아니라 상황에 대한 이해와 대처방식에 관하여 대화하고 새로운 관점과 대처법을 배움

5. 상담사의 역할

놀이상담사는 아동 심리치료에서 두 가지 역할을 수행하여야 한다. 하나는 상담실 내에서 아동에게 반응하는 심리상담사 역할이고 다른 하나는 놀이치료실 이외의 환경(가족, 학교, 또래관계)에서 아동이 적절한 경험을 하도록 환경에 개입하여 방향을 안내하는 역할이다. 따라서 놀이상담사는 아동의 발달과 심리적 역동에 대한 이해뿐 아니라 아동을 둘러싸고 있는 환경의 영향력에 대해서도 인지하고 있어야 한다. 가장 중요한 환경은 부모이기 때문에 놀이상담사는 부모의 성격적인 문제와 가족관계의 역동성에 대해 잘 이해하여야 한다. 필요에 따라 부모가 양육상담이나 개인심리상담 혹은 가족상담을 받을 수 있도록 안내한다.

치료실 내에서 놀이상담사는 상담이 보다 효과적이 되도록 치료상황을 잘 만들어야 한다. 즉, 아동이 상담사와의 관계에서 안전감을 느끼고 자신 안에 깊이 있던 경험과 감정을 표현하도록 수용적인 분위기를 제공하여야 하며, 또한 아동이 자신의 어려움에 대한 통찰을 얻고 문제를 새롭게 이해하도록 치유적 개입을 적절하게 해야 한다.

놀이상담사의 역할에 대해 오코너(O'Connor, 2001)는 다음과 같이 제시하였다.

① 놀이상담사는 가능한 한 빨리 아동과 따뜻하고 친근한 치료적 관계를 맺어야 한다.
② 아동을 있는 그대로 수용해야 한다.
③ 아동의 감정 표현이 자유롭도록 허용적인 느낌을 전달해야 한다.
④ 반응적이고 공감적이어야 한다.
⑤ 아동에게만 집중해야 한다.
⑥ 아동의 단서에 반응해야 한다.
⑦ 자발적이고 융통성 있는 행복한 상담시간을 유지해야 한다.
⑧ 시간, 장소, 놀이상담사 등에 대해 분명히 구조화해야 한다.
⑨ 즐겁고 낙천적이며 긍정적인 건강한 치료시간을 유지해야 한다.
⑩ 아동이 놀이상담사를 좋아하는지에 관계없이 심리상담을 유지해야 한다.

⑪ 지나친 분노와 과잉행동은 끊어 주고 보호해 주어야 한다.

⑫ 신체적 상처를 돌보아 주어야 한다.

⑬ 아동 자체로 대하고 아동을 놀이상담사의 전이 대상으로 대하지 말아야 한다.

6. 치료의 실제

놀이치료에서 사용되는 놀이상담사의 반응을 몇 가지 소개하고자 한다. 다음의 놀이상담사 반응은 어린이집이나 유치원에서 교사가 아동을 다룰 때 그리고 가정에서 부모가 자녀를 대상으로 적용한다면 여러 면에서 도움이 될 수 있다. 즉, 아동은 교사나 부모에게 관심과 이해를 받고 있음을 느끼고 자신의 선택에 책임지는 것을 더 잘 배울 수 있다. 특히 치료적 제한은 교육현장이나 가정에서 아동의 마음을 존중해 주면서 훈육할 수 있는 아주 효과적인 방법이다.

1) 추적반응하기

놀이상담사가 아동에게 관심을 가지고 있으며 아동의 놀이를 이해하고 있다는 것을 전달하는 기법 중 하나가 추적반응이다. 아동이 놀이를 하는데 놀이상담사가 아무 말을 하지 않으면 아동 입장에서는 관찰당하거나 평가받는다고 느낄 수 있으며, 혹은 놀이상담사가 자기에게 관심이 없다고 생각할 수도 있다. 놀이상담사의 따뜻한 관심과 아동에 대한 존중은 놀이상담사가 아동의 놀이행동과 내용을 부드러운 목소리로 정감을 담아서 매 순간 읽어 줄 때 전달이 가능해진다. 놀이상담사가 아동의 놀이행동에 대하여 추적반응을 할 때, 놀잇감의 이름을 명명하거나 아동 행동의 의도를 놀이상담사의 임의대로 단정 짓지 않음으로써 아동이 창의성을 발휘하여 자신의 의도대로 마음껏 표현할 수 있는 허용적인 분위기를 만들어 주는 것이 좋다(Landreth, 2015). 다음은 추적반응의 예다.

아동: (길을 만들고 자동차를 꺼내서 그 위를 가게 한다.) 빵빵!
놀이상담사: 차가 길 위로 가고 있네.
아동: (달리던 차를 다른 차와 계속해서 부딪히게 한다.)
놀이상담사: 차가 부딪혔구나. 또 부딪혔네……. 계속 부딪히는구나.

2) 사고, 감정, 욕구 반영하기

놀이상담사가 아동을 있는 그대로 반영해 주기 위해서는 아동을 민감하게 이해할 수 있어야 한다. 놀이상담사가 아동에 대한 기대와 선입견을 가능한 한 버리고 아동의 입장에서 경험하고 느끼는 정도에 따라 아동을 민감하게 이해할 수 있는 정도가 달라진다.

아동에 대한 민감한 이해를 바탕으로 놀이상담사는 아동을 있는 그대로 수용할 수 있어야 한다. 수용하기 위해서는 아동에 대한 놀이상담사의 이해와 믿음뿐 아니라 놀이상담사의 개인적인 욕구와 불안을 내려놓을 수 있어야 한다. 놀이상담사의 불안 때문에 혹은 놀이상담사의 개인적 의도 때문에 아동에게 조언 · 제안 · 설명 · 질문을 하여 아동의 행동, 감정 및 사고를 방해하지 않아야 한다. 인내심을 가지고 수용하려는 노력을 하다 보면 마침내 놀이상담사는 아동의 관점에서 사물을 볼 수 있다. 놀이상담사가 아동을 이해하고 수용하고 있다는 것이 전달되면 아동은 안전감과 안정감을 느끼면서, 더욱 자기답게 마음껏 표현할 수 있을 뿐만 아니라 자신의 두려움에도 직면할 수 있는 용기가 생긴다.

놀이상담사의 민감성과 수용력을 바탕으로 아동의 사고, 감정, 욕구 등을 아동에게 반영해 줌으로써 이해하고 공감하고 있음을 아동에게 전달해 준다. 이러한 공감적 반영을 통해 아동은 자신의 감정이나 표현이 수용될 수 있는 것이라고 느끼면서 마음의 문을 열고 자신의 사고, 감정, 욕구에 대한 이해가 명확해지고 점점 더 깊은 탐색이 가능해진다. 다음은 반영의 예다.

아동: (얼굴이 굳어 있고 씩씩거린다.)

놀이상담사: 네가 화가 난 것 같은데…….

아동: 네가 싫어!(인형을 때리고 던진다.)

놀이상담사: 그것 때문에 화가 났구나! 때리고 던질 정도로……. 네가 아주 많이 화가 났구나!

3) 아동에게 책임감 돌려주기

책임은 경험을 통해서만 배울 수 있다. 누군가가 아동의 생각과 결정을 대신 해 준다면, 이는 곧 아동의 책임감 발달을 방해하는 것이다. 아동에게 자신에 대한 책임을 돌려주어야 아동은 자신을 조절할 수 있게 된다. 놀이상담사는 아동을 믿고 아동이 스스로 의사결정을 하도록 기꺼이 허용하여 자기 안내를 위한 기회를 제공해야 한다.

놀이치료 첫 시간에 아동은 종종 무엇을 해야 할지, 무엇을 가지고 놀아야 할지, 어려운 일을 어떻게 해결해야 할지를 놀이상담사가 말해 주기를 바란다. 놀잇감의 이름을 가르쳐 주는 것은 아동의 창의성을 억제하고 아동의 표현을 제한하고 놀이상담사가 책임을 떠맡는 것과 같다. 아동이 자기가 원하는 것을 할 기회를 주고 격려해 준다면 점차적으로 아동은 놀이상담사의 결정을 묻지 않고 스스로 사물에 이름을 붙일 수 있다.

또한 놀이상담사가 너무 급히 대답만 해 주지 않는다면 아동은 스스로 답을 한다. 놀이상담사는 사려 깊게 "으음." 하고 반응해 주면 된다(Landreth, 2015). 다음은 아동에게 책임감 돌려주기의 예다.

아동: (분명히 이름을 아는 장난감 한 개를 집으면서) 이게 뭐예요?

놀이상담사: 그건 네가 원하기만 하면 어떤 것이라도 될 수 있어. 여기서는 네가 정할 수 있단다.

4) 놀이 안에서 상호작용하기

놀이치료에서 아동이 원하는 놀이로 자신의 생각, 경험, 감정, 바람 등을 표현해 보도록 장려한다. 아동은 혼자서 놀이를 하지만, 자신의 놀이를 위해 놀이상담사가 어떤 역할을 해 주기를 바랄 때도 있다. 이때, 놀이상담사는 마치 로봇이 된 것처럼 철저하게 아동이 원하는 역할을 해 주면 된다.

어떤 아동은 분명하게 역할을 정해 주고, 무슨 말을 해야 할지를 하나하나 구체적으로 알려 주기도 한다. 그러나 구체적으로 표현하지 않은 채 놀이상담사가 알아서 해 주기를 바라는 아동도 있다. 놀이는 아동의 놀이이기 때문에 놀이상담사는 자신의 욕구, 기대, 생각, 불안 등을 알고 조절해서 아동의 놀이를 방해하지 않도록 조심해야 한다. 아동이 어떤 역할을 놀이상담사에게 주었을 때, 그 상황에서 할 수 있는 보편적이면서 중립적인 반응을 해 주는 것이 좋으며, 어떤 선택이나 특정 태도를 취해야 할 경우에는 그 선택을 아동에게 맡겨야 한다. 아동에게 속삭이듯이, "뭐라고 말할까?", "어떻게 할까?"라고 물어서 아동이 원하는 대로 하도록 노력한다.

놀이상담사는 아동이 부여한 놀이 속의 역할에 충실하면서도, 필요한 순간에는 놀이상담사의 목소리로서 아동이 놀이 속에서 표현한 생각, 태도, 경험, 감정, 욕구를 반영해 주어야 한다. 예를 들어, 놀이상담사가 한 살 된 아기 역할을 하는 경우를 생각해 보자. 아동은 놀이상담사에게 아기인형을 데리고 깜깜한 숲속에 들어가라고 하고 길을 잃었고 엄마를 찾으라고 요구한다. 아기(놀이상담사)는 엄마를 애타게 찾으면서 깜깜한 숲속이 무섭다고 운다. 역할에 충실하게 한 후에, 놀이상담사는 상담사의 목소리로 다음과 같이 놀이 속에서 공감적으로 반영해 줄 수 있다.

놀이상담사: (아기 목소리로) 엄마! 엄마! 무서워……. 엄마, 어디 있어……. 엉엉……. (놀이상담사 목소리로) 아기는 엄마를 잃어버려서 너무 무섭구나. 더구나 깜깜한 숲속이라 더 무서울 것 같아. 아기는 너무 무섭고 불안해서 울고 있네.

5) 치료적 제한 설정하기

놀이상담사의 수용성을 많이 강조하는 아동중심 놀이치료에서도 아동이 현실적인 책임감을 기르도록 하기 위해서, 아동의 부적절한 행동에 대하여 필요한 제한은 해야 한다고 강조한다. 그러나 제한의 주요 목적은 아동의 부적절한 충동적인 행동을 금지하는 것보다는 아동이 자기 마음을 인식하고 수용하며 욕구와 충동을 현실적으로 수용 가능한 행동으로 돌리는 것을 배우는 데 있다.

(1) 목표

치료적 제한의 목표는 다음과 같다.

- 아동이 자신의 욕구나 충동을 인식하고, 이를 사회적으로 용인되는 방식으로 해결하는 방법을 배우며, 이를 통하여 책임감을 키운다.
- 대인관계 속에서 지나친 죄의식이나 불안감을 경험하지 않도록 한다.
- 일관성 있는 환경을 제공해 준다. 놀이상담사도 인간이기 때문에 위협을 느끼거나 불안감을 느끼면 상담실에서 일관성 있게 아동을 대하기가 어려워진다. 따라서 아동은 혼란스러워진다.

(2) 내용

일반적으로 제한 설정을 하는 내용은 다음과 같다.

- 놀이도구 이외의 다른 시설물이나 재산을 파괴하지 않아야 한다.
- 신체적으로 상담사를 공격해서는 안 된다.
- 정해진 시간 외에 치료실에 머물러서는 안 된다.
- 치료실의 놀잇감을 밖으로 가지고 나가서는 안 된다.
- 창문 밖으로 놀잇감이나 물건을 던져서는 안 된다.

(3) 절차

제한을 설정할 때는 침착하면서도 단호하고 엄격하게 해야 한다. 제한 설정의 절차는 일반적으로 다음의 과정을 거친다(Landreth, 2015).

① 1단계: 아동의 마음을 읽어 주기

모든 행동에는 동기가 있고 그 동기를 알리고자 행동하는 경우가 많다. 따라서 내면의 동기, 즉 아동의 감정이나 내면의 원망이나 바람을 언어화하여 읽어 주고 알아주는 순간 아동의 감정은 약화되고, 굳이 행동으로 옮길 필요성을 덜 느끼게 된다. 또한 아동은 자신의 동기가 무엇인지를 보다 분명하게 인식하고 놀이상담사에게 수용받고 있음을 느낀다. 아동의 감정에 대한 수용이나 인식 없이 제한을 설정하는 것은 바람직하지 않다.

② 2단계: 제한을 설정하기

제한은 분명해야 하며 무엇을 제한하는지가 정확하게 전달되어야 한다. 무엇이 적절하고 적절하지 않은지, 무엇이 허용되고 허용되지 않는지에 대한 애매함이 아동의 마음속에 없어야 한다.

제한의 목적은 행동을 중지시키기 위한 것이 아니라, 행동을 변화시킬 책임이 아동에게 있음을 배우게 하기 위함이다. 만약 "물감을 바닥에 칠해서는 안 돼!"라고 말한다면, 이는 놀이상담사가 아동에게 지시하는 것이고 놀이상담사가 책임을 지는 결과가 된다. 아동은 자신의 행동에 책임지는 것을 배워야 한다. 따라서 '~하지 마라'보다는 "바닥은 물감을 칠하는 곳이 아니야."라고 현실을 알려 줌으로써 아동이 자기가 하는 행동의 의미를 깨닫고 자신의 행동을 스스로 조절하게 한다.

제한 설정의 시기는 일반적으로 제한해야 할 행동이 일어난 순간에 하는 것이 좋다. 그러나 어떤 경우에는 먼저 제한을 설정한 이후에 아동의 마음을 읽어 주기도 한다. 예를 들면, 아동이 놀이상담사에게 나무 블록을 던지려는 급박한 순간에는 "던져서는 안 돼!"라고 단호하게 먼저 말하면서 블록을 잡아 내린 후에, 아동의 화가 난 현재 마음을 읽어 주어야 한다.

③ 3단계: 수용 가능한 대안 주기

아동이 자신의 감정과 욕구가 무엇인지 인식하고 이를 현실에서 수용 가능한 방식으로 해결하는 방법을 배우는 것은 아동 적응에서 매우 중요한 학습이다. “선생님을 때려서는 안 돼. 선생님은 맞으면 아파. 맞고 싶지 않아. 대신 이 인형은 장난감이니까 때려도 된다.” 또는 “바닥은 그림 그리는 곳이 아니야. 대신 이 종이에 물감을 칠해도 된다.”라는 등의 수용 가능한 대안을 줌으로써 아동은 현실에 적응하는 법을 배울 수 있다. 대안을 줄 때, 가능하다면 여러 개의 현실적인 대안을 주어서 아동이 선택하도록 하는 것도 괜찮다.

④ 4단계: 마지막 선택을 알려 주기

놀이상담사의 인내심과 원칙에 따라서 3단계의 과정을 몇 번 반복하다가 마지막 선택을 알려 준다. 예를 들면, 바닥에 계속해서 물감을 칠하려는 아동이 있다면 마지막 선택을 다음과 같이 언급한다. “네가 한 번 더 물감을 바닥에 칠한다면, 오늘은 네가 물감을 갖고 놀지 않기로 선택한 것이다.”라고 언급한 후에, 그다음 위반하면 “오늘은 네가 물감을 갖고 놀지 않기로 결정했구나.”라고 하면서 치운다.

치료적 제한 예

다트게임을 하는 중이다. 아동은 이기고자 하는 욕구가 매우 강한 아동이다. 첫 번째는 아동이 이겼고, 두 번째는 놀이상담사가 이겼다. 세 번째 판도 상담사가 이길 가능성이 큰 상황이 되었다. 그 순간 아동이 씩씩거리면서 상담사를 향해 다트핀을 던지려는 자세를 취한다. 순간 상담사도 다트핀을 잡아서, 아동과 상담사가 다트핀을 같이 잡고 있는 상황이다.

1단계: “이번 판에는 네가 꼭 이기고 싶은데……, 질 것 같아서 지금 너무 속상하구나! 너무 속이 상하면 화가 나지! 그래 네가 너무 속이 상해서 지금 엄청 화가 났다는 거 알겠어! 그래서 그 다트핀을 선생님에게 던지려고 하네…….”

2단계: “다트핀은 다트판에만 던질 수 있어. 선생님은 다트판이 아니잖아. 사람에게 던지면 다칠 수 있어." (상황에 따라 2단계 제한 설정을 먼저 하고 1단계 마음 알아주기를 해도 된다.)

아동이 다트핀을 잡은 손의 힘을 빼고 놀이상담사가 다트핀을 가진다. 아동은 여전히 씩씩거린다.

3단계: "너무 화가 나서 무언가를 던져야 화가 풀릴 수 있다면 이 공들을 던져도 돼. 여기 있는 공들은 말랑말랑한 공이고 사람에게 던질 수도 있어."

놀이상담사는 공을 아동에게 준다. 아동은 공을 잡아서 상담사에게 던지고 상담사는 공을 잡거나 피한다. 여러 번 하다가 공놀이처럼 되어 버리고 아동도 화가 풀린다. (혹은 벽에 공을 던져도 된다는 대안을 줄 수 있다. 여기서는 아동이 상담사를 향해 무언가를 던지고 싶어 하는 욕구가 강했기 때문에 사람에게 던져도 되는 대안을 주었다.) 이후에 다시 다트게임을 했으나 이런 상황이 또 반복된다.

놀이상담사는 아동에게 마지막 선택을 알려 준다.

4단계: "한 번 더 다트핀을 선생님에게 던지려고 한다면 오늘은 네가 다트게임을 더 하지 않겠다고 선택한 것으로 알겠어."

이후에도 아동이 다트핀을 놀이상담사에게 던지려고 했고, 상담사는 아동에게 "오늘은 네가 다트게임을 더 하지 않겠다고 결정했구나."라고 말하고 다트핀을 치운다.

7. 사례

다음은 놀이치료 과정에 대한 구체적인 이해를 돕기 위한 사례다. 놀이상담실에 비교적 많이 의뢰되는 아동 유형을 저자의 경험에 비추어 사례를 재구성하였다. 사례는

3부로 나누어서 제시되는데, 이는 놀이상담사가 처음 사례를 접하고 상담을 해 나가는 순서와 같다.

《 1부 아동 이해를 위한 초기 자료 》

어린이집 교사와 상담 후에 아동의 어머니가 본 센터로 상담을 신청하게 되었다. 다음은 접수면접을 토대로 정리된 내용이며, 심리검사는 부모가 동의하지 않아 실시하지 못하였다.

1. 인적사항 및 첫인상

- 어린이집에 재원 중인 5세 8개월의 남자아동이다.
- 보통의 체격에 귀여운 외모였으며, 다소 긴장하여 위축된 듯이 보였다.

2. 주호소

어머니가 보고한 주호소 문제는 다음과 같다.

- 또래와 못 어울리고 혼자 논다.
- 집에서도 혼자 화장실을 못 간다.
- 무섭다면서 혼자 잠들지 못한다.
- 자주 배가 아프고, 가끔 구토도 한다(월 2~3회 정도, 4세 무렵부터 시작).

아동의 주호소 문제는 다음과 같다.

- 친구가 자기 맘대로 하는 것이 싫다.
- 친구가 나랑 안 놀아 준다.

3. 발달사 및 생육사

아동 출생 후 어머니가 산후조리하고 직장으로 복귀하였다. 이후 생후 9개월까지 외조모가 돌보다가 몸이 안 좋아져서, 이후에 출퇴근하는 아주머니가 돌보았다. 아동 3세 6개월에 어머니가 직장을 중단하기까지 아주머니가 네 번 바뀌었다. 아주머니들은 아동을 과보호하였고, 아동은 아주머니에게 자신이 해야 할 일을 시키거나 때리는 등 다소 함부로 하였다.

아동의 신체발달은 정상발달이고 언어와 인지 발달은 또래보다 약간 빠른 편이었으며, 새로운 것을 받아들이는 것을 어려워하는 편이었다. 2세 반 무렵에 놀이방에 들어갔으나 적응을 못하여 1개월 만에 중단하였다. 이후 3세 3개월부터 다시 어린이집을 다니기 시작했다. 교사의 지시에는 잘 따르는 편이었으나 또래와는 어울리지 못하고 혼자 놀았다.

어머니가 둘째 임신 후에 입덧이 심해지고 아동을 돌보기 위해 직장을 중단하고 3세 6개월부터 돌보았다. 이후 아동은 아침에 어린이집에는 가지만, 집에 있을 때는 어머니랑 잘 분리하지 못하였다. 이에 대하여 어머니는 아동에게 짜증을 내곤 하였다.

한편, 어머니가 집에 있게 되면서 아버지가 양육에 거의 도움을 안 주었고 시댁의 간섭이 많았으며, 이로 인한 부부간 갈등으로 서로 큰소리로 싸우곤 하였다. 부부싸움 후에 어머니가 아프면, 아버지는 아동에게 "너 때문에 엄마가 아파."라고 말하곤 하였다. 어머니가 아플 때 아동은 불안해하면서 배가 아프다고 호소하고, 때로는 구토를 하였다.

아동이 4세 때에 여동생이 출생하였고, 아동은 동생에게 약간 공격적인 행동을 보였다. 이 행동 때문에 아동은 부모에게 혼나기 시작하였다. 최근에는 아버지가 양육에 조금씩 관여하나 동생을 더 예뻐하였고, 아동에게는 지시적이고 제한적이며 엄격하였다.

4. 가족관계

현재 부모와 여동생과 살고 있다.

아버지(36세)는 대졸이고 회사원이며, 집에서는 짜증을 잘 내고 요구가 많은 편이다. 여동생을 편애하고 아동에게는 엄격하다. 어머니(34세)는 대졸이고 주부이며, 급하고 감정적이고, 조금이라도 위험해 보이거나 더러운 것을 제한하는 편이다. 동생(2세)은 활달하고 애교가 많다.

5. 심리검사

심리검사는 부모가 경제적 이유로 원하지 않아서 실시하지 못하였다.

《2부 사례개념화》

다음은 접수면접, 아동놀이관찰(놀이치료 초기 1~4회) 및 부모면담을 토대로, 놀이상담사가 파악한 아동 문제와 그 원인에 대한 이해 그리고 상담 목표 및 전략을 제시한 것이다.

1. 아동 문제의 이해

1) 아동의 현재 문제

- 불안감: 어머니와의 분리불안이 있고, 어머니가 재워 주어야만 하고, 혼자 화장실에 못 간다.
- 증상: 배가 자주 아프고 구토를 한다.
- 부모-자녀관계: 아버지에게는 위축되며, 어머니에게는 짜증이 많다.
- 또래관계: 또래관계에 끼어들지 못한다. 적절하게 자기표현을 하지 못한다.

2) 아동 문제의 원인

- 아동은 인지적으로 우수하고 욕구가 크며, 소심한 기질인 것으로 추정된다. 어려서부터 양육자가 자주 바뀌는 불안정한 환경을 경험하였고, 더구나 어머니의 제한적이고 감정적인 태도로 인하여 어머니와 안정적인 애착을 형성하기가 어려웠을 것으로 보인다.
- 불안정 애착 상태에서 어린이집에서의 생활은 아동에게 벅찬 환경이었고, 자신감 부족으로 또래관계에서 자기표현을 하기 어려워진 것으로 보인다. 자신감과 표현 부족에는 돌보아 주는 아주머니들의 과보호와 부모의 제한적이고 훈육적인 태도도 영향을 준 것으로 추정된다.
- 3세 6개월에 어머니가 집에서 돌보기 시작했지만, 부모의 짜증과 부부간의 불화로 인하여 아동은 더욱 불안해지면서 혼자서 못 자고, 화장실 혼자 못 갈 뿐 아니라, 배 아프고 구토증상을 보이기 시작했다. 4세 무렵 동생 출생 후에 동생에게 공격성을 보이면서 부모에게 더 많이 야단맞고 혼나게 되고, 이에 따라 아동의 부정적 감정은 더욱 커지고 자신감은 더욱 부족해지는 악순환이 반복된 것으로 보인다. 이런 악순환 속에서 아동은 분노감과 죄책감이 쌓이면서 심리적으로 더욱 불안해지고 증상이 나타난 것으로 생각된다.

2. 상담 목표 및 전략

1) 상담목표

- 부모와 안정적인 애착 형성하기
- 분노감, 죄책감, 혼란감과 같은 부정적 감정을 놀이로 표현하여 완화하기
- 신체화 증상(배아픔, 구토) 완화 및 소멸시키기
- 자신의 감정과 욕구를 인식하고 솔직하게 표현하기
- 자신감 증진하기
- 부모-자녀관계 개선하기
- 또래관계 개선하기

2) 상담전략

- 아동: 개별 아동중심 놀이치료를 주 1회(40분)씩 진행한다.
  - 아동이 원하는 놀이를 할 수 있도록 수용적인 환경을 조성해 준다.
  - 아동이 이해받고 있고 자신의 욕구와 감정을 보다 잘 인식할 수 있도록 아동의 욕구와 감정을 민감하게 반영해 준다.
  - 좌절과 분노와 혼란감으로 아동이 용인될 수 없는 행동을 할 때 치료적 제한을 통하여 아동이 자신의 욕구와 감정을 인지하고 사회적으로 용인되는 행동으로 표현하도록 돕는다.
  - 아동을 지지해 주고 격려해 주어 자신감이 증진되도록 돕는다.
  - 개별 놀이치료가 종결된 후에 또래관계와 사회성 기술 증진이 더 요구되면 사회성 집단훈련 프로그램을 고려한다.
- 부모: 아동을 이해하고 바람직한 양육과 훈육행동을 배우기 위한 양육상담을 주 1회씩 10회 실시한다.

3부 놀이치료 과정

한 회기는 아동과의 놀이치료 40분과 부모상담 10분으로 구성된다. 초기에 부모 양육상담

을 50분씩 4회기 진행하였다. 총 38회기로 진행된 놀이치료 과정을 초기, 중기, 말기 과정으로 나누어서 놀이치료에서 나타난 놀이 주제와 아동 태도를 중심으로 기술하였다. 부모상담은 보고한 내용 중에서 변화된 아동 행동을 중심으로 제시하였다. 놀이상담사의 말은 ( ) 안에 넣었다.

1. 초기과정(1~4회)

조심스럽게 탐색한다. 놀이로 들어가지 못하고 자기가 잘 아는 자동차에 대한 이야기를 주로 한다.

1회: 어머니와는 분리하여 들어왔으나 문을 열어 두기를 바란다. 놀지 못하고 주로 차에 대한 지식을 이야기한다. 회기 후반에 '보석'이라면서 구슬을 여기저기 숨기고 놀이상담사에게 찾으라고 한다.

2~4회: 문 닫기. 주로 차를 탐색하면서 "난 차박사다."라고 한다. 3회부터는 다른 놀잇감에도 관심을 가지기 시작한다. 구슬을 숨기고 놀이상담사에게 찾게 하고, 찾은 구슬을 경찰서 감옥에 넣는다.

2. 중기과정(5~34회)

안전하지 못했고 잘 돌보아지지 못한 것과 관련된 불안감과 분노를 표현한다. 평가에 대한 불안감을 표현한다. 후반에는 자아의 힘을 기르는 게임과 대적놀이를 주로 한다.

중기 1 (5~15회): 구슬을 가둔다. 말을 여전히 많이 하나 놀이가 시작된다. 공격놀이는 어류, 곤충, 공룡이 잡아먹기 혹은 차들이 부딪히는 형태로 나온다. 놀이상담사를 대상으로 공격성이 약하게 나온다. 7회부터는 아버지와 집에 대한 부정적 마음을 집을 엉망으로 하는 것으로 표현한다. 9회에는 마음 놓고 차들끼리 부딪히기를 한다. 12회부터는 그림을 그리고 싶어 하나 놀이상담사가 대신 그려 주길 바란다.

5회: 칼싸움을 시작했으나 놀이상담사를 자기 맘대로 칼로 때리지 못하니까, 놀이로 바꾸어서 놀이상담사가 가진 토끼를 칼로 치고, 거미가 되어서 놀이상담사가 가진 곤충을 잡아먹는다. 밖에서 소리가 나니까 문을 잠근다.

7회: 아빠가 싫다고 말하나 내용은 말을 안 한다. 집과 병원을 엉망으로 한다. "이럴 때 선생님 마음은 어때요?" 상어가 먹이를 잡아 왔으나 집에 있는 아기 상어는 이미 죽어 있다.

9회: 공항과 주차장을 꺼낸다. 비행기가 사고 나고, 경주차도 사고 난다. 차가 주차한다면서 집으로 들어가더니 "엉망!"이라 하면서 집안을 부수기 시작한다. "진짜 엉망으로 할까?" (놀이로는 마음 놓고 할 수 있지. 근데 진짜 성질나서 다 엉망으로 하고 싶을 때가 있긴 해.)

12회: 그림을 그리고 싶은데 선뜻 그리지 못하고 놀이상담사에게 시킨다. 놀이상담사가 격려해 주고 기다려 주니까 전기 물고기 한 마리를 그린다. 전기 물고기가 돌고래 새끼를 잡아먹고 엄마 돌고래는 도망가는 놀이를 한다.

13회: 무지개를 그려서 가져가고 싶다면서 놀이상담사에게 그려 달라고 한다. (네 그림은 네가 그렸으면 해. 그래야 네가 그리고 싶은 걸 그릴 수 있는데⋯⋯ 잘 못 그릴까 봐 걱정 되니?) "예." 격려해 주어서 아이가 스스로 그리도록 돕고 아이는 만족해 한다. 다시 그리나 잘 안 되니까 포기한다.

15회: 화가 난 듯이 펀치미를 때리고 차기. (무엇 때문에 화가 났니?) "아빠가 내 돈을 안 줘요. 돼지 밥 주려고 하는데⋯⋯ 아빠가 그 돈으로 담배를 피울까 봐 걱정이에요." (놀이로 돈을 만들어 볼까?) 돈 만들기. 지난 시간보다 스스로 자발적으로 한다.

중기 2 (16~22회): 안전감과 관련된 주제의 놀이를 많이 한다. 놀이상담사에게 시키는 행동이 많아진다. 나쁜 음식과 관련된 놀이, 공격적 놀이를 좀 더 본격적으로 한다.

16회: 길을 만들고 공항, 터널, 경찰서 등을 꾸민다. 여기저기에 거미와 곤충을 놓으면서 놀이상담사에게 자리를 비켜 달라고 한다. 거미 때문에 놀이상담사가 앉을 곳이 없게 한다. 방안 여기저기에 거미를 늘어놓으며 "무섭다."라고 말한다.

17~19회: 놀잇감을 갖고 오더니 놀이상담사에게 치우라고 시키듯이 한다. 불나고 공룡들이 다친다. 소방차와 구급차가 등장해서 치료해 준다. 경찰차는 불을 낸 뱀들을 잡아서 감옥에 가둔다. 19회는 공룡 경찰이 집 안에 숨어 있는 괴물들을 잡아서 감옥에 넣는다. 찰흙으로 음식을 만들어서 놀이상담사에게 주나 상하고 똥맛 나는 음식이라고 한다.

20회: 처음으로 게임을 선택한다. 아동은 질까 봐 걱정하고 우기는 행동을 보인다. 놀이상담사는 아이 식대로 게임하는 것을 허용해 준다.

21~22회: 벽에 그린 괴물이나 공룡에게 청자토를 던져서 맞추는 놀이를 한다. 더럽고 상한 음식을 놀이상담사에게 주고 먹으라고 한다.

중기 3 (23~31회): 자기편과 놀이상담사 편을 나누어서 대적하는 놀이를 한다.

23회: 게임을 하다가 불리해지니까 게임 규칙을 바꾸려고 한다. (원래 규칙이 있지만, 네가 맘대로 규칙을 바꾸고 싶어 하는구나. 그러면 네 맘대로 식의 게임이 되는 거네.) 아이는 자기가 원하는 방식대로 게임을 한다. 후반의 햄버거게임은 "원래 규칙대로 하겠다."라고 했으나 약간 불리한 상황이 되니까 아이 방식대로 규칙을 수정해서 이긴다.

24~28회: 많은 수의 힘센 동물과 공룡을 자기편으로 하고, 적은 수의 약한 동물을 놀이상담사 편으로 나누어서 대적한다. 일방적으로 아동 팀이 승리한다. 후반에는 점차 놀이상담사에게도 센 동물을 주고, 자기편도 죽고 당하는 장면이 나타난다.

29~31회: 대적놀이에 파워레인저나 스파이더맨 같은 정의의 용사가 등장한다. 무기나 전략도 사용한다.

중기 4 (32~34회): 규칙을 지켜서 게임을 한다.

32~34회: 게임을 하는데 규칙대로 하며 질 때에도 전보다 편하게 받아들인다. 종료 준비를 위해 34회에 아동에게 그동안 개선된 내용을 중심으로 이야기하고, 얼마나 더 하고 싶은지 묻자 한 달이라고 대답하여 다음 시간부터 종료를 준비하기로 한다.

3. 말기과정과 종료(35~38회)

규칙을 지키면서 다양한 게임을 한다. 마을을 건설하고 차가 사고 없이 잘 다닌다. 기찻길을 만들고 기차가 가는 것을 즐긴다. 가족과 놀러 갔던 일, 친구들과 논 것을 즐겁게 이야기한다.

《 총평 》

1. 놀이상담사 평가

아동은 초기에는 놀이를 하지 못하고 자기의 애착대상으로 보이는 자동차에 대한 이야기를 주로 하면서 놀이실과 놀이상담사가 안전한지를 탐색한 것으로 보인다. 이후에 놀이상담사와 신뢰감이 형성되면서 과거의 경험으로 인하여 현재 아동의 마음속에 쌓여 있는 부정적 감정을 놀이로 풀어내었고, 또한 대적놀이와 게임을 하면서 자아의 힘을 길러 온 것으로 보인다. 30회기 넘어가면서 부정적 감정과 갈등과 관련된 놀이가 거의 보이지 않고 아동이 게임을 즐기는 태도로 많이 변화한다. 부모와 상의하고 아동의 의견을 물어서 종료를 하게 된 사례다. 종료 시점에 또래관계도 많이 개선되어 사회성 훈련 집단 프로그램은 실시하지 않았다.

아동의 이런 변화와 성장은 놀이치료 경험뿐 아니라 초기에 집중적으로 양육상담을 하여 아동에 대한 이해와 바람직한 양육태도를 적극적으로 이끌어 낸 것이 커다란 역할을 한 것으로 보인다.

2. 부모 평가

놀이치료가 시작되고, 초기에는 아동이 집에서 아기 짓을 하고 어머니에게 안아 달라고 하는 행동이 부쩍 증가하였지만 표정이 밝아졌다. 그러면서 동생과 전보다 잘 지내기 시작하였다.

5개월이 경과한 중기 2의 시점에서는 아동의 배 아프고 토하는 증상이 거의 사라졌다. 또한 부모가 혼을 내도 전처럼 쉽게 주눅이 들지 않았고 자기 의견을 잘 말하기 시작하였다. 아기처럼 하는 초기의 퇴행 행동도 거의 보이지 않게 되었다. 유치원에서도 또래에게 먼저 다가가고 같이 잘 어울려서 놀게 되었다. 전반적으로 많이 밝아졌고 씩씩해졌으며, 낯선 곳에 가서도 적응하는 시간이 짧아졌다. 부모에게도 스스럼없이 다가오고 유치원에서 있었던 일도 잘 이야기하게 되었다.

요약

놀이치료란 훈련받은 놀이상담사가 도움이 필요한 아동을 대상으로 놀이의 치료적 힘을 활용하는 심리치료다. 놀이는 아동이 자신의 감정, 욕구, 경험, 생각을 표현하는 데 수월하고 동기유발이 잘되는 효율적인 방식으로 놀이 자체에 심리치유적 힘이 있다.

아동은 놀이치료를 받으면서 마음의 문을 열고, 두렵고 혼란스러웠던 자신의 감정, 욕구, 바람, 경험과 생각을 하나씩 표현하기 시작한다. 이러한 과정에서 아동은 자기 자신을 있는 그대로 수용하고, 자신이 누구이며 원하는 것이 무엇인지와 어떻게 해 나가야 하는지를 알아간다. 증상은 완화되거나 없어지고 일상생활에서의 적응력은 커지면서 연령에 적절한 태도와 행동을 취하고, 자신이 주인공이 되는 주도적인 삶을 살아갈 수 있다.

놀이상담사 역할은 두 가지 측면이 있다. 상담실 내에서 아동에게 반응하는 놀이상담사로서의 태도와 놀이치료실 이외의 환경(가족, 학교, 또래관계)에서 아동이 적절한 경험을 하도록 환경에 개입하여 방향을 안내하는 것이다. 따라서 놀이상담사는 부모의 성격적인 문제와 가족관계의 역동성에 대해 잘 이해하고 있어야 하며, 필요에 따라 부모가 양육상담이나 개인심리상담 혹은 가족상담을 받을 수 있도록 안내해야 한다.

놀이상담사는 아동이 놀이상담사와의 관계에서 안전감을 느끼고 자신 안에 깊이 들어 있던 경험과 감정을 표현하도록 수용적인 분위기를 제공하여야 하며, 또한 아동이 자신의 어려움에 대한 통찰을 얻고 문제를 새롭게 이해하도록 개입을 적절하게 해야 한다. 이를 위한 구체적인 반응기법에는 추적반응하기, 반영하기, 책임감 돌려주기, 놀이 안에서 상호작용하기, 치료적 제한 설정하기가 있다.

활동

1. 추적반응하기

놀이상담사가 아동에게 관심을 가지고 있으며 아동의 놀이를 이해하고 있다는 것을 전달하는 기법 중 하나가 추적반응이다. 다음 상황별로 추적반응을 연습해 보자.

① 상황 1

4세 아동이 구술을 집으면서 "사탕."이라고 말한다.

추적반응: ______________________________

② 상황 2

아동이 기찻길을 만들고 길 위에 장애물을 놓는다. 아동이 기차를 기찻길로 가게 하다가 장애물을 만나자 점프를 하게 한다.

추적반응: ______________________________

③ 상황 3

인형집 놀이를 한다. 아동이 아빠인형, 엄마인형, 아이인형이 부엌에서 밥을 먹고 1층에 있는 방에서 함께 잔다. 2층 방에 있는 요람 안에는 아기인형이 계속 누워 있고 주변에는 아무도 없다.

추적반응: ______________________________

2. 반영하기

놀이상담사의 민감성과 수용력을 바탕으로 아동의 생각, 감정, 욕구 등을 알아차리고 아동에게 반영해 줌으로써, 놀이상담사가 아동을 이해하고 공감하고 있음을 전달해 줄 수 있다. 다음 상황을 읽고 반영하는 연습을 해 보자.

● 과정

① 다음 상황을 읽고 각자 아동의 행동, 욕구, 감정을 적어 보자.

철수(초등학교 1학년)가 화난 표정으로 들어와서는 '보보인형'을 퍽퍽 치고 있다. 놀이상담사는 아동이 보보인형을 충분히 칠 때까지 기다린다. 이후에 놀이상담사가 아동에게 말한다. "무언가 속이 상한 일이 있었던 것 같은데……." 아동이 말한다. "엄마는 자기 맘대로만 해요. 오면서 햄버거 사 준다고 약속해 놓고서…… 난 지금 먹고 싶단 말예요! 엄마는 거짓말쟁이야!"

철수의 행동은? ______________________________

철수의 욕구는? ______________________________

철수의 감정은? ______________________________

② 두 사람이 짝을 이루어 각각 아동 역할과 놀이상담사 역할을 맡는다. 놀이상담사 역할을 맡은 사람은 아동의 행동, 욕구, 감정을 연결하여 하나의 문장으로 자연스럽게 아동에게 반영해 준다.

③ 아동 역할을 맡은 사람은 놀이상담사의 반영을 듣고서 어떻게 느꼈는지 피드백을 준다.

3. 책임감 돌려주기

놀이상담사는 아동이 스스로 결정하고 선택할 수 있도록 아동에게 책임감을 돌려주어야 한다. 다음과 같은 상황에서 아동에게 책임감을 어떻게 돌려줄지 놀이상담사로서 반응해 보자.

① 상황

4세 아동이 그림을 그리겠다고 해서 종이와 크레파스를 준비해 주었다. 그러자 아동이 다음과 같이 놀이상담사에게 요청한다.

아동: 못 그려요. 자동차 그려 주세요.

놀이상담사 반응: ______________________________

② 상황

5세 아동이 동물 인형 한 개를 집으면서 놀이상담사에게 묻는다. 아동: 이거 뭐예요? 어떻게 갖고 놀아요?

놀이상담사 반응: ______________________________

③ 상황

6세 아동이 바구니에서 기찻길을 모두 바닥에 쏟는다. 그러나 기찻길 조각만 만지작거리다가 놀이상담사에게 묻는다. 아동: 길 어떻게 만들어요?

놀이상담사 반응: ______________________________

4. 치료적 제한하기

치료적 제한은 아동이 자신의 욕구나 충동을 인식하고 이를 현실적으로 수용 가능한 행동으로 표현하는 것을 배우도록 하는 데 있다. 놀이상담사는 아동의 욕구를 이해하는 따뜻함과 부적절한 행동을 제한하는 단호한 태도를 동시에 취해야 한다. 다음 과정에 따라서 치료적 제한하기를 연습해 보자.

● 과정

① 다음 놀이 상황을 읽고 놀이상담사가 치료적 제한 설정을 어떻게 하는 것이 좋을지 각자 적어 본다. 경우에 따라서 1단계와 2단계의 순서는 바뀔 수 있다.

아동과 놀이상담사가 총싸움 놀이를 하고 있는 중이다. 아동이 일방적으로 놀이상담사를 공격하고 놀이상담사는 주로 방어 위주로 놀이하는 상황이다. 아동이 흥분되었는지 갑

자기 '폭탄'이라면서 모래 상자에서 모래를 한 움큼 쥐어서 놀이상담사에게 던지려고 하는 순간이다.

1단계(마음 읽어 주기): ____________________

2단계(제한 설정하기): ____________________

3단계(대안 알려 주기): ____________________

② 두 사람이 짝을 이루어 각각 아동 역할과 놀이상담사 역할을 맡아서 이 상황을 역할놀이해 본다. 놀이상담사 역할을 맡은 사람은 아동에게 언어로 치료적 제한을 해 본다.

③ 아동을 맡은 사람은 치료적 제한에 대하여 아동 입장에서 어떻게 느꼈는지 이야기한다. 놀이상담사 역할을 한 사람은 어떤 점이 어려웠는지 이야기한다.

Chapter 10 모래놀이치료

1. 개념

모래놀이치료는 내담자가 내면세계의 이미지를 나타내는 상징물을 이용하여 자신의 의식과 무의식 세계를 모래상자에 표현하는 과정을 통해 치유 효과를 가져오는 심리치료다. 모래놀이치료는 놀이로 제시되기 때문에 아동에게만 해당된다고 생각할 수 있으나, 유아와 아동 · 청소년뿐만 아니라 성인과 노인에게도 적용이 가능하며 개인을 포함한 부부, 형제자매, 가족, 집단에도 효과적이다(김보애, 2008). 모래놀이가 비언어적이며 창조적 · 유희적 방식으로 초기 유아기의 내면의 깊은 층에 닿도록 인도할 수 있기 때문에 연령에 관계없이 초기 유아기적 어려움이 있는 사람에게는 모래놀이가 특히 잘 적용될 수 있다(Ammann, 2007).

모래놀이치료의 이론적 근거는 카를 융(Carl Jung)의 분석심리학에 기초하는데, 융은 정신치료의 목표를 개인의 의식과 무의식의 통합을 통해 인간이 전체성을 갖게 되는 개성화 과정에 두었다. 모래놀이치료를 발전시킨 도라 칼프(Dora Kalff)는 융의 제자로서, 융의 개성화 이론을 모래놀이치료에 접목하였다. 칼프는 자유롭고 창조적인 놀이를 통해 무의식의 과정들이 일련의 심상을 형성하면서 개성화 과정이 고무되고 실현된다고 하였다(Kalff, 1991). 와인립(Weinrib, 2004)은 손으로 모래를 만지고 작은 소품들을 이용하여 내면세계를 표현함으로써 무의식적인 요소가 의식화되어 치유와 변형이 촉진된다고 보았다.

2. 발달 배경

모래놀이치료의 역사는 오래전에 미국의 원주민인 나바호(Navajo) 인디언들이 치유의 일환으로 모래를 사용했던 것에서 시작되었다. 그들은 모래그림을 그리고 난 후 치유의식을 치르고, 그 모래그림을 물로 씻거나 바람에 날아가게 했다. 이러한 의식의 의미는 모래그림을 통해서 환자의 내면의 병이 낫고 모든 것이 우주로 날아가서 하나가 된다는 것이다(김보애, 2007).

1929년 영국의 소아과 의사인 로웬펠트(M. Lowenfeld)는 아동을 위한 「심리치료」 논문을 발표하면서, 아동은 성인과는 달리 사상, 감정, 감각, 관념, 기억이 불가사의하게 엉켜 있어서 이것들을 충분히 표현하기 위해서는 시각뿐만 아니라 촉각을 포함한 감각 요소를 모두 발휘할 수 있는 기법이 필요하다고 제안하였다(가와이 하야오, 나카무라 유지로, 2000). 로웬펠트는 웰즈(Wells, 1911)의 『마루게임』이라는 소설 속의 아버지처럼 모래상자를 놓고 장난감을 배치한 후 아동들에게 놀게 했더니 아동들이 여러 개의 작은 놀잇감과 모래상자를 자연스럽게 결합하며 재미있게 놀면서, 작은 놀잇감들로 언어 이전의 깊은 사고와 감정을 표현할 수 있음을 알게 되었다. 이에 착안해서 그녀는 자신이 만들어 낸 안전하고 흥미 있는 환경에서 치료자의 해석이나 전이 없이 아동 스스로가 자신을 치료할 수 있는 모래놀이치료 기법을 고안했으며 이를 '세계기법(world technique)'이라 칭하였다(김보애, 2007).

로웬펠트가 모래놀이치료를 시작하였으나 이를 발전시킨 사람은 칼프다. 칼프는 융의 권유로 1954년에 로웬펠트의 세계기법에 관한 공개강좌에 참석하면서, 세계기법이 아동들에게 상징적 도구로 사용되는 것에 관심을 보였다(Turner, 2009). 칼프는 인간의 심리에 치유와 전체성을 향한 기본적인 요구가 있다는 융의 기본 가설을 토대로 자신이 배운 기법을 아동에게 치료 목적으로 사용하기 시작하였다. 칼프는 세계기법에 분석심리의 확충기법인 적극적 상상을 접목시켜 새로운 치료로 발전시켰다. 칼프는 자신의 기법을 로웬펠트의 세계기법과 구별하기 위해 모래놀이치료라고 명명하였다(야마나카 야스히로, 김유숙, 2005에서 재인용). 칼프는 모래그림에 표현된 것을 융이 연구한 상징이나 이미지의 관점에서 관찰함으로써 모래놀이치료의 본질을 규명하려고 노력하였다.

이후 모래놀이치료는 치료적 매체로서 성장하게 되었는데, 1985년 칼프는 모래놀이치료자들을 모아서 국제모래놀이치료학회(International Society for Sandplay Therapy: ISST)를 만들었다. 이 학회는 성장을 거듭하여 엄청난 규모의 모래놀이치료자 집단이 되었는데, 특히 칼프의 제자들인 와인립과 암만(Ammann)은 모래놀이치료의 이론과 실제의 발전에 많은 기여를 하였다(Ammann, 2007). 모래놀이치료는 영국, 프랑스, 독일, 이탈리아, 일본, 스위스 및 미국의 지사들을 통해 전 세계로 퍼져 나갔다.

한국에서는 1992년 서울시립동부아동상담소에 한국모래놀이연구회가 생겼으며, 그 후 일본과 미국 등 세계의 모래놀이치료학회와 교류하면서 2004년에 한국모래놀이치료학회가 창립되었다. 2006년에 한국임상모래놀이치료학회가 발족되어 이들 학회를 중심으로 자격연수와 소정의 교육을 거쳐 많은 모래놀이상담사가 양성되고 있으며 국제모래놀이치료학회(ISST)의 정회원 수도 증가하고 있다.

3. 치료적 가치

모래놀이치료에서는 모래와 물의 특성, 소품의 상징성 그리고 상담자와의 관계를 통해서 아동의 자기치유적인 힘이 활성화된다. 이를 구체적으로 살펴보면 다음과 같다(김보애, 2008; 노치현, 황영희, 1998; Ammann, 2007; Kalff, 2003).

첫째, 모래는 자연적 놀이재료로서 인간을 원초적인 심리 상태로 퇴행시켜 주는 최적의 재료다. 모래를 만지는 감각적인 경험은 내담자가 자기방어적인 태도에서 벗어나 내면으로 들어가게 하며 치유를 향한 힘과 연결되도록 돕는다.

둘째, 모래놀이치료에서 젖은 모래가 사용되기도 하고 내담자가 물을 사용하기도 하는데 물은 다른 상태의 물질을 용해시키거나 변화시킨다. 특히 모래와 물이 만나면 점토의 특성이 생겨 조형작업이 용이해져서 내담자의 창조성을 최대한 발휘할 수 있게 된다.

셋째, 모래놀이치료실에는 다양한 소품이 있는데 이 세상에 존재하는 물건들의 축소모형으로 무한한 환상의 세계를 표현할 수 있는 매체다. 내담자는 자신의 충동과 감정에 맞는 소품을 선택함으로써 자신의 내면세계를 쉽게 표현할 수 있다. 내담자가 선택한 소품들은 내담자의 의식적 · 무의식적인 언어상징이다. 이들은 내담자의 이미지 표현을 활성화하는 상징물로 작용하여 내담자의 치유와 변환을 돕는다.

넷째, 모래놀이치료에서는 내담자의 무의식이 손으로 전달되어 상징으로 표현된다. 정신적 심상이 손을 통해서 만질 수 있는 외적 구체적 심상으로 변환되며, 손이 내면과 외면, 정신적 세계와 물질적 세계 간의 실질적 중재자 역할을 하게 된다.

다섯째, 모래상자의 빈 공간은 내담자에게 한계를 설정해 주기 때문에 내담자를 보호하고 지켜 주는 역할을 할 뿐 아니라, 그 공간 안에서 내담자가 자유롭게 자신을 표현할 수 있도록 돕는다. 내담자는 자유롭고 보호된 공간에서 현재의 세계를 변용시키는 창조의 경험을 하게 된다.

여섯째, 모래놀이치료는 내담자의 자기치유력(self-healing)에 바탕을 둔다. 상담자가 제공하는 자유롭고 보호된 공간에서 구축된 내담자와의 신뢰관계는 내담자의 자기치유력을 활성화한다.

4. 치료실과 치료도구

1) 치료실

조용하고 깨끗한 공간이어야 하며, 상담실 가운데 모래상자를 놓고 상담자와 내담자의 의자를 마주보게 놓는다. 벽면에 소품장을 나란히 붙여 놓고 소품장 선반 위에 소품들을 영역별로 배치해 놓는다. [그림 10-1]은 모래놀이치료실의 전경이다.

[그림 10-1] 모래놀이치료실 전경

2) 모래상자와 모래상자 테이블

모래상자는 28.5×19.5×3인치 직사각형 크기로, 아동이 모래상자를 한눈에 내려다볼 수 있는 넓이와 높이다(Kalff, 2003). 모래상자의 크기를 제한하는 것은 모래 영역이 너무 크면 아동이 집중하고 형상화하는 것이 어렵기 때문이다. 상자 안쪽의 바닥과 벽은 푸른색으로 칠해져, 모래를 치우면 푸른색이 드러나서 연못이나 강, 바다, 하늘의 이미지로 표현될 수 있다. 일반적으로 마른 모래상자와 젖은 모래상자를 준비한다.

모래상자는 내담자가 의자에 앉았을 때 편안하게 사용할 수 있는 높이가 되도록 테이블 위에 둔다. 테이블에 바퀴가 있으면 이동하면서 사용하기 편하며, 테이블의 바퀴를 고정하거나 이동할 수 있는 장치가 있으면 더욱 편리하다.

3) 모래

모래상자의 모래는 기본적으로 마른 모래와 젖은 모래가 있으며 그 외 굵은 모래와 흰 모래 등이 준비되기도 한다. 마른 모래의 특성은 수분이 없기 때문에 형태를 조절할 수 없어 높이 쌓을 수는 없지만 만지기가 부드럽고 쉽게 움직여진다.

젖은 모래는 '더러움'이나 '불쾌한 느낌'을 줄 수도 있기 때문에 사용하지 않거나, 반대로 작품을 만들기가 수월하다는 이유로 선택되기도 한다. 젖은 모래는 풍경이나 여러 종류의 삼차원적 구성물을 만들기가 용이하다.

4) 모래놀이 소품과 소품장

모래놀이치료에서 소품들(상징물 또는 피겨)을 어느 정도 갖추고 있어야 하는지에 대한 특별한 기준이 있지는 않으나, 내담자가 내면의 이미지를 자유롭게 표현할 수 있도록 다양하며 깊이 있고 균형 잡힌 소품을 갖추고 있는 것이 바람직하다. 실제로 내담자가 표현하고자 하는 세계가 실제적이고 구체적인 것부터 추상적인 것까지 폭이 넓을 수 있기 때문에, 구체적이고 현실적인 소품부터 추상적인 세계를 창조하기 위한 상징적인 것까지 갖추고 있어야 한다.

야마나카 야스히로와 김유숙(2005)은 내담자가 자유롭게 이미지를 전개하는 힘을 가지고 있으며, 자신의 이미지에 딱 맞는 것이 없을 경우, 비슷한 것을 가지고 적당한 상징물을 만들어 낼 수 있는 힘을 가지고 있다고 하였다. 따라서 내담자가 자신의 상징물을 만들어 낼 수 있도록 '만들기' 재료를 준비해 놓는 것도 좋은 방법이다.

모래놀이치료에서 사용되는 작은 크기의 소품들을 배치하기 위해 여러 개의 선반이 있는 소품장이 필요한데, 폭이 좁은 선반이 폭이 넓은 선반보다 사용하기가 훨씬 용이하다. 폭이 넓은 선반의 경우 내담자가 선반 안쪽에 있는 소품을 꺼내면서 앞에 놓인 소품을 넘어뜨릴 수도 있다. 아동이 높은 선반 위에 있는 소품을 꺼내고 싶은 경우를 대비하여 사다리를 준비하는 것도 좋다. 물론 상담자가 대신 꺼내 줄 수도 있다.

선반 위 소품들의 배치는 상담자의 개인적인 취향에 따라 할 수도 있지만, 터너(Turner, 2009)는 발달단계와 원형적 지침을 고려하여 배치할 것을 제안하였다. 발달적인 측면에서 내담자의 일반적인 체격과 신장을 고려하여 어린 아동이 선호하는 소품들인 동물, 사람, 가구, 만화 및 동화 캐릭터 등은 아래 선반에 배치하고 군인, 군대, 교통수단 및 말은 중간 선반에 두어 초등학생 연령의 아동이 쉽게 접근할 수 있도록 한다. 또한 원형적인 지침을 고려해서 바위, 나무, 조개껍데기와 같이 자연환경에서 취득한 물건들은 아래 선반에 놓고, 영적·종교적 소품들은 위쪽 선반에 놓는다.

〈표 10-1〉과 [그림 10-2]처럼 소품들을 범주별로 분류하여 선반에 배열하는 것이 바람직하다.

〈표 10-1〉 모래놀이치료실에 구비해야 할 소품

인간	• 가족(아기, 소년 · 소녀, 학생, 할머니 · 할아버지, 아줌마 · 아저씨 등) • 여러 직업인(의사, 간호사, 요리사, 회사원, 경찰, 소방관, 농부, 우체부 등) • 운동선수 • 군인(육군, 해군, 공군), 투사, 무사 • 다양한 인종의 사람들 • 원시인, 우주인, 과거 시대 사람들 • 신랑 · 신부 등
특별한 캐릭터	• 마녀, 요정, 피터 팬, 백설공주, 인어공주, 왕자, 케로로, 슈퍼맨 등 동화, 만화, TV 속의 인물들 • 천사, 예수, 부처, 마리아 상 등
동물	• 개, 고양이, 사자, 호랑이, 코끼리, 원숭이, 말, 하마, 악어, 거미, 뱀, 쥐, 양, 돼지, 각종 물고기, 개구리, 두꺼비, 기린, 박쥐, 펭귄, 공룡 등 • 에일리언, 괴물 등
식물	• 크고 작은 나무들, 다양한 색깔의 꽃들, 고목, 나뭇가지, 풀 등
광물	• 크고 작은 돌들, 조개껍질 등
교통기관	• 자동차, 기차, 배, 소방차, 구급차, 경찰차, 소방차, 비행기, 전투기, 구명보트, 들것, 로켓, 유모차, 잠수함 등
집	• 한옥, 양옥, 아파트, 오두막, 이글루 등
건축물	• 등대, 울타리, 담, 다리, 터널, 소방서, 주유소, 교회, 탑, 절, 우체통, 공중전화박스, 우물, 각종 가게, 성, 여러 가지 표시판
무기	• 총, 칼, 탱크, 대포, 전투기, 활 등
실내가구	• 침대, 스탠드, 소파, 긴 의자, 책상, 부엌도구, 책꽂이, 옷장, 변기 등 • 텔레비전, 피아노, 전화기 등
음식	• 피자, 여러 과일, 빵, 술 등
기타	• 양초, 구슬, 성경책, 십자가, 놀이기구 등

[그림 10-2] 모래놀이치료실 소품장

5) 기타

내담자가 원할 때 모래에 물을 붓거나 뿌릴 수 있도록 용기나 병에 물을 담아 둔다. 그리고 세면대에서 손을 씻으면 손에 묻었던 모래가 세면대를 막히게 할 수 있기 때문에 모래 묻은 손을 씻을 때 사용할 물그릇이 필요하다.

그 외 모래를 평편하게 만들고, 쓸고 나르고, 파묻고 파헤치기 위한 도구로 작은 삽, 갈퀴와 수저, 큰 채와 작은 채, 작은 빗자루와 쓰레받기 등이 필요하다. 가끔 모래상자에 있는 모래를 일부 또는 전부 걷어 내기를 원하는 아동이 있기 때문에 모래를 담을 통도 별도로 구비한다.

5. 상담자의 역할

상담자는 모래놀이치료실에서 가장 중요한 도구로서 내담자의 모래놀이 작업의 전체적인 질에 중요한 영향을 미친다. 모래놀이치료에서 상담자의 역할을 구체적으로 살펴보면 다음과 같다(가와이 하야오, 나카무라 유지로, 2000; 김보애, 2008; Ammann, 2007; Kalff, 2003; Turner, 2009).

첫째, 상담과정에서 상담자는 내담자와의 긍정적인 관계인 '모자일체성'을 이루어야 한다. 이는 내담자에게 자유롭고 보호된 공간을 제공하여 내담자가 자기치유력을 발휘하도록 돕는다.

둘째, 내담자의 상징적 작업과정을 관찰하는 태도가 중요하다. 상담자는 내담자의 상징적 작업을 버텨 주고 이해하는 과정에 참여해야 한다. 상담자의 존재는 내담자의 상징적 변화에 견고함과 안정감을 제공한다.

셋째, 상담자가 인격적으로 더 잘 분화되고 원만할수록 내담자 내면의 깊은 측면을 보다 더 잘 끌어낼 수 있다.

넷째, 상담자는 내담자가 만든 작품을 내담자의 상태와 관련짓고, 작품 전후의 흐름 속에서 파악할 수 있어야 한다.

모래놀이상담자로서의 자질을 갖추기 위해서는 다음과 같은 교육과 훈련이 필요하다.

첫째, 상담자가 직접 모래상자를 만드는 작업을 해 봐야 한다. 내담자의 모래놀이에 참여하기 위해서는 상담자 자신이 같은 방법을 통해 정신과 감정의 움직임을 경험해 보아야 한다.

둘째, 교육분석을 받는 것이 중요하다. 교육분석은 상담자 자신의 개성화 과정을 도와, 상담자가 자신의 선입견, 가치관, 외상과 고통 그리고 아직 미해결된 부분을 이해할 수 있도록 한다. 상담자가 자신을 이해하고 인식하게 되면 인격발달이 이루어지며, 나아가 내담자를 대하는 데 있어서 보다 개방적이고 수용적이 될 수 있다.

셋째, 상담자는 다른 사람의 모래상자를 많이 보아야 한다. 많은 모래상자를 비교하면서 연구해야 한다. 그러한 경험이 내담자의 모래상자를 이해하는 법을 배우는 데 크게 도움이 된다.

넷째, 상담자는 인간의 발달과 정신병리에 대한 지식을 갖추어야 한다.

다섯째, 상담자는 내담자가 선택하는 소품의 특징과 배치의 의미 등을 이해하기 위해 심리학, 문화인류학, 신화, 민담, 꿈 그리고 상징에 대한 지식이 있어야 한다.

여섯째, 상담자는 내담자를 존중해야 하고 내담자의 무의식 속에 존재하는 자기치유력에 대해서 경외하는 마음을 가져야 한다.

일곱째, 상담자의 정신적인 안정성이 중요하다. 상담자는 자신을 사랑하는 사람이어야 한다.

6. 치료의 실제

1) 내담자에게 모래놀이 소개하기

첫 회기에 상담자는 모래놀이치료에 대한 경험이 없는 내담아동에게 다음과 같이 안내한다.

"이것은 모래놀이야. 모래상자의 바닥은 파란색이어서 강이나 바다, 호수를 만들 때 사용할 수 있어. 여기 있는 물통에는 물이 들어 있고 네가 모래상자에 물을 붓고 싶을 때 사용할 수 있어. 젖은 모래와 마른 모래는 촉감이 서로 다르단다. 모래와 물만 가지고도 모양을 만들 수 있고, 또 여기 있는 다른 소품들을 이용해서 원하는 것을 만들 수 있어. 여기 소품들을 한번 둘러보고 마음에 들거나 끌리는 게 있으면 꺼내서 사용해도 돼. 너무 높은 데 있어서 못 내리면 꺼내 줄게. 모래놀이에는 규칙이 하나 있는데, 모래는 이 상자 안에서만 사용해야 해.

네가 모래상자를 꾸미기 시작하면 나는 조용히 앉아서 볼 거야. 네가 원하는 것을 만들 수 있어. 나와 같이 놀고 싶거나 이야기하고 싶으면 언제든지 그렇게 할 수 있어. 나는 간단하게 기록을 할 텐데, 네가 다했다고 말해 주면 우리 함께 네가 만든 것을 보자. 그리고 모래 위의 그림을 나에게 이야기해 줄 수 있어. 네가 괜찮다면 우리가 언제든지 다시 볼 수 있도록 사진을 찍어서 보관할 거야."

출처: Turner(2009)에서 발췌하여 재구성함.

2) 회기 진행과정

모래놀이치료의 회기 진행과정을 3단계로 구분해서 설명하면 다음과 같다.

(1) 도입

내담자가 상담실에 들어오기 전에 상담자는 모래상자와 소품들이 잘 정리되어 있는지 확인해야 한다. 모래상자의 모래를 평편하게 만들어야 하며 모래 속에 묻혀 있는 소품들은 없는지, 선반 위에 놓인 소품들이 정리되어 있는지를 확인해야 한다. 내담자가 상담실로 들어오면 상담자는 수용적인 태도로 맞아 준다. 상담실 안에 마른 모래상자와 젖은 모래상자가 별도로 있다면 내담자가 원하는 곳에 앉도록 한다. 잠깐 가벼운 대화를 하거나 침묵 후에 모래놀이를 권할 수도 있고, 내담자가 자발적으로 모래놀이를 시작하기도 한다.

(2) 모래놀이상자를 꾸미는 과정

대부분의 내담자는 모래놀이를 시작하면서 소품장을 탐색하며 특정 소품에 관심을 보이는데, 상담자는 이를 주의 깊게 관찰한다. 그리고 모래놀이를 하는 과정에서 보이는 내담자의 태도, 행동, 언어, 모래상자를 꾸미는 과정 등을 관찰한다. 상담자는 내담자의 건너편이나 옆에 조용히 앉아서 모래놀이기록 용지에 내담자가 하는 말이나 상황을 기록하고, 내담자가 소품을 배열하는 순서와 위치를 간단히 스케치한다. [그림 10-3]은 내담자의 모래놀이 사진이고, 〈표 10-2〉는 모래놀이 기록용지다.

내담자가 모래작업을 하는 동안에 있을 수 있는 상호작용은 상담자의 작업방식에 따라 다르다. 장면을 구성하는 동안 상호작용을 많이 하는 방식이 있고, 내담자가 장면을 만든 후에 모래상자에 대해 함께 이야기하는 방식도 있다. 어린 아동에게는 모래놀이를 하는 동안에 상담자가 언어적으로 추적반응을 보일 수도 있다(Homeyer & Sweeney, 2011).

[그림 10-3] 내담자 홍길동의 6회 모래놀이치료 사진

〈표 10-2〉 모래놀이치료 기록용지

제6회 상담	20○○ 년 12월 10일 11 시 10분 ~ 12시 분			내담자	홍길동
제목	전투	처음에 놓은 소품	화석 공룡	마지막에 놓은 소품	공사장 인부

모래놀이 상황

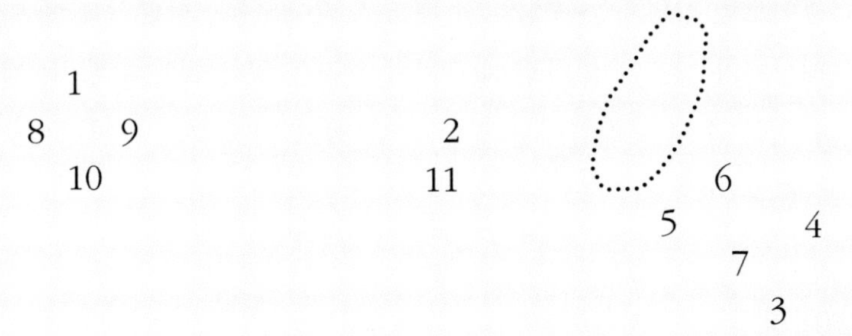

배치 순서

1. 화석 공룡	2. 리자몽	3. 엄마 코끼리	4. 아빠 코끼리
5. 아기 코끼리 A	6. 아기 코끼리 B	7. 아기 코끼리 C	8. 공사장 인부 A
9. 공사장 인부 B	10. 공사장 인부 C	11. 공사장 인부 D	

내담자의 정리하는 말

"공룡과 싸우다 쓰러졌어요. 10년이 지났어요. 또 10년이 지났어요. 희망이 있어요……. 물이 있어서…… 나도 먹고 엄마도 먹으면 이제 모두 살 수 있어요."

(3) 모래놀이상자 완성 및 정리

내담자가 "다 했어요."라고 말하면 상담자는 내담자에게 성급하게 질문을 할 것이 아니라 내담자가 자신의 상자를 음미할 시간을 주어야 한다. 이때, 잠시의 침묵은 내담자의 의식을 확장시켜 주는 중요한 순간이다(김보애, 2004). 그러고 나서 상담자는 내담자가 꾸민 세계를 보며, 내담자에게 수정하고 싶은 것이 있는지 물어보고 수정할 시간을 준다. 그러고 나서 상담자와 함께 내담자가 만든 세계를 살펴본다. 내담자가 자신이 만든 세계에 대해 자발적으로 이야기하면 주의 깊게 듣고 공감해 준다.

만일 내담자가 아무 말도 하지 않으면 상담자는 내담자가 놓은 소품을 가리키며 존재에 관해 말할 수 있다. 내담자에게 "왜 여기에 배를 놓았니?"라고 묻기보다는 "여기에 배가 있구나."라는 말로 내담자가 자신이 놓은 소품에 대해 다시 한번 인식할 기회를 준다. 그런 방식으로 이야기를 나눈 다음 내담자에게 꾸민 모래상자에 제목을 붙일 수 있는지를 물어보고 상담자는 내담자가 말하는 것을 그대로 기록한다.

모래놀이치료의 사진은 내담자가 앉은 방향에서 찍는다. 필요시에는 여러 방향에서 찍을 수도 있다. 중요한 세부 묘사는 확대해서 찍을 수 있으며, 대상물이 감추어져 있거나 파묻혀 있을 때는 모래상자를 정리하는 과정에서 꺼내어 찍을 수 있다. 사진을 찍은 후 모래상자 위에 놓은 소품들을 다시 원래 위치에 가져다 놓고 모래는 평편하게 해 놓는다.

3) 모래놀이 발달과정

모래놀이치료의 회기가 거듭하면서 내담아동의 모래상자의 내용이 변하는 것에 대해 칼프, 스튜어트(Stewart), 와인립 등 여러 학자의 의견이 있으나 칼프 이론을 중심으로 살펴보면 다음과 같다. 칼프(2003)는 노이만(Neumann, 1973)의 자아발달 과정에 기초해서 모래놀이 발달과정을 다음의 3단계로 나누었다(김보애, 2005; 노치현, 황영희, 1998; 문채련, 2010; Turner, 2009에서 재인용).

1단계는 동식물 단계다. 모래놀이 초기과정에서는 내담자가 동식물을 많이 사용하는 것을 볼 수 있다. 어린 아동의 경우는 어떤 테마도 없이 혼란스럽게 많은 상징물을 사용하기도 한다. 충동적이고 미분화된 무의식의 에너지가 움직이기 시작하며 그것이 이미지가 되어 모래상자 속에 나타나게 되는 것이다. 아동이 어떤 동물들을 사용하는가가 중요한 의미를 지니며, 이때 상담자는 내담자의 발달단계나 이야기 만들기 또는 상징 속에서 동물이 내포하고 있는 의미를 찾을 수 있다.

2단계는 투쟁의 단계다. 혼돈과 동식물의 단계가 지나면 대극을 이루면서 투쟁을 벌이는 장면이 나타난다. 투쟁단계에서 남아는 자신의 자아를 아주 강한 수준으로 재건하려고 노력한다. 전쟁장면이나 파괴적인 장면이 많이 나타나며, 아동은 강해져서 외부의 영향력과 싸움을 할 수 있고, 나아가 그 영향력을 지배하게 된다. 상담의 중반기로 갈수록 전투가 강렬해지고 조직화되며 일반적인 파괴가 아니라 균형이 있는 투쟁이 나타난다. 또한 영웅이 등장하여 힘을 행사하는 장면이 꾸며진다. 여아는 소품들을 이용하여 공상을 본능과 연결하여 동화의 세계, 환상적인 세계를 만들기도 한다. 자기가 만든 모래그림을 파괴하는 일은 거의 없으며, 모래에 물을 섞거나 모래를 쳐서 보기 흉하다고 생각하는 장면들을 만들기도 하고, 어떤 경우에는 자신이 강렬하게 동일시하는 동물들을 가두어 두기도 한다.

3단계는 투쟁의 단계를 거쳐 적응의 단계로 통합해 간다. 내담자는 자신의 내면세계에 몰입한 후, 통합과정에서 집단에의 적응과정을 보여 준다. 남자의 경우는 건설장면이나 일하는 모습이 나타날 수 있고, 여자의 경우는 차와 트럭들의 움직임이나 동네나 마을, 시장의 모습 등으로 표현되기도 한다. 종료 시점에 거의 이르면 여성성의 상징인 가슴이나 자궁의 형태가 나타나기도 한다. 이 시기에는 여성과 남성이 한 쌍으로 표현되기도 하며, 균형감각을 얻게 되어 감탄할 만한 작품들이 나오는 때이기도 하다. 고차원의 자기의 상징으로서 만다라의 표현이 나타나기 쉽다. 이러한 전체성의 통합과정은 한 번에 종결되는 것이 아니라 반복되는데 이를 자기실현의 과정이라고 볼 수 있다. 그러나 모든 상담과정이 이러한 단계를 거친다고는 할 수 없으며, 이 단계를 거치지 않고도 치료가 잘 진전되기도 한다.

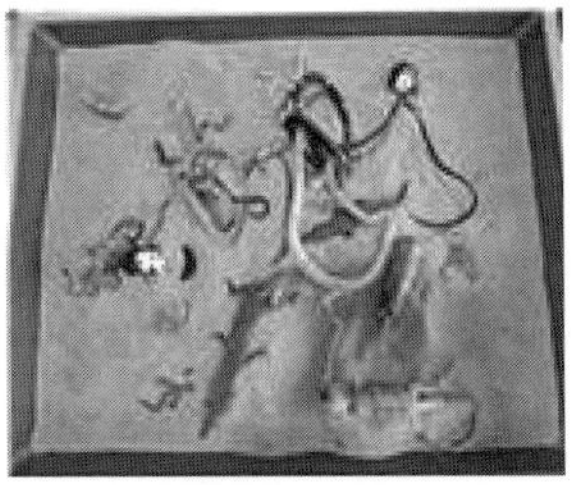
[그림 10-4] 1단계: 동식물 단계

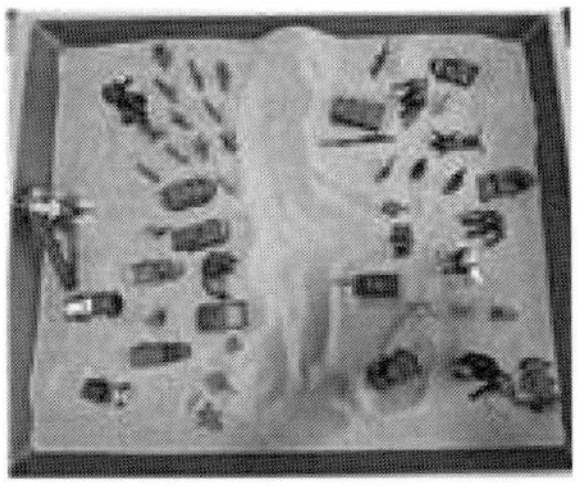
[그림 10-5] 2단계: 투쟁의 단계

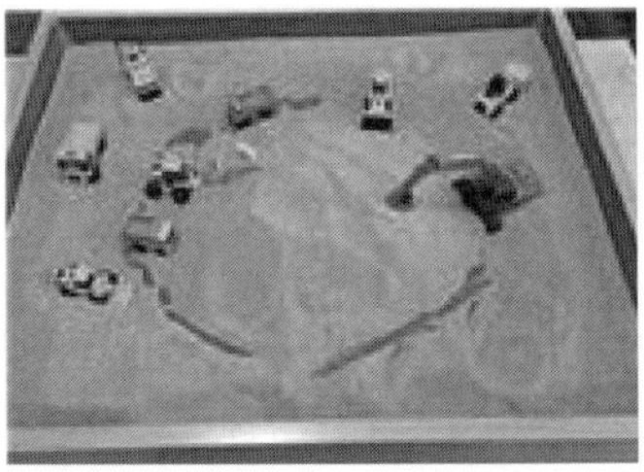
[그림 10-6] 3단계: 적응의 단계

* 3세 아동의 모래상자를 재구성함

4) 모래놀이상자에 대한 이해

모래놀이치료가 끝나면 어떤 부모는 상담자에게 아동의 모래상자를 해석해 달라고 요구하기도 하고 성인 내담자는 상담자에게 자신의 모래상자에 대한 해석을 직접 요구하기도 한다. 가와이 하야오와 나카무라 유지로(2000)는 내담자의 모래상자에 대한 즉각적인 해석을 지연하고 우선 모래상자를 감상하게 한다. 작품 해석에 지나친 비중을 둘 경우 모래놀이치료의 중요한 요소인 자기치유력을 상실하게 되기 때문이다.

그러나 상담자는 내담자의 모래상자를 이해하는 능력을 갖추고 있어야 한다. 칼프는 소품 하나하나에 상징을 부여했고, 가와이 하야오는 전체적인 구성을 중요시했다. 물론 상담자가 모래상자를 읽을 때 칼프처럼 모든 소품에 상징을 부여할 필요는 없으나, 구체적으로 소품 하나하나를 의미 있게 읽는 것은 중요하다. 소품의 색깔, 재질, 그리고 크기 등에 주의를 기울일 때 내담자의 표현을 더 깊게 공유할 수 있다(김보애, 2004). 터너(Turner, 1994)에 따르면, 상담자가 모래놀이치료 과정에서 무엇이 일어나고 있는지를 이해하는 것은 내담자가 무의식적 자료를 출현시키고 통합해 나가는 과정에서 발생하는 불확실성과 불안정성을 극복하고 안정시키는 요인이 된다.

융 학파 모래놀이치료자들은 모래놀이치료 사례를 이해하기 위해 여러 가지 접근방법을 사용하고 있다. 칼프(Kalff, 1993)는 내담자의 임상적 내력이나 병리적 특성, 내담자가 말한 내용이나 상담자와 내담자 간의 상호작용, 회기 내의 내담자와 상담자의 감정 및 투사, 모래상자공간 사용방식, 마른 모래 또는 젖은 모래의 선택과 사용, 모래 또는 상징물의 배열 모양, 사용되는 상징물 특성 등을 고려해서 내담자가 꾸민 모래상자를 해석해야 한다고 하였다(Turner, 2009에서 재인용). 특히 전체 치료과정의 맥락에서 내담자가 꾸민 모래상자를 이해하는 것은 매우 중요하며, 각각의 작품에 대한 이해는 이전의 작품이나 앞으로 만들어질 작품과의 연결 속에서 생각해야 한다.

암만(Ammann)의 공간 상징의 해석체계 역시 내담자의 모래상자를 이해하는 데 큰 도움이 된다. [그림 10-7]은 암만의 공간 상징의 해석체계다. 암만(Ammann, 2007)은 모래그림의 중앙은 중심이 되는 모티프가 나타난다고 하였다. 모래상자의 좌측은 무의식세계를, 우측은 의식세계를 표현한다. 좌측 상단을 내부세계, 영적이며 종교적인 삶의

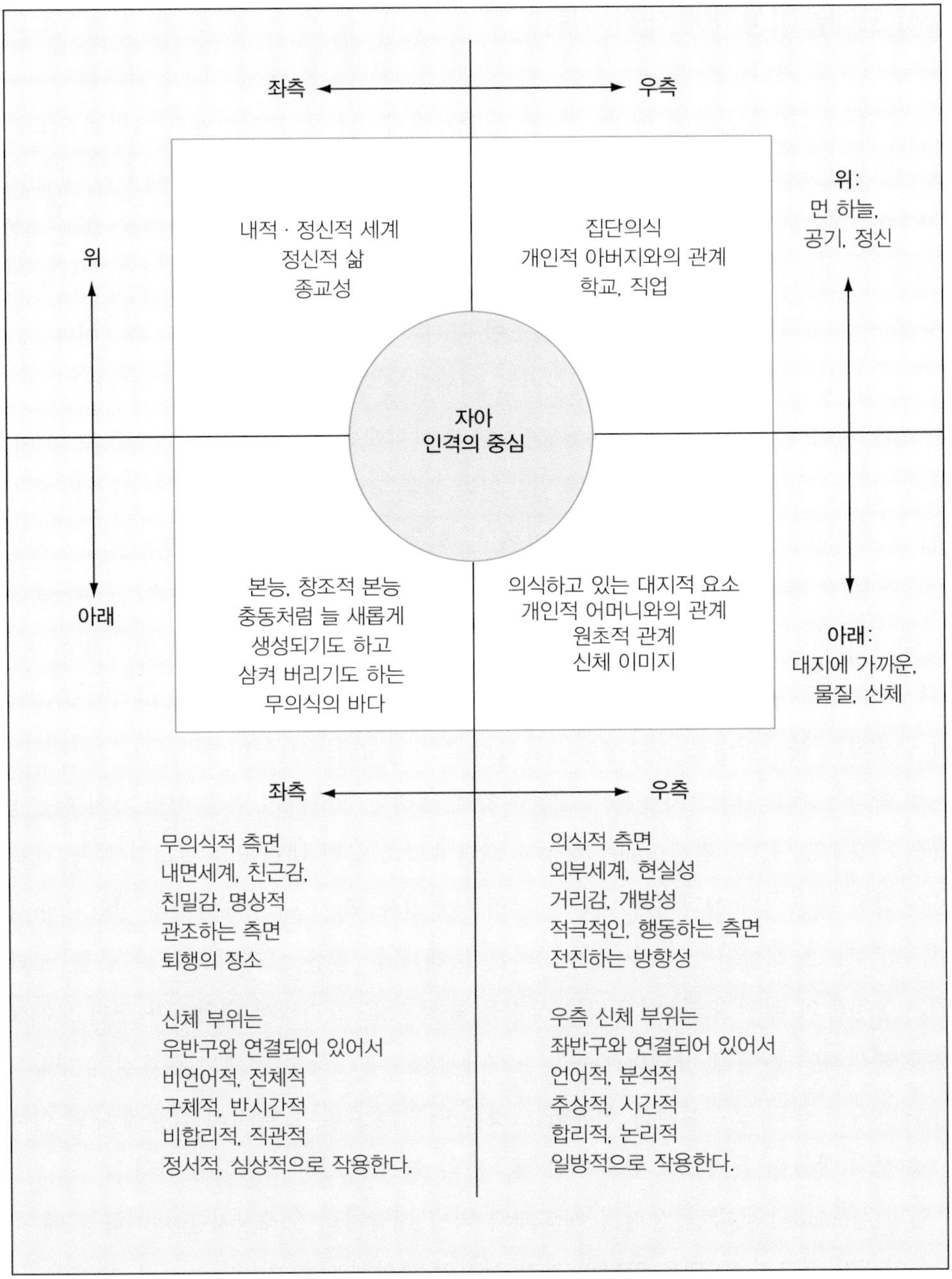

[그림 10-7] 공간 상징의 해석체계

출처: Ammann (2007), p. 88.

부분이고, 좌측 하단을 본능, 창조적 자연, 열정적인 충동에서 나온 무의식의 큰 바다로 보았다. 우측 상단을 집합의식으로 개인적인 부자관계, 학교, 직업으로 보았고, 또한 우측 하단을 의식적인 연결성, 모자관계, 애착관계, 육체성, 신체에 관한 이미지로 보았다.

좌측으로 움직이는 것은 퇴행인데, 이는 무의식으로 에너지가 되돌아가 무의식에 잠기는 것을 의미하거나, 새로운 전진을 목표로 삼기 위하여 에너지가 무의식으로 되돌아가서 모이는 것을 의미한다. 좌측에서 우측 상단으로 움직이는 것은 외부세계, 즉 삶으로 발전하는 것을 나타낸다. 이 움직임은 젊은 사람들에게서 자주 나타나는 현상이다. 우측에서 좌측 상단으로 움직이는 것은 종종 성숙한 사람에게서 나타나는 현상인데, 정신적인 내면세계로의 발전을 의미한다(Ammann, 2007). 그러나 암만의 공간 배치에 대한 해석은 전체적인 방향을 잡는 데 참고를 하고, 보편적으로 통용되는 해석 기준을 참고하여 내담자의 개별적 발달단계와 상황에 맞게 적용하도록 해야 한다.

즉, 모래상자에 대한 이해 능력을 증진하기 위해 상담자가 지녀야 할 자세는 내담자가 선택한 소품을 포함한 모래상자의 전체적인 특징이 일반적으로는 어떤 의미를 지니는지 파악하고, 그것이 내담자 개인에게는 어떤 의미를 가지고 있는지를 파악하려는 노력을 하는 것이다.

7. 사례

다음은 잘난 체 잘하는 5세 남아의 모래놀이치료 사례다(김신옥, 2009에서 발췌하여 재구성함).

1. 인적사항 및 가족관계

내담아동은 5세 남아로 유치원에 다니고 있으며, 연령에 비해 신장과 체격이 작으나 표정이 상당히 당돌하고 똘똘해 보였다. 내담아동의 아버지는 회사원이고, 어머니는 과외교사다. 형은 고등학교 1학년으로 최근에 미국에 공부하러 갔다.

2. 주호소

유치원 교사의 보고에 의하면 내담아동은 너무 잘난 체하고 이야기 나누기 시간에 교사에게 아는 척을 많이 해서 수업 진행을 방해한다. 또래를 무시하고 자신이 아는 것을 지나치게 과시하며 또래들을 마구 채근하면서 가르친다. 게임에서 지는 것을 견디지 못하여 화를 내거나 짜증을 내어 교사나 또래들에게 거부감을 주고 있다. 어머니도 유아가 똑똑한데 스트레스를 많이 받는 것 같다는 이유로 치료를 의뢰하였다.

3. 양육사

어머니는 내담아동을 출산한 후 과외교사를 계속했기 때문에 이모와 외할머니가 양육하였다. 내담아동은 집에서 영어, 수학, 미술 등의 과외지도를 받고 있으며, 집에서도 영어비디오를 계속 보게 하는 등 인지 능력이 강조되는 분위기에서 성장하고 있다.

4. 심리검사

내담아동에게 HTP와 한국행동과학연구소에서 제작한 유아지능검사(1994)를 실시하였다. 검사결과, 유아의 지능지수는 102였으며, 하위요인별로 보면 지각력, 어휘력, 이해력은 중간 수준이고 수리력은 극상의 수준을 보인 반면에 사고력은 상당히 낮은 수준을 보였다. 결국 유아의 지능은 평범한 수준임을 알 수 있고, 수리력 부분에서는 아주 우수하나 종합적인 사고력은 아주 낮은 수준으로 나타났다. HTP에서는 사자 머리를 한 사람을 그렸는데 몸에 비해 머리가 너무 큰 사람이라고 할 수 있다. 나무는 뿌리가 없이 나무 기둥이 공중에 떠 있는 상태였고, 사과 열매가 일곱 개 열려 있는 것으로 보아 심리적인 안정감이 결여되어 있고 애정에 대한 욕구가 강한 것으로 볼 수 있다. 집 그림에서는 창문이 높이 있어서 사회적 관계를 맺는데 어려움이 있는 것으로 여겨진다.

5. 상담자가 보는 내담자의 문제

내담아동이 출생하기 전부터 어머니가 일을 하여 외할머니에 의해 양육된 내담아동은 안정된 애착형성이 안되었을 것이다. 지적인 성취를 강조하는 어머니의 양육방식으로 내담아동의 발달은 불균형을 이루었을 것이다. 결과적으로 불안정 애착과 지적인 성취에만 가치를 둔 양육 상황에서 자아가 발달하지 못한 내담아동은 자신이 또래들보다 인지적으로 우월하다는 생각을 하여 자아 팽창이 나타났을 것이며, 이는 또래관계에도 부정적인 영향을 주고 있는 것으로 보인다.

6. 치료목표

첫째, 모래상자의 자유롭고 보호된 공간에서 유아가 양육 상황에서 받았던 마음의 상처를 마음껏 표출하면서 극복할 수 있도록 돕는다.

둘째, 혼란되고 팽창되어 있는 자기상을 정리하여 자아가 강화되도록 돕는다.

셋째, 또래들과 편안하게 상호작용을 할 수 있도록 돕는다.

7. 모래놀이치료 과정

8개월 동안 총 25회 실시하였으며, 1회당 소요 시간은 평균적으로 60분 정도였다. 회기에 대한 해석은 슈퍼바이저인 그레이스 폴라드(Grace Pollard)[1)]의 의견을 참조하였다. 주요 회기를 중심으로 설명하면 다음과 같다.

1) 초기

(1) 1회기: 작은 로봇과의 동일시

1회기에서 자신을 로봇과 케로로 등으로 표현하고 있다. 로봇은 바닥에 안정적으로 서지 못하고 큰 공룡의 등에 탄 불안한 모습을 보였다. 유아의 자아가 상당히 팽창되어 있으며, 특히 머리만 너무 큰 상태다. 감정이 정리가 안 된 채 정글의 상태로 있다.

(2) 2~5회기: 작은 로봇 대 큰 로봇과의 싸움

2회기에서는 포크레인을 가져다가 모래를 판다. 사자 등 위에 태운 작은 로봇과 큰 로봇을 싸우게 하면서 "누가 이길까요? 그래도 난 도끼를 든 작은 로봇이 이길 것 같아."라는 표현을 하였다. 3회기에서는 작은 로봇이 큰 로봇을 싸워 물리친 후 탑 위에 작은 로봇을 올리며 "왕이다, 왕." 하고 외치고 높은 곳에 작은 로봇을 세우려 한다. 그리고 교황과도 싸운다. 5회기에서도 여전히 로봇을 내담자 자신으로 동일시하면서 모래 바닥에 내려놓지 못하고 높이 올려놓

---

1) 슈퍼바이저, 국제모래놀이치료학회 정회원(ISST), 미국 임상티칭 멤버, 명상심리치료사, 명상 및 영적 지도자

고 싶어 한다.

2회기에 공사 차량이 등장하여 무엇인가 내면의 공사가 시작되고 있음을 알 수 있고, 십자가가 놓여 죽음과 희생이 있음을 보여 주고 있다. 어린 유아가 자신의 똑똑함을 계속 보여 주어야 하는 상황이 얼마나 부담스럽고 힘들었을지 생각하니 안타깝다. 한편, 유아가 또래에 비해 키가 작은 것에 대한 콤플렉스를 갖고 있을 가능성도 있다. 즉, 인지적인 면에서는 자아가 팽창되어 있지만 다른 면에서는 불안감을 가지고 있는 것 같다.

2) 중기

(1) 9회기: 작은 로봇이 큰 로봇과 같은 편이 됨

6회기에서는 작은 로봇이 큰 로봇과 싸워서 이겼으며, 이제 큰 로봇과 작은 로봇이 같은 편이라고 하였다. 7회기에서는 작은 로봇이 죽다 살아나고 큰 로봇은 작은 로봇을 지키는 패장이 되었다. 9회기에서는 착한 용과 작은 로봇이 이기고 큰 로봇도 착해졌다고 한다.

(2) 10~12회기: 어머니로부터 분리

10회기에서 휠체어에 앉은 장애소녀를 뒤에 세워 놓고 이 소녀가 연극을 보고 있다고 한다. 아마도 장애소녀는 유아 자신일 수도 있지만 유아의 어머니일 수도 있다. 어머니가 유아의 자아를 팽창시켰으니 어머니 또한 장애로 볼 수 있다. 11회기에서는 어머니의 상징인 이글루를 두 개 놓았다. 12회기에서 유아는 "오늘은 이글루를 안 놓을 거야."라고 단호하게 말한다.

(3) 13~15회기: 착한 로봇과의 동일시를 통한 의식세계의 확장

13, 14, 15회기에서는 초에 불을 켜 달라고 한다. 빨간 로봇과 동일시하면서 빨간 로봇을 착하다고 한다. 모래를 로봇, 용, 고래 위에 뿌리면서 세례를 받는 것이라고 한다. 14회기에서는 불가사리와 물고기, 즉 바다의 것, 비행기와 새, 즉 하늘에 있는 것, 그리고 육지를 달리는 트럭 등이 균형을 이루고 있고, 소품들이 중앙으로 모이면서 균형과 일치를 이루어 가고 있다. 또한 자아가 팽창되어 있던 유아가 모든 에너지를 위로 발산하는 것이 아니라 자신을 향해 모아들이고 있다. 전체 모양이 십자가가 된다는 것 또한 통합을 이루고 있다는 의미로 볼 수 있다. 촛불을 밝힘으로써 의식의 세계를 확장해 가고 자기를 찾아가고 있다. 5세 아동이 15회기

에서는 “진정한 왕이라는 게 무슨 말이죠?”라고 하면서 진정한 왕의 의미에 대해 고민하는 것이 유아의 사고의 깊이를 가늠하게 한다.

(4) 16회기: 혼란

16회기에서는 혼자서 공부하러 미국에 간 형을 불쌍하다고 하면서 모래상자를 꾸몄다. “왕이라고 뭐든 다 할 수 있는 것은 아니죠?”라고 물으면서 부모에 대한 감정을 표현하고 있다. 전쟁하는 두 팀이 다 죽었다고 한다. 혼란스러운 모래상자가 나타났다. 자아 팽창이 다시 한번 일어나고 있다.

(5) 17~20회기: 죽음

17회기와 18회기에서는 절벽 위에 사자들과 동물들을 세워 놓았다. 유아는 무의식적으로 자신이 온전해지기 위해서는 무엇인가를 희생해야 한다는 것을 알고 있다. 18회기에서 모래상자의 구성이 마치 거대한 신전과 같아 어떤 희생의 제사를 상징하는 듯하다. 20회기에서도 동물들이 다 죽을 때가 되었다고 하며 상자에 동물들을 넣고는 관 같다며 “다 죽었어요.”라고 한다. 죽음 후에 부활과 새로운 탄생이 있을 것이라는 희망을 준다.

3) 말기

(1) 21~25회기: 자기(Self) 탄생

21회기에서는 코끼리, 소, 무파사, 심바, 사자, 공룡, 로봇, 용, 케로로 등을 가져다 놓고는 다시 다 치우면서 다 죽고 심바만 남겼다. 그리고 아기가 태어났다며 사자와 호랑이를 놓았다. 그리고 다시 빨간 로봇과 기로로를 가져와 전투를 벌이더니 치우고 로봇만 남았다며 중앙에 놓았다. 23회기와 24회기에서도 로봇을 위해 초에 불을 켠 후 생일 축하 노래를 부르고 종을 쳤다. 죽음 이후에 새로운 존재의 탄생을 말하고 있다.

25회기는 종결 회기로 초를 놓고 불을 켠다. 로봇을 놓으며 “얘는 전투하는 애예요.”라고 한다. 경비병과 교황을 가져다 놓는다. 로봇, 교황, 경비병이 전투하다 모두 쓰러지나 로봇은 불 칼을 가져서 다시 살아날 거라며 로봇을 모래에 묻고, 불 칼만 나오게 한다. 십자가를 놓는다. 이글루를 놓고 그 안에 모래, 활, 창을 넣으며 무기 창고라고 한다. 촛불을 끄면서 생일 축하 노래를 같이 부르자고 하여 부른다. 손전등으로 이글루를 비춘다. 지구의를 놓는다. 피아노와 한복 입은 남자를 놓는다. 하나님이 주시는 선물이라며 선물상자를 놓는다. 종을 놓고 종을 친다. 물총으로 상자 전체에 뿌린다. "아, 세례." 하더니 "내가 너에게 세례를 주노라, 아멘."이라고 하면서 물을 뿌린다.

드디어 남자아이가 등장하였다. 1회기에서는 피아노가 놓였지만 연주자가 없었다. 이제야 유아가 피아노를 연주한다. 즉, 25회기에 이르러 자신의 모습을 찾게 되었다고 본다. 가운데 이글루가 만다라이고, 둘레의 것들도 만다라를 이루었다. 보통 5세 남아의 상자에서 만다라를 보이는 예가 흔하지 않은데, 대상 유아는 마지막 회기에서 자기(Self)가 등장한 놀라운 상자를 보여 주었다.

8. 상담자 평가

대상 유아는 1회기에 자신을 로봇과 케로로 등으로 표현하였다. 1회기에 등장한 로봇과 케로로는 24회기까지 계속 등장하였다. 1회기에 등장한 로봇은 계속 거대한 공룡, 탑, 나무기둥 등에 올라선 모습을 보였다. 더 높은 곳을 지향하였고, 높지 않으면 불안함을 보였다. 16회기에는 다시 동물이 높은 곳에 올라 있는 모습을 보였고, 19회기까지 동물이 높은 물체의 위에 서 있었다. 20회기에 동물들이 모두 죽어 무덤에 들어가는 것이 표현되었고, 21회기에는 동물이 무덤을 뚫고 나와 새로이 탄생하였다. 22회기에는 로봇이 죽어 무덤에 묻히더니, 24회기에는 로봇이 아주 강한 존재로 다시 태어났다. 결국 25회기 종결상자에서는 자신의 연령에 어울리는 남아가 등장하게 되었다.

융은 개성화 과정이 순환적인 과정, 즉 나선형 과정이라고 하였는데, 이 사례의 치료과정에서도 의식화 과정이 순환적으로 일어났다. 먼저 로봇을 통해 자아 팽창을 소거하고 심리적인 안정을 추구한 첫 번째 순환이 있었고, 두 번째 순환이 시작되면서 동물을 통해 다시 한번 자아 팽창을 다루면서 안정된 자아상의 확립을 향해 나아갔다.

9. 부모와 교사의 평가

담임교사는 내담아동이 13회기에서 14회기로 가는 무렵, 교실에서 잘난 체하고, 무시하고 짜증내던 행동들이 서서히 줄어들고 있다고 보고하였다. 상담이 종료되는 상황에서는 유아가 친구들과 잘 지내고 이제는 친구들도 유아를 인정하고 수용해 준다고 보고하였다. 내담자의 어머니는 유아가 밥도 잘 안 먹어서 걱정이었는데 밥도 잘 먹고 심리적으로 많이 편안해진 것 같다고 하였다.

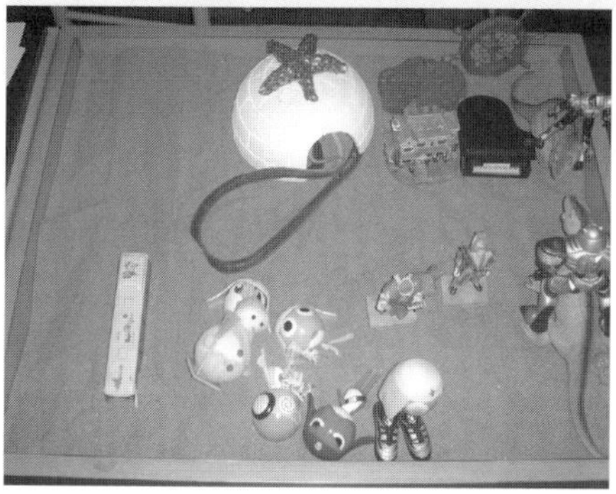

1회기

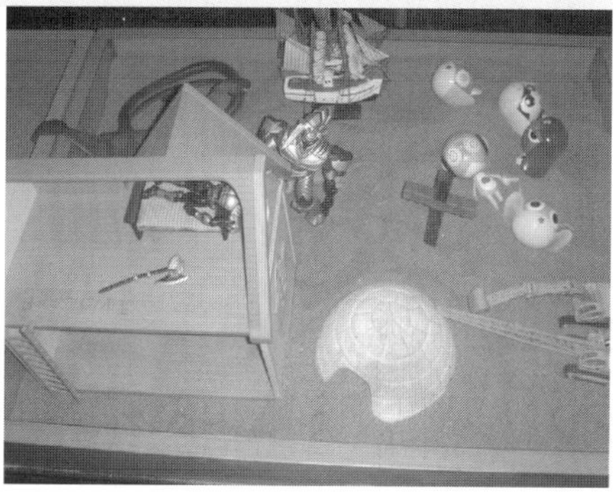

2회기

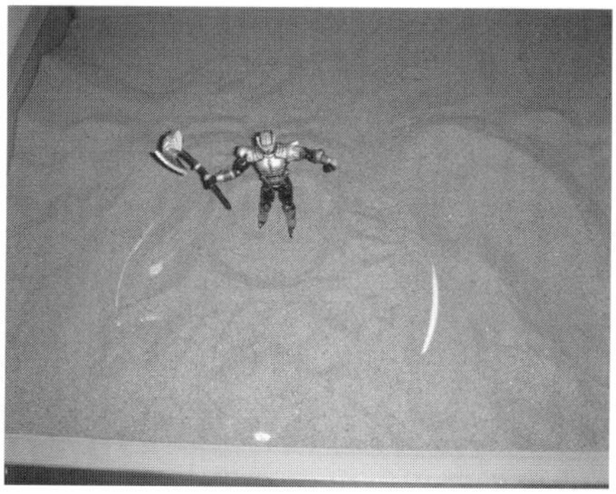

9회기

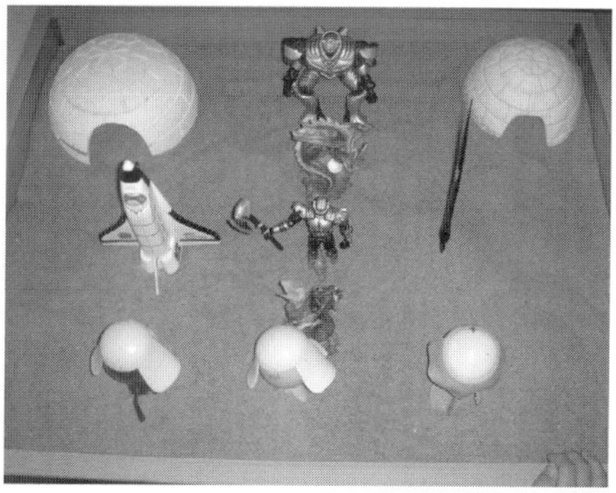

11회기

14회기

25회기

📖 요약

모래놀이치료는 내담자가 모래상자 안에서 상징물을 사용하여 자신의 내면세계의 이미지를 표현하는 과정을 통해 스스로의 힘으로 치유하는 심리치료다. 모래놀이치료는 유아와 아동 · 청소년뿐 아니라 성인과 노인에 이르기까지 모두에게 가능하며, 개인뿐 아니라 부부, 형제자매, 가족, 집단 등에도 효과적으로 사용된다.

모래놀이치료는 융의 분석심리학에 근거하며, 손, 모래, 작은 소품들을 통하여 무의식적인 요소가 의식화하면서 치유와 변형이 촉진된다. 모래놀이치료는 상담자와 내담자의 관계를 중시하며 상담자와 내담자의 관계는 '모자일체성'을 이루어야 한다. 이러한 관계가 성립하면 내담자는 '자유로우면서도 보호받는 공간'을 확보할 수 있으며 자신의 내면에 있는 자기치유력을 발휘하게 된다. 상담자는 내담자가 만든 모래상자에 대해서 일반적인 의미와 함께 내담자 개인에게 어떤 의미를 가지고 있는지를 파악하려는 노력을 해야 한다.

활동

1. 모래놀이치료 첫 회기 실시하기

본문에 있는 '내담자에게 모래놀이 소개하기(p. 310)'를 참조하여 모래놀이치료를 실제로 실시해 보자.

- 준비물: 모래상자, 소품들, 기록용지
- 과정
  - ① 둘이서 한 팀이 되어 서로 마주 앉아서 한 명은 내담자가 되고 다른 한 명은 상담자가 된다.
  - ② 내담자는 소품을 선택하여 모래상자를 꾸민다.
  - ③ 내담자는 모래놀이치료 기록용지 〈표 10-2〉를 참조하여 내담자의 소품 선택과 공간 배치를 기록한다.
  - ④ 내담자가 모래상자를 다 꾸민 후, 상담자와 함께 모래상자를 감상한다.
  - ⑤ 내담자는 자신이 꾸민 모래상자를 보고 느낀 점이나 떠오르는 생각을 말한다.
  - ⑥ 상담자는 내담자에게 질문하기보다는 내담자의 이야기를 들어주고 반영해 준다.
  - ⑦ 내담자의 이야기가 끝난 후 내담자 편에서 모래상자를 사진 찍는다.
  - ⑧ 상담자와 내담자의 역할을 바꾸어서 해 본다.
  - ⑨ 상담자 또는 내담자 입장에서의 모래놀이치료 경험에 대해 이야기를 나눈다.

2. 자신을 상징하는 소품을 찾아보기

자신의 과거, 현재, 미래를 상징하는 소품을 찾아보자.

- 준비물: 도화지, 색연필, 소품들
- 과정
  - ① 4~5명이 한 팀이 된다.
  - ② 개인에게 8절지 도화지를 한 장씩 나누어 주고 적절한 도형 세 개를 그린다.
  - ③ 소품장에서 '자신의 어린 시절'을 상징하는 소품을 가져와 가운데 도형 위에 올려놓는다.
  - ④ 한 명씩 돌아가면서 그 소품을 선택한 이유에 대해 말한다.

⑤ 다른 사람들도 이야기를 한 사람의 소품에 대해 느낀 점을 말한다.

⑥ 동일한 방식으로 왼쪽 도형 위에는 '자신의 현재 모습', 오른쪽 도형 위에는 '자신이 원하는 미래 모습'을 상징하는 소품을 한 개씩 올려놓은 후 자신이 선택한 소품에 대해 말한다. 그리고 다른 사람들도 이야기를 한 사람의 소품에 대해 느낀 점을 말한다. (단, 소품이 구비되어 있지 않다면 1주일 전에 활동을 공지하여 자신의 과거, 현재, 미래를 상징하는 소품을 준비해 오도록 할 수 있다.)

예:

3. 모래놀이를 했던 경험 나누기

어릴 때 모래를 가지고 놀았던 경험을 회상해 보자.

- 준비물: 없음
- 과정: 어린 시절 했던 모래놀이 경험에 대해 이야기를 나눈다.

① 장소는 어디였는가? 옆에 누가 있었는가?

② 모래로 어떤 놀이를 했는가?

③ 그때 몸에 느껴졌던 모래 촉감은 어떠했는가? 마른 모래였는가? 젖은 모래였는가?

④ 지금 모래놀이를 한다면 어떤 모래놀이를 하고 싶은가?

Chapter 11

미술치료

1. 발달 배경

미술치료의 기원은 오래전으로 거슬러 올라간다. 우리의 조상은 자신의 생활, 소망을 표현하거나 해롭고 두려운 존재에게서 자신을 보호하려는 주술적 목적으로 미술을 창조해 왔다. 외부세계에 대한 두려운 감정, 개인이나 집단의 소망, 미지의 것, 신비, 언어로 표현할 수 없는 것 등이 사실적으로 또는 상징적으로 동굴벽화에 표현되어 있다.

18세기에 아동화에 대한 연구가 본격화되면서 미술의 치료적 관점에 대한 연구가 시작되었다. 20세기 초에는 정신과 의사인 레야(Reja), 크래플린(Kraepelin)과 야스퍼스(Jaspers) 등은 정신병 환자들의 미술표현이 그들의 내면세계와 관련이 있다고 주장하였다.

지그문트 프로이트(Sigmund Freud)와 카를 융(Carl Jung)은 그림을 통해 자신의 감정을 느끼고 심상을 발견하려고 노력하였으며, 꿈에서 본 영상을 그림으로 표현하였다. 특히 융은 분석상담에서 내담자가 적극적 상상을 하도록 하고 상상에서 나타난 것을 그림으로 상세하게 형상화하도록 했다. 프로이트와 융이 꿈과 미술에 대해 해석한 이미지 설명은 정신치료 단체들의 관심을 끌었고 정신분석가들이 미술표현에 대해 관심을 갖도록 유도하였다(Malchiodi, 2003).

그 후 미술치료는 '미술'을 중시하는 입장과 '치료'를 중시하는 입장으로 나뉘어 발전해 왔다. 미술을 중시하는 입장은 예술을 창조하는 과정 그 자체가 치료적이라고 보는 것으로, 대표적인 학자는 크레이머(Edith Kramer)다. 치료를 중시하는 입장에서 보는 내담자의 미술작품은 그의 무의식을 상징적으로 표현한 것으로, 대표적인 학자는 나움버그(Margaret Naumburg)다.

미술치료의 창시자라 할 수 있는 나움버그는 처음에 미술교육자로 활동하다가 나중에 정신분석학을 공부하였다. 그녀는 정신분석학자로서 꿈이나 환상을 그림으로 그리는 창작활동을 통해서 상징을 발견하였으며, 무의식을 의식화하는 것이 치료적임을 알게 되었다. 그녀는 내담자의 무의식적 사고와 감정이 그림에 직접적으로 표현된다고 보았으며, 미술작품이 무의식을 상징화한 의사소통수단이 될 수 있다고 보았다. 1940년대는 융, 프로이트, 설리반(Sullivan) 등의 영향을 받아, 상담자와 내담자 사이의 치료적 관계 형성, 전이와 역전이의 해결, 자유연상, 자발적인 그림표현과 해석, 그림의 상징성 등이 미술치료에 있어서 중요시되었다. 학자들은 나움버그의 이론을 심리치료 과정에서 그림을 매체로서 이용하는 '치료에서의 미술(art in therapy)'로 구분한다(Gumaer, 1984; Naumburg, 1973).

반면, 1950년대에 크레이머는 언어적 영향이 없는 미술의 창조적 과정 그 자체가 환자를 치료한다고 보았다. 크레이머는 주로 아동을 대상으로 미술치료를 했는데, 자기표현과 승화를 중요하게 다루었다. 크레이머에 따르면, 아동은 미술작업을 통해 자신의 내부 감정이나 욕구를 표현하며, 자신의 파괴적·반사회적 에너지를 분출함으로써, 그것을 감소시키거나 창조적 에너지로 전환한다. 또한 아동은 자신의 원시적 충동이나 환상에 접근하면서 갈등을 재경험하고 자기훈련과 인내를 배우는 과정에서 그 갈등을 해결하고 통합한다. 따라서 상담자의 역할은 해석하는 것이 아니라 승화와 통합의 과정을 돕는 것이다. 이 견해는 작품을 만드는 과정 자체를 치료로 보기 때문에 '치료로서의 미술(art as therapy)'로 구분된다(한국미술치료학회 편, 2000).

울만(Elinor Ulman)은 미술치료를 독립된 분야로 발전시킨 중요한 인물로 1961년 창간호 『Bulletin of Art Therapy』에서 미술치료라는 용어는 '미술'과 '치료'의 합성어로서 두 단어의 의미가 포함된 것이라고 하였다. 그녀는 나움버그와 크레이머가 '치료' 혹은 '미술' 한 가지에 각각 더 치중한 점을 지적하면서, 미술의 치료적 측면과 창조적 측면을 통합하고자 하였다(Malchiodi, 2003에서 재인용).

1960년대부터 미술치료는 보다 전문적인 양상을 보이기 시작하였다. 1969년에 미국미술치료학회(American Art Therapy Association)가 창립되었고, 1973년에는 미술치료 전문지인 『Art Psychotherapy』가, 1983년에는 『Art Therapy: Journal of the American Art Therapy Association』가 발간되었다.

우리나라에서는 1960년 국립서울정신병원에서 정신건강 전문가 및 상담자를 중심으로 미술치료가 시행되기 시작하였다. 1982년 정신과 의사들이 주축이 되어 정신의학계의 산하단체로서 한국임상예술학회(음악, 미술, 무용)가 창립되었다. 1992년에는 한국미술치료학회가 창립되었고, 그 후 창립된 한국예술치료학회, 한국아동미술치료학회 등 여러 학회와 협회가 중심이 되어 미술치료사를 양성하고 있다. 한편 1999년 대구대학교 재활과학대학원에 미술치료가 정규 교육과정으로 개설된 후 여러 대학원 및 학부에서 미술치료전공과정이 운영되고 있다(영남대학교 미술치료연구회 편, 2018) 또한 신경정신과, 소아정신과, 복지기관, 교육기관, 상담기관, 심신장애인 치료 및 상담기관, 장애아 통합 어린이집, 장애아 통합 초, 중, 고, 특수학교 등에서 미술치료가 실시되고 있다.

2019년 코로나-19 팬데믹으로 인해 비대면 상담이 빠르게 증가하며 컴퓨터, 스마트폰, 패드, 넷북 등의 보급이 확대되면서 디지털 미디어와 기술을 활용한 미술치료가 주목을 받고 있다(박미자, 임걸, 2019; 손창배, 2020; 안은영, 2021; 이가영, 김선희, 2016). 그리고 미술활동 경험이 뇌구조의 변화와 발달에 영향을 미친다는 뇌과학 연구 결과로 인하여 뇌과학과 연관된 미술치료에 대한 관심이 증가하고 있다(김교옥, 2016; 김선현, 이규범, 2013; 이근매, 2010).

2. 개념

미술치료는 미술활동을 통하여 개인의 내면적 갈등을 해결하고 자아성장을 돕는 심리치료다. 미국미술치료학회(American Art Therapy Association: AATA)는 미술치료란 모든 연령의 사람들을 대상으로 이루어지는 시각적 예술(그리기, 색칠하기, 조각하기 등)과 창의적인 과정을 상담과 심리치료의 모델과 통합한 것이라고 정의한다.

아동미술치료는 심신의 어려움을 겪고 있는 아동의 신체적 · 정신적 · 정서적 발달 증진을 위해 아동의 심리를 진단하고 치료하는 데 목적을 두고 있다. 표현활동을 통해 내면의 상처와 갈등을 발견, 인식, 통찰, 승화하고 자신을 수용함으로써 자신의 심리적 문제를 치유하며 인격적으로 성장할 수 있다.

미술치료는 상담이론에 따라 그 개념이 조금씩 차이가 나는데, 이를 〈표 11-1〉에 요약하였다.

최근에는 어느 한 특정 이론에 기초한 심리치료를 고수하기보다는 인간의 사고, 감정 및 행동을 다루는 여러 이론을 통합하고자 하는 통합적 모델이 시도되기도 한다. 그 이유는 인간 존재가 본질적으로 다양성이 있으며, 인간문제 또한 복잡하기 때문에 이를 다 포함할 수 있는 완벽한 이론이 없을 뿐만 아니라 그 이론에서 유래된 치료기법들을 내담자에게 적용하기보다는 내담자에게 맞는 치료기법을 찾는 것이 더 적절하기 때문이다(정현희, 2022).

미술치료는 미술교육과 차이가 있다. 미술교육이 학생에게 커리큘럼에 따라 미술이론과 실기 및 감상을 가르치며, 학생들의 학습과 활동을 평가하고 단계적으로 지도하는 것이라면, 미술치료는 아동 및 청소년 개인의 심리적 · 정신 병리적 문제와 치료 가능성에 초점을 둔다. 미술치료 상황에서는 개인의 심리적 · 정신적 문제와 창의적 자원을 미술로 표현하는 과정을 중요시한다(정여주, 2020).

〈표 11-1〉 미술치료의 이론별 개념

미술치료이론	개념
정신분석적 미술치료	무의식 속에 억압되어 있던 본능, 고통스러운 기억, 갈등과 불안이 미술 표현을 통해 이미지를 표출한 것이 정화와 의사소통의 수단이 될 뿐 아니라 무의식의 의식화 작업이 되어 치료적인 효과를 가져온다.
분석심리학적 미술치료	미술이라는 매체를 통해 개인적 무의식과 집단적 무의식인 원형을 상징적으로 표현함으로써 무의식과 의식을 통합하여 인격의 전체성을 이루는 것을 치료의 목표로 한다.
인간중심 미술치료	치료자의 내담자에 대한 무조건적인 수용, 존중과 공감적 태도를 통해 미술활동에 내담자의 능동적인 참여를 가져오며 개인의 창조적 잠재력과 성장 가능성을 일깨워 자기실현을 목표로 한다.
형태주의 미술치료	'지금-여기(here and now)'을 강조하여 현재의 상황을 경험하고 인식하는 작업으로 미술이라는 매체를 통해 내담자가 자신의 모든 감각을 더 자각할 수 있도록 돕고 자신의 욕구와 감정을 깨닫도록 도와주어 자기인식을 증가시킨다.
행동주의 미술치료	정서장애 아동이나 정신지체 아동에게 유용하며, 미술치료보다는 교육적 접근의 의미가 있다. 주로 행동치료의 기법인 행동 형성으로 미술활동을 함으로써 행동변화를 가져오는 것이다.
인지 · 정서 · 행동주의 미술치료	미술활동을 통해 내담자의 비합리적 신념과 정서 및 행동을 인식하게 하고 내담자가 보다 합리적인 신념과 감정 및 행동을 갖도록 돕는다.
해결중심 미술치료	내담자가 문제를 해결할 수 있는 자원을 가지고 있는 전문가라는 믿음을 전제로, 강점 찾기, 예외 찾기, 변화를 찾고 유지 및 확장하기 등의 기법을 미술활동에 적용함으로써 문제 해결을 위한 자원을 탐색하고 목표를 실행하도록 한다.

3. 치료적 가치

교육현장에서 실시되는 미술활동 경험은 신체, 정서, 언어, 사회성, 창의성 발달 등 아동의 전인발달에 긍정적인 영향을 주는 좋은 수단이 될 수 있으나, 여기에 더하여 상담자의 전문적인 능력과 치료적 환경 속에서 이루어지는 미술활동은 다음과 같은 치료적 가치를 지닌다(김선현, 2010; 신숙재 외, 2000; Kramer, 2010; Malchiodi, 2003; Wadeson, 1980).

첫째, 아동이 미술활동을 하면서 자료를 오리고 찢고 붙이고 색칠하고 만지는 다양한 감각적 경험은 그 자체로 치유 효과를 줄 수 있다. 창의적인 미술활동을 할 때에는 우뇌와 좌뇌가 모두 사용되며 효율적으로 상호작용한다.

둘째, 미술은 상담자로 하여금 아동의 마음을 다치지 않고, 아동의 방어기제를 허물어뜨리지 않으면서 아동의 무의식 세계를 알아볼 수 있게 해 준다. 미술을 통해 아동은 무의식적 소망을 상징적으로 표현하고, 과거의 고통스러운 경험과 감정을 승화시킬 수 있다.

셋째, 미술은 대부분의 아동에게 가장 자연스러운 언어이며 그의 정신적 외상, 고통 또는 상실에 대한 표현을 돕는 가치 있는 양식이다. 따라서 언어로만 상담하는 것보다 미술을 매개로 상담을 할 때 아동의 불안이 감소되어, 아동 자신의 느낌과 경험에 대해서 더 많은 이야기를 하도록 촉진한다.

넷째, 미술활동은 아동의 정서나 감정을 전달하는 도구일 뿐 아니라 내면에 잠재된 분노, 적대감, 죄책감, 자기 비난, 공포 등 다양한 문제점을 해롭지 않은 방식으로 표출하고 해소하도록 돕는다.

다섯째, 활동 자료가 영속성을 지닌다. 미술은 작업 활동의 결과가 작품으로 남기 때문에 아동의 발전과정을 알아보는 데 중요한 자료로 활용된다. 만든 작품들을 검토하면서 새로운 통찰이 생기기도 하고, 작품 변화를 통해서 치료과정과 심리적 변화를 한눈에 이해할 수 있다.

여섯째, 미술은 인물의 특성, 상황, 감정, 장소 등을 한 공간에 표현할 수 있기 때문에 이들 간의 관계를 동시에 나타낼 수 있다. 예를 들어, 자신의 가족을 다른 사람에게 언어로 소개할 때는 부모와 형제들 그리고 그들의 관계를 차례대로 이야기해야 하지만, 그림으로는 그것들이 동시에 드러나므로 상담자가 아동과 그의 주위 환경에 대해 쉽게 이해할 수 있다.

일곱째, 미술활동의 창조적 과정은 본질적으로 치유적이다. 상담자의 적절한 중재나 칭찬 또는 격려가 있을 경우 아동은 능동적인 참여자가 되어 자기 주도적으로 매체를 선택하고 자유롭게 창의적인 작품을 만들면서, 자신감과 성취감이 촉진되며, 자신의 삶에 대한 통제감이 증진된다.

여덟째, 미술치료는 미술과 놀이를 통합한 것으로서 놀이치료의 치료적 가치가 미술치료에서도 적용 가능하다. 즉, 상상적이고 표현적인 다양한 놀이자료를 통해 아동의 정서적인 스트레스를 감소시키고 바람직한 행동을 증가시켜 사회적 행동에 변화를 가져온다.

4. 치료실과 치료도구

1) 치료실

이상적인 미술치료 공간은 정돈되어 있으면서도 자극적이고, 심리적 · 물리적 편안함을 느끼면서도 표현의 욕구가 일어날 수 있는 환경이어야 한다.

첫째, 상담실은 사생활이 보장될 수 있는 장소로서 안전감을 줄 수 있어야 한다.

둘째, 상담실은 활동하기에 적당히 넓은 공간이어야 한다. 공간이 너무 넓으면 아동이 위축될 수 있고, 너무 좁으면 답답함을 느끼며 활동에 제약을 줄 수 있다.

셋째, 실내온도, 채광, 환기, 조명 등이 아동에게 쾌적한 느낌을 줄 수 있어야 한다.

넷째, 다양한 미술도구가 구비되어 있어야 하며, 상담자의 도움 없이도 아동 스스로 재료를 보고 선택할 수 있는 높이의 선반에 놓여 있어야 한다. 물이 필요한 미술활동에 사용하거나 미술활동이 끝난 후 손을 닦을 수 있도록 세면대가 설치되어야 한다.

다섯째, 미술활동은 작업대나 이젤을 사용하거나 바닥이나 벽면을 사용할 수도 있기 때문에 바닥과 벽은 청소하기 쉬워야 하며 물도 쉽게 사용할 수 있어야 한다.

여섯째, 집단 작업이 가능할 크기의 공간을 확보해야 한다.

일곱째, 아동의 미완성 작품과 완성된 작품을 보관하거나 전시할 수 있는 수납장, 선반, 게시판 등의 시설도 필요하다. 내담자의 작품을 잘 보관하는 것은 아동에 대한 상담자의 관심과 지지, 존중감을 표시하는 것이다.

[그림 11-1] 미술상담실 환경

2) 치료도구

미술매체는 아동의 심상을 시각적으로 이미지화하는 중요한 도구다. 매체는 아동의 외적 · 내적 상황을 은유적 · 상징적 시각언어로 표현하는 미술치료만의 고유한 자원이며 특성이다(정여주, 2016).

(1) 매체의 종류

미술치료는 다양한 매체가 사용될 수 있으나 일반적으로 사용되는 것은 다음과 같다.

- 회화 재료: 연필, 색연필, 마커펜, 볼펜, 목탄, 사인펜, 크레파스, 파스텔, 그림물감, 아크릴 물감, 먹, 포스터컬러, 수성과 유성 페인트
- 조소 재료: 찰흙, 색찰흙, 지점토, 밀가루 반죽, 석고, 종이죽
- 공예 재료: 신문, 잡지, 천, 리본, 곡식, 색 노끈, 조개, 돌, 스티로폼, 재활용품
- 종이: 도화지, 켄트지, 스케치북, 색종이, 한지, 화장지, 하드보드지, 셀로판지, 사포지, 아트지, 포장지

- 작업도구: 다양한 크기의 서양화 붓, 동양화 붓, 팔레트, 이젤, 화판, 가위, 점토용 도구, 칼, 스펀지, 플라스틱 통

(2) 매체 특성에 대한 이해

상담자는 미술매체를 준비할 때 미술치료에서 요구되는 매체의 일반적인 특성과 매체와 아동의 특성 간의 관계를 고려해야 한다.

첫째, 단순하고 비구조적인 미술매체일수록 심리적 투사를 더 많이 하게 하며, 폭넓은 정서표현을 하도록 도와준다. 구조적이거나 정형화된 매체는 아동의 자유로운 표현을 제한한다.

둘째, 창조적 표현을 촉진시키는 매체는 아동의 자율성을 발달시키며, 완성된 작품을 통해 성취감을 줄 수 있다.

셋째, 너무 적은 미술매체는 아동의 욕구를 충분히 표현하는 데 제약이 되지만, 너무 많은 미술매체를 제시하는 것도 아동에게 부담이 될 수 있다. 아동의 자아기능이 미성숙한 경우에는 오히려 혼란을 줄 수 있기 때문에 아동의 인지 수준에 따라 재료를 제한하는 것이 좋다.

넷째, 같은 매체라도 아동에 따라 정서적 · 지적 반응이 다를 수 있다. 아동의 지각능력, 운동 능력, 심리 상태에 따라 다양한 표현이 가능한 매체는 아동에게 미술활동에 대한 흥미와 동기를 불러일으킨다.

다섯째, 매체에 따라 다른 반응을 보일 수 있으므로 아동 개인의 심리적 욕구와 발달 상태에 맞는 매체의 유형을 파악하여 제시하는 것이 필요하다. 일반적으로 미술재료 중 물감, 핑거페인트, 점토처럼 물기가 많은 습식 매체는 퇴행을 촉진시킬 수 있는 재료로 성격이 경직된 아동에게는 매우 유용하지만, 충동적이고 자아경계가 불분명한 아동에게는 충동적 성향을 더욱 심화시킬 수 있다. 색연필, 사인펜과 같이 딱딱하고 건조한 재료는 높은 통제력을 지닌 재료로 아동의 충동적 성향을 통제하기 용이하다. 아동의 성격과 반대 성향의 재료를 제공하는 것은 그의 내면세계의 억압된 부분을 재통합하는 기회를 줄 수 있다(김선현, 2006a).

랜드가튼(Landgarten, 1987)이 제시한 '통제를 기준으로 한 매체의 특성'은 〈표 11-2〉

와 같다(정현희, 2022에서 재인용).

〈표 11-2〉 통제를 기준으로 한 매체의 특성

통제 정도	1	2	3	4	5	6	7	8	9	10
매체 유형	젖은 점토	그림 물감	부드러운 점토	오일 파스텔	두꺼운 펠트지	콜라주	단단한 점토	얇은 펠트지	색연필	연필

5. 상담자의 역할

상담자는 적절한 미술재료를 제공하고, 아동의 미술표현을 격려하고 촉진할 수 있어야 하며, 미술치료 과정을 알고 미술작품을 해석할 수 있어야 한다. 미술작품에 대해 해석 능력을 갖춘 상담자는 아동이 상징적으로 표현하는 것 뒤에 숨어 있는 내적 욕구를 읽어 내고, 아동과 민감한 의사소통을 할 수 있다.

상담자는 아동이 미술재료와 도구를 선택하고 작품을 만드는 과정에서 편안함과 안전감을 느끼도록 도와야 한다. 루빈(Rubin, 2001)은 상담자의 중요한 역할은 아동에게 '안전한 보호적 환경'을 제공하는 것이라고 강조하였다. 이러한 환경은 안전하고 지지적인 환경에서 아동이 자유롭게 미술제작을 할 수 있고 창조적인 과정을 통해서 자신의 내부세계를 탐색할 수 있는 상황을 말한다.

효율적인 상담자의 역할을 위해서 상담자는 미술과 심리치료에 대한 지식과 이 둘 간의 상호작용에 대한 전문적 지식과 능력을 지녀야 한다. 즉, 인간의 발달적 특징과 발달이론에 관한 지식, 미술치료의 이론에 대한 이해, 미술활동에 대한 진단 및 해석 능력, 미술치료의 매체에 대한 이해 및 활용 능력, 정신병리학, 심리학, 인류학, 교육학 등에 관한 지식 그리고 미술치료의 계획, 진행 및 평가 능력이 있어야 한다.

상담자의 인성적 자질 또한 중요하다. 상담자는 겸손, 인내심, 온화함, 성실함, 안정감, 진실함과 열정이 있어야 한다. 상담자는 자기 자신을 이해하고 존중할 수 있어야 하며 공감 및 의사소통 능력이 있어야 한다. 선입견을 가져서는 안 되며 유머감각도 있어야 하고 직관력과 통찰력이 풍부해야 한다.

6. 치료의 실제

1) 치료계획

미술치료를 효과적으로 실행하기 위해서 다음과 같은 요인들을 고려하여 치료계획을 세워야 한다.

(1) 치료 대상

미술치료 대상은 아동의 상태에 따라 일반 아동을 포함한 경미한 정신적 · 심리적 문제를 지닌 아동과 장애를 가진 아동으로 나눌 수 있다. 또한 아동의 연령에 따라 구분할 수 있는데, 상담자는 아동의 신체, 정서, 인지, 언어, 창의성 등의 발달 수준과 조형 활동의 발달단계를 파악해서 미술활동을 계획해야 한다.

(2) 치료 형태

미술활동에 참여하는 아동의 수에 따라 개인 미술치료와 집단 미술치료로 구분한다.

① 개인 미술치료

개인 미술치료는 아동과 상담자 간에 일대일로 미술치료가 진행되는 것을 말한다. 대체로 주 1~2회 실시되며, 시간은 성인의 경우 60~90분, 아동의 경우는 30~60분 정도 실시된다.

일반적으로 상담자는 아동과 함께 미술활동을 하지 않는 것이 좋다. 상담자가 아동과 함께 미술활동을 하면 아동은 상담자의 작품과 자신의 것을 비교하고 경쟁하면서 자존감이 높아지기보다는 오히려 낮아지기 쉽고 자신의 능력과 작품을 부끄럽게 여길 수 있다. 또한 상담자 자신도 아동에게 관심을 두기보다는 미술작업에 몰입할 수 있다. 그러나 아동이 너무 소심하고 주저할 때는 먼저 활동을 시도하면서 아동을 도울 수 있다. 상담자는 아동이 미술활동을 하는 것을 바라보면서 아동의 언어적 · 비언어적 표현에 주의를 기울이면서 적절하게 반응한다. 상담자는 아동이 이끄는 대로 따라가면서 아동의 세계에 들어가도록 노력해야 한다(Gumaer, 1984).

집단 미술치료보다 개인 미술치료가 더 잘 적용되는 경우는 아동이 매우 복잡한 위기적인 문제를 가졌거나 전반적으로 대인관계의 실패 경험이 많아 집단 앞에서 이야기하는 것에 두려움이 큰 경우 또는 남의 인정과 주목에 대한 요구가 너무 큰 경우이다(임세라, 오가영, 2015).

또한 내담자가 아동인 경우 미술치료 진행과정에서 부모상담이나 부모교육을 병행하는 것이 바람직하다.

② 집단 미술치료

집단 미술치료는 집단 심리치료에 미술활동을 도입한 것이다. 집단 미술치료는 집단 내의 다른 아동들과 시각적 · 언어적 접촉이 유지되면서 상호작용을 일으키기에 적절한 인원으로 구성되어야 한다. 아동의 수가 4~6명일 때는 상담자가 한 명이 적절하나 아동의 수가 그 이상일 경우 보조 상담자가 필요하다.

집단 미술치료는 개인의 미술제작 경험들을 강조하기보다는 미술활동을 통해 집단 구성원 간의 의사소통과 집단역동에 초점을 두고 이루어지나 최종 목표는 개인의 치료효과를 보기 위함이다(Wadeson, 1980). 아동들은 타인과의 상호작용을 통해서 자신의 모습을 객관적으로 이해하는 기회를 가진다. 집단구성원끼리 자신의 그림과 경험을 이야기하면서 자기표현의 기회를 촉진하며, 대인관계에 필요한 조망 능력과 자기조절력을 증진시킨다.

아동은 집단 속에서 재료, 도구, 아이디어를 공유하며, 때로는 자기 의견을 표명하기도 하고 양보도 하면서 집단생활을 배우고 경험하며, 개인의 자제력 및 협동심의 중요성을 인식하고 사회적 능력을 길러 간다. 협동작업을 통해 서로 친밀해지고 소속감을 갖게 되면서 아동 개인의 외로움과 고립감이 줄어든다. 그러므로 집단 미술치료의 상담자는 집단구성원 개개인의 심리적 역동성뿐만 아니라 집단구성원 간의 상호작용과 집단의 역동성을 파악할 수 있어야 한다.

(3) 치료 목적

아동을 위한 미술치료의 목적은 자기성장을 위한 차원, 예방적 차원, 치료적 차원으로 구분된다.

자기성장이 목적인 미술치료는 일반적인 교육의 목적과 비슷하다. 구체적으로 아동이 성장하면서 갖추어야 할 지적 · 도덕적 · 미적 가치를 포함하여 사회구성원으로서 더불어 살아가기 위해 필요한 요소들을 배우며(김정숙 외, 2009), 미술활동을 통해서 자기 내면과의 만남의 기회를 갖게 되어 정체성을 확립하고, 잠재력을 계발하여 자기성장을 도모한다. 아동 · 청소년을 대상으로 하는 잠재력 계발을 위한 미술치료도 여기에 포함된다.

예방이 목적인 미술치료는 자신의 발달 수준에 맞는 독립성과 자율성이 부족하여 타인에 의존하려는 경향이 많거나, 불안, 분노가 비교적 많고, 또래관계에 어려움을 겪는 아동이 문제가 심각해지기 전에 미술치료의 도움을 받는 경우다.

치료가 목적인 미술치료는 정신적 · 정서적 문제를 가진 아동, 게임중독 아동, 학대와 가정폭력의 피해아동, 성폭력 피해아동, 『정신질환의 진단 및 통계 편람(Diagnostic and Statistical Manual of Mental Disorder: DSM)』과 『질병 및 관련 건강문제의 국제통계분류(International Classification of Diseases: ICD)』 기준 등에 해당되는 아동을 위한 것이다.

(4) 실시방법

치료 목적이 정해지면 아동이 주제와 재료를 자유롭게 선택하는 비지시적 방법을 사용하거나 상담자가 주제와 재료를 제공하는 지시적 방법을 선택한다. 방법의 선택은 집단의 크기, 치료기간, 아동의 성향, 치료의 진행 단계 등을 고려하여 정한다. 대체로 치료기간이 장기적이거나 아동의 자아 능력을 신뢰할 수 있을 때 비지시적인 방법이 적합하다. 지시적 방법은 치료기간이 단기적이거나 아동의 자아 능력이 미성숙할 때, 치료 초기에 시작의 어려움이 있거나 미술에 대한 고정관념이 강할 때 유용하다. 그러나 이 두 가지 방법을 함께 사용하는 경우가 일반적이다(김선현, 2006b).

2) 전체 과정

미술치료 전체 과정은 일반적으로 초기, 중기, 종결기의 세 단계로 나눌 수 있다.

(1) 초기

초기는 아동에 대한 정보를 파악하는 시기로 상담자는 아동이 상담실에 들어올 때부터 아동의 태도, 표정, 대화 등을 주의 깊게 관찰해야 한다. 이 시기는 미술치료의 전체 과정이 순조롭게 진행되는 데 영향을 줄 수 있기 때문에 중요하다.

미술치료에 대한 소개를 하면서 전반적인 치료과정과 규칙을 설명한다. 그림 진단인 집-나무-사람 그림검사(House-Tree-Person: HTP), 동적 가족화 그림검사(Kinetic Family Drawing: KFD), 동적 학교생활화 그림검사(Kinetic School Drawing: KSD) 등을 실시할 수 있다. 아동의 경우 사전에 부모면담이 이루어져야 한다. 특히 녹음 및 녹취 등을 할 경우 이에 대한 동의를 얻는다.

상담자는 미술활동과 매체에 대한 적응을 돕기 위해 미술표현을 촉진시키는 치료적 활동으로 '난화 그리기', '출발용지법', '색칠하기', '색종이 접기' 등을 이용할 수 있다.

(2) 중기

중기는 상담자와 아동 간의 신뢰관계를 바탕으로 구체적인 미술활동에 들어가는 시기다. 이 시기에 아동은 다양한 재료와 기법을 활용하여 자신의 감정을 자유롭게 표출하게 되는데, 전이, 역전이, 양가감정 등 내부의 깊은 감정을 표현한다. 아동 스스로 자신의 사고, 정서, 가치관, 관점, 장점과 약점, 생활양식을 이해할 수 있게 되는 시기이므로, 상담자는 아동의 생활과 내면에서 아동의 잘못된 목표나 부적절한 행동을 인식하도록 도와줄 뿐 아니라 긍정적인 면들을 가능한 한 많이 찾을 수 있도록 도와주어야 한다.

이 시기에 치료적 활동으로는 '중요한 항아리', '자신의 좋은 점', '초기 기억', '나의 장점과 단점', '신체 본뜨기', '생활선 그리기', '내 인생의 중요한 세 사람', '9분할 통합 회화법', '계란화', '동굴화' 등이 있다.

(3) 종결기

종결기는 아동의 문제에 대한 치료적 접근이 효과를 보이는 시기로 마무리를 잘해야 한다. 상담자가 정한 치료목표인 아동의 자존감, 자기조절력, 문제 해결력 등에 있어서 긍정적인 효과가 나타나는 시기다. 상담자는 아동의 문제에 대한 대처 능력과 현실 적응력 등을 평가해서 종결 시점을 결정해야 한다. 아동이 치료의 종결로 인해 상담자와의 관계가 끝나는 것에 대한 불안을 보일 수 있기 때문에 아동의 두려움을 줄이는 방법으로 종결하기 전에 치료 횟수를 점차로 줄여 나가거나 종료 시기를 미리 알려 줄 수 있다.

이 시기에 효과적인 치료적 활동으로는 '나의 미래 모습', '선물 만들기', '되고 싶은 나', '꿈나무', '새로운 나로 태어나기' 등이 있다.

3) 매 회기과정

미술치료의 매 회기과정은 도입, 작업, 감상 및 토론의 순서로 진행된다(강승아, 2005; 김나영, 이승희, 2001).

(1) 도입

도입 단계는 매 회기의 초기 5~10분 정도를 의미한다. 아동과 함께 작업에 들어가기 전에 간단한 상호작용을 통해 서로 친밀해지면서 편안한 분위기를 조성하는 것이 중요하다. 첫 회기 치료의 경우 치료목표를 설정하고 미술치료에 대한 전반적인 설명과 규칙을 정할 수 있다. 이미 진행 중인 경우에는 그 회기의 활동에 대해서 간단히 설명하는 정도가 좋다.

(2) 작업

작업 시간은 20~40분 정도로 진행되는데, 어린 아동의 경우 한 작품에 소요되는 시간이 15분 이상을 넘기지 않도록 유의한다. 작업 단계는 아동이 적극적으로 작업에 들어간 단계이므로, 아동이 활동 자체에 몰입하여 깊은 경험을 할 수 있도록 불필요한 대화를 하지 않는다. 미술은 의식과 무의식의 세계를 오가며 이루어지므로 상담자의 잦은 질문은 그 흐름을 끊을 수 있다.

(3) 감상 및 토론

감상 및 토론 단계는 약 10~20분 정도가 적절하며, 먼저 아동이 자신의 작품을 다시 살펴보는 과정이 필요하다. 이 과정에서 상담자와 아동, 아동과 작품 사이에 상호작용이 일어나는데, 상담자와 아동 사이의 관계가 신뢰할 수 있고 안정적일수록 작품 안에서 더 많은 정보를 얻고 느낌을 표현할 수 있다. 작품에서 받은 느낌은 물론 제작 과정에서 드러난 감정을 다루면서 더 깊은 자기인식의 기회를 마련할 수 있다. 구체적인 감상 및 토론 내용은 다음과 같다.

- 작품을 시작할 때와 만들 때 그리고 끝났을 때의 느낌은 어떠한가?
- 어떤 부분이 마음에 드는가? 어떤 이유인가?
- 만약 작품을 수정한다면 어느 부분을 어떻게 수정하겠는가?
- 그림 요소 간에 상관관계는 어떠한가?

집단 미술치료 경우 모든 참여자가 차례로 돌아가며 각자의 그림을 설명하는 방법이 있으나, 아동의 경우에는 먼저 한 아동의 그림을 들고 전체 집단원에게 물어보고 그림을 그린 아동에게 어떤 그림인지 물어볼 수 있다. 토론 시 주의할 점은 작품의 진단이나 분석을 삼가야 한다는 점이다. 일단 진단이나 분석을 하게 되면 다음 작품을 만들 때 부담과 불안을 느껴 자유로운 표현을 할 수 없다. 대신 작품에 대한 진단이나 분석보다 느낌을 나누는 것이 적절하다.

4) 해석

(1) 과정의 이해

상담자는 아동의 작품은 물론 아동이 어떤 과정을 거쳐서 미술활동을 하였는지에 주목하는 것이 중요하다. 아동이 미술재료를 어떻게 선택하는지 그리고 그것을 어떻게 다루는지도 관찰해야 한다. 동일한 재료를 반복해서 사용하는지 아니면 다양한 재료를 사용하는지 또는 조심스럽게 다루는지, 아니면 거침없이 미술재료를 조작하는지를 주의 깊게 보아야 한다. 그리고 미술활동을 하는 데 흥미를 갖고 집중해서 하는지 아니면 주저하는지 그리고 자신이 만든 작품에 대해서 어떤 식으로 반응하는지 등을 주의 깊게 관찰해야 한다.

(2) 상징의 이해

미술은 상징 언어를 사용하는 대표적인 예술이다. 미술치료에 있어서 그림의 상징 언어를 읽어 내는 것은 치료과정에서 아주 중요하다. 어떤 상징들은 문화, 지역, 사회에서 공통성을 갖고 있으나 그렇지 않은 경우도 많다. 그러므로 일반적인 상징성에 맞춰 일률적으로 이해하는 것은 매우 위험한 해석이 될 수 있다.

미술치료에 적용되는 대표적인 상징으로 공간 상징, 색채 상징, 선 상징 등이 있다. 그림의 내용들이 공간상에서 어디에 어떻게 배열되는가는 그림을 그린 사람의 심리적 · 정신적 · 육체적 상태와 관계가 있다. 공간상징에 관한 연구는 다양하게 개발되었으며, 연구자의 관점에 따라 다르게 적용된다. 그러나 공간이 공통적으로 지니는 상징적인 의미가 있으며, 그 내용을 파악하면 그림에서 표현되는 의미를 이해하는 데 도움이 된다(양지원, 2016).

종이에 그려진 대상의 위치를 보면 도화지 중앙에 그림을 그리는 행동은 가장 평범한 것으로 정상인에게 자주 볼 수 있으나, 그림이 위에 치우쳐 있으면 공상적이고 이상적이라고 진단하며, 불안정하거나 우울한 경우 하단에 치우치고, 위축되고 과거지향적이면 좌측 화면을, 미래지향적이며 성공지향적일 때는 우측 화면을 활용한다고 보기도 한다(임세라, 오가영, 2015).

미술활동에서 나타난 각각의 색채가 지닌 고유한 상징성을 알아보는 것이 필요한데, 각 개인에 따라 색의 의미가 달라질 수 있다. 개인이 선택하는 색채는 그 개인이 속한 문화적 · 사회적 · 시대적 특성을 반영한 것이라고 볼 수 있지만 그 개인의 감정, 경험, 심리적 상황 등을 나타내기도 한다. 그러나 미술치료에서 가장 중요한 것은 색을 다양하고 균형 있게 사용하는 것으로, 어떤 사람이 한 가지 색만을 너무 오랫동안 사용하는 것은 균형을 이루지 못하는 삶을 살고 있음을 의미하기도 한다.

선 역시 개인이 그린 그림의 의미를 읽는 중요한 도구로서 운동성, 목적과 방향성, 활기와 허약함, 자극성과 역동성 등 선을 그리는 사람의 심리적 상태와 신체적 상태까지 모두 표현할 수 있다. 선이 나타내는 힘, 속도, 장단, 방향, 강약, 율동성 등에 따라 해석이 달라질 수 있다. 선을 단번에 길게 그린 경우는 태도가 단호하며 주장이 강하거나 실패를 두려워하지 않는다는 것을 보여 준다. 선이 연결되지 않은 경우는 현실 접촉의 문제, 정신지체나 기질적 손상으로 인한 정신질병을 고려해야 한다. 선이 불분명한 경우는 자신감이 없거나 불안한 상태를 나타낸다. 스케치하듯 짧은 선을 반복하여 긴 선을 그린 경우는 소심함이나 불안정성, 정확한 것에 대한 지나친 욕구, 자신감의 결핍 등을 나타낸다(이숙 외, 2004).

그 외 상담자에 대한 아동의 반응, 작품과 주제와의 연관성, 작품과 내용에 대한 설명, 문제 해결과 활동의 집중력, 작품의 결손과 왜곡 부분의 존재 여부, 작품의 결과에 대한 만족도, 발달 수준의 적합성 등을 주의 깊게 살펴보아야 한다.

이와 같이 미술치료에서 아동이 보이는 태도와 미술표현에 대한 상담자의 이해는 매우 중요한 부분이기 때문에 신중하게 접근해야 한다. 우선 상담자는 상담자와의 대화과정에서 아동 스스로 언어로 표현하면서 깨닫는 과정이 중요하므로 성급한 해석은 피해야 한다. 특히 아동의 창의적인 미술활동을 성인의 기준으로 판단하거나 내용과 의미에 대해 어떤 가정을 하지 않아야 한다. 상담자는 아동이 만든 작품의 의미, 맥락과 세계를 이해하는 방식에 대해 개방된 마음을 갖고 바라보아야 한다.

5) 치료기법

미술활동은 크게 진단과 치료를 위해 활용될 수 있다.

진단도구로서의 미술은 일종의 투사적 기법으로서 그림의 내용, 형태, 색, 의미 등을 통해 아동발달의 수준과 장애의 정도를 파악하고 진단한다. 많이 사용되는 검사로 인물화 검사(Draw A Person: DAP), 집-나무-사람 그림검사(House-Tree-Person: HTP), 동적 가족화 그림검사(Kinetic Family Drawing: KFD), 동적 학교생활화 그림검사(Kinetic School Drawing: KSD), 풍경구성법 그림검사(Landscape Montage Techmique: LMT), 빗속의 사람 그림검사(Person In The Rain: PITR) 등이 있다. 아동에게 적절한 미술치료기법을 몇 가지 소개하면 다음과 같다.

(1) 난화

특별한 주제를 정해 주지 않고 아동이 연필, 색연필, 크레파스나 사인펜 등을 가지고 자유롭게 곡선이나 직선을 그리도록 하는 것이다. 나이가 좀 많은 아동에게는 그려진 선을 이리저리 돌려보면서 이미지를 떠올리게 하고, 이미지가 떠오르면 선을 첨가하거나 색칠을 하여 이미지를 구체화하도록 할 수 있다. 그림을 못 그리는 아동의 미술표현에 대한 저항감을 줄일 수 있으며 긴장을 해소하고 자발성을 향상시킬 수 있다.

(2) 출발용지법

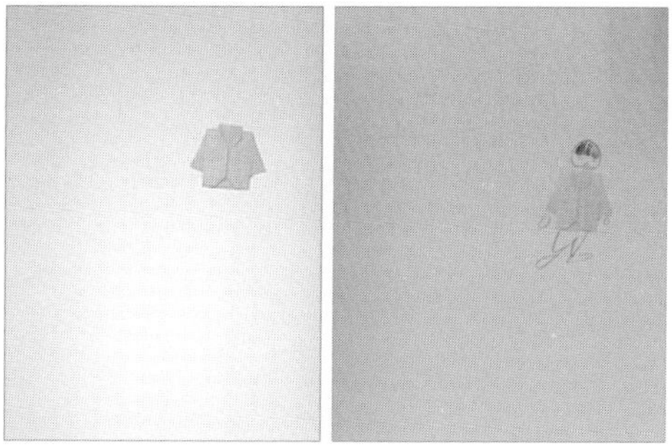

상담자가 먼저 종이 위에 신체 또는 사물의 일부분(얼굴, 바지 등)을 그려 주거나 사진 또는 잡지에서 오려 종이에 붙여 주고 나머지 부분을 아동에게 완성하도록 지시하는 것이다. 처음 미술

활동을 하거나 그림 그리기에 자신 없는 아동에게 그림 그리기를 유도할 수 있는 기법이다. 그림 그리기에 대한 저항, 수줍음, 부담감을 줄이고, 그림 그리기를 자극하며 촉진하는 데 사용한다.

(3) 실 그림

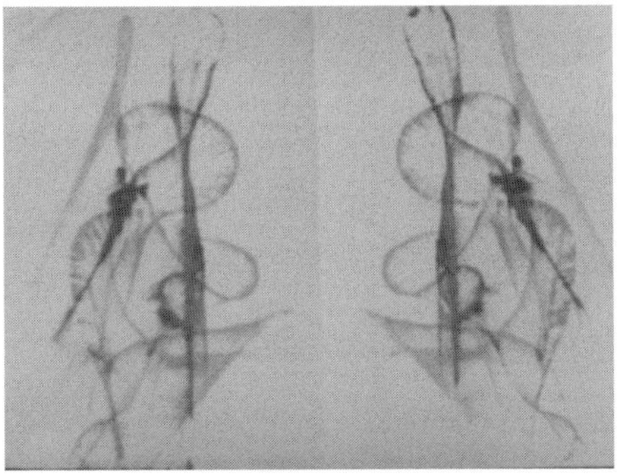

아동에게 도화지를 반으로 접고 다시 펼치게 한다. 실에 그림물감을 묻혀서 펼쳐진 종이 위에 여러 가지 형태로 실을 놓은 후 실이 도화지 밖으로 조금 나오게 한다. 그리고 도화지를 접고 한 손으로 도화지를 누르고 다른 손으로 도화지 밖으로 나온 실을 잡아당기는 것이다. 여러 가지 색을 이용해서 다양한 모양을 만들어 볼 수 있다. 나이가 좀 많은 아동에게는 우연히 만들어진 그림을 보고 이미지가 떠오르면 선을 더 첨가하거나 색칠을 하여 이미지를 구체화하도록 할 수 있다. 창의성과 상상력을 유발시키는 활동으로 아동의 흥미를 높일 수 있다.

(4) 크레파스 그림 위에 물감 칠하기

도화지에 크레파스로 자유롭게 그림을 그리게 한 후 그 위에 붓으로 물감을 칠하는 활동으로 아동의 흥미를 유발하여 즐거움을 주며, 주의 집중력, 자발성과 창의성을 증진시킬 수 있다. 아동이 매체의 특성을 이해하면서 즐거움을 느낄 수 있다.

(5) 핑거페인팅

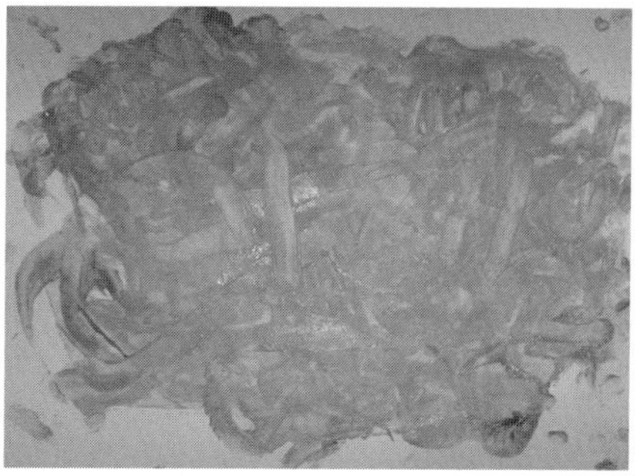

물감을 손가락으로 찍어 그림을 그리는 기법으로 아동뿐 아니라 성인에게도 좋은 미술치료활동이며, 느낌을 표현하는 수단으로 좋다. 용기에 묽은 밀가루 풀을 넣고 수채화 물감을 섞어서 사용한다. 음악을 들으면서 작업을 하면 더욱 리듬감 있게 그림을 그리면서 즐거움을 더할 수 있다. 핑거페인팅은 아동을 자발적이고 자유롭게 해 주며, 감각적 경험을 통해 정서가 안정되고 심리적으로 이완되며 스트레스를 해소하는 효과를 얻을 수 있다.

(6) 점토놀이

부드럽고 촉촉한 점토를 갖고 놀이하듯 주무르기도 하면서 무엇인가를 만들 수 있는 놀이다. 처음부터 완성도가 높은 작품을 기대하기보다는 단순히 점토를 가지고 논다는 느낌이 들도록 마음껏 주무르게 하는 것이 좋다. 감각을 활성화시키고 심리적으로 억압된 감정을 발산할 수 있으며, 자유자재로 원하는 형태를 표현할 수 있기 때문에 상상력과 창의성을 발달시키는 데 도움을 준다.

(7) 콜라주

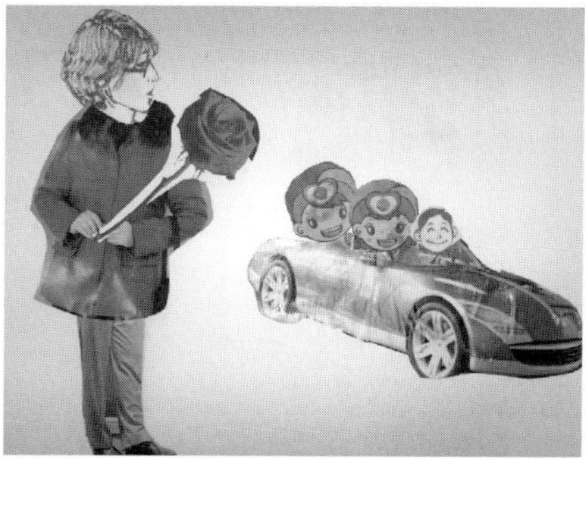

그림이 많은 책이나 잡지에서 다양한 그림을 가위나 칼을 사용하여 잘라내어 도화지에 풀로 붙이는 기법이다. 여러 가지 재활용품이나 곡물, 자연물 등 다양한 오브제를 함께 사용할 수 있다. 아동의 관심과 흥미를 알 수 있으며 자신의 감정을 쉽게 나타낼 수 있어서 부적절한 감정 및 욕구 표현에 효과가 높다.

(8) 감정 표현하기

아동에게 긍정적인 감정을 포함하여 서너 가지 얼굴(행복한, 슬픈, 화난 얼굴) 그림을 그리고 이에 대해 이야기하는 것이다. 감정에 대해 이야기하는 과정에서 같은 감정을 느꼈을 때 어떻게 하는지 이야기 나누고, 가능한 한 바람직한 방법으로 표현할 수 있도록 도와준다. 이것은 감정표현을 통한 정화를 경험하고 누구나 다양한 감정을 가질 수 있음을 알게 하며 자신의 감정을 수용하도록 하고 이완을 돕는다.

(9) 손바닥 찍기

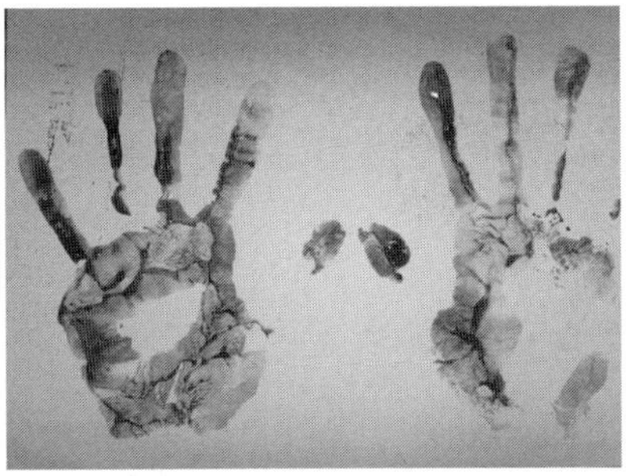

쟁반에 물, 그림물감(풀을 첨가하기도 함)을 제공하여 손으로 섞어 보게 하고, 물감이 묻은 두 손바닥을 종이 위에 찍어 보도록 한다. 같은 절차로 발바닥도 찍어 볼 수 있다. 때로는 나무 그림에 여러 번 손바닥 찍기를 하여 나뭇잎처럼 보이게 하는 것처럼 응용을 하면 더욱 흥미로운 활동이 될 수 있다. 자신의 신체를 찍어 보는 활동은 자기 신체상을 형성하는 데 도움이 된다.

(10) 자신의 신체 본뜨기

전지(2개 붙이기) 위에 누워서 자유로운 자세를 취하게 하고 상담자가 아동의 신체 전신상을 본떠 준다. 또는 신체의 일부분이나 손과 발의 본을 뜨기도 한다. 본뜬 신체 그림을 색칠하거나 자유롭게 장식하게 한다. 자기 신체를 표현하게 함으로써 자아의식을 증진시키는 것이다. 때로는 부모-자녀 간에 서로의 신체를 본뜨고 부모는 아동의 장점을 찾아서 꾸며 주고 아동은 부모의 장점을 찾아 꾸며 주면서 서로의 관계를 증진할 수 있다.

(11) 소시오그램

동심원이 그려진 '소시오그램' 양식지를 활용하여 한가운데의 하트 모양 안에 자기 자신을 나타내는 이미지를 그리게 한다. 그다음 아동에게 가장 중요하다고 생각하는 사람의 이름을 하트 밖의 첫 번째 원에 적고 그 사람에 대해 연상되는 이미지를 그리게 한다. 그다음 중요한 사람을 두 번째 원, 세 번째 원, 네 번째 원에 적고 이미지를 그린다. 이는 아동의 삶에서 중요한 사람들에 대한 통찰력을 갖게 해 주기 위함이다.

(12) 선물 주기

종결 과정에서 사용하기에 적절한 활동으로 지금까지 진행되어 온 회기들을 돌아보면서 자신이 원하는 것이 무엇인지 생각하고 그것을 그려 보게 한다. 이를 통해 자신의 욕구를 확인하고 자신에게 주고 싶은 선물을 표현하게 함으로써 아동에게 용기를 주고 변화의 동기를 갖게 한다.

7. 사례

다음은 '공격적인 5세 남아'를 상담한 사례를 재구성한 것이다.

1. 인적사항 및 가족관계

내담아동은 5세 남아로 어린이집에 다니고 있다. 키가 크고 체격이 좋아 또래들보다 성숙해 보인다. 외동아들이며 아버지는 회사원이고 어머니는 교사다.

2. 주호소

성격이 활발하고 욕심이 많으며 공격적인 모습을 자주 보인다. 참을성이 모자라고 양보를 하지 않아 친구들과 자주 다투고, 가만히 있는 친구들을 귀찮게 한다. 산만하여 교사가 여러 번 이야기해도 잘 듣지 않고, 이야기 나누기 시간에 잘 모이지 않고 계속 놀고 있다. 친구와 놀 때도 과격하고 장난이 심하고 어린이답지 않게 친구들을 심하게 때린다.

3. 양육사

부모가 맞벌이여서 어릴 때 4년간 조부모에게 양육되었다. 지금은 부모와 함께 지내지만 맞벌이를 하기 때문에 아동은 대부분의 시간을 어린이집에서 보내고 있다. 초기에 아동이 어린이집에서 교사의 말을 듣지 않고 수업을 방해해서 어머니께 이야기했더니 어머니가 내담아동에게 선생님의 말을 안 들으면 할머니집에 보낸다는 이야기를 했다고 한다. 그 후 한동안 교사의 말을 잘 들었다. 어머니는 내담아동이 할머니집에 가는 것을 무서워해서 거기 보낸다고 하면 말을 잘 듣는다고 보고했다.

4. 상담자가 보는 내담아동의 문제

출생 후 4년을 부모와 떨어져서 지낸 내담아동은 부모와 안정된 애착이 형성되지 않은 상태에서 할아버지의 엄격한 양육으로 부모와 할아버지에 대한 분노가 내면에 쌓여서, 그 분노가 어린이집에서 친구와 교사에게 표출된 것으로 보인다. 특히 어른들의 따뜻한 수용을 경험하지 못하였으므로 만족지연이나 인내심이 없이 즉흥적으로 자신의 욕구를 충족하려고 하며, 공격성을 표출하고, 또래관계에서도 부정적인 관계를 갖게 된 것 같다.

5. 치료목표

첫째, 아동이 자신의 내적인 분노를 안전하게 표출하고 정화하도록 함으로써, 정서적인 안정을 갖게 한다. 둘째, 파괴적이고 공격적인 에너지를 미술활동을 통해 분출하게 함으로써, 공격적 성향을 감소시킨다. 셋째, 아동이 흥미로워하는 미술활동을 통해 집중력, 인내심과 자기감정 조절 능력을 증진시킨다. 넷째, 공격적인 충동을 긍정적으로 표현하게 함으로써, 또래들과 원만한 관계를 형성할 수 있도록 돕는다.

6. 미술치료 과정

5개월 동안 총 18회 실시하였으며, 1회기당 소요 시간은 평균적으로 50분 정도였다.

단계	회기	제목	활동내용	기대효과
초기	1	HTP 그림검사	집-나무-사람을 그린다.	심리진단
	2	난화 그리기	크레파스로 마음껏 그리게 한다.	라포 형성 감정이완
	3	출발용지법 이용	사물이나 인물의 일부분을 그려 놓고 나머지를 완성하게 한다.	감정이완 표현력 증진
중기	4	데칼코마니	도화지 반쪽에만 그림을 그리고 반을 접어 양면이 같은 그림이 나오게 한다.	감정조절 집중력 향상
	5	자유 만다라	원을 이용해서 자유롭게 그린다.	집중력 향상 표현력 증진
	6	테이프를 이용한 그림 그리기	선 테이프를 자유롭게 붙이고 색칠을 한다.	집중력 향상 표현력 증진
	7	자유화 그리기	원하는 주제를 선택해서 그림을 그리게 한다.	감정표출
	8	만다라 도형 색칠하기	다양한 만다라 문양을 선택해서 색칠해 본다.	집중력 증진 충동성 감소
	9	나의 얼굴, 내가 좋아하는 사람 그리기	자신의 얼굴이나 좋아하는 사람의 얼굴을 그린다.	표현력 증진 만족감 증진
	10	원을 이용한 색종이 구성	색종이를 오리거나 접어서 원 안에 붙인다.	감정표출 집중력 향상
	11	점토를 이용하여 자유롭게 만들기	점토를 갖고 원하는 형태를 만든다.	감정표출 감정이완

중기	12	자연물을 이용하여 꾸미기	곡식, 돌, 나뭇잎 등을 이용해서 꾸민다.	표현력 증진 감정표출
	13	자신의 신체 그리기	손과 발을 본떠서 오린 후 색칠한다.	자아존중감 증진
	14	명화를 이용하여 꾸미기	고흐의 그림을 이용해서 색칠한다.	표현력 증진 집중력 향상
	15	면봉을 이용한 과일정물화	면봉에 그림물감을 찍어서 과일을 그린다.	집중력 향상 인내력 증진
	16	콜라주	잡지책에 있는 그림을 오려서 붙인다.	표현력 증진 집중력 향상 감정표출
종결기	17	자기에게 주고 싶은 선물 그리기	자신이 받고 싶은 선물을 그려 보게 한다.	표현력 증진 자아존중감 증진
	18	HTP 그림검사	집-나무-사람을 그린다.	심리진단

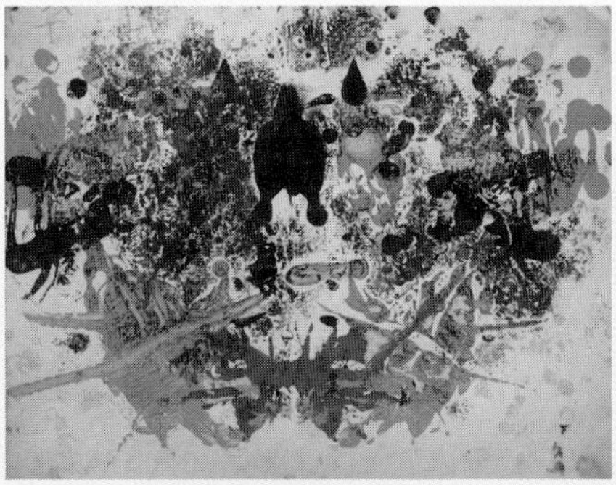

데칼코마니(4회)

자유만다라(5회)

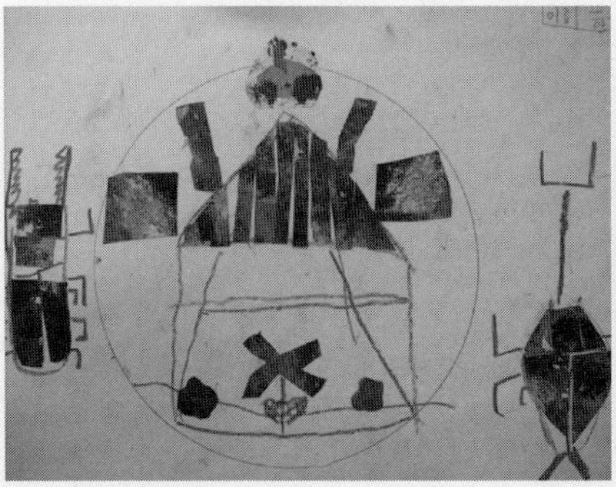

테이프 이용 그림(6회)

자유화(7회)

나의 얼굴, 내가 좋아하는 사람 그리기(9회)

자연물을 이용하여 꾸미기(12회)

7. 상담자 평가

아동이 처음에는 상담자의 지시에 관심을 갖지 않고 흥미를 보이지 않아 50분을 지속하기 어려웠으나, 중기 후반부터는 한 자리에 앉아서 주어진 활동을 수행했다. 자기가 좋아하는 미술활동을 할 때는 주의집중을 잘하고 활동을 끝낸 후 매우 만족스러운 표정을 지었다. 처음의 주의산만한 모습이 회기가 거듭되면서 안정된 모습으로 바뀌었다. 거친 행동을 보이는 유아답지 않게 세밀하게 미술활동을 하였다. 상담자의 관심과 칭찬에 매우 흡족해하면서 자랑스러워했다.

8. 부모와 교사의 평가

교사는 미술치료 4회기가 지나면서 유아의 행동이 많이 차분해짐을 느꼈다고 했다. 9회기쯤에 친구 사이에 말다툼이 있었으나, 예전에 주먹을 휘둘렀던 것과는 달리 말로 자기주장을 했다고 보고하였다. 어머니는 유아가 집에서 보이는 변화가 크지는 않으나 덜 산만해진 것 같고 표정이 부드러워진 것 같다고 보고했다.

요약

미술치료는 미술활동을 통해서 심신의 어려움을 겪고 있는 사람의 심리를 진단하고 치료하는 데 목적을 둔다. 조형활동에서 하는 표현활동을 통해 내면의 상처 및 갈등을 발견·인식·통찰·승화하고 자기를 수용함으로써 개인의 심리적 문제를 치유함은 물론 인격적 성장을 도와주는 심리치료의 한 분야다.

미술치료는 미술과 놀이를 통합한 것으로, 자신의 감정이나 생각 등 내면세계를 언어로 표현하는 것에 어려움이 있는 아동이 내면에 있는 부정적인 감정을 해롭지 않은 방식으로 표현하도록 돕는다. 상담자가 제공하는 안전한 보호적 환경 속에서 자유롭게 매체를 선택하고 창의적으로 작품을 만드는 과정을 경험하면서 아동의 주도성과 삶에 대한 통제감이 증진된다.

미술치료의 목적은 자기성장을 위한 차원, 예방적 차원 그리고 치료적 차원으로 구분되며, 미술활동은 진단과 치료를 위해 활용될 수 있다. 상담자는 미술매체의 선정에 있어서 아동의 특성과 매체의 특성 간의 관계를 고려하여 선택하며 아동의 미술작품을 이해하는 데 있어서도 성급한 해석을 피하고 신중하게 접근해야 한다.

활동

1. 릴레이 그림 그리기

자기 혼자서 그림을 완성해 가는 것이 아니라 다른 사람에 의해 그림의 일부가 이미 그려진 상태에서 덧붙여 그리고, 자신이 그린 그림을 다른 사람이 연이어 덧붙여 그려 나가는 작업을 통해서 배려심을 키우고 사회성과 협동심이 발달할 수 있다.

- 준비물: 도화지, 크레파스
- 과정

① 4~5명이 한 팀이 되도록 한다.

② 그림 그리는 순서를 정하고 작업을 하는 동안 서로 어떤 이야기도 하지 않도록 한다.

③ 맨 처음 그리는 사람이 한 장의 종이에 자유롭게 그림(선 또는 형태)을 그린 후 다음 사람에게 준다.

④ 그다음 사람이 앞 사람이 그림을 그린 도화지 위에 그림을 그리고 다음 사람에게 도화지를 준다.

⑤ 이런 방식으로 모든 사람이 차례대로 그림을 그리게 한 후 지도자의 종결 신호가 있기 전까지 한두 바퀴 더 그림을 돌려 가며 그릴 수 있다.

⑥ 그리기가 끝나면 여럿이 연이어 그림을 그리는 경험에 대해서 자유롭게 이야기를 나눈다.

2. 감정파이

그림을 통해 다양한 감정을 표출해 봄으로써 자신의 감정들을 인식하고 수용하며 자신의 감정을 명료화할 수 있도록 돕는다.

- 준비물: 도화지, 크레파스, 사인펜
- 과정

① 도화지에 커다란 원을 그린다.

② 최근에 느끼는 자신의 감정(우울, 기쁨, 슬픔, 외로움 등)과 감정의 크기에 따라 면을 나눈다.

③ 나뉜 각 면을 각기 다른 색으로 색칠하고 감정의 이름을 붙인다.

④ 어떤 경우에 이런 감정을 경험하는지와 그때 어떻게 대처했었는지에 대해 서로 이야기를 나눈다.

3. 가족동물화 그리기

자신을 포함한 가족을 동물로 표현해 봄으로써 거부감 없이 자신과 가족에 대한 이해와 통찰을 보다 쉽게 할 수 있도록 돕는다.

- 준비물: 도화지, 크레파스, 사인펜, 각종 동물 사진 및 스티커
- 과정

① 3~4명이 한 팀이 된다.

② 도화지에 자신과 가족의 특징을 가장 잘 표현하고 있는 동물을 찾아서 그린다. 또는 동물 캐릭터가 있는 사진이나 스티커를 오려서 도화지에 붙일 수 있다.

③ 자신과 가족을 그 동물로 표현한 이유에 대해 서로 이야기를 나눈다.

4. 자기 상자 꾸미기

상자의 안과 밖을 다양하게 꾸며 봄으로써, 자신에 대한 타인의 기대와 자신의 기대를 알 수 있도록 돕는다. 특히 외부세계의 요구나 자신에 대한 기대 때문에 얼마나 자신의 감정을 숨기고 억제하는지 인식할 수 있는 기회를 준다.

- 준비물: 빈 상자, 다양한 그림이 그려 있는 잡지, 풀, 사인펜, 가위 등
- 과정

① 상자 겉면에는 다른 사람들이 자신을 볼 때 생각하거나 느끼는 모습을 꾸며 보도록 한다.

② 상자 안쪽 면에는 자신이 생각하는 자신의 모습을 꾸며 보도록 한다.

③ 상자 안팎을 다 꾸민 후 완성된 상자를 친구들에게 보여 주며 이야기 나눈다.

Chapter 12

인지행동치료

1. 발달 배경

인지행동치료(Cognitive Behavior Therapy)는 인간의 부정적 정서와 행동을 변화시키기 위해서 인간의 인지과정에 개입하는 것이 가장 효과적이라고 보는 치료접근이다. 인지행동치료는 신경증과 우울증을 보이는 내담자에 초점을 맞추어 발전되어 왔으며, 행동주의 원리에 기반한 제1세대 인지행동치료, 인지 재구성에 초점을 맞춘 제2세대 인지행동치료 및 1990년대에 등장한 마음챙김, 가치 및 수용 기반 변화에 초점을 맞춘 제3세대 인지행동치료를 들 수 있다. 이 장에서는 제2세대 인지행동치료인 엘리스(Ellis)의 합리적 정서행동치료(Rational Emotional Behavioral Therapy: REBT)와 벡(Beck)의 인지치료(Cognitive Therapy), 그리고 제3세대 인지행동치료인 카밧진(John Kabat-Zinn)의 마음챙김 기반 스트레스 감소 프로그램(Mindfulness-Based Stress Reduction: MBSR), 시갈과 동료들(Segal, Williams, & Teasdale)의 마음챙김 기반 인지치료(Mindfulness-Based Cognitive Therapy: MBCT), 헤이즈(Steven Hayes)의 수용전념치료(Acceptance and Commitment Therapy: ACT), 그리고 리네한(Marsha Linehan)의 변증법적 행동치료(Dialectical Behavior Therapy: DBT)를 살펴보고자 한다.

엘리스는 어린 시절부터 잦은 신체 질병, 극도로 소심하고 내성적인 성격으로 인한 사회적 회피, 12세 무렵 부모의 이혼 등 여러 가지 시련을 겪으면서 성장하였다. 그러나 홀로 있는 시간에 방대한 양의 독서를 하며 공부에 매진하여 1934년 뉴욕 시립대학교에서 경영학으로 학위를 받은 뒤, 1947년 컬럼비아 대학교에서 임상심리학 박사학위를 받았다. 이후 엘리스는 뉴저지 정신위생클리닉에서 임상심리학자로 상담을 하면서 상담자가 수동적인 태도를 취하는 정신분석치료에 치료적 한계를 느끼면서 상담자가 좀 더 적극적인 태도로 조언과 교육적인 해석에 중점을 둔 치료가 효과적임을 깨닫고, 1955년 합리적 치료 모델을 개발하였다. 그러나 자신의 치료 모델이 개인의 정서를 간과하고 있다는 비난을 받자 1961년 합리적 · 정서적 치료로 모델을 수정하였으며, 1993년 인지 · 정서 · 행동 측면을 모두 고려하여 절충적이고 포괄적인 상담접근인 합리적 정서행동치료로 개칭하였다.

벡은 어린 시절 신체적 질병으로 인해 학교생활을 중단했었으나, 이후 우수한 성적으로 1943년 브라운 대학교에서 영문학과 정치학으로 학위를 받은 뒤, 1946년 예일 대학교에서 의학박사를 받았다. 의과대학 졸업 후 로드아일랜드 병원에서 신경학 전공의로 근무하다가 1954년 펜실베이니아 대학교의 심리학 교수로 재직하면서 자신의 어린 시절 경험했던 자신의 공포증(질식공포증, 터널공포증, 혈액/상처 공포증), 불안, 우울 경험을 토대로 인지치료를 발전시켰다. 그는 수년 동안 우울증 환자를 대상으로 치료를 실시하면서 내담자들이 공통적으로 보이는 자동적 사고에 관심을 기울였다. 벡은 상담에서 우울증 환자들이 주로 보고하는 '그냥 일어난 것 같고', '멈추기 어려운' 생각들을 관찰한 결과, 이러한 부정적 사고가 비록 현실에서 실제 일어나는 상황과 상치되는 경우일지라도 자동적으로 지속되며 인지적 왜곡이 일어난다는 것을 발견하였다.

엘리스와 벡의 인지행동치료는 고전적 조건화, 조작적 조건화 및 사회학습 이론에 기반을 둔 제1세대 행동치료에 이어 인지적 변화의 중요성을 강조한 제2세대 인지행동치료로서, 1990년대 이후, 현재의 내적 경험을 무비판적으로 있는 그대로 수용하여 알아차리는 마음챙김(Mindfulness)을 접목한 제3세대 인지행동치료로 발전되었다. 대표적인 제3세대 인지행동치료로는 판단하거나 비판하지 않고 현재 순간의 경험을 자각하며 스트레스에 대처하고 신체적 · 정신적 건강을 증진시키고자 하는 카밧진(Kabat-Zinn, 1993)의 마음챙김 기반 스트레스 감소 프로그램(Mindfulness-Based Stress Reduction: MBSR), 우울증 상담을 위해 MBSR을 인지치료에 접목한 시갈과 동료들(Segal, Williams, & Teasdale, 2002)의 마음챙김 기반 인지치료(Mindfulness-Based Cognitive Therapy: MBCT), 통제할 수 없는 불쾌하고 불편한 경험을 변화시키려 하지 않고 있는 그대로 수용하는 가운데 자신의 삶을 가치 있고 의미 있게 하는 행동에 전념할 수 있도록 격려하는 헤이즈와 동료들(Hayes, Stroasahl, & Wilson, 1999)의 수용전념치료(Acceptance and Commitment Therapy: ACT), 그리고 자살근접행동을 보이는 경계선 성격장애 치료를 위해 개발된 리네한(Linehan, 1993)의 변증법적 행동치료(Dialectical Behavior Therapy: DBT)를 들 수 있다. 또한 최근 4차 산업혁명 디지털 시대의 괄목할 만한 변화로 인해 정신건강 분야에서 디지털 멘탈 헬스 케어의 일환으로 인터넷 기반 인지행동치료(Internet-Based Cognitive Behavior Therapy: ICBT), 게임화(gamification) 기반 디지털 치료제도도 적극적으로 활용되고 있다.

엘리스와 벡은 우울증과 신경증을 보이는 성인 내담자를 대상으로 인지행동치료를 개발하여 적용하였기 때문에 임상적으로 아동에게 인지행동치료를 충분히 적용하지는 못하였다. 특히 상담과정에서 개인의 비합리적 신념과 인지왜곡을 파악하여 해석하고 언어적인 논박과 직접적 교수방법을 통해 합리적 신념을 재구성하는 인지행동치료의 접근은 언어 및 논리적 인지발달이 미숙한 아동에게 적용하기에 제한점이 있다. 그러나 넬과 무어(Knell & Moore, 1990)와 같은 임상가들이 유분증을 보이는 5세 아동에게 인지행동치료를 적용한 사례를 보고하면서 아동을 대상으로 한 인지행동치료에 관심이 고조되었다. 최근에는 불안장애, 우울증, 주의력결핍 과잉행동장애(Attention-Deficit Hyperactivity Disorder: ADHD), 공격성 등과 같은 문제를 보이는 아동을 대상으로 아동의 발달특성에 적합한 기법과 매체 접근을 활용하여 인지행동치료를 실시한 뒤, 효과를 검증하는 연구들이 활발하게 진행되고 있다. 이 밖에도 인지행동치료는 학교폭력, 성적 학대와 같은 심리적 외상을 경험한 아동뿐 아니라 자해 문제를 보이는 아동 · 청소년에게도 적용되고 있다.

국내에서도 최근 효과가 검증된 아동 · 청소년용 인지행동치료들이 한국판으로 번역되어 실시되고 있다. 예로는 초등학교 아동을 대상으로 개발된 버넌(Vernon, 1989)

의 『생각하기, 느끼기, 행동하기(Thinking, Feeling, Behaving)』 치료(2005), 불안장애 아동을 대상으로 개발된 라피 등(Rapee, Spence, Cobham, & Wignall, 2002)의 『불안하고 걱정 많은 아이, 어떻게 도와줄까?(Helping your anxious child: A-step-by-step guide for parents)』, 외상후 스트레스장애(PTSD) 유아를 대상으로 한 쉬링가(Sheeringa, 2009)의 『학령 전 PTSD 아동 인지행동치료 워크숍 매뉴얼(Preschool PTSD Treatment)』 인지행동치료, 라투스와 밀러(Rathus & Miller, 2015)의 『청소년을 위한 DBT 다이어렉티컬 행동치료』, 싱과 조이(Singh & Joy, 2023)의 『아동 · 청소년을 위한 마음챙김 기반 중재 연구와 실제』 등이 있다.

2. 주요 개념

인지행동치료의 주요 개념인 인지적 결정론, 비합리적 신념, 자동적 사고, 인지적 왜곡을 살펴보면 다음과 같다.

1) 인지적 결정론

인지행동치료에서는 인간의 본성을 인지적 결정론(cognitive determinism) 관점에서 설명한다. 인지적 결정론에 따르면, 인간의 여러 측면 중에서도 인지, 즉 사고나 생각이 가장 중요하기 때문에 개인의 감정이나 행동은 자신이 생각하는 방식이나 사고의 내용에 의해 결정된다. 예로는 개인이 인지적으로 왜곡되거나 불합리하고 자기 패배적인 사고를 하는 경우(예: 나는 무가치하다), 이러한 사고가 특정한 감정(예: 우울감)과 부적절한 행동(예: 자살시도)을 유발하는 것이다.

인지행동치료 관점에서 인간은 자기통제와 자율성을 가진 존재로서 자신의 사고와 감정을 통제할 수 있을 뿐 아니라 변화시킬 수 있다. 그러므로 개인은 자신의 사고와 인지를 변화시킴으로써 부차적으로 감정과 행동을 수정할 수 있다.

2) 비합리적 신념

인지행동치료에서는 개인의 정서적 혼란은 대부분 비합리적 신념에서 유발된다고 보았다. 엘리스는 합리적 신념과 비합리적 신념의 차이에 대해 〈표 12-1〉과 같이 설명하였다.

〈표 12-1〉 합리적 신념과 비합리적 신념의 차이

사고 특성	합리적 신념	비합리적 신념
논리성	논리적으로 모순이 없다.	논리적으로 모순이 많다.
현실성	경험적 현실과 일치한다.	경험적 현실과 일치하지 않는다.
실용성	삶의 목적 달성에 도움이 된다.	삶의 목적 달성에 방해가 된다.
융통성	융통성이 있고 유연하다.	절대적 · 극단적이고 경직되어 있다.
파급효과	적절한 정서와 적응적 행동에 영향을 준다.	부적절한 정서와 부적응적 행동을 유도한다.

출처: 김춘경, 이수연, 이윤주, 정종진, 최웅용(2010), p. 320.

비합리적 신념은 당위적 사고, 과장과 자기 및 타인 비하, 좌절에 대한 인내심 부족의 세 가지로 특징지을 수 있다.

첫째, 당위적 사고란 '반드시, 당연히, 꼭 ……해야 한다.'라는 사고로 현실과 동떨어져 경직된 사고라고 볼 수 있다. 당위적 사고에는 자신은 반드시 타인들에게 인정을 받아야만 한다고 믿는 자신에 대한 당위적 사고, 타인은 반드시 자신을 공정하게 대우해 주어야만 한다고 믿는 타인에 대한 당위적 사고, 세상은 내가 원하는 방향으로 돌아가야 한다고 믿는 세상에 대한 당위적 사고가 있다. 엘리스는 이러한 당위적 사고는 인간문제의 근원이 되며, 자기비하 및 타인 비난 등의 비합리적 결론을 유도한다고 보았다.

마지막으로, 좌절에 대한 인내심 부족은 개인이 원하거나 요구하는 것이 이루어지지 않는 좌절스러운 상황을 충분히 견디거나 인내하지 못하는 것이다. 예로는 '……을 나는 도저히 참을 수가 없다.', '나에게 ……하다니 도저히 견딜 수 없다.' 등과 같은 사고를 들 수 있다.

아동과 청소년이 공통적으로 보이는 비합리적 신념

다음은 워터스(Waters, 1998)가 제시하고 아동·청소년이 공통적으로 보이는 비합리적 신념의 예다.

- 만약 남들이 나를 좋아하지 않는다면, 그건 끔찍한 일이다.
- 만약 내가 실수를 저지르면 나는 나쁜 사람이다.
- 모든 일은 내가 원하는 방식대로 되어야 하고, 나는 반드시 내가 원하는 것을 쟁취해야 한다.
- 나는 모든 일을 쉽게 해결할 수 있어야 한다. 실패자가 되느니 차라리 도전하지 않고 피하는 것이 더 낫다.
- 세상은 공평해야 하고, 나쁜 사람은 벌을 받아야만 한다.
- 나는 나의 감정을 드러내서는 안 된다.
- 어른들은 완벽해야만 한다.
- 정답은 오로지 한 개만 존재해야 한다.
- 나는 꼭 이겨야만 하고, 진다는 것은 무서운 일이다.

출처: Thompson & Rudolph (2001)에서 발췌하여 재구성함.

3) 자동적 사고

개인이 특정 사건을 경험하면 자동적으로 어떤 생각을 떠올리게 되는데, 이를 자동적 사고(automatic thoughts)라고 한다. 벡은 인간의 심리적 문제는 환경적 스트레스나 부정적 생활사건을 경험할 때 자동적으로 떠올리게 되는 부정적인 자동적 사고로 인해 유발된다고 하였다. 특히 우울증의 경우, 자동적 사고는 크게 다음의 세 가지 내용으로 구성되어 인지삼제(cognitive triad)로 불린다.

첫째, 자신에 대한 비관적 사고(예: "나는 가치가 없는 존재다."), 둘째, 미래에 대한 염세주의적 사고(예: "항상 나는 되는 일이 없고 앞으로도 내 인생은 엉망일 거야. 희망이 없어."), 셋째, 세상에 대한 부정적 사고(예: "세상은 불공평하고 항상 나에게만 잔인했다. 살기 힘든 곳이다.")다. 이러한 인지삼제가 본인의 의지와 상관없이 부지불식간에 떠오르는 경우 우울증이 생길 수 있다. 이러한 우울도식은 부정적 사건의 의미는 과대평가하는 반면, 긍정적 사건의 의미는 과소평가되고, 내담자가 인식하지 못하는 상태에서 환경자극에 의해 자동적이고 습관적으로 일어난다.

벡은 다양한 정신장애를 보이는 내담자들의 자동적 사고의 주제를 〈표 12-2〉와 같이 정리하여 제시하였다.

〈표 12-2〉 정신장애와 관련된 자동적 사고의 주제

정신장애	자동적 사고의 주제
우울증	자기자신, 미래, 환경에 대한 부정적 견해
경조증	자기자신, 미래, 환경에 대한 긍정적 견해
불안증	신체적 또는 심리적 위협과 위험
공황장애	신체나 정신적 경험에 대한 파국적 해석
공포증	구체적이고 회피 가능한 상황에서의 위협
전환장애	운동기관 또는 감각적 이상에 대한 믿음
강박증	안전에 대한 반복적 경고 및 회의
자살	희망 상실, 절망
섭식장애	살찌는 것에 대한 공포
건강염려증	심각한 의학적 질병에 걸려 있다는 믿음

출처: 권석만(2012), p. 248.

자동적 사고는 내담자에게 상당한 고통을 일으키는 것을 다루어야 하므로, 이를 위해서 내담자가 특정상황에서 주관적으로 경험하는 정서적 고통 수준을 0~10점으로 평가하는 주관적 고통지수(subjective unit of distress: SUDs)로 평정하는 것이 도움이 된다.

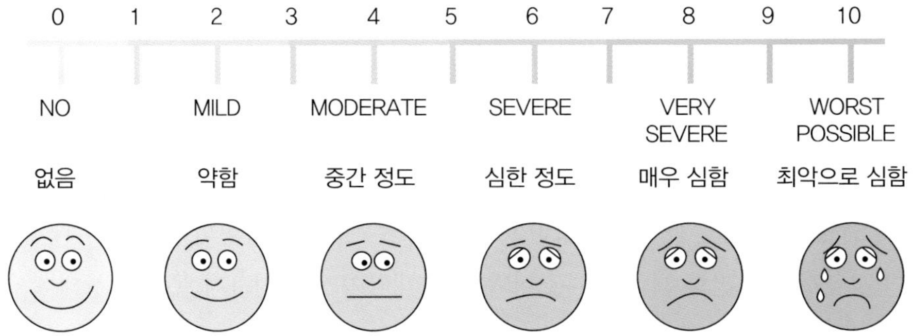

[그림 12-1] 주관적 고통지수 평정척도

출처: 권정혜(2020), p. 168.

4) 인지적 왜곡

현실적응에 부정적 영향을 미치는 내담자의 다양한 역기능적 도식이 활성화되는 경우 현실을 제대로 지각하지 못하거나, 사실 또는 그 의미를 왜곡해서 받아들이는 인지적 왜곡(cognitive distortion)이 발생된다. 역기능적 도식은 현실 적응에 도움이 되지 않는 부정적이고 부적응적인 생각의 틀과 내용을 의미하는데, 개인이 성장하면서 형성한 다양한 역기능적 도식은 인지적 왜곡을 발생시켜 증상을 심화시킨다. 다양한 인지적 왜곡의 종류를 자세히 살펴보면 다음과 같다.

(1) 임의적 추론

임의적 추론이란 충분히 적절한 증거가 없거나 반대 증거를 알면서도 특정 결론에 도달하는 것이다. 즉, 상황에 대한 비극적 결말이나 최악의 시나리오를 생각하는 것이다. 임의적 추론의 다른 형태로는 앞으로 모든 일이 부정적으로 진행될 것이라고 예측하는 부정적 예측을 들 수 있다. 예로는 직장에 다니는 어머니가 밤늦게 퇴근하면서 '나는 내 아이에게 정말 나쁜 엄마야.'라고 결론을 내리는 것을 들 수 있다.

(2) 선택적 추론

선택적 추론은 심리적 여과(mental filtering)라고도 불리며, 다른 정보를 무시한 채 전체 맥락 중 중요한 부분을 간과하고 극단적으로 부정적인 세부 사항에 근거해서 상황을 결론짓는 것이다. 예로는 교사가 항상 칭찬과 격려를 해 주다가 아동이 잘못한 행동에 대해 지적을 했을 때, 아동은 교사에게 받은 지적에만 초점을 두고 교사가 자신을 미워하기 때문에 자신은 쓸모없는 존재라고 여기는 것을 들 수 있다.

(3) 과잉일반화

과잉일반화는 단일 사건에 기초하여 극단적 신념을 가지고 일반적 규칙을 추출하거나, 이를 토대로 관련 없는 상황까지 광범위하게 적용하는 것이다. 예로는 중간 시험을 본 아동이 국어 시험을 예상보다 잘 보지 못했다고 해서 전과목을 완전히 망쳤다고 좌절하는 것을 들 수 있다.

(4) 확대화와 과장

확대화와 과장은 자신이 경험한 부정적 사건의 의미를 실제보다 더 과장되게 생각하거나 덜 중요하게 생각하는 것이다. 예로는 새 차에 작은 흠집이 난 것을 발견하고 차가 완전히 망가져 버려서 못쓰게 되었다고 생각하는 것을 들 수 있다.

(5) 개인화

개인화는 관련지을 만한 인과적 연결이 없음에도 불구하고 외적 사건을 자신에게 귀인시키는 것이다. 예로는 아동이 바쁘게 달려가는 친구에게 인사를 했는데 인사를 받아주지 않자, '나한테 화가 난 게 틀림없어. 내가 무슨 커다란 잘못을 했었나 봐.'라고 생각하는 것을 들 수 있다.

(6) 이분법적 사고

이분법적 사고는 흑백논리에 따라 사고하고 해석하거나 자신의 경험을 극단적으로 범주화, 즉 성공 아니면 실패 또는 좋은 것 아니면 나쁜 것으로 결론짓는 것이다. 예로는 동생을 때렸기 때문에 어머니가 꾸중하자, 아동이 '엄마는 날 사랑하지 않아. 동생만 사랑하고 날 증오하고 있는 게 틀림없어.'라고 생각하는 것을 들 수 있다.

3. 치료실과 치료도구

인지행동치료는 치료자와 내담자 간 언어적 논박을 통해 내담자의 비합리적 신념과 인지적 왜곡을 파악하여 합리적 신념으로 대체하는 것에 초점을 두기 때문에 특수한 치료실 환경이나 별도의 치료도구를 필요로 하지 않는다. 그러나 아동 대상 인지행동치료의 경우 발달연령상 언어적 상호작용의 제한점이 있으며, 유아의 경우 놀이를 통한 상호작용이 보다 효과적이기 때문에 인지행동치료를 놀이치료 패러다임 안에 통합시켜 인지행동 놀이치료를 실시하기도 한다. 이런 경우 인지행동치료는 다양한 놀잇감이 구비되어 있는 놀이치료실 안에서 진행된다.

또한 아동 대상 인지행동치료에서는 다양한 그림과 사진이 있는 기록지가 사용된다. 아동은 언어 및 인지 발달특성상 치료과정에서 비합리적 신념을 인지적으로 파악하여 해석하고 언어적 설득과 비합리적 신념에 대한 논박을 활용하기에 제한점이 있다. 특히 아동은 자기중심적이고 사고의 유연성이 부족하기 때문에 비합리적인 신념의 의미를 깨닫지 못할 수도 있다. 예를 들어, 아동은 왜 세상은 항상 공평해야 하고 나쁜 사람은 반드시 벌을 받고 착한 사람은 구원받아야만 한다는 신념이 왜 비합리적 신념인지를 이해하는 데 어려움을 겪을 수 있다. 그러므로 아동을 대상으로 하는 인지행동치료자는 인형놀이나 그림, 사진 등과 같이 이해하기 쉬운 매체를 활용한 구체적인 예를 많이 제시하여 활용하는 것이 바람직하다. 또한 어린 연령의 유아나 학령초기 아동에게는 왜곡된 신념과 그로 인해 야기되는 부적응 행동을 파악하기 위하여 게임놀이를 활용하기도 한다. 문제 해결 중심의 대화게임이나 사회화 게임은 아동의 역기능적 감정과 사고를 언어적으로 표현하여 합리적 사고로 대체하고 적응적 대처행동을 배우는 데 효과적이다.

4. 치료자의 역할 및 태도

인지행동치료는 치료자가 내담자와의 논박을 통해 비합리적 신념을 합리적 신념으로 재구성하는 치료 모델이기 때문에 치료자는 치료과정에서 내담자와 적극적인 언어로 교육적 지시와 설득에 중점을 둔 교사적 관계를 맺게 된다. 그러므로 아동 대상 인지행동치료자는 상담자보다는 교사, 모델, 코치의 역할을 더 많이 담당할 수 있다. 이러한 측면 때문에 흔히 인지행동치료자들은 치료적 관계를 경시한다는 비판을 받기도 한다. 그러나 인지행동치료에서도 치료자의 공감, 배려, 따뜻함 그리고 진솔함을 가지는 치료적 관계를 중요시한다.

인지행동치료에서는 치료자와 내담자가 협동적으로 치료관계를 형성하면서 내담자의 역기능적 사고를 탐색하여 인지적으로 재구성하는데, 이를 협력적 경험주의(collaborative empiricism)라고 한다. 치료자는 아동에게 자신은 치료를 위해 함께 노력하는 동지라고 말하면서 치료적 관계를 '팀워크'라는 용어로 표현한다(Friedberg & McClure, 2007). 치료자는 아동과 협동하여 아동의 문제를 과학적인 방식으로 해결해 가는데, 이는 마치 두 과학자가 협동하여 연구를 수행하는 것 같은 관계라고 할 수 있다. 아동은 자신의 문제행동을 지적하고 평가하는 부모나 주변 성인과 다른 치료자의 반응을 보면서 치료에 참여하려는 동기 수준을 높이며, 치료에 대한 책임감을 갖게 된다.

또한 인지행동치료자는 아동에게 중요한 모델링의 대상이 된다. 치료자가 아동과 놀이나 게임을 하면서 경험하는 좌절감, 분노, 불안과 우울, 기쁨 등과 같은 다양한 감정을 적절하게 언어적으로 표현하고 갈등이나 부정적 상황에 대해 적절한 대처행동을 보여 주면 아동은 모델링을 통하여 자신의 부적응적 신념과 역기능적 대처행동을 수정할 수 있다.

5. 치료의 실제

인지행동치료의 실제는 엘리스의 합리적 정서행동치료와 벡의 인지치료 두 가지 치료를 중심으로 살펴보고자 한다.

1) 엘리스의 합리적 정서행동치료

(1) 치료목표

합리적 정서행동치료의 치료목표는 치료자가 적극적으로 개입하여 내담자의 자기패배적 신념과 자기 또는 타인을 비난하는 태도를 감소시키고 좀 더 실제적이고 현실적인 사고를 증진시키도록 돕는 것이다. 즉, 치료자는 정서적으로 왜곡된 비합리적 신념이나 태도가 내담자와 내담자의 인생에 어떻게 역기능적 결과를 초래하는지를 보여줌으로써 내담자가 자신의 비합리적 신념을 논박하거나 무너뜨리고 합리적 사고로 대처할 수 있도록 가르치는 것이다.

(2) 치료과정

합리적 정서행동치료의 치료과정은 ABCDE 치료 모델로 설명할 수 있다. A는 선행사건(Activating Event)으로 사건을, 상황 또는 개인의 태도나 행동을, B는 신념체계(Belief System)로 A에 대한 개인의 신념을, C는 정서적 결과(Consequence)로 A에 대한 개인의 반응이나 정서적 결과를, D는 내담자의 신념인 B에 대한 논박(Dispute)을, E는 논박이 성공하여 내담자에게 나타난 적절한 정서와 적응적 행동(Effect)을 의미한다. 이 모델에서 중요한 것은 내담자의 부적응적 정서문제인 C를 유발하는 것은 선행사건인 A 자체가 아니라 언어로 표현되는 내담자의 비합리적 신념체계인 B라는 점이다. 그러므로 치료자는 내담자의 비합리적 신념(B)을 파악하여 적극적인 논박(D)을 통하여 궁극적으로 내담자가 비합리적 신념을 인식화하여 철저하게 분석하고 평가함으로써 그것을 포기하도록 하는 것(E)이다. 이를 도식화하면 [그림 12-2]와 같다.

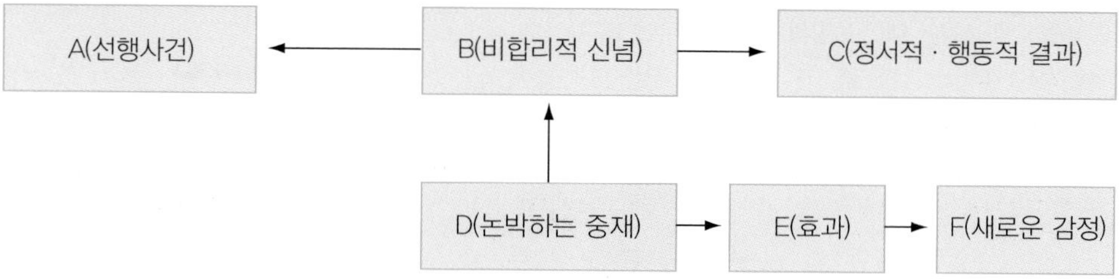

[그림 12-2] **엘리스의 ABCDE 치료 모델**

엘리스의 ABCDE 치료 모델의 예

현덕은 수업 시간에 떠들다가 교사의 질문에 제대로 대답을 하지 못하였다. 같이 떠들었던 친구 성환은 심리적으로 건강하였으나 현덕은 비합리적 신념으로 인해 심리적 부적응을 겪고 있다. 현덕에 대한 상담자의 논박과 이로 인한 효과는 다음과 같다.

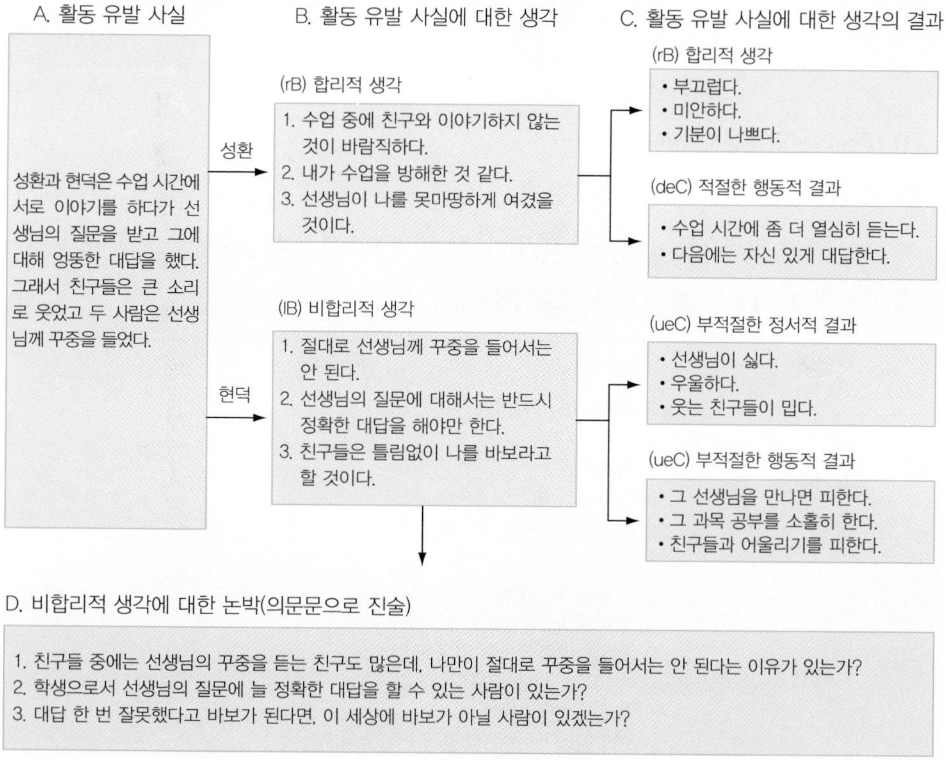

E. 비합리적 생각에 대한 논박의 결과로 나타난 효과

(cE) 인지적 효과
(합리적 생각과 유사함)

1. 선생님께 꾸중을 듣지 않는것이 좋지만 꾸중은 나에게 도움이 되기도 한다.
2. 인간은 실수를 할 수도 있다. 그래서 늘 정확한 대답을 할 수만은 없다.
3. 친구들이 나의 엉뚱한 대답에 대해 웃는 것이지 나를 바보로 보고 웃는 것은 아니다.

(eE) 정서적 효과
(적절한 정서)

- 선생님께 죄송스럽기는 하지만 선생님을 싫어하지는 않는다.
- 조금 기분이 불쾌하지만 우울해지지는 않는다.
- 부끄럽기는 하지만 친구들이 미워지지는 않는다.

(hE) 행동적 효과
(적절한 행동)

- 다음 수업 시간부터는 수업 중에 친구와 이야기하지 않는다.
- 더 열심히 수업을 듣는다.
- 다음 발표를 잘하기 위해 예습과 복습을 한다.

출처: 이현림(2008), p. 123.

(3) 아동용 합리적 정서행동치료 프로그램

국내에서 번역되어 사용되고 있는 버넌(Vernon, 2005)의 초등학교 아동용 합리적 정서행동치료인 『생각하기, 느끼기, 행동하기(Thinking, Feeling, and Behaving)』 프로그램의 구성과 내용은 다음과 같다.

① 대상: 초등학생(1~6학년)

② 프로그램의 구성: 자기수용, 감정, 신념과 행동, 문제 해결/의사결정, 인간관계의 다섯 가지 영역으로 구성되어 있으며, 각 영역은 6개의 하위활동을 포함하고 있다.

③ 프로그램 내용의 예(초등학교 3~4학년용)

영역	하위활동
자기수용	• 아무것도 아닌 사람은 누구인가요? • 나는 나, 내가 한다. • 나의 힘 • 소리상자 • 수행바퀴 • 수용 또는 변화
감정	• 그들이 내가 느끼도록 했어요. • 도움이 될까요? 방해가 될까요? • 바람직한/바람직하지 않은 표현 • 생각 바꾸기, 감정 바꾸기 • 어떻게 느꼈을까요? • 기분에 따라 내 몸은 어떻게 반응할까요?

신념과 행동	• 합리적인가요 비합리적인가요? • 그것은 항상……. • 해야 한다. 해야 한다……. 꼭 해야만 한다……. • 장밋빛 안경 • 결과를 생각하며 행동하기 • 비합리적인 생각을 지워라.
문제 해결/ 의사결정	• 접근행동 또는 회피행동 • 네 것 vs. 내 것 vs. 우리 것 • 의사결정 평가하기 • 만약 내가 그렇게 말한다면 • 한번에 한 걸음씩 • 목표 세우기
인간관계	• 선택, 어디서든지 선택! • 추측하기 게임 • 하나 더하기 하나 더하기 하나 • 뭐라고? • 문제를 해결하라. • 기분 맞추기

④ 활동의 예

신념과 행동의 하위활동 중 '장밋빛 안경' 활동을 소개하면 다음과 같다.

이 활동은 비합리적 신념이 부정적 감정과 행동을 유발한다는 점을 아동에게 이해시키기 위하여 치료자가 다음의 장밋빛 안경 지시문을 알려 준다.

> 먼저 비합리적 신념 내용을 읽고 자신이 검은색 안경을 쓰고 있다고 상상해 보세요. 그러고 나서 자신이 어떻게 느끼고 행동할지를 써 보세요. 그런 다음에는 합리적 신념 내용을 읽고 자신이 장밋빛 안경을 쓰고 있다고 상상해 보세요. 그리고 자신이 어떻게 느끼고 행동할지를 써 보세요.

지시문을 알려 준 다음, 아동에게 다음의 활동지를 주고 아동이 지시문에 따라 활동지 내용을 읽고 직접 자신의 느낌과 행동을 적어 보도록 한다.

너의 가장 친한 친구가 점심시간에 너의 옆자리에 앉지 않았다.

비합리적 신념: 좋은 친구는 항상 내가 원하는 대로 행동해 주어야만 해.

나는 어떻게 느낄 것 같은가? ________________

나는 어떻게 행동하겠는가? ________________

합리적 신념: 단지 내 친구가 내 옆에 앉지 않았다고 해서, 그것이 그 친구가 나를 좋아하지 않는다는 의미는 아니다.

나는 어떻게 느낄 것 같은가? ________________

나는 어떻게 행동하겠는가? ________________

출처: Vernon (2005)에서 발췌하여 재구성함.

2) 벡의 인지치료

(1) 치료목표

벡의 인지치료는 인지적 재구성에 치료목표를 두고 있다. 인지적 재구성은 내담자 잘못된 사고체계나 부정적인 자동적 사고를 발견하여 이를 보다 적응적인 사고로 대체하고, 부정적인 자동적 사고의 근원이 되는 역기능적 도식을 찾아내어 이를 현실적인 내용으로 수정하는 것이다.

(2) 치료과정

치료과정을 구체적으로 살펴보면 다음과 같다. 초기에는 내담자와의 관계를 시작하면서 구체적인 문제에 초점을 맞추어 문제를 분석하는데, 특히 치료자는 적극적으로 내담자의 문제목록을 구성하여 인지적 분석을 실시한다. 중기에는 상담을 진행하면서 인지적 기법을 활용하여 내담자의 자동적 사고와 역기능적 도식을 정리하고 수정하는 과정을 반복한다. 종결기에는 초기에 작성한 문제목록을 점검하면서 행동관찰, 자기

점검 및 질문지를 통하여 문제목록의 치료목표 달성 정도를 평가하고 종결에 앞서 종결 이후에 일어날 일에 대한 인지적 시연을 실시한다.

아동을 대상으로 한 인지행동치료자는 아동이 스스로 자신의 자동적 사고와 역기능적 도식을 파악할 수 있도록 돕기 위하여 아동의 발달연령을 고려한 놀이나 문제 해결과 인지과정을 다루는 다양한 게임을 활용해야 한다. 아동은 놀이나 게임을 하면서 자신의 왜곡된 신념과 그로 인한 부적응적 행동을 객관적으로 관찰하여 인식할 수 있게 된다.

(3) 치료기법

① 소크라테스식 대화

인지치료에서는 치료적 도구로 질문을 사용하며, 주로 소크라테스식 대화를 사용하여 질문한다. 질문의 목적은 문제를 명료화하거나 정의내리고, 사고 · 심상 · 가정을 규명하는 데 도움을 주며, 내담자가 사건의 의미를 검토하고 지속되고 있는 부적응적 사고와 활동의 결과를 평가하도록 하는 것이다. 치료자는 소크라테스식 대화를 통해 아동이 스스로 자신의 문제를 발견하고 문제에 대한 관점을 넓힐 수 있도록 유도한다.

소크라테스식 대화를 하기 위해서는 다음과 같은 규칙을 준수해야 한다. 첫째, 내담자를 대신해서 대답하지 않는다. 둘째, 구체적으로 질문한다. 셋째, 관계를 촉진할 수 있는 질문과 문제 해결을 위한 질문을 적절한 시점에 사용한다. 넷째, 내담자의 대답을 잘 듣고 난 뒤 다음 질문을 한다.

소크라테스식 대화의 예

- 자신에게 ……문제가 생겼을 때 무슨 생각이 들었나요?
- 자신이 우울하거나 걱정스럽게 느꼈을 때 무슨 생각이 들었나요? 그런 생각이 든 이유가 있었나요?
- 그렇게 생각한 것에 반대되는 증거가 있었나요?

• 그렇게 생각하는 것의 장점과 단점은 무엇일까요?
• 그렇게 생각하는 것이 유일한 방법일까요? 모든 사람이 그렇게 생각할까요? 다르게 생각할 사람은 없나요? 만약 다르게 본다면 어떻게 생각할까요?

아동상담의 경우 아동의 언어적 발달특성을 고려하여 치료자가 아동에게 소크라테스식 대화를 직접 사용하기보다는 놀이를 활용한 간접적인 의사소통을 주로 사용한다. 예를 들어, 치료자는 퍼펫이나 인형을 모델로 하여 아동이 자신의 부적응적 신념을 파악하여 직면하고, 긍정적 신념으로 재구성하도록 돕는다.

나의 나비 생각 활동

자연을 소재로 한 아동용 소크라테스식 대화 활동이다. 이 활동은 변화의 개념을 설명하기 위해 나비라는 비유를 사용한다. 우선 치료자는 아동에게 애벌레나 나비가 들어 있는 그림이나 사진, 만화 등을 보여 주면서 나비의 개념을 소개한다.

"나비 알지? 나비는 애벌레에서 나온단다. 처음에는 애벌레였는데 나비로 변하는거야. 참 멋지지 않니? 애벌레가 나비로 변하는 것 말이야. 네게 일어난 일들을 설명하는 방법은 변할 수 있거든. 그 사실을 아는 것이 중요해. 네가 기분이 나쁠 때 '나는 형편없어. 아무도 나를 좋아하지 않아. 나는 바보처럼 행동할 거야' 같은 생각을 하는 것이 바로 애벌레 생각이란다. 이 생각들은 아직 나비로 변하지 않은 거야. 이 애벌레 생각을 나비 생각으로 한번 바꿔 볼까?"

다음으로 치료자는 아동에게 나비 생각 활동지의 애벌레 생각 칸에 문제 상황과 그에 대한 아동의 생각을 적게 한 뒤, 어떻게 하면 애벌레 생각을 나비 생각으로 바꿀 수 있을지에 대해 이야기 나눈다.

상황	감정	애벌레 생각	이 애벌레 생각이 나비 생각으로 변할 수 있을까?	나비 생각
심부름을 깜박 잊어버렸다. 그래서 엄마와 아빠가 화가 나셨다.	슬픔	엄마와 아빠는 내가 게으르고 버릇없다고 생각하시기 때문에 나를 미워하신다.	예!!	심부름을 깜박 잊어버렸다. 기억을 잘했어야 했는데……. 엄마와 아빠가 나한테 실망을 하셨지만, 그래도 여전히 나를 사랑하신다.

출처: Friedberg & McClure (2007), pp. 153-155.

② 자기교시훈련

인지치료에서는 내담자들이 적극적으로 자기진술(self-talk)을 발달시키도록 돕는다. 마이켄바움과 굿맨(Meichenbaum, & Goodman, 1971)의 자기교시훈련은 긍정적인 대처진술을 개발하여 자기진술을 통해 적응적 대처반응을 야기하도록 하는 것이다. 이러한 자기진술은 역할연기를 적용한 스트레스 대처방식으로, 자신이 자신에게 다짐하듯이 합리적 신념을 이야기하도록 하는 기법이다. 예를 들어, 시험불안을 겪고 있는 아동에게 다음과 같은 자기대화를 연습시킨다. '시험은 너무 재미없고 두렵지만 나는 단지 내가 할 수 있는 최선을 다하면 되는 거야.', '만약 시험에서 90점을 넘는다면 최고로 기분이 좋겠지만, 반드시 90점을 넘어야만 내가 훌륭하고 사랑받을 가치 있는 사람이 되는 것은 아니야.', '내가 해야만 하는 일은 지금 시험공부를 열심히 최선을 다해 하는 게 전부야. 만약 내가 90점을 넘지 못한다면 불편하겠지만 그게 전부야. 단지 잠시 동안 내가 원하는 무엇인가를 얻지 못했을 뿐이야.'

그러나 자기진술은 아동의 연령과 인지 수준에 맞추어 제시되어야 한다. 자기진술의 한 형태인 자기긍정(self-affirmation)은 2~3세의 어린 아동에게도 활용할 수 있다. 단순한 자기긍정 진술(예: '나는 용감해.', '나는 잘할 수 있어.' 등)일지라도 자기보상적 효과가 있다. 이러한 긍정적 자기진술은 부모가 긍정적 자기진술을 아동에게 모델로 보여 줌으로써 아동이 자신과 자신의 행동에 대하여 긍정적 가치를 내면화하고 자기진술을 모델링할 수 있다.

자기교시훈련을 적용한 활동의 예

보물상자

보물상자는 잊어버린/잃어버린 대처사고(coping thought)를 파묻힌 보물로 비유한다. 절차는 다음과 같다. 상담시간에 상담자와 아동이 '보물상자'를 함께 그리거나 만든다. 그런 뒤 긍정적인 대처문장들("내가 실수를 한다고 해서 나쁜 사람이 되는 건 아니야. 나는 그냥 정상적인 사람일 뿐이야.")을 보물상자 그림에다 쓰거나 카드에 써서 상자 속에 집어 넣는다. 그다음에 아동에게 기분이 가라앉아 있을 때마다 보물상자로 가서 긍정적인 '보물'을 꺼내라고 지시한다. 자신의 좋은 점, 장점 다섯 가지를 써서 보물상자를 채우는 것을 숙제로 내줄 수도 있다.

출처: Frideberg & McClure (2007), p. 271. 발췌하여 재구성함.

(4) 아동용 인지치료

국내에서 번역되어 사용되고 있는 래피 등(Rapee et al., 2000)의 아동용 인지치료인 『불안하고 걱정많은 아이, 어떻게 도와줄까? 아동기 불안의 인지행동지료 지침서(Helping your auxious chied: A-step-by-step guide for parents)』의 구성과 내용을 살펴보고자 한다.

- 대상: 초등학교 1~6학년
- 구조: 10~12회기
- 프로그램의 구성
  - 불안장애 아동을 대상으로 개발되었음
  - 아동치료 프로그램: 인지적 재구조화, 점진적 노출, 반응 억제, 자기주장 및 스트레스 관리 기술 훈련
  - 부모훈련 프로그램: 아동의 불안에 대한 부모의 이해와 적절한 대처행동 증진
- 활동의 예

다양한 활동 중 생각과 감정 연결하기, 모호한 상황에서 차분하게 생각하기, 탐정처럼 생각하기 등 세 가지 활동의 예를 자세히 소개하면 다음과 같다.

생각과 감정 연결하기

아동에게 생각이 불안한 감정을 유발한다는 것을 가르치기 위하여 아동이 경험한 사건과 그 사건으로 인해 들었던 생각, 이후에 느껴진 감정을 적고 걱정의 강도를 표시하여 적도록 하는 활동이다.

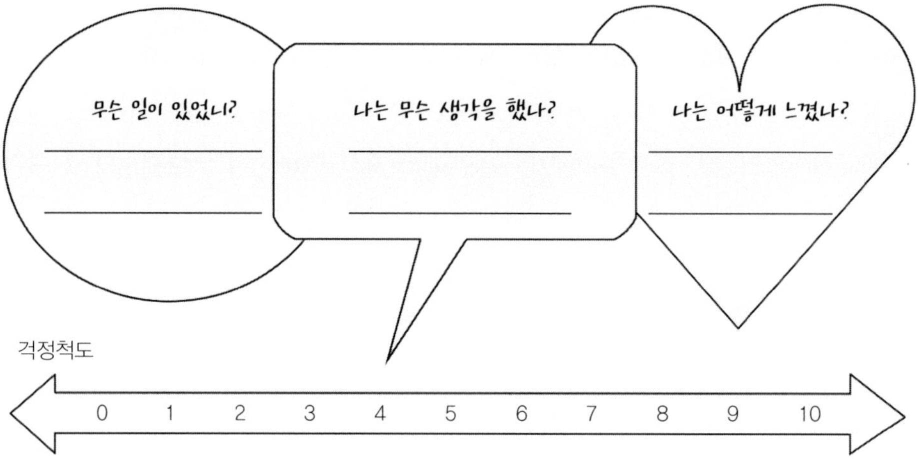

출처: Rapee et al. (2002)에서 발췌하여 재구성함.

모호한 상황에서 차분하게 생각하기

원인과 결과가 불분명한 상황에서 마음속에 떠오르는 걱정이나 불안과 관련된 부정적인 생각 및 차분하게 긍정적인 생각을 적어본 후, 각각의 차이점을 비교하여 기분과 행동 간의 관련성을 이해하도록 돕는 활동이다.

지시문

지금 아주 큰 개가 앞에서 '멍멍' 짖으면서 달려오고 있는 그림이 있어. 그림 속 아이의 왼쪽 말풍선 안에는 걱정스러운 생각을 오른쪽 말풍선 안에는 차분하게 긍정적인 생각을 써 보고 이야기해 보자.

출처: Rapee et al. (2002)에서 발췌하여 재구성함.

탐정처럼 생각하기

아동과 함께 걱정스럽고 부정적이며 도움이 되지 못하는 생각들과 관련된 모든 증거를 탐정처럼 모은 다음, 이러한 증거에 기초하여 부정적이고 불안한 해석이 얼마나 정확한지를 현실적으로 평가하여 불안을 감소시키는 활동이다.

지시문

그래. 도움이 되지 않는 생각들도 있어. 그런 생각은 너를 걱정스럽게 하기도 하고 무섭게 하기도 한단다. 그리고 그 생각들은 너한테 나쁜 결과를 가져오게 한단 말이야. 다행인 것은 이런 걱정스러운 생각들을 이겨 내기 위해 네가 할 수 있는 일이 있다는 거야.

첫 번째 단계는 그 생각을 잡아내는 일이야. 너는 그 훈련을 벌써 몇 가지 해 보았단다. 걱정스럽거나 무섭거나 예민한 기분이 들 때에는 항상 걱정스러운 생각이 그렇게 느끼게 만들었다는 것을 잡아내야 하는 거야. 그다음엔 그것을 '탐정처럼 생각하기' 기록용지의 '내가 걱정하는 것이 뭘까?' 칸에 적는 거란다.

다음 단계는 탐정이 되어 걱정스러운 생각과 관련된 모든 증거를 샅샅이 찾아내는 거야. 탐정의 임무는 진실을 규명하기 위하여 증거와 단서를 찾아내는 것이지. 바로 우리가 해야 할 일과 똑같단다. 일단 걱정스러운 생각이 들면 이와 관련된 증거들을 모두 찾아내야 하고, 이런 걱정스러운 생각이 사실인지 아닌지 결론을 내려야 하는 거야. 모든 증거를 생각해 봤는지 스스로 확인하기 위한 몇 가지 질문이 있단다.

- 전에는 이런 상황에서 어떤 일이 생겼었니?
- 전에도 이와 같은 상황이 있었니?
- 무슨 나쁜 일이 생겼었니?
- 이런 상황이 생길 때마다 무슨 나쁜 일이 생겼니?
- 이 상황에 대해 너는 어떤 일반적인 내용을 알고 있니?
- 정말로 나쁜 상황이니?

- 네가 아는 사람이나 친구가 이러한 일을 겪은 적이 있었니?
- 이 상황에서 어떤 다른 일이 생길 수 있지? 다른 이유는 없니?

증거를 모은 후에 마지막으로 해야 할 일은 모든 것을 종합하여 생각하고, 증거에 근거해서 너의 걱정스러운 생각을 얼마나 믿고 있는지 따져 보는 것이야. 여기서 네 자신에게 물어봐야 하는 것은 '증거에 따라 살펴볼 때, 내가 생각하는 일이 정말 일어날까? 다른 차분한 생각을 할 수는 없을까?'란다. '탐정처럼 생각하기' 기록양식의 마지막 줄에 너의 차분한 생각을 적어 보렴.

- **탐정처럼 생각하기(예시)**

사건: 개가 나한테 달려오고 있다.

내가 걱정하는 것이 무엇일까?	개한테 물릴 것이다.
증거는 무엇인가? 내가 전에 걱정했을 때 무슨 일이 생겼나?	예전에 개가 나한테 달려온 적이 있지만, 날 물지는 않았다. 개는 반가워하며, 나한테 쓰다듬어 달라고 한다. 대부분의 개는 나를 반가워한다.
차분한 생각은 무엇인가? 실제로 무슨 일이 일어날 것인가?	개는 아마도 반가워할 것이고, 나쁜 일은 일어나지 않을 것이다.

출처: Rapee et al. (2002)에서 발췌하여 재구성함.

3) 제3세대 인지행동치료

고전적 조건형성, 조작적 조건형성 및 사회학습 이론에 근거한 제1세대 행동치료, 행동치료에 인지적 접근을 접목한 제2세대 인지행동치료에 이어, 인지행동치료에 마음챙김 접근을 접목한 대표적인 제3세대 인지행동치료를 살펴보면 다음과 같다.

(1) 마음챙김 기반 스트레스 감소 프로그램

마음챙김 기반 스트레스 감소 프로그램(MBSR)은 카밧진(Kabat-Zinn, 1993)이 무비판적으로 순간의 경험을 자각하며 스트레스에 대처하고, 신체적 · 정신적 건강을 증진시키고자 개발한 인지행동치료다. 마음챙김(Mindfulness)이란 의도적으로 어떠한 비판이나 판단도 하지 않고 현재 이 순간 일어나고 있는 자신의 내적 경험에 주의를 기울여, 이를 있는 그대로 수용하는 것을 의미한다. 즉, 내담자가 자신의 순간순간의 생각, 사고, 감정 및 신체감각을 판단하지 않고 자신의 호흡에 초점을 맞추어 충분히 경험하면서, 이를 수용하도록 연습하는 것이다. 마음챙김 기반 스트레스 감소 프로그램(MBSR)은 마음챙김 호흡, 마음챙김 요가자세, 마음챙김 일상 활동 방법을 알려 주는 8주 집단상담 프로그램으로 우울증, 불안, 주의력결핍 과잉행동장애(ADHD) 및 강박장애 등에 효과적인 인지행동치료로 알려져 있다.

(2) 마음챙김 기반 인지치료

마음챙김 기반 인지치료(MBCT)은 시갈과 동료들(Segal, Williams, & Teasdale, 2013)이 우울증 상담을 위해 마음챙김 기반 스트레스 감소 프로그램(MBSR)을 인지치료에 접목한 인지행동치료다. 아동 및 청소년을 대상으로 한 마음챙김 기반 인지치료(MBCT)는 주의력결핍 과잉행동장애(ADHD), 불안, 우울 및 품행장애를 비롯한 다양한 행동문제 감소에 효과가 있는 것으로 알려져 있다(Singh & Joy, 2023). 다음은 9~13세 아동을 대상으로 매주 90분씩 총 12주에 걸쳐 진행되는 아동용 마음챙김 기반 인지치료(MBCT)의 예시다.

〈표 12-3〉 아동용(9~13세) 마음챙김 기반 인지치료 주요 구성요소

1회기 **자동 조정 모드에서 깨어나기**	• 나를 알아 가기, 컵에 담긴 깨달음을 발견하기, 마음챙김이 나에게 주는 의미 발견하기, 3단계 마음챙김 호흡 • 누워서 하는 마음챙김 호흡, 정좌 마음챙김 호흡, 자각하며 살아가기
2회기 **마음챙김 태도**	• 3단계 마음챙김 호흡, 건포도 마음챙김, 마음챙김으로 천천히 움직이기, 3단계 마음챙김 호흡 • 자각하며 살기, 마음챙김 호흡, 마음챙김 먹기

3회기 또 하나의 존재 방식	• 3단계 마음챙김 호흡, 몸의 마음챙김, 생각, 감정, 감각의 연결, 3단계 마음챙김 호흡을 하며 침묵에 주의 기울이기 • 마음챙김 호흡, 몸의 마음챙김, 유쾌한 일 알아차리기
4회기 마음챙김 먹기	• 3분 호흡 공간의 소개, 마음챙김 오렌지 먹기, 마음챙김 요가, 3분 호흡 공간 • 3분 호흡 공간, 마음챙김 요가, 마음챙김 과일 맛보기
5회기 마음챙김 음악 듣기	• 3분 호흡 공간, 소리 명상, 마음챙김으로 몸 살피기, 3분 호흡 공간 • 3분 호흡 공간, 마음챙김으로 몸 살피기, 마음챙김 듣기
6회기 마음챙김 소리	• 3분 호흡 공간, 마음챙김으로 감정 떠나보내기, 마음챙김 요가, 3분 호흡 공간 • 3분 호흡 공간, 마음챙김 요가, 불쾌한 소리 알아차리기
7회기 마음챙김으로 보기	• 3분 호흡 공간, 선명하게 보기, 마음챙김 요가, 마음의 눈으로 보기, 3분 호흡 공간 • 3분 호흡 공간, 사소한 것마저 자세하게 바라보기, 스트레스 가득한 일들
8회기 흩어진 마음 모으기	• 3분 호흡 공간, 창의적으로 보기, 마음챙김으로 움직이기, 그곳에 없는 것 보기, 3분 호흡 공간 • 3분 호흡 공간, 자각의 대상 선택하기, 새로운 다섯 가지 보기
9회기 마음챙김의 세상 만지기	• 3분 호흡 공간, 마음챙김 만지기, 마음챙김으로 몸 살피기, 3분 호흡 공간 • 3분 호흡 공간, 마음챙김으로 몸 살피기, 마음챙김 만지기
10회기 마음챙김 냄새 맡기	• 3분 호흡 공간, 악취 판단! 마음챙김 요가, 3분 호흡 공간 • 3분 호흡 공간, 마음챙김 요가, 마음챙김 냄새 맡기
11회기 나 자신을 잘 돌보기	• 3분 호흡 공간, 생각은 사실이 아니야, 감정도 사실이 아니야, 건포도 마음챙김, 마음챙김이란……, 3분 호흡 공간 • 3분 호흡 공간, 나 자신에게 편지 쓰기
12회기 존재, 연민, 자각으로 살기	• 3분 호흡 공간, 일상의 마음챙김 탐구, 3분 호흡 공간

출처: Singh & Joy (2023). pp. 258-259.

(3) 수용전념치료

수용-전념치료(ACT)는 헤이즈와 동료들(Hayes, Strosahl, & Wilson, 1999)이 내담자가 스스로 통제할 수 없는 불편한 경험을 있는 그대로 수용하면서 자신의 삶을 가치 있고 의미 있게 하는 행동에 전념하도록 돕는 인지행동치료다. 수용-전념치료(ACT)는 마음챙김을 통해 내담자가 자신의 생각, 감정, 신체감각을 허용하고 있는 그대로 수용함으로써, 현재 지금-여기에서 자신이 원하는 것을 발견하고 자신의 삶을 가치 있는 방향으로 나아가게 하기 위해, 실질적인 행동을 통해 자신을 변화시킬 수 있도록 돕는다.

(4) 변증법적 행동치료

변증법적 행동치료(DBT)는 리네한(Linehan, 1993)이 자살근접행동을 보이는 경계선 성격장애 치료를 위해 개발한 인지행동치료다. 마음챙김과 고통에 대한 내성을 통한 수용, 정서조절과 대인관계적 효과성에 대한 변화를 가르치는 기술 훈련에 기초하고 있다. 청소년을 대상으로 한 변증법적 행동치료(DBT)에는 라투스와 밀러(Rathus & Miller, 2017)의 『청소년을 위한 DBT 다이어렉티컬 행동치료』가 있으며, 비자살성 자해, 자살, 섭식장애 및 품행장애 청소년들에게 효과적인 것으로 알려져 있다.

4) 디지털 치료제

4차 산업혁명 및 디지털 대전환 시대를 맞이하여 상담 분야에서도 인터넷 모바일 앱, AI, 챗봇, VR, AR 등 소프트웨어를 통해 환자를 치료하는 디지털 치료제(DTx)가 활용되고 있다. 특히 아동의 경우에는 비게임적 허용을 게임적인 것으로 바꾸어 게임의 즐거움과 반복성을 이용해 치료를 하는 게임화(gamification) 기반 인지행동치료가 적극적으로 개발되고 있다. 대표적인 디지털 치료제로는 주의력결핍 과잉행동장애(Attention-Deficit Hyperactivity Diosorder: ADHD) 아동의 주의력 개선을 위해 개발된 비디오 게임 〈인데버 RX(Endeavor RX)〉를 들 수 있다. 〈인데버 RX〉는 미국 FDA가 최초로 승인한 게임화를 활용한 디지털 치료제로, 디지털 비디오 게임의 치료적 효과를 검증하였다. 국내에서도 디지털 치료제를 활용한 심리상담 프로그램이 적극적으로 개발되고 있다.

요약

인지행동치료는 대표적으로 엘리스의 합리적 정서행동치료와 벡의 인지치료를 들 수 있다. 엘리스는 당위적 사고, 과장과 자기 및 타인 비하, 좌절에 대한 인내심 부족의 세 가지로 특징짓는 비합리적 신념에 초점을 두고 이를 파악하여 논박을 통해 합리적 신념을 도출하는 ABCDE 치료 모델의 상담과정을 개발하였다.

벡은 개인이 특정 사건을 경험하면서 자동적으로 떠올리는 부정적인 자동적 사고와 현실을 있는 그대로 받아들이지 못하는 인지적 왜곡을 긍정적 인지로 재구성하는 데 초점을 두었다.

엘리스와 벡 이후 제3세대 인지행동치료로는 카밧진의 마음챙김 기반 스트레스 감소 프로그램(MBSR), 시갈과 동료들의 마음챙김 기반 인지치료(MBCT), 헤이즈와 동료들의 수용전념치료(ACT), 리네한의 변증법적 행동치료(DBT)를 들 수 있으며, 최근 인터넷 기반 인지행동치료(ICBT), 게임화(gamification)를 활용한 디지털 치료제도 적극적으로 활용되고 있다.

인지행동치료에서는 개인의 사고나 생각이 감정과 행동을 유발하기 때문에 치료자는 설득과 교육의 태도에 초점을 두고 구조화된 상담을 실시해야 하며, 개인이 지닌 부정적이거나 비합리적 신념체계를 파악하여 이를 긍정적이고 합리적인 신념으로 바꾸는 데 치료목표를 두고 있다.

인지행동치료는 객관적이고 관찰 측정을 할 수 있는 인지체계에 대한 상담접근으로서 성인뿐 아니라 아동·청소년에 이르기까지 다양한 연령대에 매우 유용하게 적용되고 있다. 특히 불안장애, 우울증, 주의력결핍 과잉행동장애, 공격성 및 외상후 스트레스장애 아동과 사회성이 저조한 아동 집단을 대상으로 한 치료에서 효과적으로 활용되고 있다.

활동

1. 나의 비합리적 신념 탐색하기

내가 평소에 가지고 있는 비합리적 신념은 무엇인지 생각해 본 후, 이로 인해 야기되는 자신의 감정과 행동은 무엇인지, 그리고 이를 대체할 수 있는 합리적 신념은 무엇인지 이야기를 나누어 보자.

〈비합리적 신념〉

- 당위적 사고
  '나는 반드시, 당연, 꼭 ……해야 한다.'
- 과장
  '나는 ……하면 아주 끔찍하다. 아주 큰일이다.'
- 좌절에 대한 인내심 부족
  '나는 도저히 ……을 참을 수 없다.'
  '나에게 ……하다니 도저히 견딜 수 없다.'

나의 비합리적 신념		나의 합리적 신념	
① ② ③		① ② ③	
나의 감정	나의 행동	나의 감정	나의 행동

2. 나의 인지적 왜곡 탐색하기

다음의 인지적 왜곡의 예 중에서 내가 평소에 자주 사용하는 것은 무엇인지 생각해 본 후, 이에 대해 이야기를 나누어 보자.

> 예: 임의적 추론, 선택적 추론, 과잉일반화, 확대화와 과장, 개인화, 이분법적 사고

3. 소크라테스식 대화 연습하기

다음에 제시된 역할놀이를 통해 인지적 왜곡에 대한 소크라테스식 대화 인지치료기법을 연습해 보도록 하자.

> 소크라테스식 대화의 예
>
> - 자신에게 ……문제가 생겼을 때 무슨 생각이 들었나요?
> - 자신이 우울하거나 걱정스럽게 느꼈을 때 무슨 생각이 들었나요? 그런 생각이 든 이유가 있었나요?
> - 그렇게 생각한 것에 반대되는 증거가 있었나요?
> - 그렇게 생각하는 것의 장점과 단점은 무엇일까요?
> - 그렇게 생각하는 것이 유일한 방법일까요? 모든 사람들이 그렇게 생각할까요? 다르게 생각할 사람은 없나요? 만약 다르게 본다면 어떻게 생각할까요?

● 과정

① 3인 1조로 팀을 이루어 치료자와 내담자 그리고 관찰자를 정한다.

② 내담자는 자신의 인지적 왜곡에 대해 치료자에게 설명한다.

③ 치료자는 소크라테스식 대화로 내담자의 인지적 왜곡에 대한 객관적 증거를 찾아보도록 한다.

④ 관찰자는 자신이 관찰한 내용에 대해 이야기를 나눈다.

⑤ 서로 역할을 바꾸어 실시한다.

Chapter 13

해결중심단기치료

내담자들이 상담실로 들어오면

나는 그들이 누구이고 무엇을 하며 왜 그들인지를

당연시하지 않고 백지의 마음으로 알아보려 한다.

– M. H. Erickson

1. 발달 배경

해결중심단기치료는 1978년 드세이저(Steve de Shazer, 1940~2005)와 김인수(Insoo Kim Berg, 1934~2007)가 동료들과 함께 미국 밀워키의 단기가족치료센터(Brief Family Therapy Center: BFTC)에서 개발한 가족치료 모델이다. 이들은 치료자의 어떤 기법과 태도가 내담자의 문제 해결에 도움이 되었는지를 내담자에게 직접 질문하고 연구하는 귀납적 과정을 통해 해결중심단기치료의 기초를 마련하였다(정문자 외, 2008). 이처럼 해결중심단기치료는 이론보다는 실용성에 초점을 맞춘 모델이다. 이 모델은 에릭슨(Milton Erickson)의 전략적 최면 치료와 팔로알토의 정신건강연구소(Mental Research Institute: MRI)의 단기 치료의 영향을 받았으며, 포스트모더니즘과 함께 등장한 사회구성주의 핵심과 맥을 같이한다.

에릭슨의 치료는 내담자의 준거 틀에 맞추어 창의적으로 상담하며, 작은 행동의 변화를 위해 내담자와 함께 협력체계를 구축하고, 내담자의 강점과 자원을 활용한다. 드세이저는 에릭슨의 기법 중에서 내담자의 자원 활용, 문제 원인의 규명보다는 해결책과 새로운 행동유형의 구축을 해결중심단기치료에 사용하였다. 이 두 요소, 즉 내담자의 강점과 자원을 인정하고 활용하기와 현재와 미래에 초점 맞추기는 해결중심단기치료의 주요 원리가 되었다(Kim, 2006).

MRI의 단기치료는 일반적으로 10회 정도의 짧은 회기에 문제를 해결한다. 이는 내담자를 가능한 한 빨리 문제로 인한 고통에서 해방시키는 것이 치료목표라는 인식에서 비롯된다. MRI는 내담자가 어떻게 문제를 만들고 해결하는가에 관심을 가지면서, 때로는 문제 해결 방법이 문제를 지속시킨다고 보았다. 그리하여 이전의 해결책을 적게 사용하고, 문제를 지속시키는 연쇄 과정을 변화시킴으로써 문제 해결 방법을 모색하는 데 초점을 두었다. 반면, 해결중심단기치료는 문제 해결 방법으로 문제가 없거나 문제시되지 않았던 예외에 초점을 두며 효과 있는 새로운 해결책을 발전시킨다. 그러나 이 두 모델은 공통적으로 단기이고, 이론을 최소 사용하며, 문제를 깊이 분석하지 않고, 제시된 문제에 초점을 맞추며, 실용적이고 결과 지향적이다.

사회구성주의 상담은 내담자가 주관적으로 인식하는 현실과 언어적 상호작용에 따라 '실제'가 달라질 수 있다고 주장한다. 따라서 상담자는 내담자의 주관적 진실을 존중하고, 상담자와 내담자의 협력적 관계와 언어적 측면을 강조한다. 또한 중요한 것은 문제를 심층적으로 사정하기보다는 해결책 구상에 초점을 두었으며, 이러한 점들이 해결중심단기치료와 같은 맥락에 있는 것이다.

해결중심단기치료는 한국에 1987년에 처음 소개되었다. 가족치료에서 해결중심치료는 국내 가족치료 전문가들이 1991년에 다학제적인 '가족치료연구모임'을 만들어 주요 치료 모델로 사용한 것이 계기가 되어 퍼지기 시작했다. 이 연구모임은 드세이저와 김인수 부부의 훈련과 지도감독을 받았으며, 전국의 가족치료자를 대상으로 해결중심 모델에 대한 교육과 훈련을 진행해 왔다. 이 모임은 발전하여 '단기가족치료센터 한국 지부'(1996년)가 되었으며, 2002년에는 한국단기가족치료연구소(http://www.brieftherapy.kr)로 개명하여 현재까지 왕성한 교육과 훈련활동을 계속하면서 2011년에 해결중심치료학회를 창립하였다.

한국의 가족치료 임상현장에 대한 연구(이선혜 외, 2005)는 국내 가족치료자들이 가장 많이 교육받고 있으며 실제에 적용하고 있는 모델이 해결중심단기치료라고 보고하였다. 해결중심단기치료는 성별, 연령, 문제의 종류와 심각성에 관계없이 상담효과가 높은 것으로 보고되고 있다. 정문자 등(2004, 2005, 2007, 2008, 2010)은 해결중심 접근을 중심으로 한 통합 프로그램들을 통하여 초등학생, 비행 청소년, 가출 청소년, 이혼가족 아동의 자아존중감이 향상되었고, 다양한 문제행동이 감소되었다고 보고하였다.

2. 개념

해결중심 모델의 핵심은 임상적 실제에 대한 제시보다는, 사람이 어떻게 생각하고 어떻게 존재하는가 하는 세계관에 대한 철학적 성찰에 있다. 치료자는 내담자가 능력과 자원을 갖고 있다고 믿으며 이 자원들을 활용하여 창조적으로 문제 해결을 할 수 있다고 본다. 내담자의 자원 발굴과 활용은 내담자에게 문제 해결에 대한 자신감과 희망을 준다.

내담자에 대한 치료자의 무조건적인 수용과 존중은 내담자로 하여금 치료과정에 협동하게 하며, 치료적 관계(라포) 형성에도 도움이 된다. 문제로 지적된 과거를 탐색하는 데 많은 시간을 보내기보다는 현재와 미래에 초점을 둔 치료과정과 질문은 상담 분위기를 우호적이고 긍정적으로 만들며, 치료에 대한 내담자의 관심과 참여를 높인다.

이 모델은 이름에서 알 수 있듯이 내담자가 원하는 목표를 치료자와 함께 수립하고 내담자에게 효과적인 해결책을 내담자와 함께 찾는 데 초점을 둔다. 문제 해결을 위하여 내담자의 단점보다는 강점을, 문제 상황보다는 문제가 없는 예외 상황을 찾으며 확장하기 때문에 비교적 단기에 문제를 해결하는 것이 가능하다. 치료가 단기로 끝나는 데 도움이 되는 요소들로는 내담자와 좋은 라포 형성, 잘 세워진 목표, 목표 달성에 도움이 되는 질문과 전략 및 메시지의 사용 등이 있다. 일반적인 심리치료나 초기 가족치료 모델들은 전문적 지식을 가진 치료자가 일정한 준거에 따라 문제를 진단하고 사정하며, 내담자와 가족을 기능적으로 만드는 것을 치료목표로 한다. 이와는 달리, 해결중심단기치료는 내담자가 원하는 것을 목표로 삼으며 내담자와 상호 협조하면서 목표를 달성한다.

3. 치료적 가치

성인을 대상으로 시작한 해결중심단기치료는 유아와 아동·청소년을 위한 치료에서도 효과를 보이고 있다. 이 모델은 아동이 스스로 선택하고 행동할 능력과 의지를 갖고 있다고 믿으며, 아동의 장점, 아동이 잘하는 것 그리고 성공적인 경험에 중점을 두며 상담한다. 치료기법이 비교적 쉽고 분명할 뿐 아니라 문제의 원인 분석이나 규명에 초점을 두지 않기 때문에 아동은 비난받는다는 느낌보다는 편한 마음으로 치료에 참여할 수 있다. 문제보다는 현재 상태와 미래의 변화에 초점을 두고 즐거운 상상을 하게 하는 것은 치료에 대한 아동의 호기심과 참여를 증가시키고, 용기와 희망을 준다.

아동이 원하는 목표를 성취하기 위해 아동이 이미 가지고 있는 강점, 자원, 기술, 정보, 믿음, 동기, 사회적 관계망, 환경 그리고 심지어 증상까지도 상담에 활용한다. 그뿐 아니라 복잡하고 어려운 방법보다는 간단하고 쉬운 방법을 먼저 사용하며 단기에 효과를 보는 것은 시간과 비용 면에서도 유리하다. 그러나 치료자가 아동의 긍정적인 면만 강조한 나머지 아동이 하고 싶은 이야기나 억압된 감정을 충분히 표현하는 것을 어렵게 할 수 있으므로, 아동을 성급하게 해결 방향으로 인도하지 않도록 유념한다. 다음의 장 루슬로(Jean Rousselot)의 시에서 해결중심치료가 지향하는 가치를 엿볼 수 있다.

> 다친 달팽이를 보게 되거든
> 도우려 나서지 말아라.
> 그 스스로 궁지에서 벗어날 것이다.
> 당신의 도움은 그를 화나게 만들거나
> 상심하게 만들 것이다.

하늘의 여러 시렁 가운데서
제자리를 벗어난 별을 보게 되거든
별에게 충고하고 싶더라도
그만한 이유가 있을 것이라고 생각하라.

더 빨리 흐르라고
강물의 등을 떠밀지 말라.
강물은 나름대로 최선을 다하고 있을 것이다.

출처: 공지영(2009).

해결중심단기치료는 아동이 자신의 문제를 해결할 능력과 자원을 가지고 있으며, 기회가 주어진다면 즐거운 마음으로 선택하려고 하고, 주위 사람들과 잘 어울리며 인정받고 싶어 한다고 가정한다. 해결중심단기치료가 가진 아동에 대한 관점은 매우 낙관적인데, 구체적으로 살펴보면 다음과 같다(Berg & Steiner, 2003).

- 아동은 부모가 자신에 대해 자랑스러워하기를 원한다.
- 아동은 부모와 어른들을 기쁘게 해 주고 싶어 한다.
- 아동은 자신이 살고 있는 사회 집단에 수용되고 소속되기를 원한다.
- 아동은 새로운 것을 배우고 싶어 한다.
- 아동은 놀라는 경험을 즐기며, 다른 사람을 놀라게 하는 것도 좋아한다.
- 아동은 함께 어울리며 적극적으로 행동하는 것을 좋아한다.
- 아동은 자신의 의견을 말하고 싶어 한다.
- 아동은 기회가 되면 선택하고 싶어 한다.

종합하면, 유아와 아동을 위한 상담에서 해결중심단기치료의 치료적 가치는 다음과 같다.

첫째, 해결중심단기치료는 자신감이 없고 무기력한 아동이나 공격적인 아동이 예외

상황과 희망을 볼 수 있도록 돕는다. 아동은 문제가 없었던 때를 생각하고 성공적이었던 경험을 찾는 과정을 통해 자신이 괜찮은 사람이라는 느낌을 받는다. 이는 아동에게 문제 해결에 대한 의욕을 갖게 하여, 원하는 방향으로 변화를 이끌고 유지하는 원동력이 되며 결과적으로 아동의 자아존중감을 향상시킨다.

둘째, 문제에 초점을 두기보다는 해결책 모색과 구상에 초점을 맞추기 때문에 치료가 단기에 이루어진다. 다른 개인치료나 초기 가족치료 모델들이 아동과 가족의 문제를 사정하고 평가하는 데 많은 시간을 할애하는 데 비해, 해결중심단기치료는 아동이 원하는 목표에 초점을 맞추고 해결에 집중하므로 시간이 절약된다.

셋째, 문제 해결에 복잡하고 어려운 방법을 사용하기보다는 간단하고 쉬운 방법을 먼저 사용한다.

넷째, 아동의 문제와 관련된 배경이나 가족사를 깊이 파헤치지 않고도 문제 해결이 가능하다. 이는 개인과 가족의 체면을 중요시하는 한국 사회의 보편적인 정서에 부합된다.

4. 치료실과 치료도구

치료실은 아동이 편안함을 느낄 수 있도록 꾸미는 것이 중요하다. 언어 위주의 상담에 익숙하지 않은 아동이 안전감을 느끼고 즐거움을 경험하며 보다 자유롭게 자신을 표현할 수 있도록 놀잇감과 다양한 활동 도구를 준비해 두면 좋다. 유아와 아동을 위한 해결중심단기치료에서 준비해야 하는 특별한 도구가 있는 것은 아니나, 아동이 상상력을 발휘하여 무언가를 직접 만들어 내는 데 도움이 되는 자료가 좋다. 예를 들면, 스케치북, 크레파스, 색연필, 풀, 테이프, 가위 등은 아동의 자유로운 표현에 사용된다. 스카프, 상자, 풍선, 공, 간단한 손가락 인형, 퍼펫처럼 상징적으로 사용할 수 있는 물건은 아동이 치료자와 원활한 의사소통을 하는 데 도움이 된다. 치료자는 카메라를 사용하여 아동의 그림이나 창작물을 찍어서 보관할 수도 있으며, 이 결과물은 아동이 누군가에게 자랑스럽게 선물하는 데 사용할 수도 있다.

치료실은 아동이 활동하는 데 제약을 받지 않을 만큼 넓으며, 아동이 어질러 놓아도 쉽게 청소할 수 있는 크기가 좋다. 환기가 잘 되며 소음이 들리지 않는다면 이상적이다. 공간적 여유가 있다면 상담실을 대화공간과 놀이공간으로 분리하는 것이 좋다. 이는 아동이 각 구역에서 이루어지는 활동을 잘 이해하고 따르는 데 도움을 준다. 활동적인 아동이 있는가 하면 치료실 적응에 시간이 걸리는 아동도 있다. 낯선 치료실에서 수줍음을 타는 아동이 편안함을 느낄 수 있는 공간을 마련해 두면 좋다. 버그와 슈타이너(Berg & Steiner, 2003)는 이러한 아동들을 위한 은신처로 2층 침대를 제안하였다. 2층 침대의 1층 침대를 걷어 내고 바닥에 쿠션을 깔아 놓으면 아동이 놀 수 있는 공간이 된다. 침대 앞에 커튼을 달아 놓으면 아동은 침대 커튼 뒤 공간에 숨어 치료자와 부모가 자신에 대해 나누는 긍정적인 이야기를 엿들을 수 있다. 이러한 배치는 아동이 낯선 치료실과 치료자에게 마음을 여는 데 도움이 된다.

5. 상담자의 역할

해결중심단기치료에서 상담자의 역할은 문제중심치료에서의 상담자와는 여러 면에서 다르다. 해결중심상담자는 아동의 문제 해결을 위하여 아동과 함께 목표를 세우고 해결책을 구상하며 실행한다. 내담아동과의 관계에서 권위적인 전문가의 역할을 하지 않으며 문제 해결을 위해 아동의 의사, 생각, 감정, 동기를 존중하며 아동과 상호 협력한다. 내담아동에 대해 분석하거나 평가하지 않으며 어떠한 가정도 삼간다. 아동의 의견을 무시, 반박, 강요하지 않으며, 아동을 그 자체 그대로 수용하고 존중한다.

다음은 해결중심상담자가 지켜야 하는 열 가지 원칙으로, 상담을 효율적으로 진행하는 데 큰 도움이 된다.

① 문제가 되지 않으면 고치지 않는다.

② 작은 변화가 큰 차이를 만든다.

③ 효과가 있는 것을 계속한다.

④ 효과가 없으면 다른 것을 시도한다.

⑤ 단순함을 유지하되 지나치게 단순화하지 않는다.

⑥ 문제를 이해해야만 해결할 수 있는 것은 아니다.

⑦ 사람은 자기 특유의 해결책을 사용할 때 목표를 더 빨리 성취할 수 있다.

⑧ 사람은 자기의 부족한 점을 부각하는 대신 강점을 구축하는 접근에 더 적극적으로 참여한다.

⑨ 해결과 관련된 학습을 최대화한다. 사람은 과거의 해결방안을 기억하지 못하거나 학습하지 못한 경우가 있다.

⑩ 해결방안은 문제가 아닌 사람에게 적합해야 한다. 보편적인 해결방안보다 자신이 원하는 전략일 때 더 잘 수용하고 이행할 가능성이 높다.

출처: O'Connell (2014), p. 77에서 발췌 수정.

해결중심상담자가 지향하는 태도는 '알지 못함'의 자세다. '알지 못함'의 자세란 상담자가 언어적 · 비언어적 행동을 통해 아동에게 풍부하고 진실한 호기심을 갖고 있음을 전달하는 것이다. 상담자는 아동이 변화해야 한다고 생각하거나 기대하기보다는 아동의 생각과 행동에 대해 더 많이 알고 싶어 하는, 즉 '더 많은 정보를 얻으려는' 자세를 가진다. '알지 못함'의 자세에서 나오는 대화적 질문은 아동이 '아직 말하지 못한 것'을 말해도 괜찮겠다는 안전함을 느끼는 시작점을 만들 수 있으며, 아동이 가진 정서적 · 내면적 차원의 억압을 감소시킬 수 있다. 아동과의 상담에서 상담자가 가져야 할 '알지 못함'의 자세에 도움이 되는 몇 가지 의사소통 기술은 〈표 13-1〉과 같다. 상담자의 기본적인 기술로 경청, 공감, 개방형 질문의 사용, 요약 그리고 상담자와 내담자의 비언어적 행동에 대한 주목 등은 일반적으로 잘 알려져 있기 때문에 이 장에서는 다루지 않기로 한다.

〈표 13-1〉 '알지 못함'의 자세를 위한 의사소통 기술

아동의 핵심용어 사용	핵심용어 경청과 탐색으로 준거 틀 파악, 핵심용어 사용은 아동에 대한 존중 표현이며, 전문용어로 전환은 불필요
침묵의 이해와 활용	침묵의 의미를 파악하며 이를 존중함. 상담자의 질문을 이해하지 못했거나, 생각/휴식 중이어서 침묵하는지에 대한 파악이 필요, 필요시 쉬운 말로 재설명
상담자의 자기개방	아동의 준거 틀과 경험이 중요한데, 상담자의 자기개방이 아동의 생각, 대안을 제한할 수 있음. 그러나 도움이 될 경우 사용
'과정'에 대한 주목	과정에는 내용과 방법 있음(내용: 사건, 사람에 관한 정보를 의미. 방법: 내담자의 표정, 감정을 의미)
칭찬	아동의 강점과 과거 성공을 진심으로 칭찬, 아동이 한 말이나 치료과정에서 알게 된 구체적 실제를 인정, 칭찬
아동의 지각 확인	문제 성격, 문제 해결을 위한 노력, 자신의 삶에서 달라지기를 원하는 것, 문제 해결에 효과가 있었던 것과 없었던 것 등에 대한 지각을 확인
아동의 초점 돌리기	자기 문제에 무력감을 느끼고 문제 해결책을 타인이 갖고 있다고 생각, 그 해결책에 어떻게 참여할 것인지 등을 물음으로써 초점을 자신에게 돌리게 함.
'해결중심적 대화' 확대	대화를 통해 아동의 생활에서 달라졌으면 하는 것과 그러한 일이 일어났거나 일어나게 할 가능성을 부각하여 '해결중심적 대화'를 확장

6. 치료의 실제

대다수의 아동은 위축되어 있거나 의기소침한 상태로 상담실에 온다. 상담실인지 모르고 오는 아동이 있는가 하면, 부모나 가족의 손에 이끌려 억지로 오는 아동도 있다. 변화에 대한 기대나 희망이 없어 보이는 아동도 있고, 자신의 문제와 상황이 부모와 가족 때문이라고 생각하면서 화를 내거나 짜증을 내는 아동도 있다. 유아와 아동을 위한 해결중심단기치료는 라포 형성, 목표 설정, 목표 달성, 종결의 순서로 진행된다.

1) 치료과정

아동상담에서 내담자인 아동은 독자적으로 상담실을 방문하기 어려우므로 부모나 가족에 의해 상담실에 오는 비자발적인 방문형 내담자이기 쉽다. 아동은 자신이 왜 상담실에 왔는지 상담실이 무엇을 하는 곳인지 모를 수도 있다. 부모와 갈등관계에 있는 아동은 자신의 잘못이 공개되고 야단맞을 수 있다고 생각하면서 상담자에게 비협조적인 태도를 보일 수도 있다. 그러므로 상담자는 아동이 상담에 참여하게 된 배경에 대해 알려 주고 상담실이 무엇을 하는 곳인가에 대해 간단하지만 정확하게 설명해야 한다. 아동과 부모가 함께하는 가족상담은 아동의 문제 해결에 많은 도움이 되는데 부모나 아동 어느 쪽도 비난받거나 수용되지 않은 느낌을 받게 해서는 안 된다. 부모는 아동이 잘되기를 바라는 협력자이며 아동과 오랫동안 함께 생활하는 가족이다. 상담을 통해 아동과 가족이 변화한다는 것은 곧 가족체계가 변화한다는 것을 의미하므로 이 변화가 유지되고 확장되도록 도와야 한다.

(1) 첫 회 치료

첫 회 치료는 내담아동과 부모에게 편안하고 안전한 분위기에서 진행한다. 상담자는 가벼운 일상적인 이야기를 시작으로 가족에 대한 소개를 부탁한다. 상담과정에 대한 간단한 설명을 한 후 부모에게 상담실에 오게 된 배경을 물으면, 부모들은 일반적으로 아동의 문제를 공개한다. 문제에 대한 파악과 이해가 어느 정도 되고, 문제 이야기가 반복되면, 초점을 문제에서 긍정적인 면으로 바꾸어 아동이 잘하거나 즐기는 운동, 공부, 과목 등에 대해서도 호기심을 가지고 물어본다. 상담자가 아동과 라포를 잘 형성하려면 되도록 상담 초반에 아동의 긍정적인 면에 초점을 맞추는 것이 중요하다. 구체적으로, 아동의 과거 성공적인 경험과 현재 잘하고 있는 것을 적극적으로 탐색하여 이를 인정하고 칭찬한다. 이는 아동이 자신감을 가지고 자신의 문제를 해결하는 데 적극적이며 협조적이도록 만든다.

상담자는 아동 내담자가 성인 내담자와 어떠한 차이가 있는지 미리 알아 두면 좋다. 상담과정에서 부모와 가족, 교사 및 관여된 사람들과 긴밀한 협조관계를 유지하는 것도 중요하다. 비록 현재 삶에서 부모-자녀관계가 역기능적이며 상처를 주고받는 것으로 보여도 이 관계는 존중되어야 한다. 해결중심상담자의 과제는 부모와 자녀의 본능적인 연결성을 존중하고 회복시키며, 그들의 관계가 이어지도록 돕는 것이다(Berg & Steiner, 2003). 상담자는 부모에게 아동에 대한 정보를 얻을 뿐만 아니라, 부모를 상담에 적극적으로 참여시켜 상담이 끝난 후에도 아동의 일상에서 상담의 효과가 이어지도록 한다.

첫 회 치료에서는 목표를 잘 설정하는 것이 중요하다. 목표는 앞으로의 상담과정이 어떠한 방향으로 나아갈지 결정한다. 그러나 아동은 문제에 대한 이야기에 민감해질 수 있기 때문에 모든 과정은 조심스럽게 진행하는 것이 좋다. 목표를 설정하는 데 도움이 되는 원칙은 다음과 같다.

- 아동이 중요하게 생각하는 것으로 정하기
- 아동이 성취 가능한 것으로 정하기
- 작은 것으로 정하기
- 구체적이며 행동적인 것으로 정하기
- 문제를 없애기보다는 원하는 것을 시작하기로 정하기
- 목표 수행은 힘들다는 것으로 인식하기

아동은 자신에게 중요한 것을 목표로 정할 때 동기가 부여된다. 아동이 성취하기 어려운 것이거나 거대한 것을 목표로 하기보다는 현실적으로 성취 가능한 작은 것을 목표로 정하는 것이 좋다. 추상적이기보다는 구체적이고 행동적인 것을 목표로 삼을 때 목표의 달성 여부를 확인하기 쉽다. 문제의 소거보다는 원하는 긍정적인 것을 시작하는 데 초점을 맞추는 것도 중요하다. 어떤 문제를 없애는 것을 목표로 세우면 목표 달성을 위한 작업에서 계속 그 문제를 탐색하고 강조하게 된다. 반대로 원하는 긍정적인 목표를 세우면 희망을 갖고 목표를 향해 전진하기 때문에 목표를 성취할 가능성이 증가한다. 마지막으로 목표 수행이 어려운 일이기에 아동의 성취가 느리더라도 아동이 변화를 위해 노력하는 것만으로도 충분히 인정하고 지지해야 한다.

(2) 첫 회 이후의 치료

첫 회 이후의 치료는 아동이 성취한 변화와 성장을 이끌어 내기(Elicit), 확장하기(Amplify), 강화하기(Reinforce), 다시 시작하기(Start again)다(EARS). 아동이 첫 회 치료 이후 아주 작은 변화라도 보일 때 상담자는 이 변화를 알아차리고 인정해 준다. 그리고 변화를 위해 아동이 노력한 것과 변화한 것에 대해 아동이 느끼는 감정이나 의견 등을 질문한다. 또한 변화가 어떻게 해서 가능했는지 등의 질문을 통해 아동은 변화를 초래한 자신의 능력과 방법에 대해 자신감을 가질 수 있다.

- 지난번 상담 이후 아주 작은 것이라도 나아진 것은 무엇이니?
- 그 외에 더 좋아진 것은 무엇이니?
- 아빠한테 너의 좋아진 점을 물어보면 뭐라고 대답하실까?

만약 아동이 변화한 것이 없다고 할 때는 일주일 중에 하루라도 좋은 날이 있었는지 묻는다. 단 하루라도 좋은 날이 있었다면 그날(예외)에 대한 자세한 정보를 얻는 것이 중요하다. 그러나 예외가 없었다면, 어떻게 해서 더 나빠지지 않았는지를 탐색한다. 변화가 없다고 답하는 아동에게 "더 나빠지지 않은 건 무엇 때문일까?"라고 물으면 중요한 예외를 발견하게 되는데, 이 예외는 해결책으로 활용될 수 있다.

아동이 자신의 상황에 대해 계속 무기력하고 비관적이라면, 이전과 다른 개입을 해야 할 필요성이 있다는 의미로 보는 것이 좋다. 구체적으로는 목표가 잘 설정되었는지, 아동이 진심으로 변화가 필요하다고 생각하는지 등 기본적인 영역을 탐색한다. 아동이 상담을 통해 나아진 것이 없다고 하는 경우 목표가 너무 크거나 비현실적인지 등에 대해 아동과 함께 이야기해 보는 것이 좋다. 해결중심치료에서는 첫 치료부터 종결에 대해 생각하고 종결을 향해 나아간다. 목표 설정에 도움이 되는 질문으로 "네가 여기 와서 (상담)선생님과 만난 것이 도움이 되었다고 말하려면 무엇이 달라져야 될까?"는 치료의 종결을 염두에 둔 질문이다. 이런 태도는 첫 상담 이후에도 계속된다.

문제가 해결되어 내담자와 상담자가 합의하여 종결하거나 어느 한쪽의 사정으로 치료를 종결할 때, 아동이 성취한 변화를 재확인하면서 변화를 확고히 자리 잡게 하여야 한다. 변화를 확고히 하고 유지하기 위하여 아동이 미래의 변화된 자기 모습을 구체적으로 상상하게 하는 것도 도움이 된다. 그러나 문제가 재발되거나 악화될 경우, 아동과 가족이 그동안 그 문제의 해결을 위해 시도한 것을 기억하고, 성공적이었던 방법들을 재실행하도록 격려한다. 문제가 없는 삶이란 비현실적이므로, 문제에 일희일비하기보다는 문제가 아닌 상황에 초점을 맞추고 감사히 생각하는 습관을 갖도록 하는 것도 중요하다. 아동과 가족에게 다른 어려움이나 더 큰 어려움이 생기면, 상담자는 그들을 맞이할 준비가 되어 있음을 알리면서 종결한다.

2) 해결지향적 질문

해결지향적 질문들은 목표를 수립하고 달성하기 위하여 전략적으로 사용된다. 아동은 상담자와 질문과 대답을 주고받는 과정에서 자신의 문제에 대해 새로운 시각을 얻고 문제를 해결할 능력이 있음을 깨닫는다. 아동에게 자주 사용되는 질문기법들은 다음과 같다.

(1) 예외질문

예외란 문제가 없거나 문제가 되지 않는 상황을 말한다. 예외질문(Exception Question)은 아동이 잘하는 것, 성공적인 경험과 문제가 없었던 상황에 대해 묻는 질문이다. 아동은 이미 문제에 대해 나름대로의 해결책을 사용해 왔고, 문제를 해결할 수 있는 능력과 자원을 갖고 있지만 이를 인식하지 못하는 경우가 많다. 아동은 문제에 대해 주위에서 하는 말을 빈번하게 들어 왔거나 실제로 문제가 심각한 경우도 있기 때문에 문제가 없었던 상황을 상상하거나 생각해 내지 못할 수 있다. 상담자는 아동이 성공적으로 해냈던 예외를 인정하며 의미를 부여한다. 예외질문의 목적은 아동이 문제 해결을 위해 우연일지라도 성공적으로 사용한 방법이 있는지 탐색하여 이를 의도적으로 사용하도록 하는 것이다. 아동이 일단 자신의 강점을 발견하면 이를 문제 해결에 활용하기 쉽다.

- 학교에 가고 싶을 때가 언제니?
- 학교에 가고 싶을 때는 가기 싫을 때와 뭐가 다를까?
- 네가 다른 아이들보다 잘하거나 좋아하는 것이 무엇일까?

(2) 기적질문

기적질문(Miracle Question)은 아동이 기적이 일어난 상황을 상상하고 이를 구체적으로 묘사하도록 하는 질문이다. 이 질문은 아동이 문제에 몰입된 것에서 벗어나 문제가 해결된 미래를 자유롭게 상상하도록 하여 관심을 미래로 돌리게 하는 데 도움이 된다. 문제가 너무 어렵다고 생각하는 아동은 무엇을 해도 문제가 달라지지 않을 것으로 여겨서 무기력할 수 있다. 기적질문은 아동이 해결하기를 원하는 것들을 구체화하고 명료화하며, 치료목표를 구체적이며 현실적인 것으로 만드는 데 도움이 된다.

기적질문은 문제가 이미 해결된 상황을 내담자로 하여금 상상하게 하는 질문기법이다. '기적'이 일어났다는 표현은 아동에게 어려울 수 있으므로, 기적질문을 더 쉽게 표현하거나 그림을 그리게 하는 등 놀이의 형태로 바꾸는 것이 더 용이할 수 있다. '기적' 대신 '타임머신'을 타고 몇 년 후의 미래에 있다고 상상하게 하고, 이때 펼쳐질 광경에 대해 물어볼 수도 있다. 상담자는 아동이 정말로 '타임머신'을 탄 것처럼 눈을 감게 하고 출발과 도착 신호를 보내는 등 아동의 상상력을 북돋아 준다. 또는 멋진 마법사가 나타나서 모든 일을 해결해 주고 아동이 원하는 모든 것이 이루어지도록 해 주었다는 등 동화 속의 설정을 이용해도 좋다. 기적이 일어난 상황을 말로 표현하기보다는 그림으로 묘사하는 것이 아동에게 더 쉬울 수 있다.

"선생님이 이번에는 색다른 질문을 하나 해 볼게. 오늘 네가 상담을 마치고 집에 가서 게임도 하고 숙제도 하고 밤에 잠을 자겠지? 그런데 밤에 자는 동안에 기적이 일어나서 네가 해결되었으면 하던 (또는 상담실로 가지고 온) 동생과 싸우는 문제가 다 해결되었어. 그런데 자는 동안에 기적이 일어났기 때문에 무슨 일이 생겼는지 알 수가 없어. 아침에 눈을 떴을 때 뭘 보면 지난밤에 기적이 일어났다는 걸 알 수 있을까?"

(3) 척도질문

척도질문(Scaling Question)은 0점부터 10점까지의 척도 위에 아동이 느끼는 문제의 심각성, 해결 가능성, 해결하기 위한 동기나 의지 등을 숫자로 대답하도록 하는 질문이다.

- 0부터 10까지 숫자가 있는데, 0은 네 기분이 제일 나쁜 때를 말하고 10은 정말 좋을 때를 말한다면 지금은 몇 점이니?
- 지금 기분은 4점이라고 했는데, 뭐가 조금만 달라지면 5점이 될까? (또는 5점 때 모습은 어떤 것일까?)
- 동생과 싸우는 문제를 해결하고 싶은 마음은 몇 점 정도가 될까?

일반적으로 생각, 감정, 행동 상태와 변화는 주관적이기 때문에 객관화하여 측정하기 어렵다. 척도질문은 이러한 것들을 좀 더 분명하고 사실적으로 설명하게 한다. 아동이 점수의 근거를 구체적으로 설명하는 과정에서 자신의 변화 정도를 가늠할 수 있다. 이 과정에서 아동은 변화에 대한 자신의 의지와 자신이 노력하여 성장한 것을 확인할 수 있다. 어린 아동에게는 척도질문이 다소 추상적으로 느껴질 수 있으므로 눈금자나 숫자판 등을 활용하여 질문해도 좋다. 예를 들면, [그림 13-1]의 실린더 척도를 사용하여 특정 주제에 대한 아동의 심정을 색연필로 색칠하도록 한다. 실로폰의 음계 중 아동이 표현하고 싶은 점수를 쳐서 소리를 내어 표현하는 실로폰 척도 방법도 있다. 또는 자신이 원하는 만큼 풍선을 불어 자신의 기분을 척도화할 수 있다. 이러한 도구들은 상담 분위기를 활기차게 할 뿐만 아니라, 아동이 성취한 정도나 앞으로 노력할 정도를 잘 보여 준다.

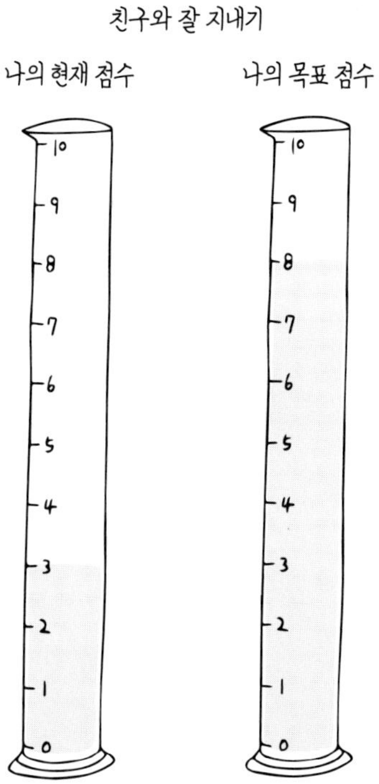

[그림 13-1] 실린더 척도

(4) 대처질문

대처질문(Coping Question)은 어려운 문제에 성공적으로 대처했던 경험을 묻는 질문으로, 예외질문으로 효과를 보지 못한 아동에게 사용한다. 일반적으로 아동은 문제가 덜하거나 없었던 예외 상황을 묻는 질문에 답하기 어려워한다. 어려운 일들을 겪으면서도 지금까지 어떻게 견뎌 왔는지를 질문함으로써 문제에 대한 대처 능력을 인정하게 되며 간접 칭찬이 되기도 한다.

- 엄마한테 말대꾸하지 않고 참는 데 무엇이 도움이 되었니?
- 게임을 하고 싶었는데 어떻게 참을 수 있었니?
- 말 안 듣는 동생을 혼내는 대신 무엇을 했니?

대처질문으로 어려운 상황을 견디게 한 이유와 방법을 탐색하고, 위기에 대처하기 위해 사용한 전략과 성공적 경험을 발견할 수 있다. 이에 대한 상담자의 인정, 지지, 칭찬은 아동에게 용기와 자신감을 주며 아동의 능력을 강화하고 확장한다.

(5) 관계성 질문

관계성 질문(Relationship Question)은 아동이 자신에게 중요한 사람들이 갖고 있는 생각과 의견 등을 어떻게 지각하고 있는지를 묻는 질문이다.

- 만약에 네가 이렇게 열심히 노력했다는 걸 아빠가 아신다면 아빠는 뭐라고 말씀하실까?
- 담임선생님은 네가 상담실에 온 결과 무엇이 달라질 것이라고 말씀하실까?
- 너의 장점들을 엄마에게 물어본다면, 엄마는 어떤 점들을 꼽으실까?

중요한 타인이 자신을 어떻게 보느냐에 따라 아동은 자신에 대한 지각이 달라질 수 있다. 아동은 문제가 해결되었을 때 자신의 생활에서 무엇이 달라질 것인지 전혀 예측하지 못하는 경우가 있다. 그러나 자신의 입장에서만 자신을 보다가 중요한 타인의 눈으로 보면 이전에는 미처 생각하지 못했던 것들을 생각해 보는 계기가 된다.

3) 놀이와 활동

해결중심단기치료를 포함한 대부분의 가족치료에서 치료의 매체는 언어다. 아동은 성인만큼 언어가 잘 발달되어 있지 않으므로 치료에 적극 참여하기 어려울 수 있다. 그러나 해결중심 치료자는 아동의 비언어적 의사소통 방식에 섬세하게 주의를 기울일 뿐 아니라 언어를 사용하지 않고 표현할 수 있는 다양한 방법을 사용한다. 아동이 자기의사를 자유롭게 표현하고, 창의적인 문제 해결책을 생각해 낼 수 있도록 해결중심적 기법들을 아동의 수준에 맞게 변형하여 사용하는 것이 필요하며, 퍼펫, 손가락 인형, 스케치북, 크레파스, 풍선 등 다양한 활동 자료를 준비해 놓고 적절하게 사용하는 것이 좋다.

해결중심 접근을 아동에게 적용한 놀이치료(김태은, 2009)에서 놀이는 아동과 치료자 간의 의사소통을 촉진하고 아동을 치료에 몰입하게 하는 도구로, 놀이를 통해 아동이 적절한 사회적 기술을 배우고, 긍정적인 감정을 경험할 수 있다. 정문자 등(2008)은 해결중심단기치료에서 놀이의 효과적인 활용을 소개하였다. 예를 들면, 퍼펫과 손가락 인형을 사용하여 이야기 나누기, 스퀴글 놀이,[1] 엑스레이 그림 그리기, 감정카드 놀이, 기적그림 그리기, 블록 탑 쌓기 등이 있다.

이러한 놀이를 사용하여 아동이 자신의 발달에 적합한 형태로 의사소통을 하고, 자기를 표현하도록 돕는다. 즉, 해결중심 접근에서 놀이는 상담자와 아동이 협조적인 관계를 맺고, 해결지향적인 치료목표를 달성하는 데 효과적인 수단이 된다.

---

1) 스퀴글 놀이는 아동과 편하고 즐겁게 접촉할 수 있는 방법으로 아동의 문제 상황, 사고 과정, 가족에 대한 감정 등을 보여 준다. 위니컷(Winnicott, 1971: 정문자 외, 2008에서 재인용)은 상담자인 자신이 먼저 눈을 감고 종이에 선으로 된 간단한 모양을 그리면 아동이 그것을 이용해 그림을 그리고 그에 대해 설명하며, 다음에는 순서를 바꾸어 아동이 선으로 모양을 그리면 상담자가 그것을 다른 모양으로 그리고 설명한다.

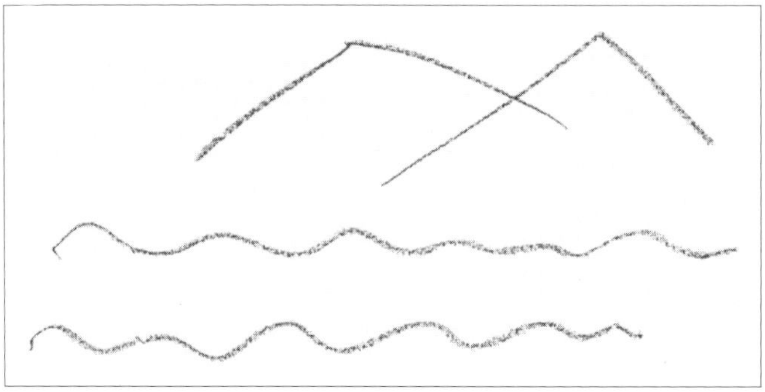

[그림 13-2] 스퀴글 놀이의 예

상담자는 감정카드를 유용한 상담도구로 쓸 수 있다. 감정카드는 다양한 감정이 그려진 카드로, 내적으로 복잡한 감정을 구체화·명료화하는 데 어려움이 있거나 언어 표현이 미숙한 아동에게 특히 적합하다. 상담자는 감정카드를 사용하여 아동의 감정을 이해할 뿐 아니라 아동이 희망하는 것을 알아낼 수 있다. 감정카드([그림 13-3]) 활

[그림 13-3] 감정카드

출처: 한국단기가족치료연구소.

용의 예로, 아동에게 자신의 감정을 가장 잘 표현하는 그림을 두 장 뽑게 할 때 아동이 '걱정하다', '거부당하다' 카드 두 장을 뽑는다면, 상담자는 이 감정과 상황에 대한 이야기를 듣고 공감한 후, 이 감정들 대신 느끼고 싶은 감정들이 그려진 카드를 두 장 고르게 한다. 이때 고른 긍정적 감정이 그려진 카드들은 아동이 원하고 갖고 싶은 감정들이며 상담의 목표가 될 수 있다.

4) 메시지 작성과 전달

메시지는 매 회기 상담이 끝날 때 상담자가 아동에게 전달하는 상담적인 피드백으로 칭찬, 연결문, 과제로 구성된다. 상담자는 아동에게 의미가 있는 것을 칭찬하는 것이 좋으며, 아동이 문제 해결에 도움이 되도록 행동한 것에 감동받았음을 표현한다. 또한 아동이 겪고 있는 어려움이 다른 아동에게도 얼마든지 일어날 수 있음을 이야기하여 문제를 일반화하고 정상화한다. 칭찬은 아동을 격려하며 아동의 기분을 좋게 만든다. 아동은 칭찬을 통해 자신의 가치와 강점을 인식하고 두려움 없이 지금 하고 있는 노력을 계속할 수 있다. 이러한 칭찬은 이후에 부여할 과제를 수행하게 하는 이유를 제공하는 연결고리 역할을 한다. 과제는 상담실에서의 작업이 상담실 밖에서도 지속되게 하여 문제 해결을 촉진한다. 상담실에 온 아동은 대부분 비자발적 내담자이므로 '무언가를 해 보라'는 과제에 부담을 느낄 수 있고, 과제 내용을 잊어버리는 경우도 허다하다. 따라서 상담자는 아동이 느끼는 문제에 대한 인식과 문제 해결에 대한 실천 의지를 고려하여 과제를 주는 것이 좋다.

- 선생님은 오늘 민호를 만나서 참 반가웠어. 밖에서 놀고 싶었을 텐데 여기까지 온 것도 아주 대단하다고 생각해. 민호가 수업 시간에 집중하기 위해서 그렇게 많은 노력을 하고 있는 걸 알고 정말 감동을 받았어. 수업 시간에 집중하는 것은 정말 어려운 일이거든. 〈칭찬〉
- 민호는 한번 마음먹은 일은 어떻게든 해내는 의지가 매우 강한 사람 같아서 과제를 하나 주려고 해. 〈연결문〉

- 선생님은 민호가 다음 주에도 와서, 그동안 무엇이 더 좋아졌는지 들려주면 좋겠어. 그럼 다음 주에 만나자. 〈과제〉

이처럼 메시지는 상담자가 아동의 이야기를 주의 깊게 들었음을 전달하고, 아동이 변화를 위해 하고자 하는 것을 칭찬하고 지지하며, 아동이 다음 상담에 올 수 있도록 초대하는 역할을 한다.

7. 집단상담 프로그램

집단상담은 비슷한 문제를 겪고 있는 사람들이 만나 어려운 점을 나누고, 서로 지지하며, 정보를 교환함으로써 함께 이득을 얻는다는 장점이 있다. 집단은 참여자들에게 혼자만의 문제가 아니라는 느낌과 문제에 대한 새로운 관점을 제공한다.

1) 집단상담자의 자세

해결중심단기치료에서는 집단원이 부정적인 감정을 토로하는 데 집중하기보다는 각자가 원하는 방향의 미래에 초점을 맞추도록 돕는다. 아동을 위한 집단상담은 아동이 긍정적인 분위기 속에서 즐거운 경험을 하며 변화에 대한 의지와 희망을 갖도록 진행된다. 문제가 있어 보이는 아동이라도 나름대로의 자원이 있으며, 멋진 어른으로 성장하여 인정받으며 살고 싶은 꿈이 있다. 집단상담 활동들은 아동이 집단 참여자들과의 좋은 관계 속에 자신이 가진 장점과 자원을 확인하고, 자신이 되고 싶은 미래를 구체적으로 그려 보도록 해 준다. 아동집단상담 프로그램의 상담자가 갖춰야 할 자세는 다음과 같다.

- 아동이 성장할 수 있는 안전하고 신뢰적인 분위기를 조성한다.
- 아동이 공동체의 일원임을 의식하고 행동하도록 격려한다.
- 아동이 인내심과 현실감을 갖도록 돕는다.
- 아동의 변화가 일상생활에서 유지되고 확장될 수 있도록 연계한다.

2) 해결중심 리더십 증진 프로그램의 구성과 내용

국내에서 실시된 해결중심 집단상담에 대한 연구 71편(2007~2023년)을 분석(송은숙, 최중진, 2023)한 바에 의하면, 치료적 개입은 다양한 인구 집단에서 이루어졌고 개입 주제로는 자아존중감이 가장 많았다.

다음의 집단상담 프로그램(정문자 외, 2007)은 초등학생의 리더십 증진을 위하여 해결중심 모델에 기초하여 개발된 통합적 모델이다.

(1) 프로그램의 목적

아동의 리더십을 증진하기 위한 이 프로그램의 목적은 아동이 이 프로그램을 통하여 자아존중감, 의사소통 기술, 스트레스 대처 능력, 문제 해결 능력이 향상되며, 결과적으로 학교와 가정생활을 좀 더 즐겁고 활기차게 하는 것이다. 구체적으로, 아동이 건강하게 성장하도록 도우며, 필요한 사회적 기술을 익혀 학교·가정 생활이 원만하도록 자신의 역량을 최대한 활용하도록 돕는 것이다. 아동이 자신의 강점과 장점을 인식함으로써 자아존중감을 향상하며, 학교생활이나 또래관계에서 생기는 갈등을 건설적으로 대처하도록 돕는다. 또한 자신의 의사를 분명하게 표현하는 훈련을 통해 또래 및 부모와의 의사소통 능력을 향상시키고, 바람직한 행동을 증가시켜 학교와 가정에서 긍정적인 대인관계를 맺도록 돕는다. 집단상담 프로그램의 개입 모형은 [그림 13-4]와 같다.

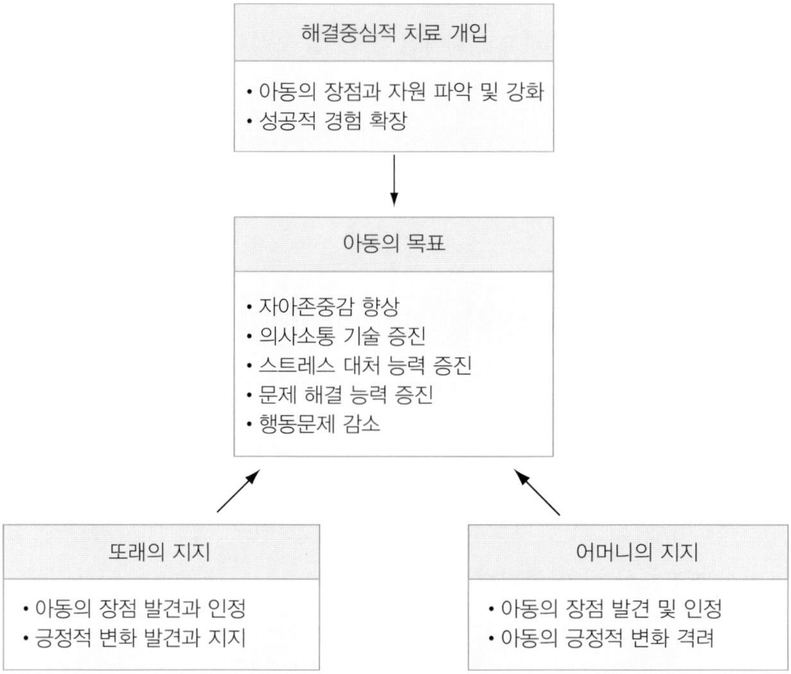

[그림 13-4] **집단상담 프로그램의 개입 모형**

(2) 프로그램의 실시

이 집단 프로그램은 서울시 소재 일반 초등학교에 재학 중인 3학년생(16명), 4학년생(8명), 5학년생(2명), 총 26명을 대상으로 실시되었다. 참여자들은 일반 아동들로 '보다 나은 또래 · 학교 · 가정 생활'을 위해 자발적으로 이 프로그램에 참여하였다. 집단의 역동성을 고려하여 아동들을 학년과 성별에 기초하여 3개 조로 나누었다. 이 프로그램은 주 1회 2시간 30분씩 총 6회 이루어졌다. 해결중심상담과 가족상담 전문훈련을 받은 6명의 상담자가 각 조에 2명씩 배정되어 리더와 보조로 진행하였다. 1회에서 5회까지는 아동을 대상으로 진행되었고, 6회는 아동과 어머니들이 참여하였다. 상담자들은 아동과 함께 목표를 설정하였으며, 목표 달성을 위해 아동의 발달과 흥미에 맞는 활동들을 선정하여 사용하였다. 아동은 자신의 장점과 자원뿐 아니라 다른 아동의 것들도 찾도록 격려되었고 서로 좋은 관계를 맺도록 지지되었다. 상담자는 아동에게서 긍정적 변화가 보이면, 반복 학습을 통해 변화와 성장을 유지하고 발전하도록 격려하였으며, 매 회기가 끝날 때 과제를 부여하였다.

(3) 프로그램의 구성

아동의 리더십 증진을 위한 통합적 집단상담 프로그램은 총 6회로 구성되었으며 각 회의 목표와 내용은 〈표 13-2〉와 같다(정문자 외, 2007, pp. 233-235에서 발췌하여 수정함).

〈표 13-2〉 프로그램의 목표 및 내용

단계	회	목표	활동명	내용	과제
관계 형성 및 목표 설정 단계	1	• 프로그램 소개 • 자기소개 • 집단원 간의 관계 형성	당신의 이웃을 사랑하십니까	신체 활동을 통해 집단원 간의 친밀감과 응집력 형성하기	• 나의 나팔을 불어라: 내가 잘할 수 있는 것 세 가지 적어 오기
			상징과 휴지를 사용하여 자기 소개하기	집단에 자신을 소개하기	
			새로운 자기 이름 짓기	자신을 긍정적으로 나타낼 수 있는 별칭을 지어 긍정적인 자아 개념 갖게 하기	
			우리의 약속	집단규칙 정하기	
			척도 그래프	본인의 현재 상태와 앞으로 원하는 목표점수를 실린더 그래프에 색칠하기(0~10점)	
			손 그리기	자신과 집단원의 장점 발견하기	
			메시지 전달		
목표 달성 단계	2	• 자신의 감정과 느낌을 인식하고 표현하기 • 타인의 감정에 공감하기 • 타인의 상황을 이해하고 적절하게 반응하기	변화에 대한 질문	일주일 동안의 변화 탐색하기	• 친구나 가족의 마음을 알아차리고 그에 맞는 행동해 보기
			감정카드로 스피드게임	인간이 경험하는 다양한 감정을 인식하고 감정에 따른 표정과 행동의 변화를 표현, 관찰하기	
			내 마음을 알아줘	자신의 감정, 생각, 행동을 표현하고 다른 사람과 공유하기	
			연상화 이어 그리기	미술활동을 통해 타인의 감정과 생각, 의지를 파악하고 반응해 보기	
			눈 가리고 달팽이 그리기	타인의 관점에서 안내하고, 타인의 안내에 따라 행동해 봄으로써 타인의 관점을 이해하기	
			손 그림에 칭찬 써넣기	자신과 집단원의 장점 발견하기	
			메시지 전달		

<table>
<tr><td rowspan="20">목표달성단계</td><td rowspan="7">3</td><td rowspan="7">• 의사소통 기술 향상</td><td>변화에 대한 질문</td><td>일주일 동안의 변화 탐색하기</td><td rowspan="7">• 반영적 경청/나 전달법을 친구에게 사용해 보고 오기</td></tr>
<tr><td>손으로 말해요</td><td>의사소통 시 필요한 민감성 키우기</td></tr>
<tr><td>듣기/보기 나라</td><td>의사소통 과정의 개인 차를 인식하고 효과적인 언어적 · 비언어적 의사소통 방법 찾기</td></tr>
<tr><td>지령문대로 행동하기</td><td>다양한 방법으로 동료와 의사소통을 한 후 바람직한 의사소통 방법 익히기</td></tr>
<tr><td>반영적 경청/ 나 전달법</td><td>친구의 이야기에 반응하는 방법과 의사소통 과정에서 발생할 수 있는 부정적 감정을 순화하여 전달하는 방법을 익히기</td></tr>
<tr><td>손 그림에 칭찬 써넣기</td><td rowspan="2">자신과 집단원의 장점 발견하기</td></tr>
<tr><td>메시지 전달</td></tr>
<tr><td rowspan="7">4</td><td rowspan="7">• 정서조절 능력 증진</td><td>변화에 대한 질문</td><td>일주일 동안의 변화 탐색하기</td><td rowspan="7">• 속상하고 화가 났을 때 어떻게 잘 참고 대처했는지 생각해 보기</td></tr>
<tr><td>피자파티</td><td>반전이 있는 게임 상황에서 자신의 감정변화를 관찰하고 부정적 정서를 조절해 보기</td></tr>
<tr><td>날아라 마음</td><td>부정적 정서를 조절하는 방법에 대해 토의하고 긍정적인 방법으로 발산하기</td></tr>
<tr><td>풍선 활동</td><td>리더로서 집단원을 격려, 배려하는 경험하기</td></tr>
<tr><td>마음극장</td><td>부정적 정서가 발생할 때 대처하는 법, 긍정적으로 정서표현하는 방법 익히기</td></tr>
<tr><td>손 그림에 칭찬 써넣기</td><td rowspan="2">자신과 집단원의 장점 발견하기</td></tr>
<tr><td>메시지 전달</td></tr>
<tr><td rowspan="6">5</td><td rowspan="6">• 문제 해결 능력 증진</td><td>변화에 대한 질문</td><td>일주일 동안의 변화 탐색하기</td><td rowspan="6">• 우리 가족원 각각의 자랑 다섯 가지 적어 오기</td></tr>
<tr><td>꼬인 사슬 풀기</td><td>집단원들의 얽힌 손 사슬을 푸는 과정에서 토의와 경청 및 실험의 중요성 경험하기</td></tr>
<tr><td>어떻게 하면 좋을까 ([그림 13-5] 참조)</td><td>친구와의 갈등을 해결하는 방법을 찾아보고 집단원들과 경험 나누기</td></tr>
<tr><td>타임머신</td><td>10년 후 나의 미래를 나타내는 조형물을 만들어 희망을 구체화하고, 소망을 실현하기 위해 해야 할 일들에 대해 이야기 나누기</td></tr>
<tr><td>손 그림에 칭찬 써넣기</td><td rowspan="2">자신과 집단원의 장점 발견하기</td></tr>
<tr><td>메시지 전달</td></tr>
</table>

종결 단계	6	• 변화에 대한 인식과 평가	변화에 대한 질문	일주일 동안의 변화 탐색하기	• 변화 유지와 확장하기
			재탄생 경험	어머니-자녀의 신체적 · 정서적 교감을 촉진함으로써 지원체계를 확인하고 긍정적 관계 갖기	
			아동이 어머니 자랑하기	어머니-자녀 유대를 강화하며, 찾아낸 장점을 자원으로 연결하기	
			어머니가 아동의 장점 읽기		
			척도 그래프	목표 성취에 대한 점수를 척도화해서 실린더 그래프에 표시하기(0~10점) 변화를 유지할 수 있는 방법 나누기	
			메시지 전달	전체 작업과 변화에 대한 인정과 칭찬	
			종결식/파티	수료증 수여/다과	

[그림 13-5] 어떻게 하면 좋을까? (5회기)

(4) 프로그램의 효과

프로그램의 효과성을 평가하기 위하여 참여 아동을 대상으로 자아존중감, 공감 지수, 대인 간 의사소통 능력, 정서조절에 대한 사전-사후, 추후 검사를 하였다. 각 아동은 자신이 원하는 목표에 달성한 정도를 척도질문으로 답하였으며 아동의 문제행동 질문지는 담임교사가 응답하였다. 프로그램 종결 후 사전-사후 검사 점수를 비교한 결과, 아동의 자아존중감, 공감 능력, 의사소통 능력, 정서조절 능력이 모두 향상되었다. 교사가 지각한 내면화 문제행동과 공격성 문제행동은 모두 감소하였다. 프로그램 종결 3개월 후 추후 검사 결과 아동의 공감 능력과 의사소통 능력은 통계적으로 유의한 수준의 변화를 보였고, 자아존중감과 정서조절 능력은 추후 검사 점수와 유의한 차이는 없었으나 효과는 유지되는 것으로 나타났다. 아동은 자신의 목표 성취 정도를 3점에서 10점(척도의 점수 범위는 0점에서 10점) 만점까지 다양하게 평가하였다. 목표행동을 설정하지 못한 아동을 제외한 20명의 아동 중, 5명(25%)이 10점 만점을 주어 목표행동에 도달한 것으로 보고하였고, 5명이 8점과 9점을 주어 전체 아동의 50%가 높은 성취감을 보여 주었다.

요약

해결중심단기치료는 드세이저와 김인수 등이 상담과정에서 내담자가 효과적이라고 본 상담기술과 내용을 파악하고 연구하는 귀납적인 방법으로 개발된 상담 모델이다. 이 모델은 내담자의 자원과 강점을 신뢰하고 활용하며 문제가 없었던 예외 상황을 파악하고 확장한다. 문제의 원인 탐색과 진단에 시간을 할애하기보다는 내담자가 원하는 해결책에 초점을 맞추며, 효율적으로 개입함으로써 치료가 단기에 종결될 수 있다. 상담자는 '알지 못함'의 자세를 갖고 내담자와 함께 협동적으로 목표를 설정하며 해결지향적 질문들을 사용하여 목표를 성취한다. 해결지향적 질문으로는 예외질문, 기적질문, 척도질문, 관계성 질문, 대처질문 등이 있으며, 메시지의 전달은 치료의 효과를 극대화한다. 상담과정에 아동의 발달과 관심에 적합한 놀이와 활동들이 활용된다. 해결중심단기치료는 긍정적이며 미래 지향적인 특성을 갖고 있어 아동과 잘 맞는다. 그러나 성인을 대상으로 개발된 모델이므로 아동상담의 현장에서는 아동의 발달적 특징을 이해하고, 해결중심적 원리를 아동에게 쉽게 전달하기 위한 놀이와 활동들이 계속 개발될 필요가 있다. 해결중심적 접근은 개별 아동을 위한 상담뿐 아니라 아동을 포함한 가족상담, 아동 집단을 위한 상담에도 효과가 있음이 입증되고 있다.

활동

1. 나의 보물상자

다른 사람의 장점을 찾아 주고, 다른 사람에게서 나의 장점에 대해 들으며 격려와 인정을 받는 경험을 한다. 또한 미처 알지 못했거나 무시해 온 나의 자원을 발견하는 기회가 될 수도 있다. 다음의 순서에 따라 서로 장점을 찾아 주는 활동을 한다.

- 준비물: 나의 보물상자 활동지(참여 인원수만큼 복사, p. 422)
- 과정

① 소집단(10명 이내)의 아동들이 원형으로 모여 앉는다.

② 각자 '나의 보물상자' 활동지를 받아 자기 이름을 쓴다.

③ 활동지를 자신의 옆(오른쪽) 사람에게 넘긴다.

④ 활동지를 받은 사람은 활동지의 주인의 장점을 빈 보물 안에 적은 후 옆 사람에게 넘긴다. 자신의 활동지가 한 바퀴를 돌아 자신에게로 다시 올 때까지 계속한다(모든 보물이 채워지도록 한다).

⑤ 돌려받은 활동지에 적힌 자신의 장점 중 가장 마음에 드는 것을 발표하는 시간을 갖는다.

2. 나의 장점 경매하기

나는 나만의 독특한 장점들을 갖고 있다. 나의 장점들을 소개하면서 경매를 통해 나의 장점들을 원하는 사람들과 공유하는 경험을 가지며 참여자 모두의 장점과 자원들이 함께 그 가치를 인정받고 활용되도록 돕는다. 다음의 순서에 따라 경매에 참여한다.

- 준비물: 종이(5cm×8cm 정도 크기) 약 30장(참여자 수×5장), 종이돈 5,000원(참여자 수의 2배), 10,000원(참여자 수의 3배), 50,000원(참여자 수의 1배) (색종이 색을 달리하여 위에 금액을 써도 좋음)
- 과정

① 5~6명이 한 팀이 되어 원형으로 모여 앉는다.

② 명함 크기의 빈 쪽지를 한 명당 2~3장씩 나누어 준다.

③ 쪽지마다 자신의 이름과 장점 한 개를 적는다.

④ 장점 경매인을 참여자 중에서 한 명을 뽑거나 상담자가 맡는다. 경매인은 쪽지를 모두 모아 각 쪽지에 적힌 장점에 대한 경매를 진행한다.

⑤ 참여자는 각각 총 9만 원의 기본 자본금을 가지고 경매에 참가한다. 경매의 최소 단위는 5,000원이다.

⑥ 가장 높은 가격을 부른 사람에게 장점이 낙찰된다.

⑦ 장점 경매는 순서(제비뽑기, 가위바위보 또는 앉은 방향 순으로 정함)에 따라 진행한다.

⑧ 경매인은 돌아가면서 해도 좋다.

⑨ 장점 경매가 끝나면 새로 산 장점들이 자신에게 얼마나 가치 있으며, 어떨 때, 어떻게 도움이 될지에 대해 이야기하는 시간을 갖는다.

3. 같은 말 다른 모양

같은 말을 동시에 들어도 사람마다 다르게 해석하고 행동할 수 있다. 다음의 순서에 따라 활동해 보고 각자 어떻게 다르게 받아들였는지 결과물을 보며 이야기 나눈다.

- 준비물: 색종이×인원수, 접착 테이프
- 과정: 상담자가 지시문을 읽는다. 지시문이 시작되면 질문할 수 없다.

〈지시문〉

① 모두 눈을 감으십시오.

② 종이를 반으로 접으십시오.

③ 다시 반으로 접으십시오.

④ 오른쪽 모서리를 찢으십시오.

⑤ 다시 반으로 접으십시오.

⑥ 아랫부분 왼쪽 모서리에서 삼각형을 찢어 내십시오.

⑦ 윗부분 오른쪽 모서리에서 반원을 찢어 내십시오.

⑧ 펴십시오.

① 지시 결과 만들어진 작품들을 나열하거나 칠판에 전시한다.

② 각자의 작품과 팀원들의 작품을 보고 느낀 점을 이야기하는 시간을 갖는다.

4. 내 삶의 목표

이 활동은 개인이 무엇에 가치를 두고, 무엇을 중요하게 여기는지 명료화하도록 돕기 위한 것이다. 이 활동은 상담의 시작 시점에서 더 유용하지만, 상담 어느 시점에 해도 좋고, 과제로 사용해도 좋다.

● 과정

"특정 순간 느끼는 감정에 따라 결정을 내리는 사람이 있는가 하면, 자신의 인생에 대해 뚜렷한 계획을 갖고 사는 사람도 있어요. 이 두 가지를 다 하고 있는 사람들도 있겠지요. 이 활동은 여러분에게 중요한 일들을 명료화하는 데 도움을 주기 위한 것으로 여러분의 인생 그림을 구체화하는 데 좋은 안내자가 될 것입니다. 다음의 빈 칸에 답해 보세요."

① 나 자신에 대해 가치 있게 여기는 세 가지는 무엇인가요?

- ______________________________
- ______________________________
- ______________________________

② 다른 사람들이 나에 대해 좋아하는 점 세 가지를 적으세요.

- ______________________________
- ______________________________
- ______________________________

③ 내가 원하는 삶의 목표를 세 가지 적고 각각의 목표를 이루기 위해 내가 할 수 있는 작은 일을 적으세요.

- ______________________________
- ______________________________
- ______________________________

④ 내가 어려움에 처했을 때 극복하는 방법 세 가지는 무엇인가요?

- ____
- ____
- ____

⑤ 5년 후 나의 모습을 상상해서 적어 보세요. (어디서, 무엇을 하며, 누구와 있을지?)

- ____
- ____
- ____

출처: Bertolino & Schultheis (2005), pp. 72-74에서 발췌하여 재구성함.

나의 보물상자

이름 ________________

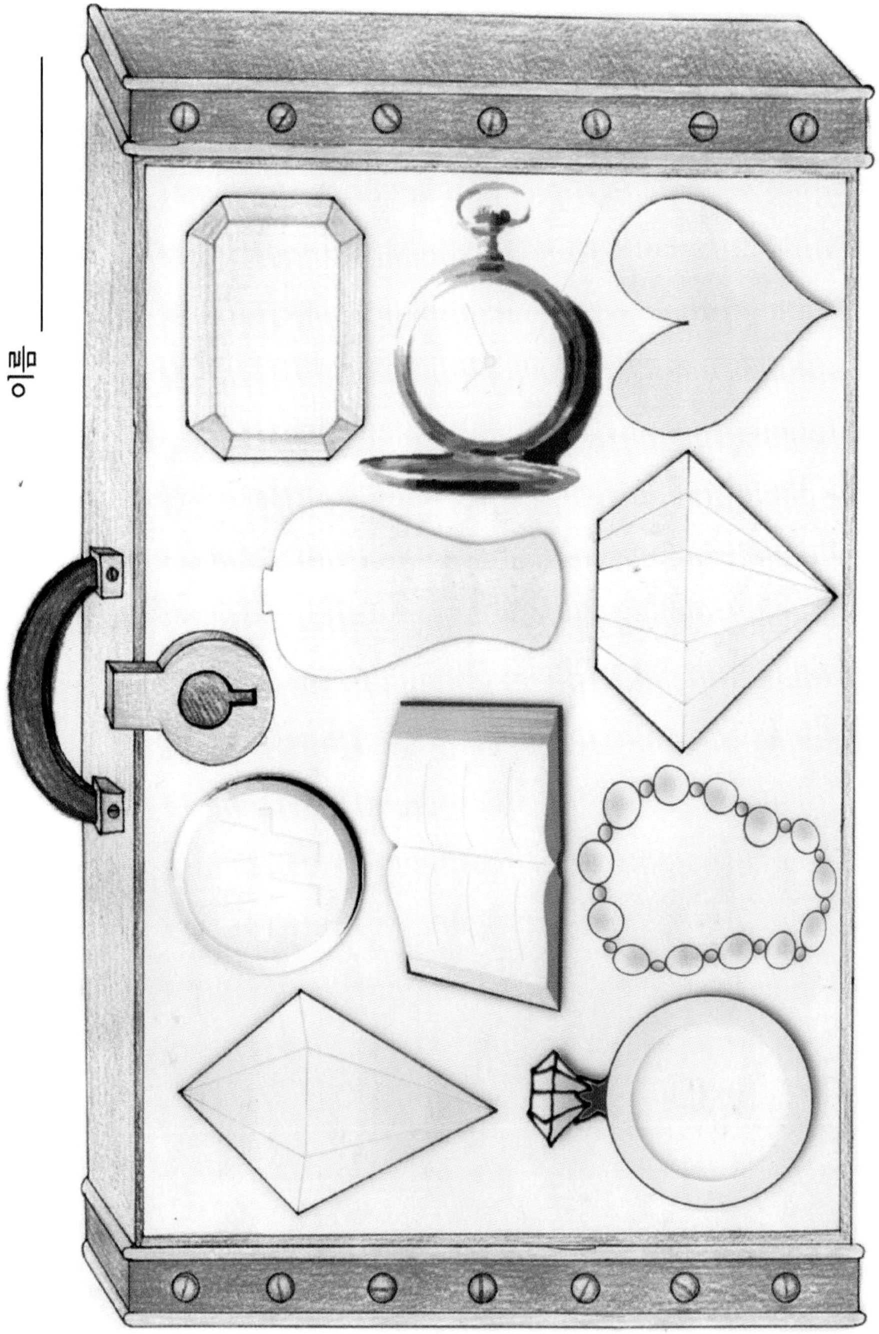

부록

UN 아동권리협약

UN 아동권리협약은 아동의 건강하고 안전한 성장을 위해 우리 모두가 지켜야 하는 약속입니다. 1989년 11월 20일 UN 총회에서 채택되었고, 대한민국은 1991년에 함께 지키기로 약속하였습니다. UN 아동권리협약의 주요 내용은 네 가지 일반 원칙으로 살펴볼 수 있습니다.

비차별

모든 아동은
동등한 권리를 누려야 합니다.

아동 최선의 이익

아동에게 영향을 미치는 모든 사항은
아동의 이익을 가장 먼저 생각해서
결정해야 합니다.

생존과 발달의 권리

아동이 안전하게 살아가고 건강하게
성장하기 위한 보호와 지원이
있어야 합니다.

아동 의견 존중

아동은 아동에게 영향을 주는 것에
대해 의견을 말할 수 있고
존중받아야 합니다.

UN 아동권리협약

아동버전 한국어판

전 세계의 많은 나라가 「UN 아동권리협약」이라는
중요한 협정을 맺고 아동의 권리를 보호하기로 하였습니다.

아동 권리 협약은
"아동은 누구일까?"
"아동에겐 어떤 권리가 있을까?"
"국가의 책임은 무엇일까?"와 같은
질문에 답합니다.

아동의 모든 권리는 서로 관련이 있고 똑같이 다 중요하며,
아동에게서 절대 빼앗을 수 없습니다.

1. 아동은 18세 미만의 사람입니다.
2. 모든 아동은 누구라도 어디에 살든, 어떤 언어를 쓰든, 어떤 종교를 믿든, 어떤 생각을 하든, 어떻게 생겼든, 남자든 여자든, 장애가 있든 없든, 부자이든 가난하든, 그리고 부모나 가족이 어떤 사람이든. 부모나 가족이 무엇을 믿거나 무슨 일을 하든 이 모든 권리를 가집니다. 어떤 이유로도 아동을 차별해서는 안됩니다.
3. 어른은 자신의 결정이 아동에게 미칠 영향을 생각하여 결정해야 합니다. 또한 아동에게 최선이 되는 행동을 해야 합니다. 국가는 부모나 필요한 경우 다른 사람이 아동을 보호하고 돌보도록 해야 합니다. 또한 아동을 돌볼 책임이 있는 사람과 기관이 일을 잘하고 있는지 확인해야 합니다.
4. 국가는 아동이 아동권리협약에 담긴 아동의 권리를 누릴 수 있도록 할 수 있는 모든 것을 해야 합니다.
5. 국가는 아동이 자라며 최선의 방식으로 권리를 누리는 방법을 가족과 사회로부터 배울 수 있도록 해야 합니다.
6. 아동은 생존권이 있습니다. 국가는 아동이 최선의 방식으로 살아가고 자랄 수 있도록 해야 합니다.
7. 아동은 태어나면 반드시 등록되고, 국가가 공식적으로 확인할 수 있는 이름을 가져야 합니다. 그리고 반드시 국적이 있어야 합니다. 아동은 가능한 한 부모가 누구인지 알고 부모의 돌봄을 받아야 합니다.
8. 아동은 정체성의 권리가 있습니다. 정체성의 권리는 이름, 국적, 가족관계 등을 포함하여 아동이 누구인지 알려 주는 공식적인 기록입니다. 그 누구도 아동의 정체성을 빼앗을 수 없으며, 혹시 그런 일이 생긴다면 국가가 빨리 도와야 합니다.
9. 부모가 아동을 학대하거나 제대로 돌보지 않는 상황이 아니라면, 아동은 부모와 함께 살아야 합니다. 또한 부모와 함께 살지 않는 아동도 아동에게 해롭지 않다면 부모와 연락하며 지내야 합니다.
10. 아동이 부모와 다른 나라에서 산다면, 국가는 아동과 부모가 연락하고 지내며 함께할 수 있도록 도와야 합니다.
11. 국가는 법을 어기면서 아동을 다른 나라로 데려가려는 것을 반드시 막아야 합니다. 예를 들어, 누군가 아동을 납치하거나 부모의 한쪽이 동의하지 않은 상태에서 다른 한쪽이 아동을 다른 나라로 데려가는 것은 법을 어기는 행동입니다.
12. 아동은 아동에게 영향을 주는 문제에 대해 자유롭게 의견을 말할 권리가 있습니다. 그리고 어른은 아동의 의견을 잘 듣고 진지하게 받아들여야 합니다.

13. 아동은 배우고, 생각하고, 느낀 것을 말, 그림, 글 또는 다른 사람에게 피해를 주지 않는 여러 방법으로 자유롭게 나눌 권리가 있습니다.
14. 아동은 스스로의 생각, 의견, 종교를 선택할 권리가 있습니다. 하지만 다른 사람이 권리를 누리는 것을 막으면 안됩니다. 부모는 아동이 자라며 이러한 권리를 올바르게 사용하도록 가르쳐야 합니다.
15. 다른 사람에게 피해를 주지만 않는다면, 아동은 모임이나 단체에 가입하거나 만들고, 다른 사람들을 만날 수 있습니다.
16. 모든 아동은 사생활을 보호받을 권리가 있습니다. 법은 아동의 사생활, 가족, 가정, 통신정보, 명예를 보호해야 합니다.
17. 아동은 인터넷, 라디오, 텔레비전, 신문, 책 등으로 정보를 얻을 권리가 있습니다. 어른은 아동이 얻는 정보가 해롭지 않은지 확인해야 합니다. 국가는 대중매체가 다양한 정보를 모든 아동이 이해할 수 있는 언어로 전달하도록 장려해야 합니다.
18. 아동을 키울 책임이 가장 큰 사람은 부모입니다. 아동에게 부모가 없다면, 다른 어른이 '보호자'가 되어 아동을 책임집니다. 부모와 보호자는 아동에게 무엇이 최선인지 항상 고민해야 합니다. 그리고 국가는 부모와 보호자를 도와야 합니다. 부모가 다 있다면, 양쪽 모두 아동을 키울 책임이 있습니다.
19. 국가는 보호자의 폭력, 학대, 방치로부터 아동을 보호해야 합니다.
20. 가족의 돌봄을 받을 수 없는 아동은 아동의 종교, 문화, 삶의 전반적인 부분을 존중하는 사람의 돌봄을 받을 권리가 있습니다.
21. 아동이 입양된다면, 아동에게 무엇이 최선인지를 고려하여 제공하는 것이 가장 중요합니다. 예를 들어, 아동이 자신의 나라에서 제대로 돌봄을 받지 못한다면 다른 나라에 입양될 수 있습니다.
22. 태어난 국가가 안전하지 않아서 다른 국가로 이동하게 된 난민아동은 도움과 보호를 받아야 합니다. 그리고 그 국가에서 태어난 아동과 같은 권리를 누리게 됩니다.
23. 장애가 있는 아동도 사회에서 최선의 삶을 누려야 합니다. 국가는 장애아동이 사회에 적극적으로 참여하고 혼자서도 생활할 수 있도록 모든 방해요소를 없애야 한다.
24. 아동은 최선의 의료서비스를 받고, 깨끗한 물을 마시고, 건강한 음식을 먹고, 깨끗하고 안전한 환경에서 살 권리가 있습니다. 모든 어른과 아동은 안전하고 건강하게 지낼 수 있는 정보를 얻을 수 있습니다.
25. 아동이 돌봄, 보호, 건강을 위해 집이 아닌 다른 장소에서 생활한다면, 국가는 그 장소가 아동

에게 가장 좋은 곳인지, 아동이 잘 지내고 있는지 정기적으로 확인해야 합니다.

26. 국가는 가난한 가정의 아동에게 돈이나 다른 형태의 자원을 제공해야 합니다.
27. 아동은 잘 자랄 수 있도록 음식을 먹고, 옷을 입고, 안전한 곳에서 살 권리가 있습니다. 국가는 형편이 안 되는 가족과 아동을 도와야 합니다.
28. 모든 아동은 교육받을 권리가 있습니다. 초등교육은 무료로 제공하여야 하며, 모든 아동은 원하는 경우 중등교육과 고등교육을 받을 수 있어야 합니다. 또한 아동은 가능한 한 더 높은 수준의 교육을 받을 수 있도록 격려받아야 합니다. 학교에서는 아동을 지도할 때 아동의 권리를 존중해야 하며 폭력을 사용해서는 안 됩니다.
29. 교육을 통해 아동의 성격, 재능, 능력이 충분이 개발될 수 있어야 합니다. 또한, 아동이 스스로의 권리를 이해하고 다른 사람의 권리, 문화, 차이를 존중할 수 있도록 교육받아야 합니다. 교육은 아동이 평화롭게 살고 환경을 보호하는 데 도움이 되어야 합니다.
30. 아동의 언어, 문화, 종교를 많은 사람이 잘 알지 못하더라도 아동은 이를 누릴 권리가 있습니다.
31. 모든 아동은 편안하게 쉬고 재미있게 놀고 문화활동과 창작활동에 참여할 권리가 있습니다.
32. 아동은 교육, 건강, 발달에 위험하거나 나쁜 일로부터 보호 받을 권리가 있습니다. 아동이 일을 한다면, 아동은 안전하게 일하고 공정하게 돈을 받을 권리가 있습니다.
33. 국가는 아동이 해로운 약을 먹거나, 만들거나, 전달하거나, 팔지 않도록 반드시 아동을 보호해야 합니다.
34. 국가는 돈을 벌기 위해 아동에게 성행위를 강요하거나 아동의 사진이나 영상을 만드는 성적 착취(이용)와 성적 학대로부터 아동을 보호해야 합니다.
35. 국가는 아동이 유괴되거나 팔려가거나 다른 국가나 장소로 끌려가서 착취(이용)를 당하지 않도록 반드시 아동을 보호해야 합니다.
36. 착취(이용)의 종류가 아동권리협약에 자세히 적혀 있지는 않지만, 어떤 식으로든 착취(이용)당하지 않도록 보호받을 권리가 있습니다.
37. 아동이 법을 어겼다는 혐의가 있더라도 아동은 죽임을 당하거나, 고문을 받거나, 잔인한 대우를 받지 않아야 하고, 평생 감옥에 갇히거나 어른과 같은 감옥에서 지내면 안 됩니다. 아동을 감옥에 보내는 것은 항상 최후의 선택이어야 하고, 보내게 되더라도 기간은 최대한 짧아야 합니다. 감옥에 있는 아동은 법적 도움을 받고 가족과 연락할 수 있어야 합니다.
38. 아동은 전쟁 중에도 보호받을 권리가 있습니다. 15세 미만의 아동을 군대에 보내거나 전쟁에 참여시켜서는 안 됩니다.

39. 아동이 다치거나, 혼자 방치되거나, 나쁜 대우를 받거나, 전쟁으로 피해를 받고 있다면 건강과 존엄성을 되찾을 수 있도록 도움받을 권리가 있습니다.
40. 법을 어겼다는 혐의가 있는 아동도 법적 도움과 공정한 대우를 받을 권리가 있습니다. 아동이 사회의 훌륭한 시민으로 자라도록 돕는 다양한 방법을 마련해야 하며, 아동을 감옥에 보내는 것은 가장 마지막 선택이어야 합니다.
41. 우리나라의 법이 아동권리협약보다 아동을 더 잘 보호한다면, 우리나라 법이 우선되어야 합니다.
42. 국가는 아동과 어른이 아동의 권리를 알도록 아동권리협약의 내용을 적극적으로 알려야 합니다.
43. 43-54조는 모든 아동이 권리를 다 누릴 수 있게 하기 위해 국가와 유엔(유엔아동권리위원회와 유엔아동기금을 포함), 다른 기관이 어떻게 일해야 하는지 설명합니다. 유엔아동권리위원회는 이 문서를 지지합니다.

(아동버전 한국어판, 한국아동권리보장원, 2021)

참고문헌

가와이 하야오, 나카무라 유지로(2000). 모래상자의 지혜(우종태, 동부아동상담소 역). 서울특별시 동부아동상담소.

강경미(2005). 아동행동수정. 학지사.

강승아(2005). 집단미술치료. 카운피아 원격연수원 편. 미술치료기법(pp. 237-247).

강정원, 홍기묵, 안지영(2022). 영유아교사를 위한 아동상담. YSW.

강진령(2022). 상담과 심리치료 이론과 실제. 학지사.

고려원(2000). 위스콘신 카드분류검사(WCST)의 인지요인분석: 아동 및 청소년을 대상으로. 연세대학교 대학원 박사학위논문.

공지영(2009). 공지영의 수도원 기행 1. 오픈하우스.

곽금주, 장승민(2019). K-WISC-V 한국 웩슬러 아동지능검사 5판. 인싸이트.

교육부(2020). 유치원 유아의 성 행동문제 관리대응매뉴얼. 교육부.

교육부(2022). 2022년 1차 학교폭력 실태조사 결과 발표. 교육부 09-06 석간보도자료.

권석만(2012). 현대 심리치료와 상담 이론. 학지사.

권정혜(2020). 인지행동치료 원리와 기법. 학지사.

김교옥(2016). 미술치료에 대한 뇌 과학적 이해. *The journal of humanities and social sciences 21, 7*(2), 117-138.

김나영, 이승희(2001). 아동임상 및 상담심리. 동문사.

김보애(2004). 신비스러운 모래놀이 치료. 학지사

김보애(2005). 모래놀이치료의 이론과 실제. 학지사.

김보애(2007). 만남의 신비-모래놀이치료. 카톨릭출판사.

김보애(2008). 모래놀이 여행. 카톨릭출판사.

김선현(2006a). 마음을 읽는 미술치료. 넥서스북.

김선현(2006b). 임상미술치료의 이해. 학지사.

김선현(2010). 통합의학안에서의 미술치료(개정판). 이담북스.

김선현, 이규범(2013). 뇌와 임상미술치료. 이담북스.

김성민(2001). 분석심리학과 기독교. 학지사.

김성민(2004). 융 세미나 II. 한국심리치료연구소. 미간행자료집.

김성민(2008). 융의 심리학과 종교. 동명사.

김순혜(2004). 현대아동상담. 학지사.

김승국, 김옥기(1995). 사회성숙도검사(개정판). 중앙적성출판사.

김신옥(2009). 잘난 체 잘하는 5세 남아의 모래놀이 치료 사례연구. 모래놀이치료연구, 5. 한국모래놀이치료학회.

김아름(2023). 온라인상 아동 프라이버시 보호 실태와 과제 : 셰어런팅을 중심으로. 육아정책연구소 2023 심포지엄: 아동이 행복한 성장을 위한 아동 권리 보장과 학대 예방.

김인숙, 제경숙, 김병만(2021). 유아강점증진 긍정심리 부모교육 프로그램 개발 및 적용. 아동교육, 30(2). 105-128.

김정숙, 신지혜, 손윤경(2009). 아동미술치료의 이론과 실제. 교문사.

김정택, 심혜숙(1990). MBTI. 한국심리검사연구소.

김준기(2014). 넘어진. 그. 자리에. 머물지. 마라. 수오서재.

김지혜, 조선미, 홍창희, 황순택(2005). 한국아동인성평정척도 실시요강. 한국가이던스.

김진숙(2000). 대상관계가족치료이론의 한국적 적용에 관한 연구. 한국가족치료학회지, 8(2), 137-163.

김진숙(2002). 분석심리학적 예술치료- 적극적 상상 중심으로. 목회와 상담, 3, 201-261.

김춘경(2004). 아동상담-이론과 실제-. 학지사.

김춘경, 배선윤, 성다겸, 유지영, 장효은(2022). 아동상담의 실제. 학지사.

김춘경, 이수연, 이윤주, 정종진, 최웅용(2010). 상담의 이론과 실제. 학지사.

김춘경, 이수연, 이융주, 정종진, 최웅용(2016). 상담학 사전. 학지사.

김태련, 서봉연, 이은화, 홍숙기(1993). 아동용 회화 통각검사. 한국가이던스.

김태은(2009). 해결중심단기놀이치료의 개발과 치료 기법에 대한 아동의 반응. 연세대학교 대학원 박사학위논문.

김태은, 전아정(2019). 치료놀이를 활용한 집단프로그램이 만2세 친사회적 행동에 미치는 영향과 영아의 친사회적 행동 변화과정. 한국보육학회, 19(3), 183-197.

김현진, 김민(2017). 청소년 상담사와 소셜 네트워크 서비스: 전문가 윤리에 대한 논의. 청소년상담연구, 25(2), 163-183.

노치현, 황영희(1998). 모래놀이치료- 경험과 표현. 동서문화사.

문경여, 한유진(2008). 또래관계 향상을 위한 독서치료 동화선정 및 프로그램 효과. 놀이치료연구, 12(2), 117~136.

문채련(2010). 모래놀이상자이야기: 모래놀이치료 사례연구. 이담북스.

문혁준, 김정민, 김태은, 양성은, 이진숙, 이희선(2021). 아동상담과 치료. 창지사.

박규리, 유희정, 조인희, 조숙환, 이미선, 곽영숙, 반건호, 김붕년(2012). ADI-R 자폐증 진단 면담지 개정판. 학지사심리검사연구소.

박미자, 임걸(2019). 스마트기기 활용 인지행동 미술치료가 정서불안 아동의 변화에 미치는 효과. 디지털융복합연구, 17(5), 89-97.

박성희(2007). 동화로 열어가는 상담이야기(수용과 공감의 지혜). 이너북스.

박성희(2008). 공감. 이너북스.

박종수(2009). 융 심리학과 성서적 상담. 학지사.

박지영, 배영현(2008). 만화 유쾌한 심리학 2. 파피에.

박지영, 배영현(2010). 만화 유쾌한 심리학 3. 파피에.

박진아, 조성연(2011). 아동상담 교육프로그램에 의한 유치원교사의 상담인식 변화. 생애학회지, 1(2). 65-85.

박창근(1997). 시스템학. 범양사출판부.

박혜원, 이경옥, 안동현(2015). K-WIPPSI-IV(한국 웩슬러 유아지능검사 4판) 지침서. 학지사.

박혜원, 이경옥, 안동현(2019). K-WPPSI-IV(한국 웩슬러 유아지능검사 4판). 인싸이트.

방희정, 남민, 이순행(2019). K-Bayley-III(한국형 베일리 영유아 발달검사 3판). 인싸이트.

보건복지부(2020). 어린이집 영유아의 성 행동문제 관리대응매뉴얼. 보건복지부.

보건복지부(2022). 2021 아동학대 주요통계.

손창배(2020). 미술치료사의 디지털 매체체험을 통한 디지털 미술치료 적용가능성 탐구. 차의과학대학교 대학원 박사학위논문.

송은숙, 최중진(2023). 해결중심 집단상담의 국내 연구 동향분석: 2007년부터 2023년 연구를 중심으로. 한국가족치료학회지, 31(4), 433-458.

신민섭, 구훈정(2007). 아동 색 선로 검사. 인싸이트.

신민섭, 박민주(2007). 스트룹 아동 색상-단어 검사. 인싸이트.

신석기(2007). 심리검사의 이론과 실제. 서현사.

신숙재, 이영미, 한정원(2000). 아동중심놀이치료. 동서문화원.

신숙재, 한정원(2000). 아동 중심 놀이치료의 효과. 놀이치료연구, 3(1), 49-57.

신은옥, 제경숙, 고희선(2018). 부적응유아 행동지도를 위한 협력적 멘토링을 경험한 유아교사의 변화. 생애학회지, 8(3), 25~50.

신의진, 이경숙, 최솔, 한은정(2009). 학령 전 PTSD 아동 인지행동치료 워크샵 매뉴얼-Dr. Sheeringa의 PPT(Preschool PTSD Treatment)-. 2009 한국 영유아아동정신건강학회 추계학술대회 발표집.

신희선, 한경자, 오가실, 오진주, 하미나(2002). 한국형 Denver II 검사지침서. 현문사.

안은영(2021). 디지털미디어와 미술치료연구동향. 신라대학교 상담치료대학원 석사학위논문.

야마나카 야스히로, 김유숙(2005). 모래놀이 치료의 본질. 학지사.

양지원(2016). 처음 시작하는 미술치료. 소울메이트.

연문희, 이영희, 이장호(2007). 인간중심상담-이론과 사례 실제-. 학지사.

영남대학교 미술치료연구회 편(2008). 미술치료학개론. 학지사.

오경자, 이혜련, 홍강의, 하은혜(1997). K-CBCL 아동·청소년 행동평가척도. 중앙적성출판사.

오현경, 조선미, 현명호(2006). Think Aloud 프로그램이 ADHD 아동의 사회적 행동에 미치는 효과-단일대상연구방법을 중심으로-. 한국심리학회지: 건강, 11(1), 1-24.

원강희, 제경숙, 김현주(2020). 부모와 유아의 행복증진을 위한 부모교육 프로그램 개발 연구. 생애학회지, 10(3), 39~67.

유미숙, 이영애, 박현아(2021). 놀이치료 관찰 및 실습. 학지사.

이가영, 김선희(2016). 미술치료에서 사진 및 디지털 이미지 활용에 관한 문헌연구. 한국예술연구, 13, 219-241.

이근매(2010). 뇌과학과 미술치료. 한국예술심리치료학회 2010년 추계학술대회 예술심리치료학회 학술대회지, 71-75.

이무석(2003). 정신분석에로의 초대. 도서출판 이유.

이부영(2022a). 분석심리학-C. G. 융의 인간심성론(3판). 일조각

이부영(2022b). 그림자(분석심리학 3부작 1). 한길사.

이부영(2022c). 아니마와 아니무스(분석심리학 3부작 2). 한길사.

이부영(2022d). 자기와 자기실현(분석심리학 3부작 3). 한길사.

이선혜, 서진환, 신영화(2005). 한국 가족치료의 현장과 인력: 전국기관 조사연구. 한국가족치료학회지, 13(1/79)-123.

이숙, 정미자, 최진아, 유우영, 김미란(2004). 아동상담. 양서원,

이영애(2019). 놀이치료 다영역 평가척도(MSSPT)의 개발 및 타당화 연구. 한국놀이치료학회지, 22(1), 123-150.

이완정, 권혜진, 양성은(2009). 아동빈곤. 아동학회지, 30(6), 337-347.

이장호(1994). 상담심리학(3판). 박영사.

이장호, 정남운, 조성호(1999). 상담심리학의 기초. 학문사.

이죽내(1995). 분석심리학적 정신치료. 현대상담 · 윤순임 외(편). 심리치료의 이론과 실제(pp. 85-124). 중앙적성출판사.

이현림(2008). 상담이론과 실제. 양서원.

임세라, 오가영(2015). 미술심리치료학. 이담북스.

정문자(2007). 사티어 경험적 가족치료. 학지사.

정문자, 김은영(2005). 이혼 부모와 자녀의 건강한 사회적응을 위한 통합적 집단치료 모형 개발. 대한가정회지, 43(3), 161-183.

정문자, 김진이, 김태은, 김수지(2007). 아동의 리더십 증진을 위한 통합적 프로그램의 효과. 아동학회지, 28(4), 229-244.

정문자, 김진이, 김태은, 최난경(2010). 가출 청소년을 위한 가족관계 향상 프로그램 개발과 효과연구. 대한가정학회지, 48(1), 111-125.

정문자, 송성자, 이영분, 김유순, 김은영(2008). 해결중심단기치료. 학지사.

정문자, 어주경(2004). 학교 부적응 아동을 위한 해결중심 집단상담의 개발 및 평가. 한국가족치료학회지, 12(1), 107-139.

정문자, 정혜정, 이선혜, 전영주(2007). 가족치료의 이해. 학지사.

정문자, 정혜정, 이선혜, 전영주(2012). 가족치료의 이해(2판). 학지사.

정문자, 정혜정, 이선혜, 전영주(2018). 가족치료의 이해(3판). 학지사.

정여주(2016). 미술치료에서 미술의 특성과 창의적 과정의 치료적 의미. 미술치료연구, 23(5), 1221- 1237.

정여주(2020). 미술치료의 이해-이론과 실제(2판). 학지사.

정옥분(2003). 아동발달의 이론. 학지사.

정옥분, 정순화(2019). 부모교육(3판). 학지사.

정현주(2017). 게슈탈트심리치료를 적용한 부모교육프로그램 개발. 경남대학교 대학원 박사학위 청구논문.

정현희(2022). 실제적용중심의 미술치료(2판). 학지사.

조성연, 이정희, 천희영, 심미경, 황혜정, 나종혜(2004). 아동발달의 이해. 신정.

천성문, 이영순, 박명숙, 이동훈, 함경애(2022). 상담심리학의 이론과 실제. 학지사.

최영민(2010). 대상관계이론을 중심으로 쉽게 쓴 정신분석이론. 학지사.

최은영(2023). 코로나 19 팬데믹을 경험한 영유아의 발달현황. 육아정책연구소, 이슈페이퍼 2023-4.

하승민, 서지영, 강현아, 마주리, 서혜전, 장정백(2008). 아동상담. 공동체.

하은혜(2021). 아동 · 청소년 심리평가. 학지사.

한국단기가족치료연구소(2012). 이야기치료모델 워크샵 Level 1. 미간행 자료집.

한국미술치료학회 편(2000). 미술치료의 이론과 실제. 동아문화사.

한국행동요법학회 편(2001). 행동요법. 양서원.

현정환(2009). 아동상담. 창지사.

홍강의, 신민섭, 조성준(2010). 정밀주의력검사(ATA). ㈜브레인메딕.

홍순택, 김지혜, 홍상황(2016). 시각-운동 통합검사(VMI-6) 요강. 한국심리주식회사.

황매향, 황희산(2020). 테크놀로지 기반 상담 실제의 도전과 과제. 상담학 연구, 21(4), 219-245.

황순택, 김지혜, 홍상황(2015). K-VINELAND-II(바인랜드적응행동척도 2판). 한국심리주식회사.

Achenbach, T. M., & Edelbrock, C. S. (1983). *Manual for the child behavior checklist and revised child behavior profile*. Burlington, VT: University of Vermont, Department of Psychiatry.

Allan, J., & Levin, S. (2006). 거꾸로 태어났어요: 융학파 놀이치료. T. Kottman & C. Schaefer 편저. 놀이치료 사례집 (*Play therapy in action*). (김은정, 정연옥 공역). 학지사. (원저는 1993년에 출판).

Allen, F. (1942). *Psychotherapy with children*. Norton.

American Psychiatric Association (APA). (2023). *Diagnostic and Statistical Manual of Mental Disorders* (5th ed., Text Revision). APA Press.

Ammann, R. (2007). 융 심리학적 모래놀이치료 (*Owning your own shadow*). (이유경 역) 분석심리학 연구소. (원저는 2001년에 출판).

Axline, V. M. (1987). 놀이를 통한 아동심리치료 (*Play therapy*). (서영숙 역). 학문사. (원저는 1947년에 출판).

Beck, A. T. (1976). *Cognitive therapy and emotional disorders*. Internaional University Press.

Becvar, D. S., & Becvar, J. (2001). 가족치료: 체계론적 통합 (*Family therapy: A systemic integration*). (정혜정, 이형실 공역). 하우출판사. (원저는 1988년에 출판).

Benedict, H. E. (2010). 대상관계 관점에서의 애착과 놀이치료. 인간발달복지연구소 창립 30주년, 발달지원학회 창립 10주년 기념 국제 학술강연회 자료집.

Berg, I. K., & Steiner, T. (2003). *Children's Solution Work*. W. W. Norton & Company.

Bertolino, B., & Schultheis, G. (2005). 해결중심 면접의 도구들 (*The Therapist 's Notebook for Families: Soulution-Oriented Exercises for Working with Parents, Children, and Adolescents*). (김유순 공역). 시그마프레스. (원저는 2002년에 출판).

Bixler, R. (1949). Limits are therapy. *Journal of Consulting Psychology, 13*, 1-11.

Boa, F. (2007). 융 학파의 꿈 해석- 마리 루이제 폰 프란츠와의 대담 (*The Way of the Dream*). (박현순, 이창인 공역). 학지사. (원저는 1988년에 출판).

Brannigan, G. G., & Decker, S. L. (2003). *Bender-Gestalt II examiner's manual*. Riverside Publishing.

Brannigan, G. G., & Decker, S. L. (2006). The Bender-Gestalt II. *American Journal of Orthopsychiatry, 76*(1), 10-12.

Carter, B., & McGoldrick, M. (2000). 가족생활주기와 치료적 개입. (정문자 역). 중앙적성출판사. (원저는 1989년에 출판).

Cavanaugh, B., & Maggi, M. L. (Eds.). (1997). *Sower's Seeds of Virtue: Stories of Faith, Hope, and Love*. Paulist Press.

Chazan, S. E. (2002). *Profiles of play: Assessing and observing structure and process in play therapy*. Jessica Kingsley Publishers.

Corey, G. (2001). 상담 및 심리치료의 통합적 접근 (*The art of Integrative Counseling*). (현명호, 유제호 공역). 시그마프레스. (원저는 2000년에 출판).

Corey, G. (2010). 심리상담과 치료의 이론과 실제 (*Theory and practice of consulting and psychotherapy, 8th ed.*). (조현춘, 조현재, 문지혜, 이근배, 홍영근 공역). 시그마프레스. (원저는 2009년에 출판).

Corey, J. (1995). 심리상담과 치료의 이론과 실제 (*Theory and Practice of Consulting and Psychotherapy, 4th ed.*). (조현춘, 조현재 역). 시그마프레스. (원저는 1991년에 출판).

Corey, J. (2001). 상담 및 심리치료의 종합적 접근 (*The art of intergrative counseling*). (현명호, 유제호 공역). 시그마프레스. (원저는 1991년에 출판).

Crosini, R. J., & Wedding D. (2004). 현대심리치료 (*Current Psychotherapies*). (김정희 역). 학지사. (원저는 2000년에 출판).

Csikszentmihaly, M. (2003). 몰입의 기술 (*Beyond boredom and anxiety : experiencing flow in work and play*). (이삼출 역). 더불어 책. (원저는 1975년에 출판).

Duhl, F. J., Kantor, D., & Duhl, B. S. (1973). Learning, space, and actions in family therapy: A primer of sculpture. *Seminars in Psychiatry, 5*(2), May.

Freedman, J., & Combs, G. (1996). *Narrative therapy: The social construction of preferred realities*. Norton.

Freud, S. (1909). *Analysis of a phobia in a five-year-old boy*. (Stanford edition, Vol. 10). Hogarth.

Freud, S. (1920). *Beyond the pleasure principle*. (Stanford edition, Vol. 18.)

Freud, S. (1923). *The ego and the Id*. (Stanford edition, Vol. 19.)

Friedberg, R. D., & McClure, J. M. (2007). 아동과 청소년을 위한 인지치료 (*Clinical practice of cognitive therapy with children and adolescents*). (정현희, 김미리혜 공역). 시그마프레스. (원저는 2002년에 출판).

Geldard, K., & Geldard, D. (2004). 아동상담 (*Counseling children*). (김광웅, 박인전, 방은령 공

역). 중앙적성출판사. (원저는 1997년에 출판).

Gibbs, J. (1989). Biracial adolescents. In J. GIBBS & L. Huang (Eds.), *Children of color: Psychological interventions with minority youth* (pp. 322-350). Jossey-Bass.

Ginott, H. G. (1959). The theory and practice of therapeutic intervention in child treatment. *Journal of Consulting Psychology, 23*, 160-166.

Ginott, H. G. (1961). *Group psychotherapy with children*. McGraw-Hill.

Green, M., & Piel, J. A. (2002). *Theories of human development: A comparative approach*. Allyn & Bacon.

Gretchen, A. G., & Melissa, L. H. (2007). 유아기 정서 및 행동장애 (*Emotional and behavioral problems of young children*). (방명애, 이효신 공역). 시그마프레스. (원저는 2003년에 출판).

Gumaer, J. (1984). *Counseling and Therapy for Children*. Free Press.

Haley, J. (Ed.). (1985). *Conversations with Milton H. Erickson, M. D.*, V. 1. Rockeville, MD: Triangle Press(cited in de Shazer. S. 1994, Words Were Originally Magic. W. W. Norton & Co., p. 111).

Hall, C. S., & Nordby, V. J. (2006). 융 심리학 입문 (*A primer of Jungian psychology*). (김형섭 역). 문예출판사. (원저는 1973년에 출판).

Hayes, S. C., & Strosahl, K. D. (Eds.) (2005). *A practical guide to Acceptance and Commitment Therapy*. Springer-Verlag.

Hayes, S. C., Strosahl, K., & Wilson, K. G. (1999). *Acceptance and Commitment Therapy: An experiential approach to behavior change*. Guilford Press.

Homeyer, L., & Sweeney, D. S. (2011). *Sandplay therapy: A practical mannual* (2nd ed.). Routledge.

Hug-Hellmuth, H. (1921). On the technique of child analysis. *International Journal of Psychoanalysis, 2*, 287-305.

Hugo, V. M. (2022). 레 미제라블 (*Misérables*). (방곤 역). 범우. (원저는 1862년 출판).

Jernberg, A. M. (1991). Assessing parent-child interactions with the Marschak Interaction Method (MIM). In C. E. Schaefer, K. Gitlin & A. Sandgrund (Eds.), *Play diagnosis and assessment* (pp. 493–515). Wiley & Sons.

Johnson, R. A. (2006). 당신의 그림자가 울고 있다 (*Owning your own shadow*). (고혜경 역). 에코의 서재. (원저는 1991년에 출판).

Jung, C. G. (1995). 융의 생애와 사상: 기억과 꿈과 회상들. (A. Jaffe 엮음. 이기춘, 김성민 공역). 현대사상사.

Jung, C. G. (2001). 융 기본 저작집. 1권. 정신요법의 기본문제 (*Grundfragen zur praxis*). (융저작번역위원회 역). 솔출판사. (원저는 1984년에 출판).

Jung, C. G. (2002a). 융 기본 저작집. 2권. 원형과 무의식 (*Archetype und unbewubstes*). (융저작번역위원회 역). 솔출판사. (원저는 1984년에 출판).

Jung, C. G. (2002b). 융 기본 저작집. 5권. 꿈에 나타난 개성화과정의 상징 (*Traumsybole des individuations prozesses*). (융저작번역위원회 역). 솔출판사. (원저는 1984년에 출판).

Jung, C. G. (2004a). 융 기본 저작집. 3권. 인격과 전이 (*Persönlichkeit und übertragung*). (융저작번역위원회 역). 솔출판사. (원저는 1984년에 출판).

Jung, C. G. (2004b). 융 기본 저작집. 9권. 인간과 문화 (*Mensch und Kultur*). (융저작번역위원회 역). 솔출판사. (원저는 1985년에 출판).

Jung, C. G. (2005). 융 기본 저작집. 7권. 상징과 리비도 (*Symbol und Libido*). (융저작번역위원회 역). 솔출판사. (원서는 1985년에 출판).

Jung, C. G., Hall, C. S., Nordby, V. J., & Jacoby, J. (2007). 융 심리학 해설 (*Interprinting Jung psychology*). (설영환 역). 선영사.

Kabat-Zinn, J. (1993). Mindfulness meditation: Health benefits of an ancient Buddhist practice. In D. Goleman & J. Gurin (Eds.), *Mind/Body Medicine* (pp. 259-275). Consumer Reports Books.

Kabat-Zinn, J. (2003). Mindfulness-based interventions in context: Past, present, and future. *Clinical Psychology: Science and Practice, 10*(2), 144-156.

Kalff, D. M. (2003). *Sandplay: A Psychotherapeutic approach to the psyche*. Temenos Press.

Kalff, M. (1991). Introduction to Sandplay Therapy. *Journal of Sandplay Therapy, 1*, 7–11.

Kalff, M. (1993). Twenty points to be considered in the interpertation of a sandplay. *Journal of Sandplay Therapy, 2*(2), 17–35.

Kazdin, A. E., & Weisz, J. R. (2003). *Evidence -Based psychotherapies for children and adolescent*. Guilford Press.

Kendall, P. C. (2010). 인지행동적 접근-아동청소년 심리치료 (*Child and adolescent therapy-Cognitive-Behvioral Procedures, 3rd ed.*). (신현균, 김정호, 최영미 공역). 학지사. (원저는 2006년에 출판).

Kerr, M. E., & Bowen, M. (1988). *Family Evaluation*. Norton.

Kim, S. W. (2006). *Examining the Effectiveness of Solution-focused Brief Therapy: A Meta-Analysis Using Random Effects Modeling*. The University of Texas at Austin.

Kramer, E. (2010). The Basics (pp. 69–93). In J. A. Rubin (Ed.), *Introduction to Art Therapy*. Routledge.

Landgarten, H. B. (1987). *Family Art Psychotherapy*. Brunner/Mazzil. Pub.

Landreth, G. (2015). 놀이치료: 치료관계의 기술. (*Play therapy: The art of the relationship*). (유미숙 역). 학지사. (원저는 1991년에 출판).

Levy, D. (1938). Release therapy for young children. *Psychiatry, 1*, 387–389.

Linehan, M. M. (1993). *Cognitive Behavioral Treatment of Borderline Personality Disorder.* Guilford Press.

Linehan, M. M., Schmidt, H., Dimeff, L. A., Kanter, J. W., Craft, J. C., Comtois, K. A., & Recknor, K. L. (1999). Dialectical Behavior Therapy for Patients with Borderline Personality Disorder and Drug-Dependence. *American Journal on Addiction, 8*, 279-292.

Lord, C., Rutter, M., DiLavore, P. C., Risi, S., Gotham, K., & Bishop, S. L. (2012). *Autism Diagnostic Observation Schedule, Second Edition (ADOS-2)*. Western Psychological Services.

Malchiodi, C. A. (2003). *Handbook of Art Therapy*. The Guilford Press.

Mash, E. J., & Barkely, R. A. (2006). *Treatment of childhood disorders* (3rd ed.). Guilford Press.

Mash, E. J., & Barkley, R. A. (2001). 아동정신병리 (*Child Psychopathology*). (이현진. 박영신. 김혜리, 정명숙, 정현희 공역). 시그마프레스. (원저는 1998년에 출판).

Masten, A. S., & Coastworth, J. D. (1998). The development of competence in favorable and unfavorable environments: Lessons from research on successful children. *American*

Psychologist, 53, 205-220.

McGoldrick, M., Gerson, R., & Petry, S. (2011). 가계도: 사정과 개입 (*Genograms: Assessment and Intervention, 3rd ed.*). (이영분, 김유숙, 정혜정, 최선령, 박정희 공역). 학지사.

McGoldrick, M., Gerson, R., & Shellenberger, S. (2005). 가계도-사정과 개입 (*Genograms; Assessment and Intervention*). (이영분, 김유숙, 정혜정 공역). 학지사. (원저는 1999년에 출판).

Meier, P. D., Minirty, F. B., Wichern, F. B., & Ratcliff, D. E. (1991). *Introduction psychology and counseling* (2nd ed.). Baker Book House.

Moustakas, C. (1959). *Psychotherapy with children*. Harper & Row.

Naumburg, M. (1973). *An Introduction to Art Therapy: Studies of Free Art Expression of Behavior Problem Children and Adolescents as Means of Diagnosis and Therapy*. Teachers College Press.

Neumann, E. (1973). *The child: Structure and dynamics of the nascent personality* (R. Manheim, Trans.). Harper & Row.

Nichols, M. P., & Schwartz, R. (2001). *Family therapy: Concepts and methods* (5th ed.). Allyn & Bacon.

North, M. M., North, S. M., & Burwick, C. B. (2008). Virtual Reality Therapy: A vision for a new paradigm. In L. L'Abate (Ed.), *Toward a science of clinical psychology: Laboratory evaluations and interventions* (pp. 307-320). Nova Science Publishers.

O'Connell, B. (2014). 통합적 해결중심치료 (*Solution-Focused Therapy, 3rd ed.*). (송성자, 정문자, 최중진 공역). 학지사. (원저는 2012년에 출판).

O'Connor, K. (2001). 놀이치료입문 (*The play therapy primer*). (송영혜, 윤지현 공역). 시그마프레스. (원저는 1991년에 출판).

Pledge, D. S. (2009). 아동 및 청소년상담(*Counseling adolescents and children: developing your clinical style*). (이규미, 이은경, 주영아, 지승희 공역). 시그마프레스. (원저는 2004년에 출판).

Rapee, R. M., Lyneham, H. J., Schniering, C. A., Wuthrich, V., A bbott, M. A., Hudson, J. L., & Wignall, A. (2007). 쿨 키즈 치료자 지침서 (*The Cool Kids child and adolescent anxiety program therapist manual*). (양윤란 역). (원저는 2006년에 출판).

Rapee, R. M., Spence, S. H., Cobham, V., & Wignall, A. (2002). 불안하고 걱정 많은 아이, 어떻게 도와줄까? 아동기 불안의 인지행동치료 지침서 (*Helping your anxious child: A-step-by-step guide for parents*). (이정윤, 박중규 공역). 시그마프레스. (원저는 2000년에 출판).

Rathus, J. H., & Miller, A. L. (2017). 청소년을 위한 DBT 다이어렉티컬 행동치료: 감정조절장애와 경계선 성격장애 치료를 위한 매뉴얼(*DBT Skills Manual for Adolescents*). (조영범 역). 더트리그룹. (원저는 2014년 출판).

Rogers, C. R. (1951). *Client -centered therapy*. Houghton Mifflin.

Rogers, C. R. (1961). *On becoming a person*. Houghton Mifflin.

Rogers, C. R., & Stanford, R. C. (1985). Client-centered psychotherapy. In H. I. Kaplan, B. J. Sadock, & A. M. Friedman (Eds.), *Comprehensive textbook of psychiatry* (4th ed., pp. 1374-1388). Willian & Wilkins.

Rogers, C. R., & Stevens, B. (1967). *Person to person, Moab*. Real Peal People Press.

Rubin, J. A. (2001). 미술심리치료총론 (*Art of therapy*). (김진숙 역). KEAPA Press. (원저는 1987년에 출판).

Rutter, M., LeCouteur, A., & Lord, C. (2003). *Autism Diagnostic Interview-Revised (ADI-R)*. Western Psychological Services.

Sapiro, J. P., Friedberg, R. D., & Bardenstein, K. K. (2006). *Child and Adolescent therapy*. John Wiley & Sons, Inc.

Segal, Z. V., Williams, J. M. G., & Teasdale, J. D. (2002) *Mindfulness-Based Cognitive Therapy for Depression: A New Approach to Preventing Relapse*. Guilford Press.

Shaffer, D. R. (1999). *Developmental psychology: Childhood and adolescence* (5th ed.), p. 51.

Shaffer, D. R. (2000). *Social & personality development* (4th ed.). Wadworth, p. 215.

Shapiro, F. (2008). EMDR 불안, 스트레스, 충격적 사건을 극복하기 위한 치료법 (*EMDR: The Breakthrough Therapy for Overcoming Anxiety, Stress, and Trauma*). (강철민 역). 하나의학사. (원저는 1998에 출판).

Singh, N. N., & Joy, S. D. S. (2023). 아동 · 청소년을 위한 마음챙김 기반 중재: 연구와 실제(*Mindfulness-based Interventions with Children and Adolescents: Research and Practice*). (안희영, 최은영, 박지순, 정하나 공역). 학지사. (원저는 2021년 출판).

Solomon, J. (1938). Active play therapy. *American Journal of Orthopsychiatry, 8*, 479–498.

Steinberg, M. & Othmer, S. (2007). 산만한 아이 마음 읽기 (*ADD:The 20-Hour Solution*). (권기태 역). 베가북스. (원저는 2004년에 출판).

Taft, J. (1933). *The dynamics of therapy in a controlled relationship*. New York: Macmillan.

Thompson, C. L., & Rudolph, L. B. (2001). 아동상담의 이론과 실제 (*Counseling Children, 5th ed.*). (천성문, 송재홍, 윤치연, 윤호열, 이영순, 박천식 외 공역). 시그마프레스. (원저는 2000년에 출판).

Thomson, C. L., & Henderson. D. A. (2009). 아동상담 (*Counseling Children, 7th ed.*). (김택호, 박제일, 송재홍, 안이환, 양재혁, 윤호열, 은혁기, 이동훈, 이상민, 이승희, 이영순, 이희백, 천성문, 최명식, 허재홍 공역). 센게이지러닝. (원저는 2008년에 출판).

Turner, B. A. (1994). Symbolic process and the role of the therapist in sandplay. *Journal of Sandplay Therapy, 3*(2), 84–95.

Turner, B. A. (2009). 모래놀이치료 핸드북 (*The handbook of sandplay therapy*). (김태련 외 공역). 학지사. (원저는 2005년에 출판).

Vernon, A. (2005). 생각하기 느끼기 행동하기: 중 · 고등학생을 위한 사고 및 정서교육과정 (*Thinking, feeling, and behaving: Grades 7-12-An emotional education curriculum for children-*). (박경애, 신예덕, 권숙경, 김수형 공역). 시그마프레스. (원저는 1989년에 출판).

Wadeson, H. (1980). *Art Psychotherapy*. Wiley Publishers.

Weinrib, E. L. (2004). *Images of the self: The sandplay therapy process*. Temenos Press.

Wells, H. G. (1911). *Floor games*. Frank Palmer.

Wichs-Nelson. R., & Israel, A. C. (2001). 아동기 행동장애 (*Behavior Disorders of Childhood, 4th ed.*). (정명숙, 손영숙, 양혜영, 정현희 공역). 시그마프레스. (원저는 2000년에 출판).

Winnicott, D. W. (1971). *Therapeutic consultation in child psychiatry*. Basic Books.

World Health Organization (WHO). (2009). *International Statistical Classification of Diseases and related Health Problems, 10th Revision*. ICD-10.

ZERO TO THREE. (2021). DC: 0-5 영유아기 정신건강 및 발달장애 진단분류 (*DC: 0-5: Diagnostic classification of mental health and developmental disorders of infancy and early childhood*). (이경숙, 홍민하, 박진아, 반건호 공역). 세원프레스. (원저는 2016년에 출판).

찾아보기

[인 명]

[내 용]

저자 소개

정문자(Chung, Moon Ja)

미국 시라큐스 대학교 아동 · 가족학과(Ph.D.)

한국가족치료학회 부부가족상담 슈퍼바이저

한국상담심리학회 상담심리사 1급

한국상담학회 수련감독자

현 연세대학교 아동 · 가족학과 명예교수

한국단기가족치료연구소 공동대표

〈주요 저서〉

가족치료의 이해(3판, 공저, 학지사, 2018) 외 다수

제경숙(Jae, Kyung Sook)

연세대학교 아동 · 가족학과(Ph.D.)

부모교육 전문가

현 경남대학교 유아교육과 교수

〈주요 저서〉

현대사회의 부모와 자녀(파워북, 2015) 외 다수

이혜란(Lee, Hey Rhan)

연세대학교 아동 · 가족학과(Ph.D.)

청소년상담사 1급

한국모래놀이치료학회 모래놀이상담사 전문가

전 동남보건대학교 유아교육과 교수

〈주요 논문〉

통과의례관점에 본 모래놀이치료(모래놀이치료연구, 5호, 2009) 외 다수

신숙재(Shin, Sukjae)

연세대학교 아동 · 가족학과(Ph.D.)

한국놀이치료학회 놀이심리상담 전문가

한국상담심리학회 상담심리사 1급

현 신숙재심리상담연구소 소장

〈주요 저서〉

아동중심놀이치료(공저, 동서문화원, 2000) 외 다수

박진아(Park, Jinah)

연세대학교 아동 · 가족학과(Ph.D.)

청소년상담사 1급

한국상담심리학회 상담심리사 1급

한국인지행동치료학회 인지행동치료 전문가

현 신한대학교 상담심리학과 조교수

〈주요 역서〉

아동단기놀이치료(공역, 세원프레스, 2012) 외 다수

아동상담의 이해(2판)

-유아기에서 학령기까지-

Foundations of Child Counseling (2nd ed.)

2016년 3월 25일 1판 1쇄 발행
2022년 9월 20일 1판 7쇄 발행
2024년 2월 25일 2판 1쇄 발행

지은이 • 정문자 · 제경숙 · 이혜란 · 신숙재 · 박진아
펴낸이 • 김진환
펴낸곳 • (주) 학지사

04031 서울특별시 마포구 양화로 15길 20 마인드월드빌딩
대표전화 • 02)330-5114 팩스 • 02)324-2345
등록번호 • 제313-2006-000265호

홈페이지 • http://www.hakjisa.co.kr
인스타그램 • https://www.instagram.com/hakjisabook

ISBN 978-89-997-3088-7 93180

정가 26,000원